黄兴年谱长编

毛注青 编著

中华书局

图书在版编目(CIP)数据

黄兴年谱长编/毛注青编著. —北京:中华书局,1991. 8
(2014. 7 重印)
ISBN 978 - 7 - 101 - 00703 - 9

Ⅰ. 黄… Ⅱ. 毛… Ⅲ. 黄兴(1874~1916) - 年谱
Ⅳ. K827 = 6

中国版本图书馆 CIP 数据核字(2014)第 145535 号

书 名	黄兴年谱长编	
编 著 者	毛注青	
责任编辑	陈 铮	
出版发行	中华书局	
	(北京市丰台区太平桥西里 38 号 100073)	
	http://www.zhbc.com.cn	
	E-mail:zhbc@zhbc.com.cn	
印 刷	北京瑞古冠中印刷厂	
版 次	1991 年 8 月北京第 1 版	
	2014 年 7 月北京第 2 次印刷	
规 格	开本/850×1168 毫米 1/32	
	印张 17 插页 8 字数 390 千字	
印 数	2001 - 3500 册	
国际书号	ISBN 978 - 7 - 101 - 00703 - 9	
定 价	68.00 元	

黄兴像

1904年冬在东京与华兴公会员合影（前排左一黄兴，左四宋教仁）

黄兴与孙中山、何天炯合影

1911年10月28日黄兴到达武昌，29日渡江上汉口
前线，亲率敢死队作战

1912年黄兴与孙中山及日本友人在上海合影

1911年3月25日为亲赴阵地杀贼致南洋同志绝笔书

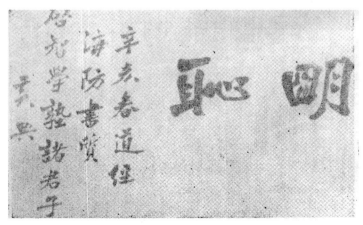

1911年春道经海防为启智学塾题字

1911年11月21日书示黄一欧儿

1912年9月为陈翼龙书联

1912年纪念节前三日为汉元 弟（陈家鼎）书武昌革命二周和谭石屏 论**兵事**作

1912年书示黄一欧

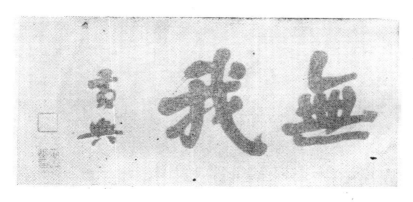

题　字

1912年卅九初度感怀书示萱野长知

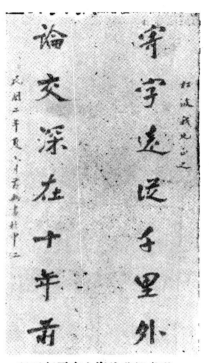

1913年夏在上海为蔡锷书联　　　1913年书赠日本友人田尻

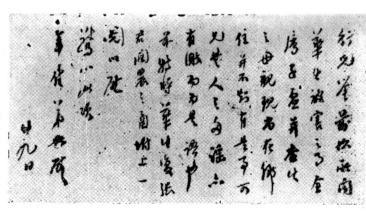

1913年12月29日致章士钊书

二姊大鉴、涧别四载时局变乱已达极
度于兹满地胥月离析惨痛之苦我无
论日積族暗饱尝之长别我兄姊中华
暌隔国縣无时某傷感又况如耶公辈
衰残已伏天誅国民相继庆洋此政府
或而遭入於正轨弟海外归来出而底薩
誓信休直将来洋子实业为社會而任

1916年9月9日 与二姊书

黄 兴 墓

黄兴墓庐

目　　录

图　片
出版者的话
代　序　（薛君度）
凡　例
年　谱……………………………………………………………（ 1 ）
　　1874—1892年　诞生至18岁……………………………（ 1 ）
　　1893年　19岁……………………………………………（ 23 ）
　　1894年　20岁……………………………………………（ 24 ）
　　1895年　21岁……………………………………………（ 25 ）
　　1896年　22岁……………………………………………（ 26 ）
　　1897年　23岁……………………………………………（ 28 ）
　　1898年　24岁……………………………………………（ 29 ）
　　1899年　25岁……………………………………………（ 32 ）
　　1900年　26岁……………………………………………（ 35 ）
　　1901年　27岁……………………………………………（ 38 ）
　　1902年　28岁……………………………………………（ 40 ）
　　1903年　29岁……………………………………………（ 45 ）
　　1904年　30岁……………………………………………（ 57 ）
　　1905年　31岁……………………………………………（ 80 ）
　　1906年　32岁……………………………………………（ 97 ）

1907年　33岁 ……………………………………………………（110）

1908年　34岁 ……………………………………………………（127）

1909年　35岁 ……………………………………………………（137）

1910年　36岁 ……………………………………………………（145）

1911年　37岁 ……………………………………………………（166）

1912年　38岁 ……………………………………………………（255）

1913年　39岁 ……………………………………………………（362）

1914年　40岁 ……………………………………………………（417）

1915年　41岁 ……………………………………………………（447）

1916年　42岁 ……………………………………………………（463）

1917年　安葬 ……………………………………………………（515）

征引书目 …………………………………………………………（520）

整理者后记 ……………………………………………刘佩文（534）

出 版 者 的 话

毛注青先生编著的《黄兴年谱》于1980年由湖南人民出版社出版后,得到国内外史学界的好评。但著者却觉得这"对于学术研究工作者来说,参考利用,颇嫌不足"。几年来,他仍然继续不断征集有关黄兴的新资料,准备重新撰写一本内容更加完备的黄兴年谱。

1984年秋,毛注青先生向我们表示了即将完稿的《黄兴年谱长编》拟交我局出版的意愿。他在次年元月送交的编撰计划中说:"近年来编者又陆续搜集到一些黄兴著作、函电,并从民国初年报章杂志、私家著述,以及政协文史资料中发现不少有关黄兴史料,可资征引;美国加利福尼亚大学戴维斯分校教授普莱斯,马利兰大学政治系教授薛君度,日本京都大学教授狭间直树、松本英纪,东京学艺大学教授中村义等,以及国内史学界朋友先后寄来了有关黄兴活动的重要史料或轶文。最近还意外地得到了有关黄兴家世的罕见资料,更足征信。为了满足中外史学界研究黄兴的需要,编者决定在广泛搜集、比证史料的基础上改弦更张,编撰一部具有较高学术价值、可供参考利用的《黄兴年谱长编》。"为实现这个计划,他日夜伏案,加紧撰述,至1985年5月不幸去世时,已大体上撰成该书的初稿。临终前他嘱咐其亲属为之整理该稿,交中华书局出版。1986年初,我们收到经著者妹丈刘佩文先生整理的《黄兴年谱长编》遗稿。

　　毛注青先生撰写本书的指导原则是："纪述谱主生平事迹,要求纲目清楚,主次分明,繁简得当,做到大事突出,要事 不漏;对 史事的搜集和考订,坚持实事求是的原则,不作任何偏袒,不 为贤者讳,不为尊者讳,做到秉笔直书,评点有据;征引史料重要的是说明问题,而不只是罗列现象,要求如实地揭示历史事件的内在联系,反映谱主的思想发展脉络。"本书是著者二十余年搜集黄兴资料、研究黄兴生平的成果,也是目前资料较丰富、内容较完备的黄兴年谱著作。

　　在本书出版之际,我们谨向为本书的撰写提供过资料的 湖 南省政协文史资料编委会、《黄兴集》编者湖南省社会科 学院等 单位,王学庄、黄彦、李伯新、周国兴、杨鹏程、薛君 度、普 莱 斯、狭 间直树、松本英纪和中村义等国内外学者,以及为整理遗稿做了大量工作的刘佩文先生,表示感谢。我们对来稿提出了一些意见。在这里还应该特别感谢周国兴同志,他接受著者亲属的委托,对整理稿记述时间和引文做了核对,纠正了某些错误,补充了若干失记的史事和史料,弥补了遗稿的一些不足,花费了很多时间和精力。

　　由于现在出版的是毛注青先生的尚未全部完成的遗稿, 书中若有纪事疏误、史料遗漏等问题,希望得到读者的理解、谅解 和 指正。

中华书局编辑部

1988年3月

代　序

海 内 存 知 己

——悼念毛注青先生

薛 君 度

　　今年七月初接到毛注青先生于五月三十日在长沙病逝的消息，甚为惆怅，历久不息。三、四月间我在北京、上海时，就听说他有病，但没想到是致命的病。记不清是在上海还是香港，我还写了一封信问候他。返美后虽然忙于准备去欧洲和苏联，也常常想到他的病况，正拟写信探问，就接到其患肺癌不幸去世的消息。

　　我和注青先生只见过一面，印象并不深刻，但感情上却像是老朋友。一九七八年秋，我和妻子德华返长沙探亲，她的大哥黄一欧抱病设宴欢迎，注青也被邀参加。我当时只知道他曾经做过我们一位亲戚、湖南省省长程颂云（潜）先生的秘书，经常替一欧大哥捉笔，收集有关黄公克强的革命资料，编写《黄兴年谱》。

　　《黄兴年谱》于一九八〇年十一月由湖南人民出版社出版后，我才领教到注青兄的学问功力，甚为佩服。一九八一年一月十二日，一欧大哥（时任湖南省政协副主席）病逝。十月，我和德华返国参加辛亥革命七十周年纪念，带了一九一六年黄公克强与各方来往电文留稿一百二十四件，赠送中国社会科学院近代史研究所。当时国内并无报道。后来在报上看到别人赠送纪念品仪式的报道，才猛然觉得这些文件应该先送给辛亥革命纪念会。这些从未发表过的电稿和一九一四年陈英士致黄公长函原件,是一九五〇年代我在纽约时辗转获致,并非德华或国内黄家任何人所收藏而送给我的。我撰写《黄兴与中国革命》,所有资料,都是我"研究"得来的。我从黄家后人所得到的唯一材料是一九五五年四月二十八日立法院委员黄振华大妹从台湾寄复我的信,提供了有关她的父亲早年和家庭情况。有些地方,与后来《黄兴年谱》根据一欧大哥所述者略有不同,哪个说法更有"权威",哪个记忆力有问题,都很难说。其中还有农历转新历计算问题,只能就个别具体情况判断正确或错误。

注青兄和我合作把一百二十四件电稿详加编注,加上他近年来搜集到的一部分没有汇编入集的黄公著述,交湖南人民出版社于一九八三年出版,还请了著名历史学家、人大常委会副委员长周谷城先生为书名《黄兴未刊电稿》题字,尤足珍贵。年来注青为《黄兴年谱长编》出版做了大量工作,可惜未及出版他就去世了。他对辛亥革命领导人学术研究和黄家,都做了很大的贡献。记得他有一封信说过,将以有生之年,继续在这方面工作。我自己早已"封笔",只有鼓励和希望别人能够继续努力,获得更大的成就。注青兄任湖南省政协委员是最近这几年的事。享寿不过六十六岁,实在可惜,也是一个无可弥补的损失!

凡　　例

一、本书所叙事实，都以黄兴著作、演讲、谈话、函电及公牍、杂著为依据。凡黄兴生平行谊见之于他人著述者，略加考订，亦予以搜集注明。

二、本书在纪年之下，注明干支和谱主年龄。谱主年龄按周岁纪。每年略纪国内外重要事件。

三、纪事一律用公历。凡在一九一一年以前者，兼注农历，以便查考。

四、按年、月、日顺序，逐条记事。某日纪事多条者，除第一条注明月日外，余均用△标明为同日。日期不清者，一般纪在月末；月份不明者，纪在年尾；某季度发生者，纪在相应位置。

五、引用资料均注明出处。其中增补字句加圆括号（　）；讹误加以改正者，放置在方括号〔　〕内；脱漏和衍文校勘，用注释说明。

六、不常见的外国人名、地名，附以原文。

1874年（同治十三年　甲戌）　诞生

3月15日（正月二十七日）　法国威逼安南（今越南）当局签订《和平同盟条约》。

5月8日（三月二十日）　日本出兵侵略我国台湾，在琅峤港口登陆。

10月25日（九月十六日）　黄兴诞生于湖南善化（今长沙）县龙喜乡凉塘。凉塘地滨浏阳河下游东岸，距省会长沙约四十华里，今属长沙县黎梨区高塘乡扬圫村。

黄兴，派名仁牧（《经铿黄氏家谱》①），一名轸(刘揆一：《黄兴传记》房兆楹辑：《清末民初洋学学生题名录初辑》），字岳生，号觐五、一号谨吾（《家谱》）、廑午(左舜生：《黄兴评传》)、竞武(吴国光致黄吉亭介绍书)、堇坞(《黄兴传记》，《黄兴评传》)、庆午（《宋教仁日记》、清吏之文告、《黄兴评传》)、近午(清吏之文告、《黄兴评传》)、堇午(吴相湘：《开国元勋黄兴》、《黄兴评传》等。后改名兴(吴国光致黄吉亭介绍书)，号克强（一九〇四年致龙绂瑞书、曹亚伯：《武昌革命真史》)。辛亥革命前，曾化名李有庆(《黄兴传记》)、李寿芝（邹鲁编《中国国民党史稿》)、张守正(《黄兴传记》)、张中正(《白石老人自传》)、张愚诚(刘达武：《蔡松坡先生年谱》)、张愚臣(冯自由：《革命逸史》)、李经田((日)近藤秀树《宫奇滔天年谱稿》)。辛亥革命后，南京讨

---

①　本谱有关黄兴家世资料，凡未注明出处者，均据《经铿黄氏家谱》，光绪壬辰(1892)七修，黄炳昆系编校之一.

袁事败，再次亡命日本，曾化名今村长藏（〔美〕薛君度：《黄兴与中国革命》）、冈本义一（一九一四年致刘承烈书、日本外交文书）；与友人通信，曾自署"生涯一卷书斋主人"（致刘承烈书）。

黄兴的高祖黄孝纶（1754—1827），字本培，号养田。高祖母周氏（1754—1835）。

曾祖黄友竹（1782—1843），字裁庭，号交秀。曾祖母盛氏（1788—1840）。

祖父黄月楼（1815—1876），名维德，字懋昭，热心地方公益事业。咸丰初年，太平军攻长沙，"乡民乘乱肆掠，公倡募团勇，昼夜巡缉，境赖以安。"祖母方氏（1814—1844）。继祖母解氏（1810—1887）。

父亲黄炳昆（1840—1897），名式藻，字翰翔，号筱村。青年时入善化县学为诸生，补长沙府学优贡生。[1]在凉塘乡间设馆授徒，担任过地方上的都总，乐于排难解纷。后到省会教馆，家境日渐宽裕，在凉塘附近添置了田产。

母亲罗氏（1841—1886），生子女五人。[2]继母陈氏（1851—1888）。再继母易自如（1858—1929），曾受良好教育，[3]清末曾

---

　　[1]　金壮春（次猷）撰《黄母罗太夫人墓志铭》称："（其）夫炳昆，即筱村先生，清故岁贡生。"（原文载《南社湘集》第4期1934年9月版）第26页则黄兴之父非府学廪生，当为岁贡生。

　　[2]　上引《墓志铭》谓：罗太夫人生"子二：仁蔚蚤卒；兴，即克强先生故陆军上将，南京留守；女三：适贺、刘、胡。"陈维纶称："（黄兴）父筱村公同堂兄弟四十八人，筱村公排行最末，母罗太夫人，生丈夫子（即儿子）叔霞公与先生二人，女子子（即女儿）三人，先生行末。"（《黄克强先生传记》，台北中央文物供应社1984年版第18页）薛君度称："（黄筱村）的第二个妻子出生于本村的罗家。她比丈夫长一岁，并替他生了三个女儿和两个男孩，黄兴是最小的一个。"（《黄兴与中国革命》〈中译本〉第12页）。

　　[3]　据黄振华致薛君度函称：易自如曾受良好教育，担任湖南民立第一女学学监。见薛君度：《黄兴与中国革命》第12页注①。

任湖南民立第一女学的副监督兼舍监。

兄黄仁蔚（1863—1882），字叔霞。大姊黄杏生（1860—1932），适同县学生贺家璧（寿卿）。二姊适同邑县学廪生李振湘。三姊（1867—1949）适同邑监生刘仙舫（经升）。细姊黄细贞①（1871—1959），适长沙监生胡雨田。

11月17日（十月初九）　第三批官费留学生唐绍仪等三十人出洋留学。

11月27日（十月十九日）　汤化龙生于**湖北蕲水**(今浠水)。

---

①　黄细贞1959年9月13日在长沙病故，终年88岁。

1875年（光绪元年 乙亥） 1岁

1月10日（甲戌年十二月初三日） 杨度生于湖南湘潭。

2月25日（正月二十日） 光绪帝载湉即位。西太后那拉氏垂帘听政，掌握实权。

8月28日（七月二十八日） 清政府派候补侍郎郭嵩焘为出使英国钦差大臣，是为中国常驻外国使节之始。

9月20日 日本出兵侵略朝鲜。

是年 陈天华生于湖南新化。

1876年（光绪二年　丙子）　2岁

2月1日（正月初七日）　湖北孝感县乡民与前往传教之英教士发生冲突。不久，全国反洋教斗争风起云涌。

6月8日（五月十七日）　柏文蔚生于安徽寿州（今寿县）。

6月10日（五月十九日）　四川涪陵县群众焚毁教堂多处。

7月20日（闰五月二十九日）　清军刘锦棠部克复乌鲁木齐。

9月13日（七月二十六日）　英国强迫清政府签订《中英烟台条约》。

12月3日（十月十八日）　使英大臣郭嵩焘等自上海出洋赴英。

是年　居正生于湖北广济。

1877年（光绪三年　丁丑。）　3岁

1月15日（丙子年十二月初二日）　清政府派福建船政学堂学生严复、萨镇冰等三十人赴英、法留学。

2月1日（丙子年十二月十九日）　徐特立生于湖南善化（今长沙）。

4月1日（二月十八日）　湖北宜昌、安徽芜湖、浙江温州开埠。

4月23日（三月初十日）　廖仲恺生于旅美华侨家庭。

8月11日（七月初三日）　清政府命左宗棠专办新疆中俄交涉。

9月　李鸿章派道员唐廷枢等设局招商，开采开平煤矿。

11月15日（十月十一日）　秋瑾生于福建厦门。

1878年（光绪四年　戊寅）　4岁

1月13日（丁丑年十二月十一日）　陈炯明生于广东海丰。

1月17日（丁丑年十二月十五日）　陈其美生于浙江吴兴。

1月27日（丁丑年十二月二十五日）　陶成章生于浙江会稽（今绍兴）。

3月15日（二月十二日）　清政府以左宗棠收复新疆，晋封二等侯。

10月1日（九月初六日）　黄炎培生于江苏川沙。

12月3日（十一月初十日）　刘揆一生于湖南湘潭（原籍衡山，其父时迁居湘潭）。

12月30日（十二月初七日）　吴永珊（玉章）生于四川荣县。

是年　北京、天津、烟台、牛庄（营口）、上海五地海关试办邮政，收寄华洋公众邮件。

△　吴樾生于安徽桐城。

1879年（光绪五年　己卯）　5岁

　　3月30日（三月初八日）　日本侵占琉球，废琉球国王，改置冲绳县。

　　6月6日（四月十七日）　李根源生于云南腾冲。

　　12月9日（十月二十六日）　胡汉民生于广东番禺（今广州）。

　　是年　于右任生于陕西三原。

　　△　父亲黄炳昆开始授以《论语》，并教书法。

　　"己卯（一八七九），先生六岁，筱村公始为先生开讲《论语》，选授简明的唐宋文词，并教他习练书法与对句。先生秉赋异常，诵读习作往往超逸指定范围。"①

---

　　①　陈维纶：《黄克强先生传记》第19页。

1880年(光绪六年　庚辰)　6岁

1月25日（己卯年十二月十四日）　谭延闿生于湖南茶陵。

2月12日（正月初三日）　清政府命曾纪泽充出使俄国钦差大臣。

3月6日（正月二十六日）　吴禄贞生于湖北云梦。

3月8日（正月二十八日）　黄郛生于浙江绍兴。

8月1日（六月二十六日）　曾纪泽抵俄京。

8月　李鸿章奏办水师学堂于天津。

9月16日（八月十二日）　左宗棠创办兰州机器织呢局。

9月18日（八月十四日）　李鸿章奏设南北洋电报，架设天津、上海间电线。

12月31日（十二月初一日）　李鸿章奏请兴建铁路。

是年　继续从黄炳昆读书。

1881年（光绪七年　辛巳）　7岁

2月24日（正月二十六日）　沙俄强迫清政府签订《中俄伊犁条约》。

3月16日（二月十七日）　赵声生于江苏丹徒。

4月8日（三月初十日）　林述庆生于福建闽县。

6月9日（五月十三日）　唐山胥各庄运煤铁路建成。

7月13日（六月十八日）　山东济南美教士强买民房改建教堂，遭士民拆毁。

9月25日（八月初三日）　鲁迅生于浙江绍兴。

是年　章士钊生于湖南长沙。

△继续从黄炳昆读书。

1882年（光绪八年　壬午）　8岁

2月23日（正月初六日）　李烈钧生于江西武宁。

3月31日（二月十三日）　程潜生于湖南醴陵。

4月5日（二月十八日）　宋教仁生于湖南桃源。

4月23日（三月初六日）　李鸿章奏请在上海试办机器织布局。

4月25日（三月初八日）　法国侵占安南河内。

7月23日（六月初九日）　朝鲜发生政变，史称"壬午政变"。

8月31日（七月十八日）　张继生于直隶沧县。

秋　冯玉祥生于安徽巢县。

12月18日（十一月初九日）　蔡锷生于湖南邵阳。

是年　李书城生于湖北潜江。

△　何成濬生于湖北随县。

△　入冯塘团屋萧举人私塾就读，初习《诗经》。①

冯塘在浏阳河畔，距凉塘不到两里；团屋系旧时团总的办公场所。

---

① 本谱编者在凉塘的调查访问。萧举人即萧荣爵(1852—1936)，字漱云，湖南长沙人，光绪乙未传胪，授翰林院编修，曾任粤汉铁路总办。

1883年（光绪九年　癸未）　9岁

5月4日（三月二十八日）　汪精卫生于广东番禺（今广州）。

8月14日（七月十二日）　唐继尧生于云南会泽。

8月25日（七月二十三日）　法军侵入安南顺化。

10月30日（九月三十日）　清政府发银十万两，资助刘永福抗法。

12月16日（十一月十七日）　法军进攻驻守安南的清军。中法战争爆发。

是年　孙中山自檀香山回国，返香山县翠亨村。旋赴香港，入英基督教圣公会所办的拔萃书室（中等学校）读书。

△　继续从萧举人读书。

1884年（光绪十年 甲申） 10岁

4月 孙中山入香港域多利书院读书。冬初辍学，再赴檀香山。

8月 法军相继攻袭台湾基隆和福建马江水师，清政府下诏对法宣战。

秋 全国各地群众掀起反对法国侵略者的斗争热潮。国外华侨纷纷捐款，支援抗法斗争。

是年 刘道一生于湖南湘潭。

△ 蒋作宾生于湖北应城。

△ 继续从萧举人读书。

童年时代，听乡间老辈谈洪、杨革命事迹，特别是太平军攻长沙的故事，非常向往。稍长，喜读太平天国杂史。①

---

① 本谱编者在凉塘的调查访问。

1885年(光绪十一年 乙酉)11岁

3月下旬 清军及黑旗军分别在广西边境镇南关及安南谅山等地大败法军。

4月 孙中山自檀香山经日本回国。8月,赴香港域多利书院复学。

6月9日(四月二十七日) 李鸿章与法使在天津签订屈辱的《中法会定安南条约》(即《天津条约》)。

6月17日(五月初五日) 李鸿章奏办天津武备学堂。

9月20日(八月十二日) 倪映典生于安徽合肥。

10月12日(九月初五日) 清政府将福建巡抚改为台湾巡抚,常驻台湾。

△ 朱执信生于广东番禺(今广州)。

是年 邹容生于四川巴县。

△ 蒋翊武生于湖南澧州(今澧县)。

△ 寄读新冲子(现属高塘乡长桥村)新喜山庄周翰林私塾。①

周翰林字笠樵,"笃谨能躬行,虽好述因文见道之言,而通晓时务,颇为乡人所重。讲授经史能表达其意义,并对生徒学习策论词章,指导有方,先生颇尊敬之。课余尝向周师询究清军失败经过,从此便萌发力求新知与救亡图存之志趣。"②

① 本谱编者在凉塘、长桥的调查访问。
② 陈维纶:《黄克强先生传记》第20页。

1886年（光绪十二年　丙戌）　12岁

2月14日（正月十一日）　母亲罗氏逝世。①

7月　英国吞并缅甸。

7月24日（六月廿三日）　奕劻与英签订《中英会议缅甸条款》。

夏　孙中山在域多利书院毕业后，入广州博济医院附设南华医学校读书。

12月1日（十一月初六日）　朱德生于四川仪陇。

是年　方声洞生于福建侯官（今福州）。

△　喻培伦生于四川内江。

△　林伯渠生于湖南临澧。

△　董必武生于湖北黄安（今红安）。

是年　继续从周笠樵攻读。

居家期间，参加一些插秧、除草、扮禾、挖花生等劳动。②

---

①　见《经铿黄氏家谱》卷17。金壮春：《黄母罗太夫人墓志铭》载"岁丙戌五月七日卒"，月、日误。

②　本谱编者在凉塘的调查访问。

1887年（光绪十三年　丁亥）　13岁

1月16日（丙戌年十二月二十三日）　焦达峰生于湖南浏阳。

1月　孙中山转学到香港雅丽氏医院附设的西医书院。

10月9日（八月二十三日）　福建福安县农民组织义军，与外国教会中的侵略分子作斗争。

10月31日（九月十五日）　蒋中正（介石）生。

是年　林觉民生于福建闽县（今福州市）。

△　熊成基生于江苏江都。

△　继续从周笠樵攻读。

1888年（光绪十四年 戊子） 14岁

2月12日（正月初一日） 井勿幕生于陕西蒲城。

3月 西太后那拉氏挪用建设海军经费修造颐和园。

4月9日（二月二十八日） 彭家珍生于四川金堂。

7月 天津至唐山铁路通车。

秋 黄炳昆娶易自如为再继室。

12月10日（十一月初八日） 康有为第一次上书光绪帝载湉，请求及时变法。

12月17日（十一月十五日） 北洋海军建成，有大小军舰二十二艘，以丁汝昌为北洋海军提督。

是年 在家自学。

课余喜欢爬山、游水、钓鱼。①"少从浏阳李永球学乌家拳术，只手能举百钧。"②常邀集乡村儿童到屋后的纹银坪练习拳术，相互比武。③

① 本谱编者在凉塘的调查访问。
② 刘揆一：《黄兴传记》。
③ 本谱编者在凉塘的调查访问。

1889年（光绪十五年　己丑）　15岁

3月4日（二月初三日）　西太后那拉氏归政，光绪帝载湉亲政。

8月3日（七月初七日）　张之洞奏请设立粤省枪炮厂。

9月20日（八月二十六日）　张之洞奏请在广州设炼铁厂。

10月12日（九月十八日）　唐生智生于湖南东安。

10月29日（十月初六日）　李大钊生于直隶乐亭。

12月28日（十二月初七日）　李鸿章奏设的上海机器织布局开车生产。

是年　继续在家自学。自定规例，用以自勖。

规例内容包括：“一、行动必须严守时刻；二、说话必须说到做到；三、读书须分主次，纵使事忙，主要者不得一日荒旷；……”①

---

① 载《民族英雄及革命先烈传记》下册第109页。

1890年（光绪十六年　庚寅）16岁

1月　江苏常熟、元和等县佃农连续进行抗租斗争。

4月　张之洞在武昌创办两湖书院。

8月8日（六月二十三日）　四川大足县余栋臣为反抗法国传教士暴行，率众起义。

9月　湖南澧州（今澧县）哥老会首领廖星阶率众起事，进袭澧州城，被清兵击败。

是年　继续在家自学。课余参加农业劳动。

1891年（光绪十七年 辛卯）17岁

1月6日（光绪十六年十一月二十六日） 戴传贤（季陶）生。

4月25日（三月十七日） 开平煤矿工人反对外国侵略者的压迫，举行罢工。

8月13日（七月初九日） 李宗仁生于广西临桂。

9月2日（七月二十九日） 湖北宜昌群众焚毁法国及英、美教堂。

秋 与善化县东乡枫树河廖星舫之女淡如结婚。①

是年 人民群众掀起的反洋教斗争，遍及十九个省区。

---

① 廖淡如，1873年9月17日（清同治十二年七月二十六日）生，1939年5月8日卒于重庆学田湾2号。

1892年（光绪十八年　壬辰）18岁

5月　湖南在籍道员周汉刊刻反洋教书籍，反对帝国主义利用传教进行侵略，遭清政府查禁。

夏　孙中山以最优异总成绩毕业于香港西医书院。秋间到澳门镜湖医院当西医师。

10月18日（八月二十八日）　江西萍乡哥老会起事，谋袭袁州、萍乡，事泄失败。

10月22日（九月初二日）　长子一欧生于凉塘。

11月16日（九月二十七日）　郭沫若生于四川乐山。

是年　应善化县考，落第。

黄一欧说："先君曾对我谈过他青年时代的一些故事，其中印象最深刻的是应县考。先君十八岁那年，和姑父胡雨田以及同村刘石介，一道往应县考。三个人进了考棚，凑巧都被分配在同一个字号。当时应考要做八股文，规定黎明前进场，即日交卷，不许继烛。这天，先君最先打完草稿，但是看了又看，很不满意，想另写一篇。而胡、刘两人正在搜索枯肠，还没有定稿，先君这篇文稿便被刘石介要去誊正，作为他的试卷。先君随后写好了第二篇，仍然觉得没有写好，结果又被胡雨田要去顶替了。最后先君聚精会神，写好第三篇，自己才感到非常满意。不料放榜时，胡、刘两人都是榜上有名，唯独先君名落孙山。先君落第回家，担心先祖父不高兴，他不好意思地将三份文稿都拿给先祖父看。先祖父看过之后，也认为第三篇胜过前两篇。这时，先君才解脱了心头的疙瘩。"①

①　黄一欧：《回忆先君克强先生》，载《辛亥革命回忆录》第1集第608、第609页。

1893年（光绪十九年　癸巳）19岁

2月17日（正月初一日）　中外商人合办的上海《新 闻 报》创刊。

春　孙中山受澳门葡籍医师排挤，改赴广州行医，在西关冼基创设东西药局。

11月29日（十月二十二日）　张之洞奏设的汉阳 炼 铁 厂 建成。

12月19日（十月十二日）　李鸿章在天津开办医学堂。

12月26日（十一月十九日）　毛泽东生于湖南湘潭。

是年　入长沙城南书院读书。

雷恺说：黄兴"少时与余同读于城南书院。"①

"君父筱村先生，邑中廪膳生。君幼承家学，弱冠肄业城南书院，复得院长王葵园（先谦）、刘采九（凤苞）教授，同学切磋，为文敏捷。每月所得课奖，足资膏火，不烦取之家中。"②

---

① 雷恺：《往事杂忆》，湖南省政协文史资料研究委员会藏稿。

② 雷恺：《黄克强先生小传》。有书为1888年十四岁时入长沙岳麓书院读书者，误。雷恺在《往事杂忆》中回忆黄兴，也提到"少时与余同读于 城 南 书 院"。又据雷恺所撰《清末湖南三书院》（湖南省政协文史资料研究委员会藏 稿）载：岳 麓 书 院"肄业者皆廪生、附生、监生，而童生不与焉。"城南书院"肄业者则分附生、监生、童生。童生膏火较附生、监生稍低。"黄兴1892年十八岁时应县考落第，当属童生，依惯例不能入岳麓书院，而入城南书院则宜。雷恺，长沙人，书法家，湖南省文史研究馆馆员，1954年病故，终年八十七岁。黄一欧1980年告本谱编者说："雷恺先生曾多次同我谈过与先君在城南书院同学旧事，是实在的。我从未听说过先君青少年时曾进岳麓书院读书。"

1894年(光绪二十年　甲午）20岁

1月28日（癸巳年十二月二十二日）　张之洞奏设湖北自强学堂。

6月　孙中山抵天津。投书李鸿章，未获接见。

7月25日（六月二十三日）　中日战争爆发。

10月　孙中山从上海经日本抵檀香山。

11月24日（十月二十七日）　孙中山在檀香山创立中国第一个资产阶级革命团体——兴中会。

是年　继续在城南书院读书。

1895年(光绪二十一年 乙未) 21岁

2月12日（正月十八日） 刘公岛失陷，北洋海军全军覆没，丁汝昌服毒自杀。

2月21日（正月二十七日） 孙中山以"乾亨行"名义作掩护，在香港成立兴中会总部。

4月17日（三月二十三日） 清政府与日本在马关签订条约，割让台湾给日本。

5月2日（四月初八日） 康有为联合各省会试举人上书光绪帝载湉，要求拒和、迁都、变法。史称"公车上书"。

10月27日（九月初十日） 兴中会谋广州起义失败，孙中山当晚乘轮船逃出广州。11月7日，陆皓东和会党首领朱贵全、丘四等被捕后英勇就义。

6至10月 台湾爱国军民开展大规模的抗日武装斗争。

12月7日（十月二十一日） 清广东地方政府悬赏花红银一千元通缉孙中山。

是年 继续在城南书院读书。

1896年（光绪二十二年　丙申）22岁

3月　香港英国当局公布对孙中山的驱逐令。

6月3日（四月二十三日）　李鸿章与沙俄代表在彼得堡签订《御敌互相援助条约》（即《中俄密约》）。

春　再次往应善化县考，获中。

"次年春天，先君又往应考。动身的前夕，亲友置酒预贺，先君不以为然，表示读书要求真学问，赴试仅仅是母命不可违而已。他写过一首《别母应试感怀》诗，结句有云：'一第岂能酬我志，此行聊慰白头亲。'在应试期间，先祖父病危，继祖母特意瞒着先君，不使他知道，以便让他安心应考。这次，先君入县学为诸生，没有辜负老人家的期望。"①

"元和江建霞（标）督学湖南。丙申科试，补博士弟子员，年二十三（周岁二十二）。善化应试者逾千人，学额三十四名，皆年少无过三十岁者。"②

8月9日（七月初一日）　《时务报》（旬刊）在上海创刊，

---

① 黄一欧：《回忆先君克强先生》，载《辛亥革命回忆录》第1集第609页。
② 雷恺：《黄克强先生小传》。作者在《往事杂忆》（见前）中，也提到他与黄兴在"丙申年同举博士弟子"。黄一欧在《回忆先君克强先生》一文中谓黄兴于落第之次年入县学，1980年对本谱编者说："雷恺先生事属亲历，应以雷说为准。"此事他书多误载。

以"变法图存"为宗旨，梁启超任主笔。

9月8日（八月初二日）　沙俄强迫清政府签订《中俄合办东省铁路公司合同章程》。沙俄势力进一步渗入我国东北地区。

10月11日（九月初五日）　孙中山在伦敦被清驻英使馆诱捕囚禁。23日，在英国强大的舆论压力下，清政府被迫释放孙中山。

10月25日（九月十九日）　中法订立滇越界约。

冬　迁居石家河新屋。

石家河在凉塘西南约二里多的地方，今与凉塘同属长沙县高塘乡扬圫村。

11月4日（九月二十九日）　长女振华生于石家河①。

---

① 黄振华，美国哥伦比亚大学理学士、文学硕士。曾任江苏、安徽、四川等省女师教员、教授，国民党湖南省教育厅督学、教育部编审、行政院参议。1948年当选立法委员。著有《国民体育》、《社会教育概论》。

1897年（光绪二十三年　丁酉）23岁

3月15日（二月十三日）　法国强迫清政府承认不割让海南岛及对面广东海岸与他国。

4月22日（三月二十一日）　江标、唐才常等在长沙刊行《湘学报》，宣传变法维新。

4月28日（三月二十七日）　叶剑英生于广东梅县。

7月　孙中山自伦敦抵加拿大，在华侨中进行革命活动。8月，离加拿大赴日本。

10月26日（十月初一日）　严复、夏曾佑等于天津创办《国闻报》。

10月　谭嗣同、熊希龄等在长沙开办湖南时务学堂，聘请梁启超任中文总教习。

秋　黄炳坤逝世，终年五十五岁。

11月1日（十月初七日）　山东钜野张家庄乡民毁教堂，击毙德教士二人。

11月14日（十月二十日）　德国以钜野教案为借口，强占胶州湾。

12月15日（十一月二十二日）　沙俄侵略军强占旅顺。

是年　继续在城南书院读书。

1898年(光绪二十四年　戊戌）24岁

1月5日（丁酉年十二月十三日）　康有为等在北京成立粤学会。

1月27日（戊戌正月初六日）　清政府开经济特科,分内政、外交、理财、经武、格物、考工六门,命中外保荐应试特科者。

2月11日（正月二十一日）　清政府被迫向英国保证,不将长江流域沿岸各省租押或以其他名义让予他国。

2月　谭嗣同、唐才常等在长沙成立南学会,黄遵宪、皮锡瑞、谭嗣同等轮流主讲,宣传变法维新主张。

3月5日（二月十三日）　周恩来生于江苏淮安(原籍绍兴)。

3月6日（二月十四日）　清政府被迫与德国签订《胶澳租界条约》。山东成为德国的势力范围。

3月27日（三月初六日）　清政府被迫与沙俄签订《旅大租地条约》。东北全境成为沙俄的势力范围。

3月　谭嗣同、唐才常等创办《湘报》于长沙,以"开风气、拓见闻"为宗旨,鼓吹维新变法。

4月26日（闰三月初六日）　清政府被迫对日本声明,不将福建省割让或租借给其他国家。

6月9日（四月二十一日）　清政府被迫与英国签订《展拓香港界址专条》,将九龙半岛租与英国。

6月11日（四月二十三日）　光绪帝载湉下诏"明定国是",

维新变法开始。9月21日（八月初六日）变法失败。史称"百日维新"。

7月1日（五月十三日） 清政府被迫与英国签订《租借威海卫专条》。

9月28日（八月十三日） 参与变法的谭嗣同、林旭、刘光第、杨锐、杨深秀、康广仁被西太后那拉氏捕杀。史称"戊戌六君子"。

秋至冬 变法失败后，康有为、梁启超等先后逃亡日本。孙中山等和康、梁就联合反清问题进行多次会谈。

11月24日（十月十一日） 刘少奇生于湖南宁乡。

12月23日（十一月十一日） 梁启超在横滨创办《清议报》。

是年 调湘水校经堂新生，复调两湖书院深造。

"戊戌，以名诸生调湘水校经堂新生（秀才未经岁考者，谓新生），奉调特出者。复调湖北两湖书院。"①

"时新学方兴，两湖书院课程除经史文学外，尚有天文、地理、数学、测量、化学、博物学、兵法、史略学及兵操等 新学科。先生在校期间，笃志向学，而于地理一科（任地理教习者为宜都杨守敬先生、新化邹代钧先生，当时称为海内绝学）及体操尤为精勤。……临操如临敌阵，短装布鞋，抖擞精神，听命唯谨，动作无不 如 度，不稍苟。"②

---

① 雷恺：《黄克强先生小传》。□□湘水校经堂，清末湘垣八书院之一，归提学使主办，专课全省通晓经史，熟习掌故之士。初创时附设岳麓书院，后迁天心阁城南书院旧址，最后迁至长沙湘春门外熙宁街，另建赍舍。学生例由提学使在经过岁、科两试的生员中遴选，阅三年甄别录取一次，童生拒收。每名月给膏火银八两，较其他书院为优。

② 张知本：《国庆日忆黄克强先生》，载1959年10月10日香港《时报》。

黄兴自己回忆："兄弟在校经堂读书时，尚无革命思想，惟觉科举之制贻害无穷。嗣因湖北两湖书院友人函招往学·遂赴武昌·然功课亦极平常，其宗旨纯系忠君。顾读书数月，见报纸所载，友朋所言，始知世界趋势决非专制政体所能图强，亦非郁郁此间所能求学。然仍上课如故，未尝旷缺也。……求学之事亦如打仗，须争求先登。兄弟在两湖书院时考验十二次，六次列于第一。因求胜心切所致也。求胜之心非卑鄙之心，因求学本不可让人，无论何种科学，皆须自居第一。"①

---

① 《黄兴在湖南学界欢迎会上的演说》(1912年11月8日)，载《长沙日报》1912年11月9日。

1899年（绪光二十五年　己亥）25岁

春　朱红灯在山东长清、平原一带领导义和团反对外国教会侵略势力。年底，义和团运动普遍发展到各州县。

4月17日（三月初八日）　广东东莞、新安（今深圳市）人民发起武装斗争，反抗英国在九龙半岛扩大侵占土地。

4月28日（三月十九日）　英俄互换照会，英国确认我国长城以北地区为沙俄势力范围。

6月13日（五月初六日）　康有为、梁启超组织保皇会于日本。

春至夏　孙中山派毕永年偕日本人平山周等赴湘鄂各地联络会党，准备在湘、鄂、粤同时大举。

8月6日（七月初一日）　梁启超与旅日华侨创办高等大同学校于东京。

9月6日（八月初二日）　美国国务卿海约翰（John Hay）提出对华"门户开放"政策。

10月（九月）　被张之洞派送赴日本考察教育。作《咏鹰》诗用以自勉。

黄兴自述："时张之洞方督两湖，派送学生出洋考察。湖北三人，湖南三人，兄弟亦在其列，遂得游学日本。及闻拳匪滋事，各国有瓜分中国之言，心甚忧危，思图补救。以为义和团在北方如此野蛮，南方当可以独立。因在日本会议数次。然同志太少，孤掌难鸣，乃遄回祖国，藉察形式。"①

《咏鹰》诗云："独立雄无敌，长空万里风。可怜此豪杰，岂肯困樊笼。一去渡沧海，高扬摩碧穹。秋深霜气肃，木落万山空。"②

11月16日（十月十四日）　清政府被迫与法国签订《广州湾租界条约》。

11月　岳州（今岳阳）正式开为商埠，帝国主义经济势力进一步侵入湖南。

是年　继续在两湖书院读书。

"课程余闲，悉购西洋革命史及卢梭《民约论》诸书，朝夕盥诵。久之，革命思想遂萌芽脑蒂中矣，然卒未敢向同学者道及一字。居年余，有白逾桓者，亦入院肄业，先生与之语，大悦，遂订交焉。……私谓白逾桓曰：'吾侪求学岂为满人效忠地也？盖将造成有用之才，以备他日为我汉人扬眉吐气耳。'"③

"书院开设军操课，军操分步操、炮操、马操三种，教官由军营临时派来。开始军操时，一些年纪较大的学生表示反对，认为着短衣有失文人体面。黄兴不仅带头参加军操，而且鼓励大家也来参加。黄兴平时反满思想浓厚，得到同学的尊敬，汉族同学都愿意和

---

① 《黄兴在湖南学界欢迎会上的演说》（1912年11月8日），载《长沙日报》1912年11月9日。
② 《黄克强先生荣哀录》。黄一欧生前谓此诗为黄兴在两湖书院时作，年月不明。编者前在《黄兴年谱》中，将此诗考订为1900年秋饯送杨笃生、秦力山出亡日本时作。后香港中文大学王德昭教授在《从改良到革命——秦力山》一文中，对此考订曾作辩正。今依黄兴自述，改系于1899年秋。能否坐实，尚祈方家指教。
③ 《黄克强先生荣哀录》第21页。

他接近。在他的影响下，很多年岁较大的学生相继参加了军操。大家不仅学会了步兵动作，而且骑马和实弹射击也都有些基础。"①

①　陈英才：《回忆两湖书院》，湖北省政协文史资料研究委员会藏稿．陈英才，字了　，湖北汉川人。当时与黄兴同编在书院第二班，后同被选送赴日留学，入东京宏文学院。1909年由日本高等师范学校毕业回国，任湖北省立优级师范理化专修学堂堂长．

1900年(光绪二十六年 庚子) 26岁

2月1日（正月初二日） 康有为由香港抵新加坡。

2月25日（正月二十六日） 唐才常在上海发起正气会，手订章程二十一条。

春 由日本归国，在湖北与闻自立军起事之谋，旋回湖南举办团练。

黄兴自述："及闻拳匪滋事……乃遄回祖国，藉察形势。既至湖北，适唐君才常密谋起义，友人因以相告。兄弟以北方虽乱，而南方之势力尚坚，且军队未及联络，实不可冒昧起事。谈论之间，意旨不合，兄弟遂回湖南举办团练。乃未几得武汉之恶耗，唐君竟败至死。然兄弟于是时益知专制恶毒，决非革命不可。"①

张知本说："先生广交游，与清军中人亦多相识，既矢志革命，交往固无所顾忌。清军中之交厚者或劝曰：'革命，造反事也！君独不为父母地乎？'先生慨然应曰：'君等知有父母矣，独不知父母之有父母，父母之父母亦有父母乎？'其孝于民族之大义，闻者辄为懔然，遂颇有望风来归者。先生性沉毅，不多言，而言多质直。"②

周震鳞回忆说："唐才常等痛感国是日非，并想为戊戌六君子报仇，计划在武汉发动'勤王起义'。……当他们准备起义的时候，

---

① 《黄兴在湖南学界欢迎会上的演说》(1912年11月8日)，载《长沙日报》1912年11月9日。

② 张知本：《黄克强先生二三事》，载《黄克强先生纪念集》第122、123页。

我和克强先生曾协助他们运动清军中的湘籍军人不加阻碍，事后其中有部分中下级军官被清军加以捕治不力的罪名革职。这是克强先生第一次运动军队，初步了解了当时清军的内部情况。"①

3—6月 义和团运动在直隶、山东一带迅速发展，随后进入北京、天津地区。

6月中旬 英、美、法、德、俄、日、意、奥八国正式组成联军，镇压义和团运动。6月21日（五月廿五日），清政府宣布宣战谕旨，命各省督抚招集义民成团，借御外侮。

6月 唐才常等在上海成立自立会，寻发起开"国会"于张园。后组织自立军，准备起兵"讨贼勤王"。

8月11日（七月十七日） 秦力山在大通起事失败，寻亡命日本。

8月14日（七月二十日） 八国联军攻陷北京。西太后那拉氏挟光绪帝载湉微服出走，10月26日（九月初四日）逃至西安。

8月21日（七月廿七日） 张之洞勾结英国领事在汉口英租界破获自立军机关，逮捕唐才常等二十余人。次日唐才常等就义。自立军起义失败。

8月下旬 痛悼唐才常遇害。

"戊戌政变后唐才常因拥护新党被杀，何先生曾见黄先生大哭。当时，何先生以为黄先生是因曾与唐同学而哭，后来才知道黄先生之哭，实在是痛恨满清之昏庸暴虐与痛心其同胞之受制于异族，而其革命思想，亦已于是时萌芽。"②

---

① 周震麟：《关于黄兴、华兴会和辛亥革命后的孙黄关系》，载《辛亥革命回忆录》第1集第331页.

② 《祝国庆忆斯人——何成浚谈先烈黄兴》，载《黄克强先生纪念集》第72页.

10月6日（闰八月十三日）　　兴中会郑士良等以会党为主力，在广东惠州三洲田起义。

10月28日（九月初六日）　　史坚如响应惠州起义，谋炸两广总督德寿，事败被捕。11月9日（九月十八日）就义。

冬　孙中山在日本总结惠州起义失败教训，攻读西方军事著作多种。

1901年（光绪二十七年　辛丑）27岁

1月29日（庚子年十二月初十日）　清政府在西安下诏预约"变法"，命臣工参酌中西政治各抒所见。

2月14日（庚子年十二月廿六日）　清政府发布"上谕"，表示要"量中华之物力，结与国之欢心。"

5月10日（辛丑三月廿二日）　秦力山等在东京创刊《国民报》，鼓吹革命。

6月27日（五月十二日）　次子一中生于石家河。

7月底　迁居长沙城北紫东园。

"父实在是辛丑四月间由鄂返回家看护母亲。生一中满月后，全家迁进省城，住梓〔紫〕桐〔东〕园。"①

秋　往两湖书院复学。初识章士钊。

章士钊回忆说："吾与克强初相识，在武昌两湖书院斋舍中，时千九百零一，即前清光绪二十七年辛丑秋也。……旧同学善化王闿宪，隶两湖为寄宿生，愿分斋舍与吾共读。吾因以未尝注籍，全不合格之傀来新生，鸠占鹊巢，蒙混一时，以是识克强。"②

7月24日（六月初九日）　清政府设立外务部，班列六部之前，派奕劻总理事务。

―――――――――――

① 黄振华1955年4月28日复薛君度函。"辛丑四月间"句，据前引《黄兴在湖南学界欢迎会上的演说》，当为庚子四月间。

② 章士钊：《与黄克强相交始末》，载《辛亥革命回忆录》第2集第138页。

8月29日（**七月十六日**）　清政府下诏改科举，废八股，试中国政治史事论·废武科。

9月7日（**七月二十五日**）　奕劻、李鸿章代表清政府与德、奥、比、西、美、法、英、意、日、荷、俄十一国签订《辛丑各国和约》。

9月17日（**八月初五日**）　清政府命各省选派留学生，学成分别赏给进士、举人出身。

10月6日（**八月二十四日**）　西太后那拉氏等自西安启程回北京。

是年　撰笔墨铭抒怀。

《笔铭》："朝作书，暮作书，雕虫篆刻胡为乎？投笔方为大丈夫！"

《墨铭》："墨磨日短，人磨日老。寸阴是竞，尺璧勿宝！"①

---

①　《黄克强蔡松坡轶事》第41页。

1902年（光绪二十八年　壬寅）28岁

1月3日（辛丑年十一月廿四日）　西太后那拉氏等回到北京。

2月8日（正月初一日）　梁启超在日本创刊《新民丛报》，诋毁反清革命，鼓吹君主立宪。

4月8日（三月初一日）　清政府与沙俄签订《交收东三省条约》，规定沙俄侵略军分期全部撤退。

4月26日（三月十九日）　孙中山自横滨到东京，参加章炳麟、秦力山等倡议举行的"支那亡国二百四十二年纪念会"（明崇祯帝死难日），因受日政府阻挠未开成，当日返回横滨。

4月　蔡元培等在上海发起成立中国教育会，通过革新教育文化，以集结进步力量。

春夏之交　被选派赴日本留学。

当时赴日的湖北官费入宏文学院师范科学生名单：李熙（昌国）、卢弼（慎之）、金华祝（彦绳）、李实荣（蒂苏）、周龙骧（应云）、左德明（子洁）、罗襄（维持）、李鑫（贡三）、冯开滨（哲夫）、万声扬（武定）、汪步扬（寄农）、王武玉（韵石）、喻怀亮（明轩）、张继煦（儒侠）、马毓福（幼林）、黄黪（杞园）、余德元（明卿）、沈明道（邃研）、纪鸿（雪岑）、李步青（思诚）、李书城（筱垣）、阿勒精勒（约三）、施㖊木（长卿）、程明起（子端）、谈锡恩（君麂）、向国华（**仲瑜**）、胡铮（铁中）、陈英才

（子云）、陈宏业（季藩）、陈文哲（象明）、周维桢（干臣），合计三十一人，其中湘籍一人即黄兴，余均鄂籍。①

△　赋诗留别两湖书院同学。诗云：

　　　"沉沉迷梦二千载，迭迭疑峰一百重。

　　　旧衲何因藏蚁虱，中原无地走蛇龙。

　　　东山寥落人间世，南海慈悲夜半钟。

　　　小别何须赋惆怅，行看铁轨踏长空。"②

6月（五月）　　抵东京。入宏文学院速成师范科。③

宏文学院是东京高等师范学校校长嘉纳治五郎专"为清国学生教授日语及普通教育，以期培养成材"而开办的私立学校。校址在东京小石川区西江户川町。该校师范科有"六月速成师范科、八月速成师范科、年半、三年各速成师范科，本科、速成本科之设。"学生按原派遣省份编班。黄兴入读的是八个月毕业的速成师范科。"④

李书城回忆说："一九〇二年，湖广总督张之洞从两湖、经心、江汉三书院选派学生三十多人，赴日本东京弘文学院学速成师范，定期八个月毕业，学成回国后充任学堂的师资。黄克强先生和我分别从两湖书院和经心书院被派出国。……弘文学院院长由日本高等师范学院院长嘉纳兼任，教师都是日人，梁启超的弟子范源濂

① 房兆楹辑：《清末民初洋学学生题名录初辑》第25—27页。

② 湖北省政协编：《辛亥革命回忆录》第4集。

③ 《清国留学生会馆第一次报告》中《同瀛录》、《清国留学生会馆第三次报告》中《同学姓名调查录》、《游学译编》第10期《湖南同乡留学日本题名》，均载明黄轸（黄兴）抵东京时间为"光绪二十八年五月"。刘揆一《黄兴传记》、张继《黄克强先生年表》谓黄兴赴日留学为辛丑（1901）年冬，误。

④ 《弘文学院章程》第一条，转引自鲍昌、邱文治：《鲁迅年谱》上卷第34页；《弘文学院学生退校善后始末记》，载《江苏》第1期。

任翻译。"①

　　鲁迅写道："无辫之徒，回国以后，默然留长，化为不二之臣者也多得很。而黄克强在东京作师范生时，就始终没有断发，也未尝大叫革命，所略显其楚人的反抗的蛮性者，惟因日本学监诫学生不可赤膊，他却偏光着上身，手挟洋磁脸盆，从浴室经过大院子，摇摇摆摆的走入自修室去而已。"②

　　胡汉民自传："余以学师范至日本，入弘文学院。……时黄兴、杨度俱在校中，杨以勤学称，黄未尝有所表现。留学生全体多不满意于清廷之政治，傲然以未来之主人翁自居；然思想无统系，行动无组织，保皇党之余波，立宪派之滥觞，亦参杂于其间。"③

　　黄兴入宏文学院时，杨度已先在宏文学院就读，寓东京饭田町。他经常前往与湖南留日学生倾谈反清革命，座无虚席。杨度寓所几成为湖南会馆或留东学生俱乐部。黄兴既蓄志反清革命，极留意于军事技能之学习，课余别延日本退伍军官讲授军略，暇则参观士官联队各种兵操。每日晨起，必赴神乐坂武术会，参加射击比赛。每射必中，弹无虚发，得的奖牌不少。④

　　8月15日（七月十二日）　清政府颁行壬寅学制。

　　9月13日（八月十二日）　日本设立湖南汽船会社，航行于汉口、长沙间。

　　9月（八月）　湖南营务处提调贺金声回邵阳原籍起义，攻打

---

　　①　李书城：《辛亥前后黄克强先生的革命活动》，载《辛亥革命回忆录》第1集第180页。书院名称，一般作"弘文"，本谱据嘉纳治五郎亲笔签署的石润金毕业证书作"宏文"。

　　②　鲁迅：《因太炎先生而想起的二三事》。按：黄兴入宏文学院师范科时，鲁迅在普通科。

　　③　《胡汉民自传》，载《辛亥革命史料选辑》上册第164页。

　　④　参阅刘揆一《黄兴传记》、黄一欧《回忆先君克强先生》。

外国教堂，抗击清军。27日，被湖南巡抚俞廉三诱杀于湘乡青树坪。

10月8日（九月初六日）　由宏文学院学生团体推选，任中国留日学生会馆评议员。

中国留日学生会馆，成立于1901年，由留日学生所公设，以"联络情谊，交换智识"为宗旨。馆址在东京神田区骏河台铃木町十九番地。据《会馆章程》，"评议员由各学校团体选出"，"每月集会一次，与干事会合行之"，"凡遇重要事宜，干事会与评议会协议商定"。本届会馆职员选举产生于10月8日。①

10月12日（九月初十日）　彭真生于山西曲沃。

12月13日（十一月十四日）　孙中山自日本到香港。旋赴安南河内成立兴中会分会。

12月14日（十一月十五日）　与蔡锷、杨笃生、樊锥、梁焕彝、熊野萃等创办的《游学译编》杂志创刊号出版。②

《游学译编》，为留日湖南籍学生创办的月刊。编辑的目的"专以输入文明，增益民智为本"。③以"译述为主"，兼刊论著。"所译以学术、教育、军事、理财、时事、历史、地理、外论为主，其馀如中外近事，各国现今之风俗习尚，材技艺能，无论书报，择其尤者，由同人分译。"④参加编译的人员有杨度、黄兴、杨笃生、周家树、陈润霖、周宏业、曾鲲化、梁焕彝、范锐、张孝准等。⑤黄兴分

---

①　《清国留学生会馆第二次报告》。原报告标明"自壬寅九月起"。
②　台北版《黄克强先生年谱》载《游学译编》发起人中有陈天华，误。陈天华是1903年4月由湘赴日留学的。
③　《〈游学译编〉叙》，载第1册。
④　《〈游学译编〉简章》，载第2册。
⑤　《游学译编》第2册译员表。

任教育栏译员，所译日本教育家山田邦彦所著的《学校行政法论》一文，署名黄轸，连载于该刊第二、三期。

年底　与蔡锷、杨笃生等发起组织湖南编译社。①

《游学译编》创刊后，以内容丰富，深获留日学界好评。黄兴为扩大影响起见，又与蔡锷、张孝准、杨笃生、魏肇文、许直等发起组织湖南编译社，"译社股项，拟招十万金"，②大量从事译述。湖南编译社社址设东京小石川区久坚町七十一番地，以上海广智书局为总代派处，设分处于长沙金线街矿务总局。《游学译编》从第二期起，归湖南编译社出版发行。

《游学译编》创刊不久，湖北留日学生李书城、刘成禺等在东京创办《湖北学生界》，③揭露帝国主义瓜分中国的阴谋，宣传排满复汉的民族主义。黄兴力赞其成，多方支持。

①②　《蔡锷集》第39页。
③　《湖北学生界》是中国留日学生主办的革命刊物中以省区命名的最早的一种。

1903年（光绪二十九年　癸卯）29岁

1月29日（正月初一日）　各省留日学生集合东京留学生会馆举行新年团拜，马君武等演说反清革命，清吏震惧。

3月29日（三月初一日）　胡元倓等在长沙创办明德学堂。

4月14日（三月十七日）　留日学生在东京锦辉馆集会，抗议桂抚王之春阴谋出卖路矿主权，借法兵镇压会党起义，通电要求拒法惩王。

4月27日（四月初一日）　天津北洋大学堂正式开学。

4月29日（四月初三日）　陆亚发在广西南丹率众起义。

4月　沙俄侵略军违约不从东北撤退，激起中国人民的拒俄运动。

春　在宏文学院领导湘籍留学生组织"土曜会"，鼓励挺身杀敌，破坏现状。

"湖南人以黄轸（轸号厪午，世所称克强先生，后改名兴）为中心挚友。……'救国心力，各异其方。君以感情，我以理知。'这是当日我同陈（天华）说过的。黄兴独谓救国不独心力，尤以身力为必要。只有挺身杀敌或杀身成仁，才真有力。于是，宏文学院始有湖南人的土曜会。每会，黄必来领导，以军国民革命的路线相号召，力促我放弃造兵而从事用兵，以破坏现状为出路。"①

---

① 石陶钧：《六十年的我》。石陶钧（1880—1948），字醉六，湖南邵阳人，同盟会员。日本陆军士官学校第五期炮兵科毕业。清末任广西讲武堂学生队长兼战术教官。武昌起义后到汉阳，随黄兴督战。1913年7月，黄兴任江苏讨袁军总司令，石代参谋长。次年6月，随黄兴赴美国。1916年1月任护国军第一军代参谋长，随蔡锷督师入川。国民党统治时期，任国民政府参军，隐居邵阳。

4月29日（四月初三日）　午前，参加留学生会馆干事及评议员会议，商讨拒俄对策；午后，与留学生五百人集会声讨沙俄侵华罪行，组成拒俄义勇队。

沙俄拒不从我国东北撤兵，并向清政府提出种种无理要求。东京《朝日新闻》4月28日披露了沙俄向清政府提出的密约内容，留日学界为之骇然。是日"午前七时，留学生会馆干事及评议员开会于会馆，到会者四十余人。"钮永建倡议"自行组织义勇队，准备赴敌，……众皆举手赞成。"①"午后，开学生全体大会于锦辉馆，至者五百人。"汤槱、钮永建等相继演说，同申义愤。会后组织"拒俄义勇队"，当场有黄兴等一百三十余人签名"愿入义勇队赴前敌"，又有陈天华等五十余人签名入"本部办事"。②

"癸卯春，俄国进兵东三省，且向清廷提出七项新要求，留东学生阅之大愤，各省同乡会纷纷开会研究对策。钮永建（惕生）时在东京，忽发奇想，欲发起拒俄义勇队，走告留学生会馆干事章宗祥、曹雨霖等，请其以会馆名义召集全体学生组织学生军，以拒俄人侵略。章、曹等以学生手无斧柯，决无所成，且易引起政府之疑忌，拒绝其请。……惕生既说章、曹等失败，愤懑不胜，一日访秦毓鎏，滔滔述其主张，秦及叶澜等赞成之，且允联名为发起人。永建大喜，即在秦寓草传单，定期开大会于神田锦辉馆，各省学生到者五百余人，……全体通过组织拒俄义勇队，举陆军士官学生蓝天蔚为队长，日日操练，备赴疆场。先致电于北洋大臣袁世凯，请其拒绝俄人，否则与之决绝，且告以学生军之组织，请隶其麾下，求其援助。"③

---

① 《湖北学生界》第4期．
② 《军国民教育会之成立》，载《江苏》第2期，1903年5月27日出版．
③ 冯自由：《革命逸史》初集第104页．

"为了避免外人知道，义勇队员每天清早秘密聚合到大森练习射击。黄兴懂得军事知识，由他给义勇队教授枪法。与我们居住在同一个寓所里的义勇队员约有二十多人，我每天都先行起床，照料烧水煮饭的事情，为他们管理家务。"①

"留学同人，组织义勇队，欲效命疆场，冀以敌俄人，而有以钳日人之口。主之者，为黄君厪午（后更名克强）。每星期三、星期六午后及星期日，分赴京桥区及各体育场，实弹射击，练习枪法，每次各人自备弹费金三十钱（即三角），意气激昂，精神发越。"②

5月2日（四月初六日） 义勇队改称学生军。次日编队，名列乙区队三分队。

是日，"复开大会于锦辉馆，改名义勇队为学生军，商议规则。"③规定学生军以"拒俄"为目的，"代表国民公愤"，"担荷主战义务"。④次日，学生军人员咸至会馆，"编制军队。全队分甲乙丙三区队，每区队为四分队，公推蓝君天蔚为学生军队长，龚君光明、吴君禄贞、敖君正邦为区队长。分队长由队长指定"。⑤

"乙（区队）三分队长：钮永建。队员：钮永建、徐秀钧、刘景熊、黄轸、方声洞、王季绪、黄立猷、秦文铎、华鸿、杨士照"⑥

5月11日（四月十五日） 学生军改组为军国民教育会，自认

---

① 何香凝：《我的回忆》，载《辛亥革命回忆录》第1集第14页。
② 苏鹏：《柳溪忆语》。苏鹏（1880—1953），字凤初，湖南新化人。1902年赴日留学，入东京宏文学院速成师范科。次年春积极投入留日学生拒俄运动。辛亥革命后，历任湖南铜元局长、省议会副议长。晚年在新化主办青峰农业职业学校，自任校长。
③ 《军国民教育会纪事》。
④ 《学生军规则》，载《拒俄运动》第101页。
⑤ 《国民军教育会纪事》。
⑥ 《学生军名单》，载上海《苏报》1903年5月18日。

为运动员。

先是，学生军成立后，公推汤槱、钮永建为特派员，回国促袁世凯出师抗俄，并电请上海中国教育会、爱国学社等团体响应。而清驻日公使蔡钧衔恨学生军，必欲去之而后快，遂奏报清政府，攻击学生军"托于拒俄以谋革命"；复请日政府勒令解散。东京神田警署于传讯学生军干部后，勒令即日解散组织。是日，在锦辉馆开会，决议改学生军为军国民教育会，并通过公约，以"养成尚武精神，实行爱国主义"为宗旨。① 最后投票公举事务员及执法员，黄兴被举为会计，因已自认为运动员，乃举蹇念益自代。②

是日，共举"运动员"十二人，即"程君家柽（运动南洋岛），张君嵩云（横滨、神户、大坂、长崎），费君善机（西浙一带），丁君嘉墀（浙江），俞君大纯（南京一带），黄君轸（湖南及湖北、南京），杨君毓麟（江南），陈君天华（湖南），以上自认，自费。黄君铎（长江一带），余君德元（湖北），朱君祖愉（美洲），以上推举，自费。黄君润贵（横滨、神户、大坂、长崎），以上推举，公费。"③ 依军国民教育会运动员公约，运动员之责在"筹集经费"，"联络同志之团体"，实为归国发动革命之人员。

军国民教育会成立后，由杨笃生主持，"于会中密组一暗杀团，在横滨密赁一屋为制造场所，黄克强、周来苏、苏鹏等咸预其事……研究爆炸物十余种"，"欲狙击二三重要满大臣以为军事进行之声援。"④

5月31日（五月初五日）　自东京启程回国，策动反清革

---

① 《革命逸史》初集第109、112页.

② 《拒俄运动》第106页.

③ 《军国民教育会纪事》.

④ 冯自由：《革命逸史》第2集第126页、第5集第62页.

命。①

　　行前，访刘揆一，讨论进行方略，据告："种族革命，固非 运 动军学界不为功；而欲收发难速效，则宜采用哥老会党，以彼辈 本 为反对满清而早有团结，且其执法好义、多可赞叹。"并举湖南哥老会首领马福益②不肯枉法、属下感佩为例。黄兴谓："闻马昔遭危难，君曾救济之，联络自较易易。故望君及早归国，共图之耳。"③随相约三月后会于长沙。

　　5月（四月）　　邹容在上海发起组织中国学生同盟会。

　　6月30日（闰五月初六日）　　上海《苏报》案发生，章炳麟被捕入狱。次日，《革命军》著者邹容自行投案。

　　6月（四月）　　抵上海。旋偕章士钊赴泰兴、南京。吴国光介见长沙吉祥巷圣公会会长黄吉亭，始易名黄兴。

　　章士钊说："吾忆访克强于洋泾浜客栈。是日，《苏报》论文为诋谋江南陆师学堂退学事，克强询退学情形甚悉，可见克强由东抵沪，时在初夏。自五月以至闰五月，吾迫于报务，与克强见 面 不多。洎《苏报》被封，吾从事实际革命工作，开始与克强计划如何筹款。第一步，吾二人同赴泰兴，访龙砚仙；④又同赴南京，访魏肇

――――――――

　　①　启程日期，据《军国民教育会纪事》，1903年印本。另石陶钧在《六十年的我》一书中有本年"五月十六日，饯送黄兴回国"的记载，待考。

　　②　马福益（1865—1905），原名福一，湖南湘乡人，其父时迁至醴陵西乡瓦子坪。青年时加入会党，在渌口开堂放场，招纳党徒，势力遍于醴陵、湘潭、浏阳各县，成为湖南哥老会首领。

　　③　刘揆一：《黄兴传记》，载《辛亥革命》（四）第276页。刘揆一（1878—1950），字霖生，也作林生，湖南湘潭人。清末留学日本东京宏文学院，结识黄兴。归国后任醴陵渌江中学堂监督，参与组织华兴会，策划武装起义；事败后逃往日本。后加入同盟会，任庶务干事多年。武昌起义后回国，1912年任南京临时参议院议员。旋任北京政府工商总长。解放后，任湖南人民军政委员会顾问。

　　④　龙璋（1854—1918），字砚仙，也作研仙，湖南攸县人。光绪举人。以知县分发江苏候补，历任沭阳、如皋、上元、泰兴县令。辛亥革命时期，对华兴会、同盟会的革命活动，多所资助。湖南光复后，先后担任西路巡按使、都督府民政司长。晚年从事工商业，办过军用干粮厂、轮船公司。

文①（江督魏光焘第三子，新由东京返国）。旋折回沪，部署略定，乃同返长沙，始筹备华兴会。"②

7月19日（闰五月二十五日） 沈荩在北京被捕。31日被杖死于刑部。

7月（闰五月下旬） 应胡元倓约到明德学堂任教。

胡元倓说："前清癸卯夏，学校开办方一学期，倓赴杭约华紫翔兄来湘授英文。在沪遇克强，方自日本归国，因约其来明德共事，欣然允诺。"③

上海圣彼得堂吴国光会长用名片写的介绍书云："敬启者：有敝友黄兴，号竞武，系湖南省长沙府善化县籍。数次到圣彼得堂守道，将要记名。此刻回府，望阁下收入登册记名为妙。"④

8月7日（六月十五日） 章士钊等创刊《国民日报》于上海。

8月（七月） 抵武昌。在两湖书院等处发表演说，散发宣传品，鼓吹反清革命，被驱逐出境。

报载黄兴在鄂被驱逐出境消息谓："正任鄂督张，连日由京电

---

① 魏肇文（1884—1960），字武伯，号选廷，湖南邵阳人。同盟会员。清末由滇抚保送日本留学，入东京成城学校肄业。归国后，任清度支部漕仓司副司长。辛亥革命后，任众议院议员。后南下护法，先后担任广州大元帅府、军政府参议。

② 章士钊：《与克强相交始末》，载《辛亥革命回忆录》第2集第138、139页。

③ 胡元倓：《题黄克强先生遗墨》，载《明德校史》。胡元倓（1872—1940），字子靖，湖南湘潭人。光绪丁酉科拔贡。东京宏文学院速成师范科毕业。回国后，创办湖南明德学堂，主持校务近四十年。抗日战争期间，任国民参政会参政员，卒于重庆歌乐山。

④ 影印墨迹，见曹亚伯：《武昌革命真史》（前编）插页。原注："右片即上海圣彼得堂吴国光会长介绍黄克强初见长沙吉祥巷圣公会黄吉亭会长之介绍书也。时克强自日本宏文速成师范毕业甫返国，欲经营湖南之革命，此其动机也。"据此可见，黄兴改名系在1903年（癸卯）夏归国抵沪时。周震鳞谓"甲辰失败后改名黄兴"（《关于黄兴、华兴会和辛亥革命后的孙黄关系》，黄一欧亦持此说（《回忆先君克强先生》），均误。

致鄂中当道，严禁学生之矜嚣者。由当道查出两湖书院有黄轸、金华祝、万声扬、李步青、周龙骧数生，师范学堂有周、刘两生，均染嚣张气息，当即悬牌斥革。"①

黄兴自己回忆说：从日本学师范"归国时值端方督鄂，请其开办学校，宗旨不合，乃回湖南与胡君子靖、周君道腴创办经正、明德两学校，而就中办速成师范一班。"②

"公归抵鄂，在两湖书院演说满汉畛域及改革国体政体之理由，与顽固派辩论终日，卒使全场一致叹服。鄂督张之洞闻而震怒，责成首府兼院长梁鼎芬拿办。梁已悬示驱逐出境，公犹留连八日，以携带邹容所著之《革命军》、陈天华所著之《猛回头》二书，零星赠送军学各界至九千余部之多，始登江轮回湘。"③

"宋教仁……纪元前九年（清光绪二十九年）考入武昌文普通学堂肄业，便抱改革思想，开始物色同志。闻黄兴由日归国，在鄂演说，痛诋清政府的腐败，并提倡改革，他非常悦服，便和黄兴相结合。后兴因演说遭清廷之忌，离鄂赴湘，主讲明德学堂，他也于八月弃鄂回湘。"④

秋　抵长沙，主讲明德学堂速成师范班。

"癸卯秋，开第一期速成师范班，即由克强主持，邀张溥泉（继）为历史教员。吴绶青（禄贞）、李小垣（书城）皆来湘小住。"⑤"师范班第一期有学生陈嘉佑、彭国钧、任绍选等一百一十八人，分为两班上课，于一九〇四年五月毕业。当时明德学堂聘

①　《电革学生》，载《湖南官报》1903年8月25日。
②　《黄兴在湖南学界欢迎会上的演说》，载《长沙日报》1912年11月9日。时棚广总督张之洞在京，由端方署。
③　刘揆一：《黄兴传记》，载《辛亥革命》（四）第276页。
④　《宋教仁传》，载《革命先烈传记》第35页。
⑤　胡元倓：《题黄克强先生遗墨》，载《明德校史》。

请的教员中，许多人是富有革命思想的，如张继（溥泉）教历史，周震鳞（道腴）教地理，苏玄瑛（曼殊）教国文。先君兼任历史及体操教员；在其他教员缺课时，文科方面的课程，一般都是由他代课的。"①

"是年冬余赴长沙，克强在明德学堂任生物、图画教习，余任西洋历史教习。克强白日上堂，在黑板上画各样瓜果，晚间计划革命。余讲西史，开张即讲法兰西大革命。偶有一晚，与克强擦磨手枪，不慎失火，几伤克强，今思之犹厉也。"②

9月26日（八月初六日）　孙中山离日本赴檀香山。

11月4日（九月十六日）　与刘揆一、章士钊等发起组织革命团体华兴会，被举为会长，阐述反清起义方略。

刘揆一说："迨十一月，揆一回湘，公乃邀合吴禄贞、陈天华、杨守仁、龙璋、宋教仁、秦毓鎏、周震鳞、叶澜、徐佛苏、翁巩、章士钊、胡瑛、柳大任、张通典、谭人凤、王延祉、彭渊恂、萧翼鲲、柳继贞、彭邦栋、陈方度、何陶、萧堃、朱子陶、任震、陈其殷、吴超澂及予弟道一等，创立华兴会省垣连升街机关部，公被举为会长。"③

章士钊回忆说："华兴会开第一次会议于长沙，地点在彭渊恂宅，到会者共十二人。十人湘籍，余二人为侯官翁巩、无锡秦毓鎏。湘籍十人，除克强与吾及彭渊恂外，刘揆一、胡瑛、柳大任叔侄咸在。时癸卯七、八月间。"④

周震鳞回忆说："华兴会是一九○三年夏历九月十六日在长沙创建的，地点在保甲局巷彭渊恂住宅。当日参加结盟的除黄克

①　黄一欧：《黄兴与明德学堂》，载《辛亥革命回忆录》第2集第133页。
②　张继：《回忆录》，载《辛亥革命史料选辑》续编第280页。
③　刘揆一：《黄兴传记》，载《辛亥革命》（四）第276、277页。
④　章士钊：《与黄克强相交始末》，载《辛亥革命回忆录》第2集第139页。

强先生外，有宋教仁、陈天华、谭人凤、吴禄贞、苏曼殊、张继、刘揆一、柳聘农、周震鳞等二十余人。"①

黄一欧回忆说："这年十一月四日（阴历九月十六），是先君三十初度。一些具有革命思想的知识分子，聚集在长沙西区保甲局巷彭渊恂（号希明，长沙人）家里，借为先居做生日酒的名义，办了两桌酒席，举行秘密会议。到会的有彭渊恂、周震鳞、张继、柳聘农、陈方度、徐佛苏、谭人凤、苏玄瑛、吴禄贞、陈天华、宋教仁、黄牧、柳继忠等二十多人。会上，决定设立华兴会，公举先君为会长。但为避免清政府的注意，对外采用'华兴公司'的名义，以半公开的形式出现，并规定公司的任务是'兴办矿业'。"②

"华兴会在彭渊恂家召开的第一次会议，确在农历九月十六先君进三十岁这天，是以做生日酒的名义集会的。我虽没有参加，但那时在先君身边，知道这回事。在东京有段时间，跟彭渊恂住在一起，听他在闲谈中提过，印象深刻，历久难忘。"③

"黄兴在被举为华兴会会长后，首先提议说："本会皆实行革命之同志，自当讨论发难之地点与方法以何为适宜？一种为倾覆北京首都，建瓴以临海内，有如法国大革命发难于巴黎，英国大革命发难于伦敦。然英法为市民革命，而非国民革命。市民生殖于

①　周震鳞：《关于黄兴、华兴会和辛亥革命后的孙黄关系》，载《辛亥革命回忆录》第1集第330页.

②　黄一欧：《回忆先君克强先生》，载《辛亥革命回忆录》第1集第609页。按：关于参加华兴会成立会的人员，刘揆一、章士钊、周震鳞、黄一欧等人回忆，互有出入。如秦毓鎏自书履历称"甲辰夏，赴湘与黄兴、刘揆一等举事"；苏玄瑛1904年华兴会筹划起义前才到长沙；谭人凤迟至1906年冬才结识黄兴；他们当日是否在场，就很难坐实。

③　黄一欧：《辛亥革命杂忆》，湖南省政协文史资料研究委员会藏稿。冯自由在《中华民国开国前革命史》（上卷）中说："甲辰春，湘人黄轸、刘揆一、陈天华、杨笃生等在东京发起华兴会"，时间、地点均误。

本市,身受专制痛苦,奋臂可以集事,故能扼其吭而拊其背。若吾辈革命,既不能借北京偷安无识之市民得以扑灭虏廷,又非可与异族之禁卫军同谋合作。则是吾人发难,只宜采取雄据一省,与 各 省纷起之法。今就湘省而论,军学界革命思想日见发达,市民亦潜濡默化,且同一排满宗旨之洪会党人久已蔓延固结,惟相顾而莫敢先发。正如炸药既实,待吾辈引火线而后燃,使能联络一体,审 势 度时,或由会党发难,或由军学界发难,互为声援,不难取湘省为根据地。然使湘省首义,他省无起而应之者,则是以一隅敌天下,仍难直捣幽燕,驱除鞑虏。故望诸同志对于本省外省各界与有机 缘者分途运动,俟有成效,再议发难与应援之策。"①

黄兴在一次讲演中谈到反清革命的思想根源说:"我革命的动机,是在少时读太平天国杂史而起。又眼见鞑虏政治腐败,纲纪不修,官可钱买,政以贿成,而一般狗官吏,又在在虐民以 逼,剥民刮地,舞弊营私,无恶不作;盗贼横行,饥馑交侵,民不聊生,对外交涉,着着失败,而那拉氏又竟发为宁与朋友,不给家奴的谬说,瓜分之祸,迫于眉睫,外人不以人类视我,益坚我革命的决心。但 是 又看到太平天国自金田起义之后,起初他们的兄弟颇知共济,故能席卷湖广,开基金陵。不幸得很,后来因为他们兄弟有了私心,互争权势,自相残杀,以致功败垂成。我读史至此,不觉气愤填胸,为之顿足三叹;因此,我决心革命的当时,就留意于此。"②

关于华兴会的经费来源,黄一欧说:"华兴会成立后,运动 新军、会党,组织起义活动,在在需款,先君为此出卖了在长沙东乡凉塘的祖遗田产近三百石(最初卖与张姓地主,后由张家转卖 与 王

①　刘揆一:《黄兴传记》,载《辛亥革命》(四)第277页。
②　李贻燕:《纪念黄克强先生》,载1936年10月31日《西安日报》。

先谦）。张斗枢在南阳街经营图书仪器印刷业务，先后捐助达万余元。彭渊恂、柳聘农、陆鸿逵也提供了一部分经费。"①

刘揆一说："初时经费奇绌，公与柳大任、彭渊恂破产共近万金。揆一破产并告贷约四千余金，以供各种费用。后公与龙璋、杨守仁等筹得二万三千余金，备购枪械，即以龙璋创办之江轮二艘，为运械之用。"②

12月24日（十一月初六日）　上海会审公廨宣判章炳麟、邹容永远监禁。

12月　英军入侵西藏，占领春丕。

冬　与周震鳞等印发《血泪书》，鼓吹反清革命。

"一九〇三年（光绪二十九年）冬，正华兴会成立的时候，黄兴、周震鳞、邹价人等，为了鼓吹反清革命，曾发行了一种宣传品，名叫《血泪书》，由周震鳞、邹价人直接负责。其形式和书信相类似，内容是从一连串的外侮说起，抨击清廷之懦弱无能和屈膝媚外的种种丑态，末有"凡属炎黄种子，急宜奋起图存，暂驱鞑虏出关，否则瓜分之日立至。血泪陈词，仁望速起'等语。书系在日本印成小册子，携回湖南分三路散发，各由专人担任联络。"③

△　浙学会派沈瓞民等来湘谋策应。

沈瓞民说，东京的浙学会派"张雄夫（开会时张在上海）和我往湖南长沙，与华兴会首领黄兴联系，因黄兴已在长沙暗策革命，武装起义，……于是我从日本归国，即往长沙，任长沙明德学堂

---

①　黄一欧：《黄兴与明德学堂》，载《辛亥革命回忆录》第2集第135页。
②　刘揆一：《黄兴传记》，载《辛亥革命》（四）第278页。
③　马文义：《记〈血泊书〉案与〈俚语日报〉被封》，湖南省政协文史资料研究委员会藏稿。

教习。明德学堂是胡元倓创办,为湖南革命运动的大本营"①。

是年 在经正学堂兼任教员。

"随后,赁西园龙宅西侧房屋为校舍,别立经正学堂。……湖南省文史馆张平子馆员是经正学堂第一班学生,据他回忆,先君在上历史课时,向他们解释民权二字,不引卢梭、孟德斯鸠之言,而问他们读过《孟子》没有?孟子说的'民为贵,社稷次之,君 为 轻',就是民权思想。由此可见,民权思想在中国古已有之,并不是从外国搬进来的东西。"②

---

① 沈殿民:《记光复会二三事》,载《辛亥革命回忆录》第4集第132、133页。浙学会系光复会前身。

② 黄一欧:《黄兴与明德学堂》,载《辛亥革命回忆录》第2集第133页。

1904年(光绪三十年　甲辰）30岁

1月1日（癸卯年十一月二十四日）　孙中山在檀香山加入致公堂（即洪门），争取华侨支持革命，与保皇派作斗争。

2月4日（十二月十九日）　邓颖超生于广西南宁。

2月6日（十二月二十一日）　日本海军突然袭击旅顺港俄国舰队。日俄战争爆发。12日，清政府对在中国东北地区进行的日俄战争宣布"局外中立"。

2月29日（甲辰年正月十四日）　川督锡良奏设川汉铁路公司。

春初　派刘道一、万武往湘潭策动马福益起义，马表示："如果有用得着我的时候，无不唯命是听。"①

△　偕刘揆一赴湘潭会晤马福益，商讨起义计划。

刘揆一记述这次约会经过说："为避清官吏耳目，各自短衣钉鞋，头顶斗笠，乘雪夜行三十里，与相见于茶园铺矿山上一岩洞中。柴火熊熊，三人席地促坐，各倾肝胆，共谋光复。计以十月十日清

---

① 万武：《策动马福益起义的经过》，载《辛亥革命回忆录》第2集第246页。刘道一（1884—1906），字炳生，湖南湘潭人。华兴会员。后留学日本，入清华学校。与秋瑾、王明泽等组织秘密团体"十人会"，又参加冯自由等组织的"洪门天地会"。同盟会在东京成立，刘道一参加，被推任书记、干事等职。1906年秋和蔡绍南等被派回湖南运动新军和会党，策动萍、浏、醴起义，不幸为清政府发觉而遭逮捕，旋被杀害于长沙浏阳门外。万武，清末为长沙时务学堂校外生。华兴会员。辛亥革命后任广西全县知事。解放后任上海市文史研究馆馆员。已故。

西太后生辰，全省官吏在皇殿行礼时，预埋炸药其下，以炸毙之，而乘机起义。省城以武备各校学生联络新旧各军为主，洪会健儿副之。外分五路响应，洪会健儿充队伍，军学界人为指挥。……并推公为主帅，揆一与马君为正副总指挥。是夜，山路均有会党防守，得以畅所欲言。且命其党徒就岩阿雪地掘一土坑，埋数鸡其中，上以柴火煨之，香味逾于常烹，各自痛饮狂餐，乐至天晓。故公归途诗中，有'结义凭杯酒，驱胡等割鸡'之句，以纪其事。"①

春　派宋教仁、陈天华、周维桢、曹亚伯等分赴鄂、赣、川等省开展活动。

"公见本省布置已有头绪，乃使宋教仁、胡瑛设支部于武昌，结纳同志，运动武阳夏三镇新军。陈天华、姚宏业游说江西防营统领廖名缙，届时响应。周维桢、张荣楣接洽四川会党，与两湖会党合作。杨守仁、章士钊注重宁沪，策应一切。并荐熟悉军务之会党如刘月升、韩飞等数百人，陆续加入湘鄂赣军队。"②

"甲辰暑假中，予又至江西吉安府廖笏堂处运动军队。时笏堂为统领，驻吉安，新化学生投其随营学堂者不少。适廖德瑞昌办教案，予从容向吉安民众演说，并散《猛回头》、《警世钟》诸书，吉安正府试，予洋装无辫，听演说者大半应试生，竟有人持予所散书至知府胡祖谦前告密。江西巡抚夏时闻知，用万急公文至吉安军营指名捕予，就地正法。……予离吉安之次日，陈天华亦至吉安。因予案发，彼不能安居，遂由袁州经萍乡而至长沙，受尽内地运动之折磨。"③

△创设爱国协会于上海，推杨笃生任会长。

---

①　刘揆一：《黄兴传记》，载《辛亥革命》（四）第277、278页。
②　刘揆一：《黄兴传记》，载《辛亥革命》（四）第278页。
③　曹亚伯：《自叙》，载《武昌革命真史》（前编）第4、5页。

　　章士钊说："上海别树爱国协会，招邀内层志士。如蔡子民、陈独秀、蔡松坡辈，咸在上述秘密计事处，由杨笃生监视加盟。盖克强志切实行，恐其名重易漏，坚不肯任会长，于是众推杨笃生主持，而吾副焉也。"①

　　"一九〇四年即光绪三十年春，杨笃生与吾在上海创设爱国协会（此即华兴会之外围，笃生为会长，吾为副会长），松坡正由日本毕业返国，道出沪滨，应吾辈之要约，参加斯会。彼戎服莅盟，佩剑锵然，其持态严肃，为吾六十年来永矢勿谖之印象。"②

　　4月　仇鳌等在东京组织新华会。

　　"一九〇四年四月，我首次到日本，一面学习师范，一面同罗杰、余焕东、赵缑、仇亮（式匡）等组织新华会。这时，黄克强、宋教仁等已在长沙创立华兴会，筹备起义。东京的新华会就是为响应华兴会而组织的，两湖留学生参加的最多，覃振、刘道一、田桐、白逾桓、沈鸿烈、樊锥、盛时等都是会员。"这时，日本已同帝俄开战，征兵进行短期训练。我和樊锥、盛时、覃振等报名应征，以两个月的时间学完了步兵操典。"③

　　5月21日（四月初七日）　上海会审公廨改判章炳麟监禁三年，邹容两年。

----

　　① 章士钊：《与黄克强相交始末》，载《辛亥革命回忆录》第2集第140页。
　　② 章士钊：《疏〈黄帝魂〉》，载《辛亥革命回忆录》第1集第248页。章士钊谓蔡锷系1904年即光绪三十年春由日本毕业返国时加入爱国协会。据蔡锷1907年5月31日（光绪三十三年四月二十）致陈绍祖函，系"卅年冬，士官毕业"（原函藏北京图书馆）；查日本陆军士官学校史料，第三期毕业时间为"明治三十七年十一月"，即1904年11月。章氏晚年追忆，疑误。蔡锷入会，当系是年春间休假时。
　　③ 仇鳌：《辛亥革命前后杂忆》，载《辛亥革命回忆录》第1集第437、438页。仇鳌（1879—1970），原名曜，号炳生，湖南湘阴人。清末留学日本习师范，加入同盟会。辛亥革命后，任吴淞军政分府秘书长、湖南民政司长。国民党统治时期，历任铨叙部副部长、两湖监察使、国民参政员等职。解放后，历任湖南人民军政委员会委员、中南军政委员会委员、全国政协委员。

5月 创办东文讲习所,作为秘密活动据点。

黄兴在小吴门正街附近伍家井创办东文讲习所,亦称东文学社。名曰补习日文,实系培养人才,从事秘密活动的据点①。焦达峰即曾入所学习。②

上半年 在湖南民立第一女学兼任体操教员。

民立第一女学系由龙绂瑞与留日归国学生俞经诒、胡元倓、许直等发起创办,于1903年6月正式开学。许黄萱佑任监督,黄兴的继母易自如任副监督兼舍监。黄兴是学堂唯一的男教师。

"黄轸老师是第二年上半年学堂迁到南正街唐宅以后,才来教体操的。在三十多个同学中,上体操课的实际只有我们十几个没有包过脚的大脚姑娘。黄老师不到学堂里来,而由我们自己整队到东茅街许宅过厅去上操。他穿着一件酱色的纺绸长褂,教我们翻杠子,做柔软体操,玩哑铃。没有双杠设备,就要我们把床铺架子搬出来代替,叫我和龙珏表演给大家看。柔软体操是日本式,黄老师从日本学来的。他教学生很耐烦,从无疾言厉色。"③

△ 在湖南实业学堂兼任教员。

"癸卯年冬,赵尔巽从湖南留日学生监督湘潭梁焕奎之议,开办湖南实业学堂,修茸旧贡院为校舍,推焕奎主其事。焕奎聘翁巩为监督,李树藩司教务。初招十余龄之少年四五十人为甲班,名曰预科生。甲辰年春,甲班正式开课,翁巩之侄翁乃伟、李树藩之弟李恢,均与我同班。翁巩号幼恭,福建侯官人,系华兴会成员,原在明德学堂任教,因之实业学堂课程多由明德教员兼任。如张继教

---

① 《湖南官报》第651号（甲辰年三月二十七）载:"省垣东文学社,现已择定伍家井房屋一所租赁开办,报名自三月二十八日起,至四月初二日止。"
② 刘揆一:《黄兴传记》;焦传统:《先父焦达峰事略》。
③ 本谱编者1979年8月访问许佩琅的谈话纪录。

西洋史，周震鳞教地理，秦毓鎏教国文，赵声教体操，苏曼殊教图画，他们都是华兴会员。克强先生任生理学教员，授课时间不长，学堂迁小西门金线街后，他即未来过。盖其时正忙于奔走各地，策划武装起义也。"①

△　在明德学堂附设高等小学兼任博物、地理教员。

"黄老师教地理，对地图非常注重。一面讲课，一面拿着教鞭往挂图上指点说明。有时把学生叫到讲台前面，让大家仔细观看地球仪。同学们都喜欢找黄老师题地图，至今我还记得他题过下列句子："待从头收拾旧山河！''汉家烟尘在东北！''无限江山，别时容易见时难！''今也日蹙国百里，呜呼哀哉！''故国不堪回首月明中！''叹江山如故，千村寥落！'从这些题字中，充分表现出黄老师的爱国思想和革命热情。"②

△　在安徽旅湘公学兼任教员。

"芜湖安徽公学的前身是安徽旅湘公学，由李光炯创设于湖南长沙，卢仲衣为之助。嗣以环境困难，于一九〇四年（清光绪三十年）迁来芜湖。……先是，李光炯在长沙已与革命党人黄兴、刘揆一、张继、周震鳞等发生关系，黄兴、赵声等都曾在公学教过书。"③

△　致函龙绂瑞，送银洋二十元。

函云："送上银洋二十元。其十元乃女学堂本年捐项，余十元

---

① 湖南省文史研究馆馆员郭之奇1979年9月30日复本谱编者信。又据曹典球遗稿，实业学堂监督由官吏充之，翁巩任副监督，主持校事。

② 阎幼甫（鸿飞）：《回忆在明德学堂执教的黄克强先生》，湖南省政协文史资料研究委员会藏稿。作者是明德学堂高小乙班学生。

③ 《辛亥前安徽文教界的活动》，载《辛亥革命回忆录》第4集第377、378页。据《湖南官报》第847号（甲辰年十一月二十二）载："安徽旅湘公学于本年正月开办，……定期十一月底放假，即于放假后东迁。"

前代买尼椊衣料（姑缴此款，俟核清再找可也），乞查收为祷。"①

7月1日（五月十八日）　长沙开为商埠。

7月3日（五月二十日）　刘静庵、曹亚伯、宋教仁、胡瑛等在武昌发起组织科学补习所。

7至8月　赴上海与章士钊、陶成章等密谋起事。

"克强返沪，与吾辈复合，时吾为革命后方略有筹画，重心尤在宣传。……一夕，议程刚了，客散，克强出新置手枪，相与摩挲，偶一失慎，子弹劖迫吾额，扬声飞去，突入窗棂寸许。吾二人大诧不已，幸其地僻，未令邻屋闻知。尔时内地各处，东连日本东京，同人风闻克强在湘谋大举，渐次到沪会合。各招待所随分安置，而余庆里尤有人满之患。"②

"一九○四年八月，陶成章联络各地会党参加革命的工作，略有头绪，就到上海和黄兴、蔡元培密谋，决定十月十日'万寿节'实行武装革命。"③

△　自沪抵武汉，筹画策应长沙起义。

"科学补习所者，乃湖北陆军第八镇工程营士兵所发起组织之革命机关也。……六月，黄克强自沪过鄂，本所开会欢迎。克强告以湘省计划，预定十月十日，乘清西太后七十生辰起义。本所党员，均一致表示赞同。当约定由湘省发难，湖北响应。"④

"科学补习所……以'革命排满'为密约，入会者颇众。六月，黄兴由沪过鄂，到所密谈，告以湘省预定十月西太后万寿节发难。会员遂群谋响应之。"⑤

①　湖南省社会科学院编《黄兴集》第2页。
②　章士钊：《与黄克强相交始末》，载《辛亥革命回忆录》第2集第140页。
③　沈瓞民：《记光复会二三事》，载《辛亥革命回忆录》第4集第133页。
④　张难先：《科学补习所始末》，载《湖北革命知之录》第55页。
⑤　杨玉如：《辛亥革命先著记》第11页。

9月（八月）　　自任大将兼同仇会会长，授马福益为少将，掌理会党事务。

"华兴会外另设同仇会，专为联络会党机关，仿日本将佐尉军制，编列各项组织。黄自任大将，兼会长职权；刘揆一任中将，掌理陆军事务；马福益任少将，掌理会党事务。"①

"华兴会成立后，先君又另外创立了两个小团体：一是同仇会，专为联络哥老会，策动会党参加起义的机构；一是黄汉会，专为运动军队参加起义的机构，陈天华、姚洪业、陈方度、黄牧等都做过这方面的工作。"②

△　派刘揆一、陈天华等至浏阳普蹟市，主持授与马福益少将仪式，并发给枪枝、马匹。

"事先，陈天华化名郑浩然，自吉安来醴，寓关家巷何祠，促本地同志参加普迹会议。伸纸作书与黄兴，述洪江会与华兴会合作意见几万言，交漆英等携往。后决议案多如所议。"③

"当时八月，浏阳普迹市例开牛马交易大会，公命揆一与陈天华、徐佛苏、陈福田等军学界人密会马福益于该地，授与少将仪式。并给长枪如干枝，手枪如干枝，马四十匹。计议各路军队之布置，均已就绪，一俟大批军械运到，如期举义。"④

事后，湖南臬司庞鸿书曾出示严禁各属村镇会场演戏开赌。告示云："照得湘省各属乡村市镇，每值会期，商贩云集，地方无赖之徒，藉端敛费演戏，开场聚赌，以致外来盗贼会匪混入其中，勾结本地痞棍滋生事端，小则诓骗诱拐，大则抢劫放飘，无恶不为，贻害

---

①　冯自由：《中华民国开国前革命史》第153页。
②　黄一欧：《回忆先君克强先生》，载《辛亥革命回忆录》第1集第610页。
③　刘谦主编：《醴陵县志·大事记》。
④　刘揆一：《黄兴传记》，载《辛亥革命》（四）第278页。

地方，实非浅鲜。此次浏阳普踬马会，竟有著名会匪在该处倡赌抽头，乘机散放飘布，经常备军哨弁拿获匪首彭太华、罗得胜 即罗本璜二名，禀明解县 讯 办。……"①

△　在明德学堂秘密制造炸弹。

"黄先生在明德任教务长，时出入理化实验室，人以其特感兴趣，不疑有他。……后始知十月初十为西太后七旬寿辰，省中文武官吏，定于是日在万寿宫遥祝，黄先生偕其同志制有炸弹 数 枚，拟预置拜垫下，待时爆发。"②

秋　辞去明德学堂教职，进行秘密活动。

"因为陈星台代印并发行其所著之《猛回头》、《警世钟》，长沙府颜仲骥欲借此倾覆明德学校。时湘抚赵次山（尔巽）先生虽去职，张筱浦（鹤龄）、俞寿臣（明颐）、金仍（珠还）皆任湘省府要职，共同维护，使事未扩大。克强遂决志革命，辞明德教员职务，实行秘密活动。"③

10月上旬　被劣绅王先谦向地方当局告密。

皮锡瑞日记云："初三日。……到（汪）孟莱处，云陆、王一气，王开三俞、黄轸、胡元倓、周震鳞、梁焕奎、翁巩八名付 陆，皆 须斥退。陆付张，张甚难之。"④

---

① 《湖南官报》第806号，甲辰年九月十二日。
② 陈介：《明德话旧》，载《明德校史》。按：明德学堂理化教员为日本人掘井觉太郎，作者为通日语之助教。
③ 胡元倓：《题黄克强先生遗墨》，载《明德校史》。
④ 皮锡瑞：《师伏堂日记》1904年10月11日（甲辰年九月初 三）条。皮锡瑞（1850—1908），字麓门，湖南善化人。近代今文经学家。曾在湖南高等学堂等校任教。戊戌变法期间，是南学会学长。顽固派攻击南学会，他明知而不避，表现出救亡图存的爱国热情。在讲演中流露出浓厚的封建正统观念，仍遭到顽固派王先谦等的仇视。政变后，顽固派对他横加攻击。日记中"陆"，指当时署理湖南巡抚陆元鼎；"王"，指王先谦；"张"，指湖南学务处总办张鹤龄。

10月中旬　与周震鳞密商万一起义失败的退步办法。

"在起义前一个月，克强先生独自来到我的住宅密议，商定万一起义失败的退步办法，嘱我在起义中隐藏勿露，以便万一时能够设法保全革命实力，掩护同志安全撤退。这是因为张之洞、张百熙以及当时的湖南学务总办张鹤龄，对我都有好感，可能得到一些方便。"①

10月24日（九月十六日）　谋于西太后那拉氏生日（十月初十日）在长沙起义，事泄失败。

皮锡瑞日记云："十八日。早到师范，见经论，彼亦闻有风潮。……到汪宅送行，见孟莱，云已名捕黄轸，逃去矣。""十九日。……东文学舍有刘某被捕，是长沙人。其学已散。""二十日。……到学堂，闻希易言，捉得何绍曾，供出黄、刘、彭诸人，皆逃去。""二十一日。早，到高等讲一时，见道舆仍上讲堂。"②

关于这次重要起义的失败原因和出走经过，有关诸人记述如下：

周震鳞说："起义失败的原因，是由于马福益、游得胜等在浏醴一带的旧军中出入频繁，人多口杂，以致风声透露，被反动当局侦悉底蕴。因此，华兴会的秘密机关多数被破获，储藏的武器也被查抄，忠于清王朝的旧军更已严加戒备，到期无法调集起义军队。同时马福益部下有一人在醴陵车站被捕，供出一切机密，并说出这次起义的首领是长沙黄厪午老师。于是长沙府、县衙门开始在省

---

①　周震鳞：《关于黄兴、华兴会和辛亥革命后的孙黄关系》，载《辛亥革命回忆录》第1集第334页。

②　皮锡瑞：《师伏堂日记》1904年10月26—29日（甲辰年九月十八至二十一）条。"刘某"，指刘揆一，"道舆"，即震周鳞，字道腴，也作道舆。时在湖南高等学堂任教。

城搜捕革命党,并悬赏缉捕克强先生和刘霖生、宋遁初等。"①

黄一欧说:"阴历九月十六日,为先君三十周岁。这天,他亲自下寒菌面招待三位进城的姑妈。大约是早晨七点钟,西园龙宅差人持帖子来请先君去,先君正准备下面,没有去。过了半个多钟头,龙砚仙先生第二次差人持帖子来催,先君说,面还没有下好,吃了面就去。先继祖母非常机警,她看到龙宅一连来了两次帖子,催得这么急,一定是有紧要的事,因此,催先君马上就去,回来再吃面不迟。先君刚刚坐轿出门,在门口就和捕捉他的差役对面碰头了。差役见了他,便问:'你是黄轸吗?'先君情急智生,镇定地回答说:'我是来会黄轸的,他家里人说他到明德学堂去了,我要再到那里去找他。'于是差役跟着先君的轿子向西往左文襄祠走。先君到了明德学堂下轿,佯称进去喊黄某出来,叫差役们在门口等候。他进校后,就由靠西边的金华祝老师住室旁的小侧门溜出,躲进了西园龙宅。差役在学堂门口久候不见有人出来,才知道上当了,只得将三个轿伕带走,把他们打得皮破血流。记得在一九一二年,曾有其中一个罗姓轿伕的家属来过我家,先继祖母还送过他一笔钱。我原来是在学堂里住宿的,那天因是先君生日,头一天晚上就回家了。我看到先君出门就碰到差役来捉他,心里惊慌万分,便飞跑到学堂里,告诉平日最接近的沈迪民老师。沈老师叫我待在他房里不要出去,他自已急忙走了出去,找人设法让先君脱险。"②

曹亚伯说:"甲辰秋,本西太后六〔七〕十生辰。于未举行皇会之前,长沙之军械几何,兵士几何,枪弹几何,已一一调查清晰。

① 周震鳞:《关于黄兴、华兴会和辛亥革命后的孙黄关系》,载《辛亥革命回忆录》第1集第334页。
② 黄一欧:《回忆先君克强先生》,载《辛亥革命回忆录》第1集第610页。

原拟于皇会之日，趁观会之机，俾各乡之会党得以集合于长沙，义旗一举，长沙唾手可得。不期好事多磨，王益吾之党刘作楫亦在长沙办学堂，得知消息，遂密告王益吾，王益吾即密告湘抚庞鸿书，是时赵尔巽已他调矣。庞鸿书极顽固凶残，即购一会党作引线，捕一与黄克强有关系之会党，酷刑拷打逼供。一面下捕黄克强之公文与游击熊得寿，熊以公文示求中学堂校长汪德植，汪先报黄知。于是黄克强之居宅被军警包围矣。黄克强之子黄一欧尚幼，出门报信于明德学堂。黄克强即走避于明德学堂附近龙璋(字砚仙)之家。其时已近黄昏，尚距皇会之前十日也。……予至龙砚仙家，门口有一警卒守卫。直入数进，至一花厅，见克强坐在书案，起立与予握手。谓事已被人告密，军警捕之甚急，奈何？予云：勿畏。即乘原轿至吉祥巷圣公会，叩黄吉亭牧师之后门。沿途叩栅栏如前。黄吉亭牧师宿于圣公会堂后门附近之一室，闻予叩门声急，颇惊惶，便行祈祷，始稍定。开门后，予就黄牧师床前祕告以故，黄即穿衣坐予所乘之轿，予随轿后行，重至龙砚仙之花厅，与克强讨论出险方法。黄牧师先用温语安慰克强，次对克强至友如龙砚仙、金封三、张溥泉、李莲舫诸人谓：此次事变，担保克强之安全，但克强亲友无论何人，不能向予问克强之行踪。次日风声更急，又捕去同谋之会党首领游得胜、萧桂生二人。次晚，黄牧师再至龙砚仙家，授以出龙公馆之秘计。约定次日下午六时，先由黄牧师自南门乘小轿，垂轿帘，而入龙砚仙之内室，随换克强乘此轿经小街而至吉祥巷圣公会之后街某娼家门首，下轿入圣公会后门之一小巷。予则于黄昏时，专守圣公会后门以待之。黄牧师数易服装出圣公会大门以探之。待至六时十分许，克强始入小巷抵圣公会之后门矣。予牵其手而入，心始安。随克强之轿而来冒充班随者，即张溥也。"①

① 曹亚伯：《黄克强长沙革命之失败》，载《武昌革命真史》前编第1—3页。

　　龙绂瑞说："九月二十四日，马福益之部下在醴陵车站被获，供有黄堇坞老师，事乃大露。是日，余适谒客，君亦在座，洋洋如平时。惟谓余曰：'有相士云，将有缧泄之灾，能一援手乎？'余答以'君素明达，何忽信此无稽谰言。'下午，忽有人来告，君寓所紫东园被兵役围守，搜捕甚急。君始将兹事始末尽情相告。余遂留君住西园，终日读书，每饭辄尽三碗，无疾首蹙额之态。惟云有一重要箱箧，存在西长街长沙中学，设被搜查，按籍而诛，事殊危险。翌日，余衣冠出门，伪作谒客状，亲往携归，连夜将册籍文件焚毁。……君住余家三日，后迁至圣公会，由张溥泉（继）、周道腴（震鳞）诸君送之东渡。"①

　　刘揆一说："华兴会员有武备学校生朱某，误泄其事于巨绅王先谦，王乃告密于湘抚陆元鼎，迫其逮捕公与揆一。幸而学务处长张鹤龄，富于革命思想者，力为解释。陆抚乃奖励巡防营统领赵春廷多方侦缉，其营兵狡黠者，诡与会党之五路巡查何少卿、郭合卿等交欢，乃得真相而捕其至省。走邮局之会党颜某，亦同时赶至保甲局巷彭渊恂家向揆一告急，乃即促其转报马福益，而自赴小吴门正街东文讲习所报告会众。甫出巷口，即见数十营兵，前押何、郭二人自大街西来，以目视揆一，故斜走南巷避去。方在讲习所与公计议，即闻公之住宅与彭宅均被围搜。公乃密电湘鄂赣各机关预为防备，并促揆一暂时走避，而逻者已到讲习所前门矣，遂各由后门走出。公初隐于龙侍郎湛霖家，后转匿于吉祥巷圣公会牧师黄吉亭处。揆一与徐佛苏及随从之会党李松林，则出避靖港。"②

　　黄振华回忆说："革命事泄亦是在（紫东园）此屋。满清官

_____

　　①　龙绂瑞：《武溪杂忆录》，载《龙莪溪先生遗书》。
　　②　刘揆一：《黄兴传记》，载《辛亥革命》（四）第278、279页。

兵来捕公，那天正是公高高兴兴亲自指挥厨子办菜的那天：九月十六日，公的寿诞的那天，这样大的日子，我的印象是非常深刻的；父洗寒菌时，我的两只小手也曾帮同在水内的胡闹。"①

黄一欧说："关于这次事败的日期，有几个说法。我在《回忆先君克强先生》一文中作九月十六，即先君满三十岁那天，而龙绂瑞在《武溪杂忆录》一文中作九月二十四，在《黄克强先生癸卯华兴公司革命避难西园事略》中作九月二十五，曹亚伯在《武昌革命真史》中说是'距皇会之前十日'，即那年九月二十九。周震鳞、章士钊在一九六一年写的回忆录中，均依龙绂瑞后一说，作九月二十五。这几个说法中，究竟哪一个是可靠的呢？这次起义失败，先君险遭逮捕，确是农历九月十六。那天先君满三十岁，他亲自在厨房下菌面，款待三位进城祝寿的姑妈。我当时满了十二岁，在明德学堂小学部读书，住在家里，看到差役来捉他，便飞跑到学堂里去报信，找到了沈老师。曹亚伯说：'黄克强之居宅被军警包围矣，黄克强之子黄一欧尚幼，出门报信于明德学堂。'这是实在的。"②

10月26日（九月十八日）　匿居长沙吉祥巷圣公会。通知省外各处机关停止活动。

"溥泉别去，克强即登圣公会后进之一楼。楼上亦无陈设，仅安置袁礼彬之一行军床，与一小桌、一小凳。予托黄牧师由汉口买来一新棉絮，即与克强垫铺。予则仅盖一日本制造之虎纹毛毯，青

---

①　黄振华1955年4月28日复薛君度函。
②　本谱编者1980年5月访问黄一欧先生的谈话记录。按：这次起义失败，黄兴险遭逮捕的日期，从皮锡瑞日记和后引宋教仁日记看，应以黄振华、黄一欧所说的农历九月十六为准。其他各家记述，在基本情况方面多相一致，可互相参证。个别细节有出入，恐系追忆的差误。如曹亚伯说"王益吾即密告湘抚庞鸿书，是时赵尔巽已他调矣。"刘揆一则说"王乃告密于湘抚陆元鼎"。实则是时湘抚由陆元鼎署理，张绍华护理，庞鸿书为按察使，赵尔巽则早于是年四月他调，已离湘半载。

年时代，固不畏寒也。克强在圣公会楼上，除黄牧师、袁礼彬及予外，无一知者。长沙城内，风声鹤唳，几乎草木皆兵。……克强藏在圣公会楼上，对于营救同志，全仗黄吉亭牧师苦心筹画。故派袁礼彬之弟某搭轮船送信至武昌西厂口革命机关之科学补习所，使胡宗琬、刘敬安辈速将机关取消，并托其通知安庆、九江、南京、上海、杭州各处机关同时停止。一面由袁礼彬、李仲廉两人在长沙邮政总局检查邮件，凡关于明德学堂转交黄轸之信札，皆一一收检。因袁礼彬、李仲廉皆长沙邮政总局重要职员，袁礼彬之用心极周到，故此次克强破案，官场未得片纸只字之凭证也。黄吉亭牧师爱心圆满，犹恐克强家族受惊，更于圣公会附近租一屋，使克强家族迁居。"①

10月28日（九月二十日）　鄂督派军警围搜武昌科学补习所。

"湘抚电鄂督称：武昌科学补习所亦有同谋。九月二十日，鄂督派人围搜。幸所中已先接长沙密电，干事等当将文册销毁，并通知同志暂避。于是，刘敬庵移住高家巷圣公会，王汉、胡瑛移住鹦鹉洲。当军警到所时，其室已空。"②

"长沙事泄，湘抚电告武昌有科学补习所，实为同谋。张之洞急派警围搜，则其室已空，一无所获。盖长沙破案时，黄克强密电科学补习所同志先期避走也。"③

11月上旬　被湘抚陆元鼎行文通缉。

---

① 曹亚伯：《黄克强长沙革命之失败》，载《武昌革命真史》前编第3、6页.
② 杨玉如：《辛亥革命先著记》第11、12页.
③ 居正：《辛亥札记》，载《辛亥革命在湖北史料选辑》第116页。居正（1876—1951），号觉生，湖北广济人。清末留学日本，加入同盟会。1910年在日本参与筹设中部同盟会，谋在长江流域发动起义，旋归国。南京临时政府成立，任内务次长。"二次革命"失败后逃亡日本。1914年加入中华革命党，任党务部长。国民党统治时期，任司法院长兼最高法院院长、司法行政部长等职.

通缉文末称："匪首马福益等，漏网未获，党羽既布，隐患方长。际此邻氛不靖，伏莽滋多，查拿防范，均不可不严。除分饬各属认真防范，一体严密查拿外，合行开单，咨明查照。希即通饬各属，一体查拿各逸匪犯，务获究办。切饬各洋关，遇有轮船抵口，务须认真稽查。……计开在逃各匪：马福益，即马乾，回轮山佛祖堂山长。……黄近午、刘林生。"①

11月初　在黄吉亭等掩护下，化装离长沙，乘日本轮船赴上海。

"黄克强本蓄有黄帝式之三须胡，胡兰亭牧师将克强之胡须剃去。黄吉亭牧师即往城外海关人员邓玉振先生家，借其房屋请酒一桌。至黄昏城门将关未关时，黄牧师偕黄克强、袁礼彬三人化装海关办事人员，并临时催日知会会员数人出城至邓玉振先生家晚饭。……克强临行时，告黄吉亭牧师、袁礼彬先生曰，途中若遇危险，则请两君速避，彼当以自卫手枪与敌人拚命。幸天佑善人，一路平安抵玉振先生家，由黄牧师介绍，邓君欢喜无量。是晚，日本轮船沅江丸开往汉口。晚餐毕，登沅江丸。船上重要船员蔡植生，允妥为照料，黄牧师亲送至汉口。次晨黎明开轮。过靖港时，船上遇同志蓝天蔚（字秀豪），盖张之洞派往萍乡察看地势，拟在萍乡设一大规模之兵工厂者，适在沅江船上不期而遇，三人相见，喜出望外。蓝闻克强在长沙破案，心甚忧之，至此心乃大慰，并自告奋勇，力保克强经过汉口之安全。沅江丸此次下驶，特别迅速，早四时许离长沙，晚九时许即安抵汉口矣。船抵汉口时，汉口至上海之轮船皆已开行，惟招商局之江亨，因装货未齐，尚未离汉，然已停在江心矣。比即呼一小舟，赶上江亨。黄牧师送至船上，秘

---

①　署理湖南巡抚陆元鼎通缉文，载《中国国民党史稿》第3册第677页。被列各通缉者，尚有陈天华等多人。

嘱曰：'到上海时，即来一电，只拍一兴字，即知君平安无恙也。'

"黄吉亭牧师见江亨已下驶，彼亦上日本轮船夜班回长沙。不数日上海之电亦至，吾辈皆相庆幸。"①

黄兴自己回忆当年避难圣公会及出走情况说："记十年前在此间联络同志，谋革命事业。部署初定，事为满清政府侦悉，闭城大索，几遭不测，幸有圣公会得保残喘。是时圣公会在吉祥巷，瓦屋数椽，不似今日之宏敞。兄弟蛰居楼上者十馀日，遂得从容遣解党羽，孑身远扬。皆吉亭先生格外保护，化险为夷……迨事稍定，吉亭先生又护送至汉皋，保护周至，较之保护信徒尤加一等。盖欲吾侪一心改造国家，使一般人民皆享自由幸福也。"②

"马福益事败，清吏捕克强急，余与曹亚伯随克强至汉口，换乘招商轮船，以示明行反胜于暗匿也。因当时知克强相貌者尚少，下九江，值螃蟹正肥，购数斤令茶役蒸之，大食大饮，无人觉也。至沪，亦寓余庆里旁。"③

11月5日（九月二十八日） 宋教仁自湘西抵长沙，获悉起义事败，黄兴出走。

宋教仁日记云："二十八日。辰，发靖港。未正，抵省城，泊潮宗门外。余登岸至东牌楼，寻崇正书屋，比至，则门已封闭，寂然无人迹。余以为已迁往他处，乃至浏阳门街寻东文讲习所，往来数次皆不得，余心疑之。复至黄庆午家寻问彼等，则阍者答以庆午已出门十余日未归，不知何往，云云。余遂茫然不知所为，以为必有变故起于日内。信步将出城，比至福兴街，突遇曹亚伯于道。亚伯

---

① 曹亚伯：《黄克强长沙革命之失败》，载《武昌革命真史》前编第7、8页。
② 《黄兴在湖南圣公会欢迎会上的演说》（1912年11月4日），载《长沙日报》1912年11月6日。
③ 张继：《回忆录》，载《辛亥革命史料选辑》续编第280页。

若甚惊余之来省也者，而邀余至圣公会堂。既至，入其秘室，乃密语余，问于何时来者。今日省中已杀二人：一游得胜，一萧桂生也，云皆为华兴会放票之事。现抚台密派兵四处严拿黄庆午、刘连（霖）生等甚急。闻游得胜已供出常德有一宋姓者，子宜速避，云云。"①

曹亚伯说："游得胜、萧桂生受斩刑之次日，予方在循道会开门演说毕，出礼拜堂，过长沙中学大门口遇宋教仁。予惊甚，因问柳聘农在校否！盖克强破案后，聘农已逃，宋教仁不之知也。予即呼曰：'顿初，随我来。'彼见予状仓皇，亦不作声色，随予至吉祥巷圣公会见黄吉林牧师。缘圣公会教友有在湘抚衙门为吏者，自黄克强破案，游得胜、萧桂生被捕后，每日刑讯状况及逼出口供，均能详细记录，以资研究。及宋教仁见黄牧师于礼拜堂，黄牧师示以游得胜、萧桂生之口供，及急电湘西捕拿宋教仁之消息，宋方知克强之谋已破，神色惨伤。予与黄牧师皆劝其速离虎口，并送其出长沙城。黄牧师且赠以旅费八元。……顿初之来，包定大杉板船两只，特来长沙运军火，约于皇会之日，在常德谋响应者也。"②

11月7日（十月初一日）　在上海余庆里重新集会，商讨继续反清革命方略。

"十月一日，公又邀集杨守仁、仇亮、陈天华、张继、黄炎培、章士钊、陈去病、刘季平、徐佛苏、林螭、赵世暄、杨度、徐敬吾、周索鏊、柳弃疾、赵缪、万声扬、余焕东、何靡施、金天翮、彭渊恂、王慕鹈、苏鹏、陶赓熊、仇鳌、陈嘉会、蔡锷、曾广轼、苏元瑛、盛时、卢和生、陈竞全、周云轩、陈家鼎、石润金、方表、周范九、罗良铎等，重新

---

① 宋教仁：《我之历史》第1册第2页。
② 曹亚伯：《黄克强长沙革命之失败》，载《武昌革命真史》前编第4页。

集会于英租界新闸新马路余庆里，拟即日分途运动大江南北之学界军队，起义鄂宁等处，不旬日会势大振"。①

"黄克强、刘揆一、宋教仁、陈天华等幸免于难，逃匿上海租界。我在革命秘密机关（公共租界新闸路余庆里），初次会见黄克强，感到他气魄雄伟，态度磊落，意志坚定。他说湖南的组织未散，基础还在，仍可回去继续进行。我们三人依照他的指示，转道湖北回湘。"②

11月10日（十月初四日） 　出走后，长沙风声稍息。

皮锡瑞日记云："初五日。饭后到学堂录讲义。闻近日风声稍息，庆午外皆传闻也。""初五日。……王顺昌请客到学堂，闻近日风潮稍平，而道听途说者不已。如言柳聘农事，谭家皆不提及，足见多是乌有。"③

11月19日（十月十三日） 　万福华在上海枪击前广西巡抚王之春未成，被捕下狱。

11月20日（十月十四日） 　因万福华刺王之春案牵连入狱。④

万福华经吴春阳介绍，结识黄兴，决心除奸杀贼。时王之春去官居沪上，万愤其曾倡亲俄谬论，又主张借法兵镇压民变，遂

---

① 刘揆一：《黄兴传记》，载《辛亥革命》（四）第279页。
② 仇鳌：《辛亥革命前后杂忆》，载《辛亥革命回忆录》第1集第438页。
③ 皮锡瑞：《师伏堂日记》1904年11月10、11日（甲辰年十月初四、初五）条。
④ 王之春（1842—？），字爵棠，湖南清泉（今衡南县）人。曾任浙江、广东按察使，迁湖北布政使、四川布政使。后升任山西巡抚、安徽巡抚。在任广西巡抚期间，主张以让出矿产权利为条件，借法款、法兵镇压人民起义，激起国内拒法运动。1903年被解职后移居上海。万福华（1865—1920），安徽合肥人。早年倾向维新，戊戌政变后开始从事反清革命。1904年夏与吴春阳等在南京谋刺铁良未果。同年冬刺王之春未遂，被捕入狱，1912年获释。

刺王于四马路金谷香番菜馆，未遂，被捕。黄兴等牵连入狱后，蔡锷自沪赴泰兴，向龙璋求援。龙等得千金购物付狱，多方奔走营救。①

刘揆一记述黄兴被捕经过说："越日，章士钊私赴捕房暗慰，亦以嫌疑犯被拘，同人均未预知，而西捕因得识党人居址，即至余庆里搜索证据。于是苏鹏、薛大可、章勤士、周素铿皆被捕去。徐佛苏已逃出矣，后见室空无人，乃乘机入取未曾搜出之违禁物，亦被捕去。张继、赵世暄以郭人漳就江西新军统领之职，路过沪上，邀其入会，中途遇公，张即邀与同一马车归余庆里，故皆被暗探圈禁，而送入捕房。……其时湘鄂宁有文电，并公与揆一之照像致沪道，知照租界通缉。故会审时，公诡称为安徽教员李有庆，西吏犹持公之像片对照，以其服饰与须之有无，疑似不定。幸一华人书记（惜不知其姓名）事先诡称搜出之党员名册，为日用小菜帐簿，即时抛弃，无从证实。"②

章士钊说："居无何，以万福华刺王之春闻，斯案也，异军突起，与华兴会原不相涉……案发之明日，缘吾侦察不谨，牵率余庆里同人十余辈入狱，克强与道员郭人漳亦在逮。"③

苏鹏回忆狱中生活说："各人给一冰铁盂，以供餐粥。其盂不知经儿何岁月，外作灰黯色，若在狱外，见之当作三日呕。同人等皆面面相觑，不肯食。惟庆午视若寻常，捧之大喝大嚼。庆午食量本宏，罄一盂，问他人曰：'君等不食乎？'又罄一盂，连举三盂。余人见之，皆破颜为笑曰：'庆午真可人也。'……诸人以身陷缧绁，皆锁眉蹙额，庆午则履险如夷，谈笑自若。"④

---

① 据龙祖同：《龙璋行状》。
② 刘揆一：《黄兴传记》，载《辛亥革命》（四）第279、280页。
③ 章士钊：《与黄克强相交始末》，载《辛亥革命回忆录》第2集第141页。
④ 苏鹏：《柳溪忆语》。

11月23日（十月十七日）　　获释，避走日本。

"吾党机关，以吾露迹而致破败，一时牵率被捕者有如下同志：黄克强。时长沙新败，克强为悬赏名捕之巨犯，倘真迹暴露，如何补救？幸彼自化名为李寿芝，冒充郭人漳随员，经三日即保出。"①

"旋得赣抚夏时来电，为郭人漳解救，公因与同车外来之故，得以随之先期出狱，与揆一同隐法租界湖北留学生招待所，营救同人。而西捕已知出狱者为公，复肆通缉，乃与公避日本。"②

"郭人漳为江西派沪购械委员，隔两日，江西电令释放。克强冒为人漳随从，亦幸得出。余及行严等在捕房羁系四十余日，亦放释，皆龙璋（时为泰兴县令）、袁海观之力也。冬，离沪赴倭，与克强同寓于牛込区神乐坂旁。"③

"自上海捉人消息传出后，因郭人漳名列案内，很引起各方注意。江西巡抚夏时并于22日（十六日）电谕沪道袁树勋查明，'如无牵，即行释放'。袁氏据此，除亲访英总领事要求释放外，即于24日（十八日）札廨讯明核办。及至26日（二十日）江督端方也电致袁氏，查询真相，电文称：'闻沪获乱党，起出枪械八十七箱，并悖逆章程，已否开讯？所获党类有几？是何姓名？该匪现在是否交保？由何人保出？是否其党？刺客案牵及郭道人漳，与党案是一是二？如何办法？即望详复。此时极宜一律严查，并饬营县加意防范，勿致疏纵，至要！方，哿电'。在此电到达以前，郭人漳、

---

① 章士钊：《书甲辰三暗杀案》，全国政协文史资料研究委员会藏稿。又，《中国国民党史稿》载，黄兴于会审时化名李寿芝，供称："湖南长沙人，年二十六。系九江民立蒙学堂汉文教习，同郭来沪采办仪器书籍。"（《中国国民党史稿》第3册第680页。）

② 刘揆一：《黄兴传记》，载《辛亥革命》（四）第280页。

③ 张继：《回忆录》，载《辛亥革命史料选辑》续编第280、281页。

赵梅、汤祚贤、李寿芝等已经讯明保释；而电文中所谓枪械八十七籍，以及悖逆章程，实系讹传。后公廨谳员黄氏将经捕案情缮送王之春，稿中也曾声明并无其事。"①

11月下旬　抵东京。继续营救在沪入狱同志。

黄兴抵日后，向旅日华侨及留学界募款四千余元，派彭渊恂携回上海，会同万声扬等营救在狱同志。由龙璋出面，以泰兴县令身份向会审公廨保释，除周来苏因带有手枪被判刑外，余均次第获释出狱。上海之局，暂告结束。②

△　初访宫崎寅藏。③

一九〇四年"十一月下旬　黄兴到广市场亭后台来访（黄因万福华事件十一月十九日于上海被捕，三日后获释，来日）。"④

宫崎寅藏说："我第一次见到黄兴是惠州事件失败之后的明治三十三年。那正是我当'乞丐'的时候。当时我在四条谷相住町（爱住町）的一条胡同里租了一间陋室，……每天晚上去说书，一般讲'浪花节'，挣来三、四角钱，靠此糊口过日。这时黄兴突然来访，我与他谈了好久，觉得他不同于其他的学生。一打听，知道他是有经历的男子汉。后来，我们便很快熟了起来。他是没有经过任何人介绍而自己来找我的。"⑤

①　蒋慎吾：《同盟会时代上海革命党人的活动》，载《逸经》第26期(1937年3月20日出版)。

②　刘揆一：《黄兴传记》，载《辛亥革命》(四)第280页。

③　宫崎寅藏(1871—1922)，日本熊本县人，又名虎藏，也作宫崎滔天。清末结识孙中山，为兴中会的反清革命活动而奔走。1905年在东京协助孙中山、黄兴等人，参与中国同盟会的组建工作，任日本方面的"全权委员"。辛亥革命期间，曾多次往返于中日两国之间，从事联络工作。

④　〔日〕近藤秀树编：《宫崎滔天年谱稿》，载《宫崎滔天全集》第5卷第680页。时宫崎寅藏正在东京神田区广市场亭等处说唱浪曲，艺名白浪庵滔天。

⑤　《宫崎滔天全集》第4卷第299页。明治三十三年系明治三十七年之误。

　　吉野作造说："这是我日后所听到的话,即黄兴在一九〇四年革命失败,由上海亡命日本,当时还是个无名青年的他,来到东京之后,窘于衣食和住的问题。此时,黄兴忽然想起《三十三年之梦》,并相信其著者必定乐意帮助他,因而自告奋勇地去求宫崎的帮助。这话起初我是从已故滔天君那里听来的,后来我又直接问了黄兴氏。"①

　　12月　与留日学生组织革命同志会。

　　程潜回忆说："我于一九〇四年十月到日本东京,在振武学校肄业。是年十二月,我和湖南留日学生黄兴、宋教仁、程子楷、赵恒惕、欧阳振声、曾继梧、陈强、仇亮,云南留日学生杨振鸿、罗佩金、殷承瓛、郑开文、唐继尧,直隶姜登选,江苏章梓、伍崇实,河南曾昭文等共百余人,组织革命同志会,从事民族革命。"②

　　冬　得悉陆亚发在柳州起事,谋在湘再举革命。

　　广西会党首领陆亚发在柳州起事,"黄兴得知这消息,想乘机在湖南再举。那时我和邹代藩、蔡锷等都回到了宝庆府城,我们便在河街岭益美祥号曾子亿店中召集了周召期、曾广轼、吴任、萧立人、张监士、傅作益、石成功、徐清泉、曾子亿等同志十余人开秘密

———————————

　　①　吉野作造:《宫崎滔天著〈三十三年之梦〉解说》,载《三十三年之梦》第251、252页。　吉野作造(1878—1933),日本宫城县人。政论家。清末应袁世凯之聘到天津,任袁长子家庭教师,兼任北洋法政专门学堂教习。归国后,任东京大学政治学教授,对日本民主思想的鼓吹有贡献。

　　②　程潜:《辛亥革命前后回忆片断》,载《辛亥革命回忆录》第1集第70页。程潜(1882—1968),字颂云,湖南醴陵人。同盟会员。日本陆军士官学校第六期毕业。归国后,在四川新军中工作。辛亥武昌起义后,随黄兴参加汉阳保卫战。1912年任湖南新军独立十二旅旅长,次年任湖南军事厅长。以后历任护国军湖南总司令、护法湘南总司令、大元帅大本营军政部长、北伐军第六军军长、参谋总长、第一战区司令长官、武汉行营主任、长沙绥靖主任兼湖南省主席等职。解放后,历任湖南人民军政委员会主席、湖南省长、全国人大常委会副委员长。

会议。决定周召期赴长沙、宁乡活动；邹代藩、曾广轼、石成功等在宝庆新化活动；蔡锷到武冈去劫夺转运局的枪炮起事；我同吴任担任赴广西运动黄忠浩部倒戈，并与陆亚发取联络。"①

　　△　龚宝铨、蔡元培、章炳麟等在上海发起成立光复会。

---

　　①　《邹永成回忆录》，载《近代史资料》1956年第3期。　邹永成（1882—1955），字器之，湖南新化人。华兴会员，后加入同盟会。辛亥革命前，在广西、江西、湖北、湖南从事反清革命；宝庆光复后，任副都督。国民党统治时期，任党史史料编纂委员会委员。解放后，任湖南人民军政委员会参议。

1905年（光绪三十一年 乙巳）31岁

1月1日（甲辰年十一月二十六日）　日军攻陷旅顺口。

1月30日（十二月二十五日）　陆亚发柳州起义事败。

1月　力阻陈天华为向清政府请愿实行立宪归国北上。

冯自由说："乙巳（一九〇五年）春，天华忧伤过甚，忽发奇想，建议于东京骏河台之我国留学生会馆，主张用全体留学生名义向清廷请愿实行立宪政治，盖有感于庚子、甲辰二役倡义之失败，企图别出途径，潜布党人势力于政界，期有所活动也。留学生会馆干事乃取决于各省同乡会，黄克强、宋教仁、冯自由等均不以为然。"①

宋教仁日记云："二十八日。阴。……晤黄庆午、章行严，会商一切事件。时陈星台发有要求救亡意见书于留学界，其宗旨专倚赖政府对外与对内之政策，而将北上陈于政府。余等皆反对其说，拟于明日开同乡会时，行干涉主义。"②

"三十日。阴。辰正，往锦辉馆，赴湖南同乡会。时至者约二百人，皆决议不赞成要求政府之说，而主张全省独立自治，至午正始散。"③

----

① 冯自由：《〈猛回头〉作者陈天华》，载《革命逸史》第2集第120页。

②③ 宋教仁：《我之历史》第2册第4、5页。　梁启超(1873—1929)，字卓如，号任公，广东新会人。举人出身。1895年赴北京会试，随康有为发动"公车上书"，参加强学会，主编《时务报》，成为康有为的得力助手，时人合称"康梁"。戊戌政

"三十一日。阴。午正，黄庆午来，相商阻止陈星台北上之行。以星台前对余说有曾谒梁卓如及屡次通信之事，遂拟以改变宗旨、受保皇党运动责之。"①

"一日。阴。……至黄庆午寓，遂同至东新译社，与陈星台大开谈判，而余则实证其受保皇党之运动，辩难良久，尚未解决。"②

"二日。阴。……申初，黄庆午来，言陈星台事已干涉其不作云，良久去。"③

2月 沙俄出兵进犯新疆喀什噶尔。

4月3日（二月二十九日） 邹容死于上海租界监狱中。

4月20日（三月十六日） 马福益被湘抚端方杀害于长沙。黄兴后以马氏遗像题赠日本友人。

马福益于4月12日（三月初八）在萍乡车站为清兵逮捕后，押解长沙，受尽酷刑。是日，惨遭杀害。

曹亚伯说："端方抚湖南，……捕马福益于萍乡。马福益被捕时，用铁链锁其肩骨，俗名强盗骨，以刀洞穿肩骨，系之以练，解至长沙，观者如堵。因马福益为黄兴案中之一人，刑讯极苦。马福益亦直供不讳，声言革异族命，为汉族复仇，死何所憾。于被捕之三日，亦斩于浏阳门。予嘱谢申岳往观之，谓血流盈丈，状至惨也。"④

黄兴后在东京以马氏遗像一帧题赠日友末永节。词曰："湖南党魁马福益氏，甲辰岁谋起革命，乙巳三月十六日被满贼端方惨戮于长沙。闻就缚时，曾手刃六人焉。克强氏识。狼嘯月先生惠

变后逃亡日本，在横滨创办《清议报》，宣传改良，主张保皇。1902年创办《新民丛报》，宣传变法维新，坚持立宪保皇。梁启超通过原华兴会员徐佛苏的介绍，对陈天华多方拉拢。陈忧国伤时心切，遂倡北上陈情之议。

①②③ 宋教仁：《我之历史》第2册第4、5页。
④ 曹伯亚：《黄克强长沙革命之失败》，载《武昌革命真史》前编第9、10页。

存。"①

　△　由留日学生公推主持调查邹容惨死事。

沪上流言,邹容惨死于上海租界狱中,系遭清吏毒毙。消息传到东京,引起留学界公愤。是日,在留学生会馆开"商议调查邹容死由会,即会者共四千余人。公决定派张溥泉往上海任调查之事,而设机关于东,以黄庆午及四川顾、王、曹三君任之,经费则由众人捐集"。②

　暮春　化名张守正,致函湖北科学补习所成员刘静庵,"中多隐语"。

"补习所失败时,(刘静庵)任黎协统元洪书记官。因索党人急,静庵请假,避高家巷美教堂圣公会。狱缓,回幕,而官署之检查信件,仍严。不久,黎获张守正致敬庵书(守正即黄克强化名),中多隐语。黎疑之,讽静庵托病辞职出营。……时当乙巳暮春。"③

　5月7日（四月初四日）　由湖南同乡会公举为总理,固辞未就。

"往赴湖南同乡会。会在一川桥帝国教育会内。是日到会者二百许人,行第二次选举,举黄庆午君当总理,得八十七票;庆午固辞,于是次得多数八十二票者为杨皙子,众推举之,皙子亦固辞;争执不下,乃公议再举之,遂再投票,得多数者刘耕石,遂定焉。"④

――――――――――

　①　《黄克强先生全集》第645页。按:此像曾刊登宫崎寅藏创办的《革命评论》第七期"中国革命专号"(1907年1月1日在东京出版)。狼晴月即末永节(1869—1965),日本福冈县筑紫郡人,曾于中日战争期间任《九州日报》从军记者,后加入中国同盟会,并任《民报》发行人。
　②　宋教仁:《我之历史》第2册第13页。
　③　张难先:《日知会始末》,载《辛亥革命》(一)第555页。胡祖舜:《武昌开国实录》中亦有此记载。
　④　宋教仁:《我之历史》第2册第15、16页。刘颂虞,字耕石,湖南善化(今长沙)人。1903年留学日本东京法政大学。后为政闻社社员。

6月11日（五月初八日）　孙中山从法国马赛乘船东返，7月19日抵日本横滨，随后到东京。

6月26日（五月二十四日）　宋教仁来访，告以张继在沪查明，邹容实系病亡。

"至黄庆午寓，谈良久。时张溥泉已至〔自〕上海回东，言邹容死由，并无谋害情形，实系病亡，身后一切事务，上海同人等经营颇为周匝。"①

"光绪三十一年乙巳，二月，威丹卒于狱中，同志等派余赴上海料理后事。四川会馆执事领余至闸北四川义庄内，见数十棺停于大厅中，其一置厅中之壁下，书'周容'。执事告余曰：此即邹容也。不数日，余发肺炎，甚危；幸医治得法，获愈，返倭报告。"②

6月　宋教仁等创办的《二十世纪之支那》杂志在东京出版。

△　俄军侵入新疆伊犁。

7月14日（六月十二日）　清政府举行第一次留学生考试。

7月下旬　由宫崎寅藏介绍，与孙中山初次会见。

孙中山欧游东返抵横滨之日，宫崎寅藏约晤宋教仁，"言孙逸仙不日将来日本，来时余当为介绍君等"，"又言孙逸仙之为人，志趣清洁，心地光明，现今东西洋殆无其人焉。"③是月下旬，孙中山从横滨到达东京，由宫崎寅藏陪同来访。邀往中国餐馆凤乐园进餐，畅谈革命形势，情意欢洽。孙中山建议兴中会与华兴会联合，共谋反清革命，黄兴欣然赞同。

---

① 宋教仁：《我之历史》第2册第23页。
② 张继：《回忆录》，载《辛亥革命史料选辑》续编第281页。
③ 宋教仁：《我之历史》第2册。据宋氏日记载，宫崎寅藏约晤为7月19日。7月28日，孙中山约宋教仁、陈天华至《二十世纪之支那》社晤面，"言中国现在不必忧各国之瓜分，但忧自己之内讧。……故现今之主义，总以互相联络为要。"

　　关于黄兴与孙中山的初次晤谈情况，宫崎寅藏回忆说："黄兴则潜至上海，终被官兵所捕，经过九死一生，后得朋友相助获释，再一次冒险东渡日本。他到日本后，宋教仁、刘揆一也相继冒险来日本作客。他们在这里与湖南的同志们紧密团结在一起，并和广东的孙逸仙一派的革命学生联合起来，在留日学生中广泛宣传革命主张。到三十八年夏，孙逸仙由欧洲回到日本后，来我家里访问。他询在日本的中国人中，有没有杰出的人物？我说："仅仅两三年间，留日学生猛增。有一个叫黄兴的，是个非常的人物。"孙说："那我们就去看看他。"我说："我到他那里去把他请来吧！"孙说："不要那么麻烦了。"于是，我们两人就一起到神乐阪附近黄兴的寓所访问。和我同住过的末永节，那时和黄兴同住在一起。到达黄寓时，我要孙逸仙在门口等一等，我推开格子门喊了一声"黄先生！"末永节和黄兴一起探出头来，看到孙逸仙站在外面，忙说："啊！孙先生。"黄兴想到有许多学生在里面，立即作手势，示意孙先生不要进去；我们会意了，随即出门等待。片刻，黄兴、末永节、张继三个人出来了，将我们带到中国餐馆凤乐园。寒暄过后，彼此不拘礼节，大有一见如故之感。他们很快就开始谈起国家大事来。我虽然不大懂中国话，不知他们讲些什么，但是，中国的革命豪杰在此欢聚一堂，畅所欲言，使我们感到非常高兴。我和末永节互相频频干杯。大约有两小时，孙、黄两人专心商议国家大事，酒肴少沾。直到最后，他们才举杯庆贺。"①

---

　　① 宫崎寅藏：《清国革命军谈》，载《宫崎滔天全集》第1卷第282、283页。按：《清国革命军谈》自1911年10月19日起，在东京《日日新闻》连载发表；10月29日起，在上海《时报》译载。后来，在1916年的《宫崎滔天氏之谈》（未发表的座谈记录，长崎县图书馆藏，现收入《宫崎滔天全集》第4卷第299页）中，宫崎寅藏又谈到他介绍孙、黄初次见面情况，内容与此大体相同，惟称当时在场者尚有宋教仁。查《宋教仁日记》及张继《回忆录》，均未载宋氏在场，显系宫崎追忆有误。

"乙巳夏冯得总理在欧洲德、法、比、英四国成立新革命团体及不日东渡之通信，即以告留东各省同志，莫不欣喜若狂。及是岁六月中旬，舟抵横滨，东京同志来商进取者大不乏人。时各省伺志中负人望者，以华兴会领袖黄兴为最，孙总理前尚未与之认识，至是始由日人宫崎寅藏介绍黄及宋教仁、陈天华等数人与总理相见于东京凤乐园。黄等对总理备致倾慕，并愿率领华兴会全体会员与总理合组新革命团体。总理深表赞同。"①

张继回忆说："光绪三十一年乙巳，……夏间，总理由美来倭，宫崎寅藏介绍克强晤面，商组革命大同盟事。最感困难者，行严不参加。"②

孙、黄这次会见，为尔后同盟会的成立奠定了基础。这个良好的开端，意义是很重大的。正如民国初年某报在叙述同盟会历史时所指出的那样："考吾国革命由来已久，志士之亡命海外者不可胜数，惟漂泊无定，势力微弱。直至孙文、黄兴二氏相见于东京之后，革命事业方见发展，收联络之功有一泻千里之势。今日之成，当时运动之力居多也。"③

7月29日（六月二十七日）　约集华兴会骨干商议与兴中会合组革命团体问题。

宋教仁日记云："二十九日。晴。巳正，至陈星台寓，邀星台同至黄庆午寓，商议对于孙逸仙之问题。先是，孙逸仙已晤庆午，欲联络湖南团体中人，庆午已应之，而同人中有不欲者，故约于今日集议。既至，庆午先提议，星台则主以吾团体与之联合之说。庆午则主形式上入孙逸仙会，而精神上仍存吾团体之说。刘林生则主

---

①　冯自由：《革命逸史》第2集第137页。
②　张继：《回忆录》，载《辛亥革命史料选辑》续编第281页。
④　转引自姜泣群：《朝野新谈》甲编第49页。

张不入孙会之说。余则言，既有入会、不入会者之别，则当研究将来入会者与不入会者之关系如何。其余亦各有所说，终莫能定谁是，遂以'个人自由'一言了结而罢。"①

7月30日（六月二十八日）　出席中国同盟会筹备会议，被举为会章起草员。②

是日，在东京赤坂区桧町黑龙会内田良平宅举行同盟会筹备会。与会者包括兴中会、华兴会、光复会以及留日学生中其他团体的部分成员，日本人宫崎寅藏、内田良平、末永节，共计七十余人。会上，孙中山"先演说革命之理由及革命之形势与革命之方法，约一时许讫。"黄兴"乃宣告今日开会原所以结会，即请各人签名云，乃皆签名于一纸。"③孙中山被推为会议主席，主持讨论新团体的名称和宗旨。以是会为秘密组织，定名为中国同盟会，以"驱除鞑虏，恢复中华，创立民国，平均地权"为宗旨。旋由孙中山起草盟书，黄兴、陈天华在文字上略加润色，制订誓词云："联盟人省　　县人　　，当天发誓：驱除鞑虏，恢复中华，创立民国，平均地权。矢信矢忠，有始有卒；如或逾此，任众处罚。"④复由会众自书誓词，孙中山领导大家举行宣誓加盟仪式。众人盟书由孙中山保管，孙中山之盟书众推黄兴保管。最后推举黄兴、陈天华、宋教仁、马君武、汪兆铭、蒋尊簋等八人为起草员，负责起草同盟会章程，提交成立大会上讨论。⑤

---

①　宋教仁：《我之历史》第2册第28页。
②　关于同盟会这次筹备会的举行日期，田桐：《革命闲话》作旧历六月二十四，《总理年谱长篇稿》及冯自由：《革命逸史》初集均作旧历六月二十九。本谱从宋教仁日记。
③　宋教仁：《我之历史》第2册第28页。
④　冯自由：《革命逸史》第2集第149页。
⑥　《总理年谱长篇稿》卷上第122页。

关于同盟会这次筹备会的开会情况，有关当事人后来回忆说：

"初开成立会于东京赤坂下之黑龙会，宫崎寅藏为热心之招待员，到者有龚国煌、时功玖、田桐、居正、李烈钧、唐继尧、阎锡山、尹昌衡等四十余人。首请孙文演说，说明革命即造反，造者，即造世界；反者，即反对异族强权卖国政府，演说甚长。次即余演说，说明汉人亡国，鞑子入主，凡属汉人，皆当驱除异族，恢复汉人江山。再次则为黄兴演说，说明革命后如何普及教育，如何振兴实业，如何整理内治，如何修睦外交，听者皆为奋发。演说毕，故意由同志假反对论反驳之，以探在座者之革命心理是否坚定。予胜气与之争锋，众皆鼓掌。然后宫崎寅藏持出日本信纸一卷请众签名，众皆席地而坐，静默不动。予则愤然而起，持笔写'曹亚伯'三大字曰：'凭吾良心签名。'次程家柽曰：'我亦凭我良心签名。'于是，按次皆签名矣。最后有二人年颇长，北方人，盘辫于顶，忘其名，不肯签字，以反对予所写之三大字太不恭敬为由。予则谓今日之会，非考翰林。黄兴补之曰：'老兄欲考翰林，则请向满洲政府投考。'众则解和劝勉，二人卒签名。会毕，孙文请大众稍待。孙文先至会所大门旁之一小室，请与会者按次传握手秘号，并宣读一纸誓约。宣读时，用左手向天，文曰：当天发誓，同心协力，驱除鞑虏，光复中华；创立民国，平均地权，矢信矢忠，有始有卒；如或渝此，任众处罚。因进出于大门者四十余人，日本式之木屋，颇不坚实，大门内之地板为之倒塌，众皆惊之。予则曰：'异族政府必倒，以此为兆。'"①

"从这个时候起，黄兴等人的革命活动开始活跃起来了。他和各省重要人物商量，准备组织一个革命团体，须先开个筹备会。

---

① 曹亚伯：《武昌革命真史》前编第15、16页。

因为会是秘密开的，开会地点，颇费考虑。我家房子很窄狭，十个人以上就容纳不下，不能利用。何处合适呢？经过反复商量，最后决在内田良平家中开。届时到会的人数比预定的要多得多，屋子里挤得满满的。正开会时，突然"咚"的一声巨响，原来地板的枕木被压断了。革命同志都说这是推翻清朝的吉兆，大家不禁拍手欢呼起来。"①

"到会者四十余人，公众皆欢舞。忽有湘人张明夷以定名不当，谓既抱倾覆满廷之志，当为对象立名。孙曰：'不必也，满洲政府腐败，我辈所以革命，即令满人同情于我，亦可许其入党。'曹亚伯起曰：'今日大家主张革命，始来此间，如有异议，何必来？兄弟凭良心首先签名。'众皆和之，各书誓约一纸。是日天气炎热，为旧历六月二十四日，新历七月下旬也。"②

8月13日（七月十三日）　发起组织并主持留日学生欢迎孙中山大会。

孙中山由欧洲乘船抵日，在我国留学生中引起极大反响。于倡组中国同盟会后，黄兴、宋教仁等发起欢迎大会。是日，在东京麴町区饭田町富士见楼举行，到会一千三百余人，盛况空前，气氛热烈。宋教仁致欢迎词后，孙中山作了长篇演说，指出当前民族思想蓬勃发展，号召到会者摒弃改良主义道路，采取革命手段，致力反清斗争。会后，陈天华撰《纪东京留学生欢迎孙君逸仙事》，发表于《民报》第一号。

---

①　《宫崎滔天全集》第1卷第283、284页。
②　田桐：《同盟会成立记》，载《革命文献》（二）。　田桐（1879—1930），字梓琴，湖北蕲春人。清末肄业武昌文普通学堂，后赴日本留学。加入同盟会，被推为评议员兼执行部书记。辛亥武昌起义后，随黄兴任战时总司令部秘书长。1912年任南京临时参议院议员，次年当选众议院议员。历任国民党政府委员，立法院立法委员等职。

"黄兴和宋教仁、张继、程家柽等协商后，决定开一个留日学生欢迎孙逸仙的大会。于是，用一个晚上，通知了各学校、各旅馆的留日学生，并选定饭田町的富士见楼开欢迎会。届时，到会的学生数不清有几千人光景，仅就站在门外的，大约也有一千以上。开会时间到了，先由宋教仁致了欢迎词，接着程家柽和其他几个学生作了演说，最后孙先生作了长篇演讲，会场上不断地响起掌声。这时，黄先生拉下了一点帽子，满脸笑容，为大会的成功感到高兴。这次参加大会的人有自费生和官费生两种，其中官费生占大多数，听了孙先生一席话，开始倾向革命派一边。有的官费生拿了官费，自觉无味，就跑到留学生监督那里，说从今以后我不拿官费了。"①

宋教仁日记云："十三日。晴。午初，至富士见楼，经理开会一切事宜毕。午正，至樱亭，孙逸仙已至，遂嘱其早至会场。余遂复至富士见楼。未初，孙逸仙至，遂开会。先由余述欢迎词，众皆拍手，大喝采。次乃请孙逸仙演说。时到者已六七百人，而后来者犹络绎不绝，门外拥挤不通。警士命封门，诸人在外不得入，喧哗甚。余乃出，攀援至门额上，细述人众原因，又开门听其进，遂罢。申正，孙君演说毕，程润生及删□□□相继演说讫，又请来宾宫崎滔天及末永节二君演说，至酉初，始散会。"②

凌容众日记云："未初，偕小溪赴富士见楼，固开会欢迎孙逸仙也。不期而会者千余人。警察原限准三百人，继许九百人。楼中只能容千人，踵门而退者殆又数百人。……日本之白浪滔天演说云：吾倾家以谋中国之革命，不成，无以为生，为优人以求食。所以

---

①　《宫崎滔天全集》第1卷第283页.
②　宋教仁：《我之历史》第2册第30页.删□□，即删寿枢，字若木，安徽合肥人。留学日本东京高等工业学校。先后参加兴中会、同盟会。在同盟会期间，担任暗杀事宜。

不忍饿死者，欲留一命以见支那之革命也。吾初以今日之会，会者不过数十人，今见到会者如此之多，事之成就，不待三稔矣。又曰：吾所演之剧，即俄国革命事，何日能演支那革命，吾心始快。又，狼啸月亦日本人，将日本变法历史，详述千言。"①

8月20日（七月二十日）   出席中国同盟会成立大会，推举孙中山为总理，由总理指定为执行部庶务，居协理地位。

是日，在东京赤坂区灵南坂区日人阪本金弥宅举行同盟会正式成立大会，到会者约百人。先由黄兴宣读起草员所拟章程草案三十条，经大会讨论修改后通过。章程规定以东京为同盟会本部所在地；总理之下，本部分设执行、评议、司法三部。在选举开始前，黄兴提议："公推孙中山先生为本党总理，不必经过选举手续。"②会员均举手赞成。执行部为本部主体，由总理指定黄兴为执行部庶务。"庶务实居协理职。总理缺席时，有全权主持会务。"③干部人选推定后，黄兴复提议："《二十世纪之支那》杂志社同人，半皆已入本会。今该社社员愿将此杂志提交本会，作为机关报，何如？众皆拍手赞成。"④决定下次本部干部会议时，再商交接办法。至此，大会圆满结束。

中国同盟会是以孙中山、黄兴为轴心建立起来的。自同盟会

---

① 《凌容众日记》1905年8月13日条。 凌容众（1872—1929），号盛仪，湖南平江人。同盟会员。1905年春留学日本习警察，次年冬因触清政府忌，被驱逐回国。1907年春与其妻李樋松（日本实践女校毕业。同盟会员）创办平江启明女学堂，分任经理、监护。夫妇致力教育事业，维护启明女校二十余年。 李积芳（1882—1922），字小溪，也作筱溪，湖南平江人。同盟会员。清末以湖北仕学馆学员送日本留学，毕业于早稻田大学政治经济科。辛亥革命后，任湖南法制局参事，筹办地方自治。旋创办湖湘法制学校，兼充法政各校教员。1913年当选众议院议员。

② 田桐：《同盟会成立记》，载《革命文献》（二）第143页。

③ 《总理年谱长篇稿》卷上第123页。

④ 宋教仁：《我之历史》第2册第31页。

成立以后，会务蒸蒸日上，形势迅猛发展，反清革命事业为之开一新纪元。孙中山后来说：

"乙巳之秋，集合全国之英俊而成立革命同盟会于东京之日，吾始信革命大业可及身而成矣。于是乃敢定立中华民国之名称，而公布于党员，使之各回本省，鼓吹革命主义，而传布中华民国之思想焉。不期年而加盟者逾万人，支部则亦先后成立于各省；从此革命风潮一日千丈，其进步之速，有出人表者矣。"①

同盟会成立后，"克强先生对于总理，必恭必敬，可谓'夫子步亦步，夫子趋亦趋。'……总理卜居横滨，惟克强先生常川驻同盟会本部。有时总理出游欧美，欲以国民外交身份赢取国际同情，以促进革命事业。在此期间，克强先生则负责党务，每遇开会及接洽新进各事，皆克强先生处理。"②

同盟会本部执行部书记职务，孙中山原指定马君武担任，旋马以就读京都工科大学，未能兼顾，黄兴遂推荐田桐接替。依会章规定，本部之下设各省分会，分会长专司本省留学界之入会主盟事务。湖南分长仇式匡（亮）入联队实习，继任人远发生争论，黄兴乃自行兼任，并在神田区组织启智译社为湘支部。③

8月27日（七月二十七日） 被推举代表同盟会接收《二十世纪之支那》杂志。

是日，同盟会本部举行干部会议，推举黄兴为《二十世纪之支

---

① 《孙中山选集》上卷第176页。
② 邓家彦：《双十念黄克强先生》，载《中国一周》390期。 邓家彦(1883—1966)，字孟硕，广西桂林人。早年就读于桂林培风书院及体用学堂。后考入四川高等学堂留学预备班。在川两年。东渡日本，工读于东京政法速成科。加入同盟会。任本部司法部判事长。辛亥革命后，任南京临时参议院议员，在上海创办《中华民报》。1914年与黄兴一道赴美，入哥伦比亚大学学习政治经济。1934年任国民党政府委员，后任国民党中央常委。
③ 田桐：《同盟会成立记》，载《革命文献》（二）。

那》接收者，宋教仁为移交者。时值该刊第二期出版，宋教仁正交代邮寄，日政府以其中载有《日本政客之经营中国谈》一文，触及其侵华隐衷，强加以防害公安罪，派警吏前往没收，追问办事人员。宋据理辩驳，没有效果。移交工作，亦受影响。①

△　在寓所主盟吸收秋瑾加入同盟会。②

"乙巳七月，东京同盟会本部成立后半月，冯自由介绍瑾至黄克强宅入党。浙人入同盟会者，蒋尊簋为最早，瑾其第二人也。"③

"秋瑾是在同盟会成立半月后，由冯自由介绍，在黄兴寓所入会的。她加入同盟会后，被推为浙省主盟人。后来浙江志士入会者，多为她所介绍。"④

9月3日（八月初五日）　在寓所代表同盟会接收宋教仁移交的"《二十世纪之支那》一切簿记、款项、图书、器具、印信。"接收时，孙中山在座。⑤

9月4日（八月初六日）　往访宋教仁，告以"（留学生）会馆干事（会）今日开会，议对付日政府定管理清韩留学生事，并议及《二十世纪之支那》被禁事。"⑥

9月5日（八月初七日）　宋教仁来访，告以"南洋爪哇岛华商学堂有聘教习之信，君可去否？"宋暂应之。⑦

---

① 宋教仁：《我之历史》第2册第32页。

② 秋瑾（1877—1907），字璿卿，号竞雄，浙江山阴（今绍兴）人。1904年冲破封建家庭束缚，自己筹资留学日本，入青山实践女校，积极参加留日学生的革命活动。1906年初归国，参与创办上海中国公学。与徐锡麟分头准备于浙皖两地同时举事，被推为大通学堂督办。徐锡麟刺杀安徽巡抚恩铭，被捕遇害。清政府得奸人密报，派兵包围大通学堂。她与少数学生持械抵抗，失败被捕，壮烈就义。

③ 冯自由：《革命逸史》第2集第165页。

④ 王时泽：《回忆秋瑾》，载《辛亥革命回忆录》第4集 第266页。　王时泽（1886—1962），湖南长沙人。1904年春赴日本留学，入宏文师范普通班。同年秋，由冯自由介绍，与秋瑾、刘道一、仇亮等参加横滨三合会。次年加入同盟会。解放后，任湖南省文史研究馆馆员。

⑤⑥⑦ 宋教仁：《我之历史》第2册第34页。

9月19日（八月二十一日） 宋教仁来访，告以同盟会接收《二十世纪之支那》后，决定"不用原名，拟另出一报；一切关系，表面概与断绝。"①21日，宋教仁来访，告以"《二十世纪之支那》停办后，拟另办之报，已名曰《民报》。下礼拜日拟开会商议办法。"②

9月24日（八月二十六日） 吴樾在北京正阳门车站炸清政府出国考察五大臣。吴死难。

9月30日（九月初二日） 主盟吸收山西王用宾、荣炳加入同盟会。次日，阎锡山、张瑜、温寿泉等入会，亦由黄兴主盟。③

10月7日（九月初九日） 孙中山自横滨乘法邮船赴安南筹款。同盟会东京本部会务，由黄兴代理。

10月14日（九月十六日） 主盟吸收姚洪业、阳兆鲲加入同盟会。

"姚洪业，益阳人，号剑生，一号竞生；初名宏业，因'慕朱洪武、洪秀全之为人，乃改名洪业'。1904年，留学日本。1905年夏，粤汉铁路废约自办运动高涨之际，与人组织路矿学校于日本神田之青年会。是年冬，愤日本当局颁布'清国留学生取缔规则'，毅然返国。"1906年春，归至上海，与宁调元等合立中国公学，时受阻挠，"深感'东京之现象既如彼，内地之悲观又如此，而半生复仇光汉与此次归国对外之种种大愿，终莫能遂'，忧愤万分，乃于5月6日投黄浦江而死。"④

阳兆鲲，醴陵人。1904年赴日本留学前，肄业长沙明德学堂第一期师范班，与姚洪业同时受业于黄兴。⑤

①② 宋教仁：《我之历史》第2册第37页。
③ 《中国同盟会成立初期之会员名册》。
④ 《湖南近百年大事纪述》，《湖南省志》第1卷第220页。
⑤ 据《明德校史》。

11月26日（十月三十日）   《民报》在东京创刊，黄兴实总其成。

孙中山撰《发刊词》："余维欧美之进化，凡以三大主义：曰民族，曰民权，曰民生。""今者中国以千年专制之毒而不解，异种残之，外邦逼之，民族主义、民权主义，殆不可以须臾缓，而民生主义欧美所虑积重难返者，中国独受病未深而去之易。是故或于人为既往之陈迹，或于我为方来之大患，要为缮吾群所有事，则不可不并时而弛张之。"①

曹亚伯说："旋组织民报社于日本东京市牛込区新小川町二丁目八番地，以张继、黄兴总其成。文稿则以会员之能文者自告奋勇。会计为何天炯，字晓柳。庶务即田桐。出版之日，无法发行。予与萧钟英、陈谟、龚国辉（后改名斌）、龚国煌、冯大树数人，将印就之《民报》第一期，或包卷，或写封皮，或贴邮票，命女佣用小车推至邮局。不数小时而三千份《民报》皆发出送之中国内地矣。馀则二千余份散布于日本中国留学生中。予每日提一大包往各学校发卖，一时《民报》之声价，风行海内外。"②

"同盟会成立后，在牛込区新小川町创立了民报社，发行了同盟会的机关报《民报》，干部们都在报社里共同生活。

"当时，《民报》的销路很好，不仅在东京的留学生之间，就是在中国国内，也拥有很多读者。因此，发送报纸便煞费苦心。民报社的各位同志真是不眠不休地努力工作。"③

---

① 《民报》第1号．
② 曹亚伯：《武昌革命真史》前编第16、17页．
③ 〔日〕宫崎滔天：《三十三年之梦》，佚名初译、林启彦改译本第282、283页．

"《民报》为同盟会之机关报，而同盟会别无事务所，即以民报社为事务所。《民报》发行所招牌悬于宫崎寅藏之家，编辑部在牛込区小川町，所有党事皆在编辑部治理，所谓民报社者即编辑部也。"①

12月8日（十一月十二日） 陈天华抗议日本颁布留学生取缔规则，于东京大森海岸投海自杀。

12月（十一月） 密函禹之谟成立同盟会湖南分会，推销《民报》。

"总理与黄兴、陈天华、宋教仁等组织中国同盟会于日本东京。黄兴密函禹之谟，使在湖南设立分会及推销《民报》。湖南民党由之谟介绍入会者颇不乏人，《民报》亦由其一手代销，销路甚广。"②

关于禹之谟在湘组织《民报》发行网事，清官方档案记载："《民报》发起人：覃振、樊植、涂珂、杨捧、李家驹、龙标乾。经理人：樊植、覃振。赞成人：林德轩、徐春华、徐道渊、廖甸安、梅鼎、赵燎、杨人伟、宋标。"③

△ 离日赴香港，旋化名潜入桂林郭人漳营中，策划起事。

"十一月，黄克强至香港，寓中国报社，旋易名张守正，号愚臣，赴桂林访巡防营统领郭人漳、陆军小学监督蔡锷等策动反正。以郭、蔡二人意见不合，有碍军事进行而止。"④

冬 黄一欧到达东京。

---

① 江介散人：《革命闲话》，见《太平杂志》第1号，1929年10月发行。转引自《章太炎年谱长编》第210页。
② 姚渔湘：《禹之谟传》，载《湖南文献汇编》第1辑第168页。
③ 金蓉镜：《破邪论》，载《禹之谟史料》第161—162页。
④ 冯自由：《革命逸史》第3集第221页。作者时任中国报社长兼总编辑。

"克强革命失败时，其继母率其妻子四处窜匿，亲旧皆畏祸不理。余母任太夫人暗中供食者数年。湘按察使欲捕杀克强之长子一欧，余百计营救，密送日本，乃得免。"①

"甲辰起义失败后，先君遭清吏悬赏缉拿，在国内无容身之地，亡命日本。我虽只有十二岁，也受到连累，随时有被抓的危险。在此情况下，不能继续读书了，只好中途退学出来。最初躲在长沙南门晏家塘陈树藩家里，继而转移到南阳街张斗枢办的书店楼上，一连好几天不敢下楼。后来风声越紧，长沙城里不能立足了，藏身于善化县廖家河外祖母家里，又在东乡崩勘二姑妈家呆过一段时间。一九〇五年秋末冬初，才同湘潭黄积成一起去日本。其时先君已去南洋。到东京后，最初在《民报》社住了几天，随即搬进牛込区若宫町二十七番地章士钊寓所（先君离开东京后，章士钊迁此）。第二年上半年，章与吴弱男结婚了，我迁到振武学校对过的彭渊恂寓所。秋间，先君从南洋回来，才跟他住在牛込区东五轩町林馆。"②

----

① 《陈嘉会日记》1929年7月26日条。
② 黄一欧：《辛亥革命杂忆》，湖南省政协文史资料研究委员会藏稿。

1906年（光绪三十二年　丙午）32岁

2月13日（正月二十日）　孙中山自西贡赴新加坡,成立同盟会分会。4月,返东京。

2月22日（正月二十九日）　南昌教案发生。25日,群众怒毁教堂,杀死法、英帝国主义分子数名。

2月　刘静庵在武昌成立日知会,孙武、张难先、曹亚伯等百余人入会。该会在新军、学生和会党中进行革命宣传工作。

4月16日（三月二十三日）　京汉铁路通车。

春　与胡毅生在桂林洽商革命计划。

胡毅生原随孙中山由日本赴西贡（今胡志明市）,是时奉孙中山命由香港经梧州来桂林与黄兴接洽。自梧州雇民船溯桂江至桂林后,访黄兴于郭人漳营中,并介绍法国军官与黄相见,倾谈革命计划。先年10月,孙中山自横滨乘法邮船赴越南筹款,经吴淞口时,天津法国驻军参谋长布加卑（Boucabeille）奉其陆军部长之命,登轮求见。声称法政府有意赞助中国革命,愿先派军官数名协同往内地调查革命实力。孙中山同意进行调查,不久即派出一批同盟会员会同法军官分赴两广、长江流域及西南各省进行工作。胡毅生因有桂林之行。①

---

① 《孙中山选集》上卷第176页；胡毅生：《记布加卑与吾党之关系》,载《中国国民党五十周年纪念特刊》第57、58页。

　　△　建立同盟会桂林分会。

　　黄兴"绕道香港入桂，拟策动郭（人漳），使以所部举兵反正。会人漳方因事与蔡锷大生意见，各不相下，经克强多方调解，仍无法合作。克强不得已，乃从联络下级将弁入手，爰组织同盟分会于桂林之钵园。郭部将弁及随营学堂与陆军小学师徒加入者，有葛谦、曾传范、林纬邦、雷飙、谭道源、彭新民、梅霓仙、陈国良、林虎、杨锐锋、谭二武〔式〕、陶表封、邹永成、刘慕贤、王德渊、张熙等八十余人。"①

　　△　主盟吸收蔡锷、赵声、郭人漳、林虎等九人加入同盟会。

　　林虎说："是时，黄兴早已由日本潜至桂林工作。某日，赵声酒后畅谈洪杨故事，被旧军将领告密，遂使李经羲中止增练新军，对已练成的一营，亦有解散之意。黄兴见形势恶劣，即将平日物色认为同志的九人，由他主盟加入同盟会。此九人为蔡锷、赵声、郭人漳、胡敦生、雷飙、杨尊仁、杨祖时、卢慈佛和我。那时我已十九岁了。"②

　　△　主盟吸收梅蔚南、曾广轼加入同盟会③。

　　△　与画家齐白石邂逅相遇。

　　"有一天在朋友那里，遇到一位和尚，自称姓张，名中正，人都称他为张和尚。我看他行动不甚正常，说话也多可疑，问他从那里

　　①　冯自由：《革命逸史》第3集第280页。
　　②　林虎：《我参加辛亥革命的经过》，载《辛亥革命在广西》上集。　按：林虎回忆与蔡锷等共九人一起加入同盟会，所记系亲身经历，当属可信（同书所载李任仁撰《同盟会在桂林、平乐的活动和广西宣布独立的回忆》一文，也有同样记载）。但林虎谢世后，此文收入《辛亥革命回忆录》第1集时，却删去了蔡锷，将九人改作八人。不知编者何所据而改动林氏遗稿。　林虎（1887—1960），字隐青，广西陆川人。辛亥革命后，任南京临时政府陆军部警卫团团长。抗日战争时期，任国民参政会参政员。解放后，任政协广西壮族自治区委员会副主席，政协全国委员会常务委员。
　　③　据中国同盟会成立初期会员名册载，梅蔚南系丙午三月二十六加盟，曾广轼系丙午三月二七加盟。见《辛亥革命史料选辑》上册第121、122页。

来，往何处去，他都闪烁其辞，没曾说出一个准地方，只是吞吞吐吐
的'唔'了几声，我也不便多问了。他还托我画过四条屏，送了我二
十块银元。我打算回家的时候，他知道了，特地跑来对我说：'你
哪天走？我预备骑着马，送你出城去！'这位和尚待友，倒是很殷
勤的。到了民国初年，报纸上常有黄克强的名字，是人人知道的。
朋友问我：'你认识黄克强先生吗？'我说：'素昧平生。'朋友笑着
说：'你在桂林遇到的张和尚，既不姓张，又不是和尚，就是黄先
生。'我才恍然大悟。"①

　　按：齐白石初在乡曲，世无知者，惟同县王湘绮奇之，置之门
下，始闻名于府县。且与同县杨度、郭人漳、桂阳夏寿田等为同门
友。其后出游两广，观桂林山水时，主郭人漳，游江西、陕西时，主
夏寿田；皆为宾友，不受职任。②

　　△　梅薰南转送刘揆一自沪来电，促速离桂，梅亦力劝他往，
因有梧州、龙州之行。

　　刘电略云："郭（人漳）之先人郭松林，为满清击败太平天国
之功臣，故以荫生而得显秩，且外表英明，中实恇怯。公不忆沪上万
福华一案，当彼同出狱时，始询知为公，即哀求公速远避，其畏牵累
至此，而能舍弃利禄，与吾辈冒险革命耶？久居危地，彼虽不致陷
害，恐生他虞。希即离桂，别图良策。"③

　　黄兴抵梧州后，曾往中华学堂访刘思复。④

　　①　《白石老人自传》第55页。
　　②　据杨度：《湘潭齐山人自扩志铭》，载《湖南文史通讯》1984年第2期。
　　③　刘揆一：《黄兴传记》，载《辛亥革命》（四）第283页。
　　④　刘思复（1884—1915），又名师复，广东香山（今中山）人。1904年赴日
本留学。次年加入同盟会。归国后在香山创办妇德女学，又在梧州中华学堂任教。
1907年6月在广州谋暗杀清水师提督李准，制炸弹不慎受伤，治愈后被押解回籍监禁。
两年后获释。辛亥革命后，在上海成立无政府共产主义同志社。是民国初年中国著名
的无政府主义者。

谢英伯记其事云："一日，有一伟男子来访刘思复同志，旋匆匆去。刘思复介绍此为张君。余是时未加入中国同盟会，其后遇此伟男子于香港，则黄克强同志也。"①

离梧州后至龙州，访将弁学堂监督钮永建、边防法政学堂监督秦毓鎏，相与密商秋间在桂林起事。并相约赴安南联络华侨，募集款项。②

在龙州求见边防督办庄蕴宽，不许，遂出镇南关赴河内。

庄蕴宽云："光绪三十二年，予督办广西边防。有僧张守正求见，予知为克强，嘱岳生宏群接待之，未与面也。钮惕生方为教导团团长，凤与之善，告予，以克强将出国而乏川资，因厚赆之，并派兵护送出镇南关。克强固请一见，予不之许。"③

5月12日（四月十九日）　致函钮永建、③秦毓鎏，告抵越南河内，并寄《民报》。

函云："弟十八晚抵河内，在书肆中见有新到第二、三期《民报》，特奉上，以便公余披览。前恳造装退子弹引火手用机件，务请饬匠造好（至速至好），交岳森君为祷。"④

5月　同盟会湖北分会在武昌成立，日知会全体会员加盟。

6月29日（五月初九日）　章炳麟在上海出狱，同盟会本部派人迎往东京。

---

①　谢英伯：《入海航程》。

②　钮永建（1870—1965），字惕生，也作铁生，上海人。同盟会员。湖北武备学堂毕业。清末在广西任将弁学堂监督、督练公所帮办。辛亥革命后，历任南京临时政府参谋次长等职。"二次革命"后，亡命日本，国民党统治时期，先后担任江苏省主席、铨叙部长、考试院副院长等职。

③　《黄兴信函并题跋》。载《近代史资料》，1983年第3期。

④　《黄克强先生书翰墨迹》第48页。原函未署年月，函中所称之《民报》第3期，系1906年4月在东京出版，新到河内。故此函当写于5月12日。

6月　孙中山离日本再到新加坡。随后到吉隆坡、槟榔屿，先后建立同盟会分会。

6月　桂林起事计划未成，遂由越南返香港。旋往新加坡，协助孙中山建立南洋各埠同盟会分会。徐宗汉于此时在槟榔屿分会加盟。

"黄克强在桂林，以郭人漳与陆军小学监督蔡锷不睦，屡劝二人合力反正，均不见听，遂怏怏归香港，仍寓《中国日报》，旋赴南洋。鄂同志吴昆，时奉日知会刘家运、冯特民命至港，欲访黄协议鄂省军事，因黄未返，乃在《中国日报》守候两月。黄回，以饷项不足，令吴返鄂传语各同志静候。"①

"武昌日知会亦遵命改组为同盟会鄂分会，由是进行愈力。……丙午（1906年）春，以军界运动渐告成熟，欲在鄂省乘时大举，特派同志吴昆（寿天）至香港谒黄克强求接济饷糈，适黄克强赴南洋未返，冯自由乃款吴于中国日报，使在港候之。两月后克强始返，以南洋之款未能遽集，遂遣吴回鄂，嘱转告暂为忍耐，须候华侨方面筹得巨饷乃可发动。"②

"梅蔚南亦由桂林来，言郭人漳自公去后，经同人劝责，已允待公汇款，即举义旗，公皆以筹款未甚得手，嘱其归候时机。"③

7月　章炳麟抵东京，主编《民报》。

"五月，期满出狱。同志自日本来迓。时孙逸仙与善化黄兴克强，已集东京学子千余人设中国同盟会，倡作《民报》，与康氏弟子相诘难。主之者，溥泉及桃源宋教仁遁初、番禺胡汉民展堂、汪

① 冯自由：《革命逸史》初集第105页。
② 冯自由：《革命逸史》第2集第57页。
③ 刘揆一：《黄兴传记》，载《革命逸史》（四）第283页。

兆铭精卫、朱大符执信也。余抵东京，同志迎于锦辉馆。来观者七千人，或著屋檐上。未几，以寿州孙毓筠少侯之请，入同盟会，任《民报》编辑。"①

8月10日（六月二十一日）　禹之谟在长沙被捕，次年2月6日就义。

9月1日（七月十三日）　清政府宣布"预备立宪"。

9月5日（七月十七日）　宫崎寅藏等创办《革命评论》杂志于东京，以赞助中俄革命事业为宗旨。

9月上旬　自南洋北返，经香港抵上海。"与童俊、马君武、吴超澂、张蓉川创立广艺书局于四马路，以为交通机关。然后东渡。"②

9月11日（七月二十三日）　自上海抵日本东京。

9月12日（七月二十四日）　约宋教仁相晤。

"将往早稻田，适接黄庆午来一片，言已于昨十一日回东，欲一见余。"③

9月14日（七月二十六日）　往东京神田区美土代町三町目一番地革命评论社访宫崎寅藏。④

9月17日（七月二十九日）　宋教仁来访。

"十二时，至黄庆午寓，相见甚喜。余欲问其别后一切情形，以坐客中有外人，遂止。闲谈良久，留午餐。"⑤

---

① 《章太炎年谱长编》第208页。
② 刘揆一：《黄兴传记》，载《辛亥革命》（四）第283页。
③ 宋教仁：《我之历史》第4册第31页。
④ 《宫崎滔天全集》第5卷第685页。
⑤ 宋教仁：《我之历史》第4册第31页。

9月25日（八月初八日） 与宋教仁谈革命形势及韩登举事。

"八时，乃至黄庆午寓，坐良久，庆午回，谈叙良久。问余以去岁为取缔规则风潮事，余悉言之；并言胡经武之为人，庆午言亦早知之。又谈及渠往南洋事，庆午言往西贡后乃往广南各处，所事稍有头绪，又回香港往南洋，南洋无所（获），乃回东京云。余听之，觉其冒险心，激进心太甚，将来恐有孤注之势，欲稍劝之而不果。余又告以吉林南方韩登举事，谓此处势力甚巩固，若往运动之，或有效。……言毕，庆午亦有动意，并嘱余作一书纪其事。"①

10月6日（八月十九日） 在凤乐园宴请革命评论社宫崎寅藏等。同席者有章炳麟、柳聘农、黄一欧。②

10月15日（八月二十八日） 往东京脑病院探视宋教仁。往革命评论社访宫崎寅藏。③

"十五日。晴。五时起，甚爽快。早餐后，黄庆午同前田氏来，并携有果物。庆午言：'昨日与宫崎氏等谈及君病，谓非仅在病院所能治愈者，须在最适于使心性快爽活泼之处居之而后可。现宫崎氏已赞成劝君速去院至伊家居之，谢绝世事，而日以爽快活泼之事自适。伊处亦无他人往来，且其家中甚自由，饮食皆可随意'云云。前田氏亦极力助言之，……遂答以'余甚谢诸君之意，余极愿从之。但余生理的病尚须医治方可。余意欲待之此月完后退院，何如？'庆午云：'此亦可，尔时余当筹款济君也。'遂定议。庆午又邀至一牛肉店食午餐。下午二时，送之至停车场，余

① 宋教仁：《我之历史》第4册第34页.
② 《宫崎滔天全集》第5卷第685页.
③ 《宫崎滔天全集》第5卷第686页.

乃回院。"①

10月16日（八月二十九日）　往革命评论社访宫崎寅藏。②

△　峰川清次郎在大又楼宴请革命评论社同人和孙中山、黄兴。③

秋冬间　派刘道一与蔡绍南、彭邦栋、覃振、成邦杰等回国，运动军队、会党，策划起义。

刘道一等临行前，黄兴嘱多注意思想上的指导："今之倡义，为国民革命，而非古代之英雄革命。洪会中人，犹以推翻满清，为袭取汉高祖、明太祖、洪天王之故智，而有帝制自为之心，未悉共和真理，将来群雄争长，互相残杀，贻害匪浅。望时以民族主义、国民主义，多方指导为宜。"④刘道一抵长沙后，"会合同志数十人，密议于水陆洲舟中，谓奉黄公克强面嘱，革命军发难，以军队与会党同时并举为上策，否则亦必会党发难，军队急为响应之。以会党缺乏饷械，且少军队训练，难于持久故也。"⑤

11月4日（九月十八日）　往革命评论社访宫崎寅藏。⑥

11月7日（九月二十一日）　商请宋教仁担任《洞庭波》杂志总编辑。

宋教仁日记云："黄庆午言，宁霞仙（调元）现将接充《民报》干事，彼在上海曾办《洞庭波》杂志，今亦同在民报社办之，欲以余为总编辑云云。余答以不能担任。庆午谓可俟后日再商，

① 宋教仁：《我之历史》第4册第676页。　前田氏，指宫崎寅藏妻弟前田九二四郎（1877—1946）。日本熊本县人。曾参与宫崎寅藏组织的一些政治活动。热心赞助中国民主革命事业，参加过兴中会发动的惠州起义的筹备工作，以后多次协助同盟会在日购买军火，发动武装起义。

②③ 《宫崎滔天全集》第5卷第686页。

④ 刘揆一：《黄兴传》，载《辛亥革命》（四）第284页。

⑤ 同上，第285页。

⑥ 《宫崎滔天全集》第5卷第686页。

刻不必定也。"①

　　11月9日（九月二十三日）　　宋教仁致函黄兴："《洞庭波》②编辑之事，实不能任。"③

　　11月25日（十月初十日）　　由黄兴主持，湖南同乡会商议自治章程。

　　是日，湖南同乡会假启智译社商"议自治章程，甲论乙驳，毫不中肯綮，只闻喧嚷之声。后又议各事，更加无秩序"，众推黄兴主持之。④

　　12月2日（十月十七日）　　主持《民报》创刊周年庆祝大会，并在会上发言。

　　是日，同盟会本部在东京神田锦辉馆举行《民报》纪元节庆祝大会，到会者达数千人。大会由黄兴主持。黄兴致开会词后，章炳麟读祝词。孙中山发表长篇演说，系统阐述三民主义思想。日人池亨吉、北辉次郎、萱野长知、宫崎寅藏等相继演说。会员演说者数人。黄兴发言说：

　　"今天孙先生所说的，是革命的宗旨及其条理；章先生所说的，是革命实行时代的政策；各位来宾所说的，是激发我们革命的感情。大抵诸君听见，没有不表同情的。但是兄弟所望于诸君的，却还要再进一步。'表同情'三个字，不过是旁观的说话。凡是革命的事业，世界人人都表同情的。惟有自己的国民却不是要他表同情，是要他负这革命的责任（拍掌，大喝采）。诸君现在都是

---

　　①③　宋教仁：《我之历史》第5册第18、19页。

　　②　《洞庭波》系湖南宁乡之陈家鼎与醴陵人宁调元在上海刊发之杂志，因归葬蹈海烈士陈天华于岳麓，惹起长沙清吏之注意，几被逮捕，乃亡命东京，与景定成、杜羲等议扩大《洞庭波》组织，易名曰《汉帜》。陈家鼎任编辑，因文字浅显激昂，极受社会欢迎，与《民报》、《复报》有异曲同工之妙。借以财力不继，仅出两期而止。

　　④　宋教仁：《我之历史》第5册第22页。

学生，就拿学生的责任来说。一千八百十七年的时候，奥国宰相梅特涅，利用俄皇的势力，结神圣同盟会，压制革命党，得普王的赞成；到了十月，开宗教革命三百年祭同利俾塞战胜纪念祭，耶路大学学生齐去市外运动各州响应，革命党从此大盛。这样说来，欧洲大革命的事业，是学生担任去做的（拍掌，大喝采）。日本的革命，人人都推西南一役。那西乡隆盛所倡率的义师，就是鹿儿岛私立学校的学生。这样说来，日本革命的事业，也是学生担任去做的（拍掌，大喝采）。诸君，莫要说今天做学生的时候，是专预备建设的工夫，须得要尽那革命的责任（拍掌，大喝采）。今天这会，就是我们大家拿着赤心相见，誓要尽这做学生的本分的（拍掌，大喝采）。"①

黄兴发言毕，"有一人提议捐助《民报》经费，则皆赞成，一时投钱者，书名于册者，不知若干人。良久讫，始散会。散会时，发《民报》临时增刊赠书券人一枚，合计发出五千余枚，合其外未及发券及未得入场者计之，盖将近万人矣。"②

△　介绍谭人凤加入同盟会。

谭人凤（1860—1920），字有府，号石屏，晚年又自号雪髯。湖南新化人。三十六岁以前，在家乡办福田小学。后在县城文场内办小学堂。1906年春，离开县境到长沙，任新化驻省中学堂监督。同年十二月抵东京时，适逢同盟会举行《民报》创刊周年庆祝大会，谭人凤亦往参加。会后，经禹镜三介绍，与黄兴相晤，"畅叙至二小时，情颇洽，遂亦加入焉。"③

---

　　①　民意（即胡汉民）：《记十二月二日本报纪元节庆祝大会事及演说词》，载《民报》第10号第81—114页。
　　②　宋教仁：《我之历史》第5册第25页。
　　③　谭人凤：《石叟牌词叙录》，载《近代史资料》1956年第3期第34页。

12月4日（十月十九日）　　在湘赣哥老会首领和同盟会员刘道一等策动下，萍（乡）浏（阳）醴（陵）起义爆发。旋遭清军镇压。刘道一被捕后，12月31日（十一月十六）在长沙就义。

12月初　萍浏醴起义爆发，命谭人凤、周震鳞等归国谋响应。

"是岁适遇灾荒，萍浏醴尤甚。该地工人因受米贵减工之痛苦，对于地方官大为愤恨。会党萧克昌、李金奇、姜守旦、龚春台、王胜诸人，思乘机运动萍乡矿工起义。风声所播，李金奇在萍乡被清吏追捕，致溺毙于醴陵之白鹭潭，萧克昌亦被设计诱杀。龚春台、姜守旦迫不及待，遂于十月十九日，集合会党、矿工，在浏阳之金刚头、萍乡之高家台等处，先期发难，攻占上栗市、案山关、慈化镇各地，黄圃司赣军巡防管带胡应龙，与战大败。于是，醴陵防营兵士，亦反戈相应，其他会党，又在浏阳文家市、牛石岭相继发难，连占西乡、潭塘、大光洞，而蔓延宜春、万载各县。"①

谭人凤说："居东未久，即有浏醴起义之一事。时克强挽余与周道腴、洪春岩、何弼虞、宁调元、胡经武等归谋响应。余慨时势日蹙，亦亟思有机可乘，于是偕同返。周、洪担任驻省内应，余与何、宁拟直赴浏醴，胡则留武昌运动军队。及到省，事已消灭，无计可施，乃重赴东京，入法政学校。而宁与胡则一被逮于岳州，一被逮于武昌，两遭监禁矣。"②

△　命黄一欧加入同盟会。

"《民报》周年纪念会开过后，先君要我加入同盟会。有一天我跟先君去民报社，填写了誓约，中山先生和章太炎签名担任介绍人，随即宣誓入会。冯懋龙（自由）十四岁时，奉父命在横滨宣誓入兴中会，为兴中会员中最年幼者。我那时也刚满十四岁，要算

①　刘揆一：《黄兴传记》，载《辛亥革命》（四）第286页。
②　谭人凤：《石叟牌词叙录》，载《近代史资料》1956年第3期第35页。

是最年青的同盟会员。"①

12月16日（十一月初一日）　张謇、汤寿潜等在上海成立预备立宪公会。该会为国内立宪派结合的第一个团体。

12月17日（十一月初二日）　宋教仁"问及湖南暴动事"，告以"已派多人往各省经营之矣。"②

12月21日（十一月初六日）　在民报社晤宋教仁，告以"将有广东之行"，邀其"同往襄助"。③

12月　被张之洞悬赏通缉。

萍浏醴起义爆发后，清政府调遣数万军队大举围攻，残酷镇压。鄂督张之洞札行臬司，悬赏严拿，"如有将后开真正匪首擒获送辕者，立即照格赏发，……黄度〔庆〕武、柳际贞、刘林生（以上三名系湖南匪目）；郑先声、李燮和、朱子龙、萧克昌、卢金标（以上五名系长江一带之匪目）。拿获以上各匪首者，各赏银五百两。"④

是年　李根源介绍陆军留学生李烈钧等三十余人会见黄兴后加入同盟会。

李根源自述："密邀南北陆军同学李协和（烈钧）、孙馨远（传芳）、钟柏庵（鼎基）、陈辉圃（宏萼）、姜超六（登选）、卢子馨（香亭）、尹硕权（昌衡）、杨少石（曾蔚）、王佩卿（鉴

---

① 本谱编者访问黄一欧先生的谈话纪录。

② 宋教仁：《我之历史》第5册第28页。按：萍浏醴起义消息传到东京后，孙中山、黄兴等商定，陆续派遣杨卓霖、李根发、权道涵、刘震、孙毓筠、段书云、谭人凤、周震麟、洪春岩、何弼虞、宁调元、胡瑛等回长江沿岸各省和其他省份，策动响应，黄兴所言指此。这次起义失败后，同盟会所派人员多遭杀害或拘禁。孙毓筠被捕后，为端方所收买。

③ 宋教仁：《我之历史》第3册第29页。

④ 《清吏之文告》，转引自冯自由：《革命逸史》第6集第100页。按：柳际贞即柳刚，湖南长沙人。先后参加华兴会、同盟会，为黄兴得力助手。萍浏醴起义失败后，曾被捕系狱，坚贞不屈。辛亥革命后，投南岳铁塔寺为僧。刘林生即刘揆一。

珍）、刘炳初（洪基）、赵济侯（康时）、乔子和（煦）、覃天泉（鎏钦）、蒲仲衡（鉴）、周樾思（荫人）、李冰臣（德瑚）、梅勋彝（卓敏）、华阆荃（世中）、杨鉴章（文恺）、周哲谋（应时）三十余人见克强先生，加入同盟会。"①

△　派蔡元培为同盟会上海分会会长。

蔡元培说："我是由何海樵介绍加入（同盟会）的。次年丙午，黄克强持孙中山书来，派我为上海支部部长。"②

△　撰联哀悼塾师刘文俊。

黄兴在东京得悉塾师刘文俊病逝长沙，撰寄挽联云：

"四五年壮志莫酬，叹异域长羁，未获登龙亲长者；

万余里耗音突至，恨重洋远隔，且凭来雁吊先生。"③

①　李根源：《雪生年录》卷一，"光绪三十二年，丙午"。
②　萧瑜：《蔡子民先生自述身家轶事》，载香港《明报月刊》。按：同盟会上海分会后并入江苏分会，由高剑父任会长。
③　刘天铎：《黄兴将军游美回忆》，全国政协文史资料研究委员会藏稿。

1907年（光绪三十三年　丁未）33岁

1月4日（丙午年十一月二十日）　决定去香港策划起义，请宋教仁代理同盟会庶务。

宋教仁日记云："四月。阴。……九时至民报社，坐良久。黄庆午言：明日往□□①去，将有起义之举。此间庶务干事，欲交余代理。并嘱余可迁至伊处居之，云云。余思余现在养病，既不能作他事，庆午此去，关系甚重，若不应之，殊为非是。且此职现亦无多事，亦可任也，遂应之。"②

1月5日（十一月二十一日）　离东京赴香港。所遗同盟会庶务，交宋教仁代理。

宋教仁日记云："五日。晴。……五时至庆午寓。其处名伊势屋，与民报社甚相近，室在楼上，甚广大。余既入，安置行李，良久讫。复至民报社，时庆午已清点行李将起行矣，乃以一切要物交余。良久，庆午辞去，余不及送之。"③

1月13日（十一月二十九日）　武昌日知会遭清政府破坏。不久刘静庵等被捕入狱。

1月30日（十二月十七日）　被岑春煊通电缉拿。

刘道一被游击熊得寿逮捕后，解由臬司督同长沙府严讯，"逼

---

① 代香港。
② 宋教仁：《我之历史》第6册第2页。
③ 宋教仁：《我之历史》第6册第2页。

令供出同党，道一坚不承诺，备受酷刑，至身无完肤，血流遍地，惟大呼曰：'士可杀，不可辱，死则死耳！'清吏无可如何，乃并以所佩印章'锄非'二字，拉杂论罪，十一月十六日，惨杀之浏阳门外。东西留学界为排满革命被杀者，自道一始。"① 是日，湘抚岑春蓂致电湖广总督奏获刘道一"就地正法"，严令缉拿黄兴等人。电云："查得逆首孙汶谋为不轨·其党为黄近午、柳际贞、刘林生诸人，当分饬地方文武严密防缉。……此等匪党行踪诡密，到处勾结煽惑，潜图不轨，实为大局之患。《民报》湘省早经查禁，刘林生已电驻日杨侠勒令退学，并确查黄近午等如尚留学东京，均令退学，电饬沪道截拿，并电咨沿江沿海各省一体严缉，即饬各关认真密查，以期消患未萌。"②

2月8日（十二月二十六日）　　袁世凯奏请防制革命党，清政府交外务部、学部认真办理。

2月15日（丁未年正月初三日）　　自香港抵东京。

"黄庆午自香港归来，至民报社。言广东近日非常戒严，香港亦难居，故不得已归来云。"③

2月22日（正月初十日）　　访宋教仁，请为黄一欧教汉文，约定每日下午三时去宋寓上课。④

黄一欧说："一九〇七年春节，我在东京。先君由香港回到东京后，邀宋教仁等商量今后进行革命计划，并当面拜托他为我教授国文，约好每天下午到他的寓所去上课。先君对我期望很殷切，而我则疏懒成性，并没有认真去学习。在这以后不久，先君几次邀宋教

①　刘揆一：《黄兴传记》，载《辛亥革命》（四）第287页。
②　《清吏之文告》，转引自冯自由：《革命逸史》第6集第100、101页。
③　宋教仁：《我之历史》第6册第10页。
④　宋教仁：《我之历史》第6册第11页。

仁和日人末永节、古河等,商议运动辽东马侠（俗称马贼）归诚革命问题。因古河是日本退伍军人,到过辽东,与马侠某头目有交情,先君极力怂恿宋教仁一道去辽东。"①

2月24日（正月十二日）　商请宋教仁同日人古河②（即古川清）赴辽东运动绿林武装。

宋教仁日记云:"二十四日。晴。……末永节、古河来。古河为日本一军曹,入满洲马贼中为其头目多年者也。余与谈良久,言及韩登举及各马贼事,甚悉。夜,黄庆午邀末永、古河、张溥泉及余同至凤乐园食晚餐,遂谈商运动马贼事良久。决议古河前去,而吾党一人随之同去,因古河以联络各处而试其活动,云云。庆午复向余言,欲余去。余答以'且待稍思索再决。'九时,乃散而回。"③

2月25日（正月十三日）　赴赤坂区红叶馆（一说为三河屋）,出席日本外务省次官内田康哉为孙中山饯行举办的宴会。

当日应邀赴宴者之一汪东回忆说:"那天,除主人及特客中山先生而外,同座的有黄廑午、章太炎、胡汉民、汪精卫、刘申叔、宋迟初、田梓琴、张溥泉、山西乔君和宫崎寅藏,还有一位日本人士,不认识。"④

2月　与孙中山、章炳麟等研究制订同盟会《革命方略》。在国旗图案设计问题上,与孙中山发生争执,欲退出同盟会。旋为顾全大局,勉从孙意。

---

① 黄一欧:《辛亥革命杂忆》,湖南省政协文史资料研究委员会藏稿.
② 古河:即古川清,日本退职军曹。早年曾随军至中国东北,并在辽东马侠军中任头目,与李逢春等友善.
③ 宋教仁:《我之历史》第6册第11页.
④ 汪东:《同盟会和〈民报〉片断回忆》,载《辛亥革命回忆录》（六）第29页.

冯自由说："乙巳（1905年）七月，中国同盟会成立于日本东京。翌年冬，同盟会召集干事会编纂《革命方略》，并讨论中华民国国旗方式问题。总理主张沿用兴中会之青天白日旗，谓乃陆皓东所发明，兴中会诸先烈及惠州革命军将士先后为此旗流血，不可不留作纪念。……黄克强对于青天白日，颇持异议，谓形式不美，且与日本旭旗相近。总理争之甚力，且增加红色于上，改作红蓝白三色，以符世界上自由平等博爱之真义。仍因意见分歧，迄未解决。"①

章炳麟说："逸仙自南洋还东京，作青天白日旗张之壁上。克强欲作井字旗，示平均地权意。见逸仙壁上物，争之曰：'以日为表，是效法日本，必速毁之。'逸仙厉声曰：'仆在南洋，托命于是旗者数万人。欲毁之，先摈仆可也。'克强怒，发誓脱同盟会籍；未几，复还。"②

宋教仁日记云："二十八日。晴。……七时至民报社，与黄庆午言余辞职事，庆午不应。良久，庆午忽言欲退会，断绝关系。其原因则以□□③以己意制一新国旗，而庆午以为不善，请其改之。逸仙固执不改，并出不逊之言，故庆午怒而退会。时诸人均在，皆劝之。余则细思庆午不快之原因，其远者当另有一种不可推测之恶感情渐积于心，以致借是而发，实则此犹小问题。盖□□④素日不能开诚布公，虚心坦怀以待人，作事近于专制跋扈，有令人难堪处故也。"⑤

---

① 冯自由：《革命逸史》初集第18页。
② 章炳麟：《自定年谱》。
③ 代孙逸仙。
④ 代逸仙。
⑤ 宋教仁：《我之历史》第6册第12页。

其后黄兴接受了孙中山的方案，致函胡汉民说："名不必自我成，功不必自立，其次亦功成而不居。先生① 何定须执着第一次起义之旗？然余今为党与大局，已勉强从先生意耳。"②

△ 赋诗哀挽刘道一烈士。

黄兴自香港归来，得悉萍浏醴起义事败，刘道一惨遭杀害，"与揆一相抱痛哭曰：'吾每计议革命，惟伊独能周详，且精通英语，辩才无碍，又为将来外交绝好人才，奈何即死是役耶？'"③旋作七律一首哀挽之。诗云：

"英雄无命哭刘郎，惨澹中原侠骨香。我未吞胡恢汉业，君先悬首看吴荒。啾啾赤子天何意，猎猎黄旗日有光。眼底人才思国士，万方多难立苍茫。"④

△ 拒绝徐佛苏出面调停《民报》与《新民丛报》之论战。

《民报》在东京创刊后，与梁启超之《新民丛报》展开论战，经年未止。梁启超颇感窘迫，央求原华兴会员徐佛苏转请宋教仁、章炳麟疏通，章有妥协意，而黄兴力持不可。章炳麟说："余以胡（汉民）、汪（精卫）诘责卓如，辞近诟谇，故持论稍平。湖南徐佛苏来道卓如意，欲为调停。克强不许。"⑤

3月4日（正月二十日） 日政府应清政府请求，驱逐孙中山出境，孙于是日与胡汉民、汪精卫、池亨吉、萱野长知等离日赴越南。

△ 因孙中山被迫离日，代理同盟会总理职务。并以同盟会会员中之陆军学生为骨干，组织"丈夫团"。

---

① 指孙中山.
② 《胡汉民自传》，载《革命文献》（三）第393、394页.
③ 刘揆一：《黄兴传记》，载《辛亥革命》（四）第287页.
④ 原件藏湖南省博物馆。据刘氏后人影印件，题作《挽道一弟作》.
⑤ 《章太炎年谱长编》第208页"自定年谱".

"同盟会成立后一年，孙总理、黄兴、章炳麟等更编制革命方略，由本部颁布各省实行员，俾使于义师发动时有所准绳。由是国内各省及海外各埠机关林立，人心归附，如水之就下，党势日见发展。清廷大为恐慌，乃令驻日公使杨枢向日政府交涉，要求驱逐孙总理出境。日政府为取媚清酋计，卒密令总理离日。总理不得已从之。遂于丁未正月二十日赴南洋筹画两粤军事。"①

"自日政府禁止孙先生入境以后，同盟会总理职务即由黄先生代理。黄先生是留日学生，又长住日本，因此，国内外同盟会会员多与他直接商讨问题或通信联络，他和同志间的感情也就深厚起来。特别是黄先生与军人的关系，由于有一段特殊原因而更加密切。黄先生在日本代理同盟会总理时，中国陆军留学生的人数特别多。……黄先生以为陆军学生须在回国后掌握兵权，不可暴露革命的真面目。因此，他嘱陆军学生中的同盟会会员不到同盟会总部往来，陆军学生的入党证件也由黄先生一人独自保管。并商议由陆军同学在同盟会会员中选择一批坚贞可靠的同志另组织一个团体名曰'丈夫团'，以孟子所说的'富贵不能淫，贫贱不能移，威武不能屈'，作为团员应具的品德。据我了解，当时加入这个组织的有李根源、李烈钧、程潜、李书城、赵恒惕、黄郛、尹昌衡、黄恺元、叶荃、温寿泉、曾继梧、华世中、刘洪基、程子楷、孙方瑜、曾昭文、耿瑾文、李乾瑛、仇亮、杨曾蔚、陈强、孙棻、高霁、杨源浚、殷承瓛、袁华选、陈之骥、姜登选、李浚、王孝缜、何澄、王家驹等。黄先生还鼓励家有资财的同志出资捐官，俾将来获得兵权可更大更快些。"②

---

① 冯自由：《革命逸史》第2集第146页。
② 李书城：《辛亥前后黄克强先生的革命活动》，载《辛亥革命回忆录》第1集第183、184页。

"士官学校中另有小组织,为余与黄郛（膺白）数人发起者。郛学测量,当时颇激昂,尝谓众人曰:'满洲政府非我族类,其心必异,国人应起而推翻之,古人尝谓当仁不让。'又曰:'本校人数甚多,良莠不齐,应有严密组织小团体之必要。'当时赞同其说者颇众,于是商论命名,众皆默然。郛笑谓众人曰:'孟子不云乎？富贵不能淫,贫贱不能移,威武不能屈,此之谓大丈夫,我辈既以推翻满清为责任,必须具有不屈不挠之精神,不移不淫之毅力,革命乃克有济。'众皆服其说,遂命为'丈夫团',而推郛为首,召开成立大会。"①

"（陆）亮臣与我是日本士官学校同学,但属泛泛交,主张亦不接近。不过他知道我曾参加同盟会,且是'铁血丈夫团'中人。"②

3月6日（正月二十二日）　与宋教仁商定:宋与古河同赴辽东运动绿林武装,月内登程。③

3月7日（正月二十三日）　偕日友往大森池上观梅,留宿梅园。

"九时至民报社,遂邀何小柳、前田氏往大森池上观梅。……将返,行未半哩,忽遇黄庆午偕末永节、古河于道。问之,亦来观梅者,且邀余等再往一游。余等遂从之,复至大梅园明保楼,择一最高处入坐之。眺望良久,购食夕餐。既醉饱讫,则已天晚,遂皆留宿焉。"④

---

① 《李烈钧将军自传》。　按:"丈夫团"的发起者,李烈钧所述与李书城回忆实际上无出入。负责出面发起组织者为黄郛、李烈钧等,而秘密领其事者则为黄兴。"丈夫团"成员名单,李书城列举了三十二人,《黄膺白先生家传》及吴相湘《今日之寇准黄郛》均谓有二十五人,恐不止此数。如阎锡山也是"丈夫团"成员,并未包括在李书城名单之中。（见《阎锡山早年回忆录》）

② 阎锡山:《掌握山西武力与太原起义前后》,载《阎锡山早年回忆录》。

③ 宋教仁:《我之历史》第6册第13页。

④ 宋教仁:《我之历史》第6册第14页。

"先君生平不善绘画，更没有绘画送过人。唯一的例外是，却画过一幅梅花送给宫崎寅藏夫人的姐姐前田卓子。她那时住在民报社，替报社当生活管家，跟大家相处很好。有次先君与宋教仁、何晓柳以及其他日本友人到大森池上梅园去观赏梅花，她也同去了。在观梅时，先君兴致勃勃地画了一幅梅花送给她，何晓柳还在上面题了几句话。"①

"八日。晴。晨起，往园中游览一周，始回楼中早餐讫。黄庆午与古河斗围棋，余观之良久，大有所解悟。"②

3月9日（正月二十五日）　往凤乐园应宫崎寅藏招宴。

宫崎寅藏"宴请黄兴于凤乐园，出席者还有：章炳麟、宋教仁、张继。可能是为了缓和他们和孙文之间因革命国旗图案问题和离日馈金问题而激化的矛盾。"③

3月12日（正月廿八日）　宋教仁来访，告以"俄国革命党亦欲在满洲有所运动，须吾人为之经营，不日当往横滨与之商议。"④

3月中旬　偕宫崎寅藏、筑地宜雄往横滨访俄国革命党人尼古拉·拉塞尔（N·K·Russel），"请教炸弹制造法"。⑤

3月20日（二月初七日）　与宋教仁、白逾桓、末永节、古河在凤乐园共进午餐，商赴辽东运动绿林武装事。

黄兴于17日询宋教仁："赴满洲可于二十二日前后起行，如何？"是日，"议定于二十三日启程至马关，由马关坐船至朝鲜釜

---

① 黄一欧：《辛亥革命杂忆》，湖南省政协文史资料研究委员会藏稿。
② 宋教仁：《我之历史》第6册第14页。
③ 《宫崎滔天全集》第5卷第688页。
④ 宋教仁：《我之历史》第6册第14页。
⑤ 《宫崎滔天全集》第5卷第688页。又见宋教仁日记3月12日条，商谈内容，当不止此。

山,再由釜山乘车经京城往义州,渡鸭绿江抵安东县而止。"复议定白逾桓先去,至马关待宋教仁。①

3月21日（二月初八日） 应宫崎寅藏招,至其家晚餐。

《宫崎滔天年谱稿》:"3月21日。在自己家里招待黄兴、章炳麟、宋教仁,为宋的"满洲"之行一壮行色。宋为我手撰《黄兴传》。"②

宋教仁日记:"三月二十一日。晴。……下一时至《民报》社,遇得宫崎民藏。民藏氏告余,谓滔天氏今晚招余及黄庆午、章枚叔等至其家晚餐。……余因清检行李未去。夜,作《黄庆午传》,潦草成之,即寄交宫崎滔天氏。"③

3月22日（二月初九日） 往凤乐园应宋教仁惜别宴,同席者有张继、宫崎寅藏夫妇及前田卓子。

次日,宋教仁、古河启程赴辽东,宫崎寅藏及田桐、鲁文卿等至新桥车站送行。④

4月1日（二月十九日） 宋教仁、白逾桓等抵安东(今丹东市),致函黄兴,报告行踪。⑤

黄一欧回忆说:"三月间,宋教仁偕古河、白逾桓(楚香)搭海轮先到朝鲜,然后渡鸭绿江抵达安东,沿途有信给先君告知行程。到安东后,因清探密布,不便再入内地,一面与马侠头目进行联络,示以革命宗旨,请其共举义旗,同时细考地图,详察山川形势,调查风俗人情,以作他日用兵的准备。并化名打入日人组织的

① 宋教仁:《我之历史》第6册第16页。
② 《宫崎滔天全集》第5卷第688页。
③ 宋教仁:《我之历史》第6册第16页。
④ 宋教仁:《我之历史》第6册第16页。
⑤ 宋教仁:《我之历史》第6册第17、18页。

长白山会，得知该会所伪造将延吉变为间岛的假证据。白逾桓则赴凤凰城一带进行调查，搜集资料。经过一番筹备，成立了同盟会辽东支部，作为领导起义的机关。不料事机不密，风声走漏，清兵把白逾桓捉去了，宋教仁无可如何，只好折回东京。从这时起，先君带着我跟宋一起住在东京市郊新宿大久保。他们在这里是隐居性质，知道的人很少，一般会客都约在牛込区某处见面。"①

4月2日（二月二十日） 于佑任等在上海创办《神州日报》。

4月 离日赴香港，拟入粤运动郭人漳部，不果行。旋回日，策应皖浙举义。

孙中山准备在广东起义，令胡汉民至香港策应一切。时郭人漳已由桂林调驻广东肇庆，黄兴应孙中山函招再度来港，准备潜往肇庆促郭率部反正。抵港后，以郭部移驻钦州，肇庆之行，遂作罢论。旋得刘揆一密函，乃束装回日，计议策应皖浙举义事。

冯自由说："克强、精卫、萱野留港，拟赴肇庆促郭人漳起兵袭取广州。……张树楠自广州来，谓郭人漳又调钦州剿匪，粤吏探悉克强由日来港，已备文向港政府要求引渡，等语。而松原旅馆亦忽有粤吏派侦探窥伺其间，克强以郭已他调，留港无用，乃命胡毅生随郭赴钦，相机行事。"②

刘揆一说："（秋瑾）使黄人漳来东，嘱揆一与公商议接济饷械，躬往督战之策。……即以秋瑾来意，密函告公。""而公则因粤吏探悉其潜来香港，备文向港督要求引渡，并多派侦探，

---

① 黄一欧：《辛亥革命杂忆》，湖南省政协文史资料研究委员会藏稿。
② 冯自由：《革命逸史》第3集第228页。按：黄兴这次离日赴港日期，《总理年谱长篇初稿》（28页）及《国父年谱初稿》（176页）均谓孙中山3月4日（正月二十）离日时，黄兴与胡汉民等偕行，冯自由亦谓黄兴与孙中山同船赴港，误。又见上引宋教仁日记，3月22日黄氏尚在东京。

窥伺公在松原旅馆情状，有碍秘密进行。既得搪一书，因命胡毅生追随郭营以运动之，而自来日本，与吾辈筹商购械，接济皖、浙。"①

暮春　黄一欧寄住宫崎寅藏家。

黄一欧说："一九〇七年暮春，先君离开东京去香港，宫崎寅藏叫我搬到他家里去住。他的二儿震作比我小两岁，我们同在附近一所小学读书，因为离家很近，都是走读。第二年冬天，先君为了躲避高利贷债务，也住到宫崎家里，前后五十多天，深居简出，外人很少知道，只有萱野长知等少数几个知心朋友来过。"②

3月至5月间　广东钦州、廉州（今属广西）民众举行抗捐起义。

5月　再度赴香港，入钦州策动郭人漳起义。旋赴河内，与孙中山会商。

"长江各省，一时不足有为，注重两广首义，愈益坚定。以郭人漳军移驻钦州，赵声亦将兵廉州，希图赵、郭之联络，而同时并举，乃复冒险亲至钦州，与郭计议。郭谓如有正式革命军起，彼必反戈相应。廉州赵声亦同此表示。公乃赴安南，与孙总理会商。即召集同志，并聘法国退伍军官多人，拟占据防城、东兴沿海一带地方，组织正式军队，与被运动之钦州各乡团勇，联合举义，以图赵、郭两军之响应。"③

"时适钦、廉两府有抗捐之事发生，清吏派郭人漳、赵伯先二人各带新军三四千人往平之。予乃命黄克强随郭人漳营，命胡毅

①　刘揆一：《黄兴传记》，载《辛亥革命》（四）第287、288页。
②　黄一欧：《辛亥革命前后杂忆》，湖南省政协文史资料研究委员会藏稿。
③　刘揆一：《黄兴传记》，载《辛亥革命》（四）第288页。

生随赵伯先营，而游说之以赞成革命，二人皆首肯，许以若有堂堂正正之革命军起，彼等必戈友相应。于是一面派人往约钦廉各属绅士乡团为一致行动，一面派萱野长知带款回日本购械，并在安南召集同志，并聘就法国退伍军官多人，拟器械一到，则占据防城至东兴一带沿海之地，为组织军队之用。"①

7月6日（五月二十六日） 徐锡麟枪杀安徽巡抚恩铭，起义于安庆。旋事败被俘，惨遭杀害。

7月13日（六月初四日） 秋瑾准备响应徐锡麟起义，为清政府侦悉，在绍兴大通学堂被捕。15日凌晨就义于轩亭口。

7月30日（六月二十一日） 日本与沙俄订立第一次"日俄密约"，划分在中国东北地区的势力范围。

7月 就章炳麟等攻击孙中山事，严正表示反对。

孙中山离日前，日本外务省政务局长山座园次郎赠款七千元，②证券商铃木久五郎赠款一万元，共计赠款一万七千元。孙中山以一千元用作告别宴会，二千元留作《民报》经费，实"得日人资万四千元"，③悉充潮惠起义军费。孙中山这种擅自处置的做法，引起了同志们的不满。章炳麟、张继、陶成章、宋教仁、谭人凤、田桐等就潮、惠起义失败及孙中山分配馈款事，发起攻击，催逼以庶务代行总理职权的刘揆一召开大会，罢免孙中山的总理职务，改选黄兴继任。刘揆一反对此议，并急函在香港之彭邦栋转告黄兴。黄兴复函表示："革命为党众生死问题，而非个人名位问题。孙总理德高望重，诸君如求革命得有成功，乞勿误会，而倾心拥护，且免

① 《孙中山选集》上卷第178页。
② 《东亚先觉志士传记》中卷第436页。
③ 孙中山《致吴稚晖函》（1909年10月下旬），载《孙中山全集》第1卷第421页。

陷兴于不义。"① 由于黄兴维护孙中山的威信,坚决拒绝出任同盟会总理,东京倒孙风潮,遂告平息。

"丁未（1907）正月,日政府徇清公使杨枢之求,馈总理赆仪数千元,令之出境,总理因此取途赴南洋,濒行留给《民报》维持费二千元。章与宋教仁、谭人凤、张继、田桐、白逾桓、日人平山周等对于总理受日人赆金事,大起非议,经黄兴、刘揆一、何天炯等多方排解,风潮始息。"②

8月　焦达峰、张百祥等在东京发起组织共进会。

9月1日（七月二十四日）　孙中山命王和顺起义于钦州王光山。5日攻占防城,杀县令。9月中旬退入两广交界的十万大山。

9月　王和顺起义于钦州王光山,③ 在郭人漳军中谋内应,未成,出走河内。

王和顺等"占领防城,未得军械接济,亦只得直逼钦州,希冀郭人漳举兵响应。时公阴赴钦州,命在郭军林虎营中之谭人凤、王德润、陶表封、曾传范等,与王和顺约期某日夜半,开城延接。而郭因见党军势弱,又恐他军牵制,不赞许其合作。且钦州道尹王瑚,知有内变,晚间亲自督兵巡城,计划因此失败。……防城亦为清兵夺回,党军乃逐渐溃散。公亦出走安南河内,又与孙总理计议,拟先取广西镇南关为根据地。"④

"防城未发时,克强赴钦州运动郭葆生（人漳）。郭自褫职

① 刘揆一:《黄兴传记》,载《辛亥革命》（四）第289页.
② 冯自由:《革命逸史》第1集第56页.
③ 王和顺（1869—1934）,字德馨,号寿山,广西南宁人。早年曾入清军任哨官,后加入洪门会党。1906年在西贡加入同盟会。次年奉孙中山之命,率会众起义于王光山。辛亥武昌起义后,在惠州组织民军响应,促成广东光复。后参加讨袁战争.
④ 刘揆一:《黄兴传记》,载《辛亥革命》（四）第289、290页.

以来，郁郁不得志，恒思一逞；且前在广西已由克强运动入同盟（会），因相与定里应外合计。郭带兵巡防城附近，冀与义军合后，乘夜入城；克强则留郭营，率兵巡城，以便接应。计如得行，庸非幸事。孰意防城难作，钦州提督秦炳直，侦郭按兵未进，知有异，即将城内郭兵遣出，另换心腹带队巡城，且于城上设燎张灯，戒备严密。克强乃仓皇奔避，郭亦不敢再动。防城事遂息矣。"①

"党军前进时，适连日大雨倾盆，道路泥泞，大碍行军，行一日一夜始达府城外，遥见城上灯火密布，知已有备，乃下令退却，驻兵于距府城二十里之地。黄克强在城中闻讯，商诸统领郭人漳，以出巡为名，带兵一连出与王商议进行方法，克强述郭意，谓城中有钦廉道王瑚及所部多营为梗，欲使王和顺督所部先进攻广西，占南宁后，郭即设计除王瑚以反正，并允助王弹药以备攻取，王不赞成此策，仍力主攻城之议，克强不得已，乃私约以夜间暗袭，由克强带兵开城接应。盖郭部将弁多克强故交，且信克强至深，即无统领命令，克强亦有指挥之能力也。然克强带兵出巡事已大起王瑚之疑，及闻郭部有通敌之报，乃自督率亲军巡城，严为之备。克强于午夜开城之计遂以不成。王于七月初三晚引兵至城外，见无接应，知事有中变，仍退驻原处，旋得克强密报，告以城中有备，未易下手，仍劝令进攻南宁。"②

10月19日（九月十三日）　　清政府诏命各省设立咨议局。

10月29日（九月二十三日）　　抵河内，与池亨吉相晤。

"黄兴、胡毅生二人冒险到钦廉去做敢死的运动，结果打破了城，尚称差强人意。虽然也因军饷缺乏和后无援助，暂行卷旗息鼓,那是没法的事了。黄兴回到河内,和我在香港分别九个月后又重握手,那是十月二十九日事情。"①

11月21日（十月十六日）　孙中山召集黄兴、胡汉民及三合会首领多人,在河内商议起义进行事宜。②

12月2日（十月二十七日）　孙中山派黄明堂率广西游勇进攻镇南关,占领炮台三座。旋清军大举来攻,黄明堂部撤退河内等地。

12月3日（十月二十八日）　镇南关之役爆发后,与孙中山等奔赴前线参战。

"总理于二十七日上午得镇南关占领电,翌早偕黄克强、胡汉民、胡毅生、卢仲琳、张翼枢、日人池亨吉、法国退职炮兵上尉男爵狄氏诸人,乘越西铁路前赴战地,在同登站下车,直向那模村进发。下午到达,关上已预派人来接。即于是夜燃炬登山。克强因体胖量重,由数人扶挟而上,约九时抵关,明堂等奏乐欢迎,全军鼓舞。"③

"我们先从河内坐火车至谅山,到了村中,找到办游勇的同志,住在安南很久的何老五（即何伍）,在村中有十多家的党羽。我们接洽好了,就要从这个村子出发,想爬登镇南关的山后。这件事情不能不秘密,所以先到何老五家里,他就派了十来个人做保护。……从下午五时起爬到十时,还没有爬到。爬上去的时候,最

---

① 〔日〕池亨吉:《支那革命实见记》。
② 《孙中山年谱》第90页。
③ 冯自由:《革命逸史》第5集第121页。　黄明堂（1866—1939）,字德明,广东钦州（今属广西）人。早年加入会党,后率游勇数百出没于镇南关地区。1907年加入同盟会。是年冬,奉孙中山命在镇南关起义。后在江门等地组织民军,参与广东光复。辛亥革命后,参加讨伐袁世凯、龙济光、陈炯明诸役,历任安抚使、镇守使、军长等职。

辛苦的有三个人：一个是法国炮兵大尉，因为他身上背着一只藏烟枪的箱子，非常累赘；一个是克强，他是一个胖子，越爬越喘气；还有一个，要算我了。"①

12月4日（十月二十九日） 与孙中山在镇北炮台调度一切。当晚，间道迂回下山。

"革命军所占据者为右辅山炮台，非镇南关全部。山上分镇南、镇中、镇北三台，镇南何五守之，镇中李右卿守之，镇北为三台之最坚固者，明堂守之，总理、克强诸人皆在镇北调度一切。二十九日清晨，清军援兵已到，齐向革命军攻击，……是早七时，法武官狄氏亲自发炮，向距离四千密达之清军营寨轰击。第一弹命中，清兵死伤六十余人，呈混乱态；同时大小各炮陆续施放，遥见清营着火，黑烟蓬蓬而起。""二十九晚，中山、克强诸人别明堂等下山，仍从山后间道迂回而下。时正大雨滂沱，以近敌营，不便燃炬，良久始达山麓。午夜抵文烟，宿于同志玛邯家。"②

"镇南关之役结束后，黄兴对我谈及当时的情况，他说：'我当时也在炮台上持枪射击，很多子弹都打中了敌人。孙先生和我一起射击。当有人负了伤，孙先生就放下枪去抢救伤员，他两方面都要照顾，显得非常忙碌。炮台上没有水，伤员需要水，还要孙先生到数百米外的山谷里去取，他是够辛苦的了。'"③

"十二月四日的破晓，敌方即一齐射击过来，我们就立刻蹶起，先去检查炮台的内部。所有之物是十二生的克虏伯巨炮一门，

---

① 《胡汉民讲述南洋华侨参加革命之经过》，载《革命逸史》第5集第194、195页。
② 冯自由：《革命逸史》第5集第121—123页。
③ 《宫崎滔天全集》第1卷第287页。

路定同尔式的四连发机关炮一门，七生的半野战炮四门，另有旧炮数门和各种炮弹数千发。这就是镇南台、镇中台及镇北台三堡垒平均的设备。我们所在的镇北台其构造的巩固超过其他二台。上午七时正，即揭开克房伯的炮门，以第一弹打至四千米突的敌人堡垒，鸣动山岳，使周围之官兵皆为之惊倒战栗。炮弹打着正鹄，立刻死伤六十余名敌人。"①

12月5日（十一月初一日）　过谅山，搭火车返抵河内。

黄明堂部占领镇南关三炮台后，以援军未至，众寡悬殊，武器缺乏，不能坚守。黄兴与胡汉民建议撤离，始于先日薄暮，相伴间道下山，搭火车返抵河内。黄明堂部坚守七昼夜后突围，镇南关之役失败。

"二十九晚，中山、克强诸人别明堂等下山，仍从山后间道迂回而下。时正大雨滂沱，以近敌营，以不便燃炬，良久始达山麓。午夜抵文烟，宿于同志玛邯家。翌晨有法国武官到查，池亨吉示以日本政府所给护照，谓彼偕同伴特来观战，并无别意。……十一月初一日十时四十分登车，正午抵谅山。"②

孙中山后来说："钦廉计划不成之后，予乃亲率黄克强、胡汉民并法国军官与安南同志百数十人，袭取镇南关，占领三要塞，收其降卒，拟由此集合十万大山之众，而会攻龙州。不图十万大山之众，以道远不能至，遂以百余众扼据三炮台，而与龙济光、陆荣廷等数千之众连战三昼夜，乃退入安南。"③

---

①　池亨吉：《支那革命实见记》。
②　冯自由：《革命逸史》第5集第123页。
③　《孙中山选集》上卷第178页。

1908年(光绪三十四年 戊申) 34岁

1月28日（丁未年十二月二十五日） 命谭人凤入郭人漳营，求接济弹药。

谭人凤说：镇南关之役失败后，"克强此时之雄心壮志，固犹未已，特以子弹无来源，颇焦灼。适余至，因与郭（人漳）有旧，遂往求救济焉，时丁未十二月二十五夜也。二十六深夜，抵郭行营，谈颇洽。次日相随入城，适省报道衔复职，贺者盈门，态度忽变。"①

2月上旬 接见郭人漳之侄，虚张声势。

郭人漳"遣其侄朴存随赴越，余遇各同志，即介绍此系郭统领侄，则皆会意。故郭侄有所问，概称道兵如何多，饷如何足。至夜，克强招郭侄小饮，复铺张表示，席间连接四函，两系报告准备攻取龙州各军情，钤从第一、第二军印信，两系法文，由舌人译述，则谓某处某处汇寄款若干万也。郭侄色舞眉飞，无复疑义。次日邀余送返，一一据禀，且极力怂恿，无俟余饶舌。郭遂允如所请，拨济枪弹，约定地点交过。"②

2月 清政府悬赏缉孙中山"宜再加二十万金，晓谕全国，一体严拿"。

3月上、中旬 印度支那法国殖民当局应清政府要求，驱逐孙中山出境，孙中山离河内经西贡往新加坡筹款，临行，"将经营

---

①② 谭人凤：《石叟牌词叙录》，载《近代史资料》1956年第3期第37页。

粤、桂、滇三省军事付托黄克强、胡汉民二人代理。"①

3月27日（二月二十五日）　组成中华国民军南军,绕道越南,进攻钦州。

"镇南关一役既败,孙总理、黄克强仍再定合谋滇粤之策,以钦廉会党之勇气可用,决由克强统领镇南关及十万大山余众亲入钦州,并函约驻钦州统领郭人漳接济弹药,相机响应。……筹备既竣,克强乃率黎仲实、黄有明、詹岐山、刘梅卿、梁建葵、梁少庭、唐浦珠、杨子贞、李文光、黄世钦及越南华侨等二百余人,于戊申（民前四年）二月二十五日绕道越南,进攻钦州。法国守兵咸鼓掌欢送,绝不干涉。众遂揭青天白日旗,高吹洋号,列队过东兴附近之大路村,四处张贴中华国民军南军总司令黄告示,乡民纷燃爆竹迎之。"②

3月29日（二月二十七日）　率部战败清军两营于小峰。

"二十七日下午至小峰,有清兵三十余人出迎,盖闻角声,误以为是郭统领人漳也。既相见,问革军为何营,革军反问之,则以二十营对。革军遂开枪杀其五人,逃去三人,余众悉降。当革命军发枪时,清营哨官犹在后大呼来者是郭统领,要站班迎接云。驻小峰附近清营管带杨某得逃卒归报,于是该营合第三十六营俱出,既近革军,依山为阵,所占形势颇佳。革军佯却,引杨等前,分兵为三:一从对山攻击,一伏田陇间,一从清兵之后山上暗袭。清兵但顾前之二军,及后军骤至,清兵大骇,奔溃四散。死者数十人,生擒哨官某,伤者逾百。是役杨君之大旗被夺,失枪甚多,杨等以六百余人出队败归,半日招集残卒才五十余人耳。"③

---

①　冯自由:《革命逸史》第5集第124页。
②　冯自由:《革命逸史》第5集第128页。
③　冯自由:《革命逸史》第5集第128、129页。

3月30日（二月二十八日） 率部与清军一营接战，击败之。

"二十八日革军前进，途遇清兵一营，接战未久，清兵败退，逃入村中一大宅为负隅计。革军乃喝大队攻门，忽有一弹由内射出，毙革军一人。黄司令大怒，喝令宅中主人速出，乃投炸弹毁之。清兵死者百数十人，余众皆解衣卸械而遁。清军统领闻报，亦亲率全军来，因闻杨帮统之败，乃偃旗息鼓以避革军耳目。"①

3月31日（二月二十九日） 率部到大桥，"清军两营闻警来援，战不移时，清军营官一名中枪仆，两营皆狼狈而退。"②

4月2日（三月初二日） 列阵于马笃山，击溃清军三营。

"三月初二日，革军列阵于马笃山，清军督带官龙某率兵三营来攻，革军居高临下，清军大困。黄司令亲发枪遥击，龙管带中弹从马上翻身堕，革军欢声如雷，清军伤亡甚众。其营官廖丁遂先己军而遁，于是三营尽溃。清军哨官被擒者二名，即伏诛。降兵三十余人，悉令剪发。计革军四次获胜，当以初二日为最。"③

黄兴以二百余人转战于钦、廉、上思一带，所向无前，清军闻而生畏，黄兴威名大著。后以弹尽援绝，率余部退回安南。

新加坡《中兴日报》报道："钦州革命党自西三月下旬至四月上旬，半月之内，已与清国军开仗七次，均获全胜。马笃山一役，清军死伤最剧，仅阵亡者已有二百余人，伤者不计；其管带及哨官亦伤毙数名，亦有数名为革命军擒获者。有清军之败兵十余名逃入越南界内，法官恪守中立，故即令其卸械。据言党军所用均新式枪械，队伍整齐，纪律严明云。"④

----

① ② 冯自由：《革命逸史》第5集第129页。
③ 冯自由：《革命逸史》第5集第129、130页。
④ 新加坡《中兴日报》1908年5月7日（戊申年四月初八）。

清钦廉道龚心湛、统领郭人漳会衔电禀粤督。文曰:"前据降人供称,黄逆有伪印、伪示板、制造逼码机器等件藏在东西边防各处。当经遣派弁兵,饬各降人带引往起,起出木质银镶伪印一颗,文曰'总统中华革命军印',又伪示板六块,衔系'中华国民军总司令官黄兴',语极悖逆。又制造逼码机器、炸药引线、逼码纸张等多件。并获窝户刘必振一名,经湛、漳督同印委,讯据该窝户供认,系革党寄存,等语。要之,此次起事,革党蓄谋已久。……"①

孙中山赞许黄兴领导钦廉起义,说:"湖南老革命党,最著名的有黄克强。他有一次自安南入钦廉起义,当时到钦廉来抵抗革命党的清兵,有两万多人,黄克强带的革命军不过两百人,所有的武器不过两百支枪;用那样少的人和那样多的清兵,打两个多月仗,到后来弹尽而援不至,还可安全退出。照这一次战事说,革命军就是用一个人去打一百个人。象这样的战斗,是非常的战斗,不可以常理论。"②

"诸君都晓得黄克强的威名,是以钦廉之役起的。他在钦廉革命是用什么武器呢?那个时候,我们在安南,到处和他买枪,今天买三五支沙维治,明日买几支曼里夏,东凑西凑,然后才得了杂枪二百多支,每支所配子弹,最多也不过二百发。他带了这点武器到钦廉,便和龙济光、陆荣廷打了几个月仗,后来虽然失败,但是他奋斗的精神很大,实在令人佩服,所以他的威名大振。"③

4月30日(四月初一日)　黄明堂、王和顺等奉孙中山之命,率部开赴云南边境,占领河口。后被清军攻陷,黄军率余部退入越

---

① 《清吏之文电》,转引自冯自由:《革命逸史》第5集第131页。
② 孙中山:《救国救民之责任在革命军》,载《孙中山选集》下卷第546页。
③ 孙中山:《在广州欢宴各军将领演说词》,载《国父全集》第1册,壹一第232页。

南境内。

5月3日（四月初四日） 返越途中，抵先安。

"初四日，弟得克兄电，知已抵先安。" "初六晚车克由海防入河口，今日早上老开，往河口督师。" "克兄精神完足，殊无鞍马之劳。濒行谓云南敌兵若不能为我患，则或取广西之兵自救。"①

5月5日（四月初六日） 由海防入河内，受任云南国民军总司令。翌日，亲赴河口前线督师。

河口起义失败后，"革命军以未得智勇双全之主将调度一切，所预定进兵方略多未克实施，总理深以为忧。适黄克强自钦州返越南，初四至先安，总理在新加坡得电大喜，即电委黄为云南国民军总司令，节制各军。克强初六从海防乘晚车入河内"，②"初八抵河口，见军事进行复多疲玩不振，而屯兵不进，尤误戎机，乃力催明堂添兵助和顺进取昆明。明堂以米粮不足，意甚犹豫；乃派人至前敌约和顺来会，共商进攻之策。和顺亦以兵少弹缺为患。克强遂欲亲率一军袭取蒙自，而将士多不听号令，乃知本身非有基本军队，不能指挥他军。决计自回河内，拟集前在钦州旧部组织基本队，购置盒子炮多挺，然后再赴前敌。"③

5月11日（四月十二日） 在老街被法兵逮捕。旋被解送出境。

黄兴返回河内途中，"抵法属老街，法兵以其貌似日人，遽逮捕之。后悉为中国革命军大将，则按照国际法，例当拨〔解〕送出境。克强遂被法吏遣至新加坡，而革命军失此导师，士气为之一

---

① 《胡汉民致总理之报告书》，载冯自由：《革命逸史》第5集第149页。
② 冯自由：《革命逸史》第5集第143页。
③ 冯自由：《革命逸史》第2集第203页。

挫。"①

5月27日（四月二十八日）　被清吏悬赏五千元通缉。

自去秋以来，黄兴等奉孙中山命，连续举义于粤、桂、滇边境地区，风声所播，清吏震惊。两广总督张人骏、云贵总督锡良，分别悬赏通缉。是日，上海《神州日报》揭载清吏赏格为：黄兴五千元，胡汉民四千元，汪精卫、田桐、刘揆一、谭人凤各二千元。②

夏　由新加坡经香港抵东京。遭章炳麟攻讦；向共进会发起人质问组织缘起。

黄兴抵东京后，发现留东同志意见纷歧，组织涣散。时章炳麟攻讦黄兴说："吾在此以言论鼓舞，而君与逸仙自交趾袭击，虽有所获，其实不能使清人大创，徒欲使人知革命党可畏耳。……数以小故动众，劳师费财，焉能有功？"③对此，黄兴从团结同志出发，未与计较。惟于共进会之别树旗帜，"克强不甚同意"，④曾予质问，旋即冰释。

"那时黄兴恐同盟会起了分化，曾向发起人质问，经焦达峰解释，谓并无别意，只期内地与边区同时举事，或可缩短革命时间。兴始了解。"⑤

章太炎记黄兴质问焦达峰事谓："时（黄）兴自交趾来，问达峰何故立异，答言同盟会举趾舒缓，故以是赴急，非敢异也。兴曰：

①　冯自由：《革命逸史》第2集第203页。　按：孙中山谓河口之役，"电令黄克强前往指挥。不期克强行至半途，被法官疑为日本人，遂截留之送回河内。"（《孙中山选集》上卷第179页）；冯自由在《中华民国开国前革命史》中说："中山先生自传颇多错漏，最著者，……河口之役，黄君克强亲入军中，数日始出，人所共知。而自传谓克强至半途被法官扣留遣送，一似克强足迹并未履及河口也者。凡此诸点，皆与事实不符。"　刘揆一撰《黄兴传记》，亦持孙说，均误。

②　上海《神州日报》1928年5月27日（戊申年四月二十八）。

③　章炳麟：《自定年谱》。

④　石芳勤编《谭人凤集》第351页。

⑤　杨玉如：《辛亥革命先著记》第15页。

'如是,革命有二统,二统将谁为正?'达峰笑曰:'兵未起,何急也!异日公功盛,我则附公;我功盛,公亦当附我。'兴爽然无以难也。"①

吴玉章回忆共进会的组织缘起说:"这时日本的同盟会组织也很涣散,孙中山、黄兴等领导人都不常在日本,宋教仁又没有威信,真是群龙无首,一盘散沙。……由于国内环境更加险恶,许多会党中的革命分子纷纷逃亡日本,我的大哥也于这时来到东京,和我同住在《四川》杂志社内。我于是又和同盟会中的一些同志如焦达峰等人研究:最近一个时期,同盟会只顾去搞武装起义,差不多把会党工作忘记了,现在何不趁各省会党都有人在日本,把全国所有的会党通通联合起来。……经过我们这些同盟会员的积极活动,各地哥老会、孝友会、三合会、三点会等会党在日本的首领,终于在1907年的下半年结成一个统一的组织——共进会。"②

△ 在东京成立**大森体育会**,训练军事人才。

"大森体育会者,克强先生所立,阴教同党以兵学。学者有林时爽、刘揆一、焦达峰、孙武、夏之时、张大义、杨大铸、刘九畴、李伟、杨若、包绍杰、张金山、段雄等。"③

"戊申(1908年)四月,云南河口革命军失败,黄克强自**南洋**重莅日本;旋组织军事讲习所于大森,以供同志研究陆军之需。"④

刘揆一记当时训练情况:"聘日军官多人,重组体育会……公亦自为教授,每遇演习行军战斗,则分学员百七十人为二军,公与日教员各领一军,以相对垒。其于**夜袭与拂晓攻击等作战计划**,时

---

① 章太炎《焦达峰传》,载《辛亥革命》(六)第164页。
② 《吴玉章回忆录》第48、49页。
③ 李根源:《雪生年录》卷一。
④ 冯自由:《革命逸史》第2集第258页。

操胜算,日教员皆为钦服。"①

△ 召集同志,于东京市外秘密试制炸药。

"时党员因屡次倡义,中途失败,多持暗杀主义,而私自觅师学习炸药者。公恐其未能深造有得,徒自丧其身,而无效果,乃召集诸学者于东京市外,设秘密场所而试验之。……且谓:'吾本不欲诸君采个人牺牲主义,如志愿所在,必欲出此,以诸君血诚,不患胆不大,而患心不细,是则全视自己修养力如何耳!'闻者多感慨泣下。"②

△ 题字:"抽刀断水水更流。戊申夏。黄兴题。"③

7月26日（六月二十八日） 湖北新军士兵章裕昆、杨玉鹏等发起成立军队同盟会（后改组为群治学社、振武学社）,在新军中开展革命活动。

9至10月间 孙中山以笔名给新加坡《中兴日报》屡次撰文,驳斥保皇党人谬论。

10月18日（九月十二日） 参加来岛恒喜逝世二十周年追悼会。

黄兴自夏间抵东京后,与宫崎寅藏来往频繁。是日,偕宫崎寅藏、宋教仁等同往谷中天王寺参加来岛恒喜逝世二十周年追悼会④。

10月19日（九月二十五日） 日本政府下令封禁《民报》。

是日,日本政府以《民报》第24号刊载伯夔撰《革命心理》一文,违反《新闻纸条例》第23条,由东京警察总监龟井英三郎下令停止销售发行并封禁《民报》。对此,章太炎以编辑兼发行人

---

① ② 刘揆一:《黄兴传记》,载《辛亥革命》(四)第292、293页。
③ 《黄克强先生书翰墨迹》第389页。失题。
④ 《宫崎滔天全集》第5卷第692页。

身份向日政府内务省申诉,黄兴委托宫崎寅藏延聘辩护律师。宫崎不仅出面请了律师,而且还将日政府指定涉嫌的《革命心理》一文译成日文,作为法庭辩论材料。①

10月25日(十月初一日) 黄兴等谋将《民报》迁地出版,未果。

《民报》案不幸败诉后,黄兴于本日召集在东京的同盟会本部干部商议善后之策。"黄兴、宋教仁与章(太炎)谋,欲将《民报》迁往美国出版。旋因他事所阻,终不果行。"②

11月14日(十月二十一日) 光绪帝载湉病死。次日,西太后那拉氏亦病死。

11月上旬 匿居东京小石川区宫崎寅藏寓所,躲避高利贷债务。

"黄兴为躲避高利贷债务,匿居滔天家,住到十二月,前后共五十余日。"③

"黄兴先生想印制一些纸币,以备在中国发动革命时使用。他从横滨一个高利贷者借了一万元钱,委托了一个日本人印制。但是,结果纸币既没印成,钱也没有交还,黄先生为此而一筹莫展。于是,只好离开了他的秘密住所。"④

12月2日(十一月初九日) 宣统帝溥仪即位,定明年为宣统元年。

12月7日(十一月十四日) 赵声、朱执信等策划在广州起义,事泄未举。

---

① 参见《〈民报〉二十四号停止情形报告》,载《近代史资料》1962年第1期.
② 冯自由:《章太炎事略》,载《辛亥革命逸史》初集第56页.
③ 近藤秀树:《宫崎滔天年谱稿》,载《宫崎滔天全集》第5卷第692页.
④ 宫崎龙介:《先父滔天的一些事迹》,载《三十三年之梦》的附录.

12月初　就光绪帝、西太后相继病死答日本记者问。

"北京朝廷此次凶变，不过爱新党罗氏一家之事而已，与我革命党无直接之大关系。虽然北京政府若有动摇，必产生一大事变，果尔，则与我党有直接重大之影响。故余以为此次凶变，或多少予我党以好机会。"①

12月　杨振鸿等在滇西地区组织起义，失败。

冬　在东京小石川区水道町创立"勤学舍"。

"克强以本党事务所久经停办，《民报》又被封，冀重组一机关。邀各省分会长商议，月费沿照昔日会务报务办法，按各省在东同志摊捐，由各会长汇缴，比多赞成，遂于水道町赁一屋，名曰'勤学舍'。时余提议延一二法学家住舍，草创建设各条文，共同研究。克强以事体重大，俟异日合全国人才厘定之，遂仅作为俱乐部。"②

是年　函请孙中山作书慰谢宫崎寅藏。东京神乐坂警察署长宴然邀请宫崎寅藏赴酒楼宴会，嘱其提供有关中国革命党人之情报。宫崎愤然退席。黄兴致函孙中山汇报此事，请作书慰谢。孙中山函慰宫崎云："比接克强兄来书，述足下近况，穷困非常，然而警吏欲贿足下，足下反迎头痛击之。克兄谓足下为血性男子，固穷不滥，廉洁可风，要弟作书慰谢。弟素知此种行为，固是足下天性，无足为异。然足下为他人国事，坚贞自操，艰苦备尝如此，吾人自问，惭愧何如！"③

① 新加坡《中兴日报》1908年12月8日（戊申年十一月十五）。
② 谭人凤：《石叟牌词叙录》，载《近代史资料》1956年第3期。
③ 日本早稻田大学赠黎澍同志原函影印件，载《中国社会科学》1980年第2期。

1909年(宣统元年　己酉）35岁

1月1日（戊申年十二月初十日）　应程家柽电邀,由东京到京都。

宫崎寅藏说:"当时袁世凯的地位告危,不得不同革命党携手合作。这位特使没有到东京,电报是在京都打的。黄兴是元旦那天到京都去的。那时,黄兴正被支那的高利贷者逼债,不能回自己家里,在我家躲了五十多天。电报打来,他说:'这是出去散散心的好机会',便于元旦那天,鼓起勇气到京都去了。"①

1月3日（十二月十二日）　电邀宫崎寅藏至京都,共商革命进行方略。

"接黄兴邀请电,由东京到京都,寓于郊区下鸭村程家柽宅。黄兴、宋教仁也在此逗留（据说程系受袁世凯所派遣,与革命派秘密来往）。"②

"正当黄兴和特使谈话之际,袁世凯给特使又打来电报说:'一切已晚,速归。'结果,黄兴算是白到京都一趟。他不想马上回来,便给我打来电报,叫我也到京都去一趟。于是,我于一月三日也来到京都。黄兴对我说:'一切已晚,大失所望。然而既然来到了这里,就去给西乡扫扫墓吧！'"③

① 《宫崎滔天全集》第4卷第303页.
② 《宫崎滔天年谱稿》,载《宫崎滔天全集》第5卷第693页。
③ 《宫崎滔天氏之谈》,载《宫崎滔天全集》第4卷第303页。

1月上旬　由神户经海路往鹿儿岛，宫崎寅藏同行。①

1月11日（十二月二十日）　抵鹿儿岛，投宿洗马町二丁目研屋，展西乡隆盛墓。作七绝一首。诗云：

"八千子弟甘阃冢，世事唯争一局棋。悔铸当年九州错，勤王师不扑王师"。②

"我们给西乡扫墓后，游览了城山。从那里有山路可到人吉去（现在有铁路可通，当时还没有）。中间有一座叫加久藤越的山，我们乘马车摇摇晃晃地来到山麓，在山下的乡村旅舍住了一夜。黄兴不会喝酒，但也非常高兴地吃了一只鸡。"③

1月23日（正月初二日）　偕宫崎寅藏经熊本返回东京。④旋与宋教仁迁居西大久保一五八桃源寓。

宫崎寅藏说："到熊本住了一个晚上。往前走了十一里路，便是我的家乡。到了我的家，住了一个晚上。第二天到长崎，在长崎玩了几天。然后，我们来到福冈，进藤（喜平太）请我们吃饭，我痛饮了一回。离开福冈便回东京来了。"⑤

宫崎槌子回忆："当他们在九州的期间，我跟房东谈妥，于是我们便再从第六天町搬到小石川区的原町。搬家时，所有行李都是由小儿龙介、震作和黄一欧三人拉车子搬过去的。搬到原町以后不久，滔天和黄兴先生便回到东京来。而黄先生则在新大久保租了很小的房子跟宋教仁先生一起住。他们的名牌用'桃源寓'，

---

①② 《宫崎滔天全集》第5卷第693页。　西乡隆盛(1827—1877)，日本明治维新时期政治家，号南洲，萨摩藩武士出身，倒幕运动的参加者。明治维新时期领导倒幕联盟，推翻江户幕府，建立以天皇为中心的专制政权。1877年被萨摩藩武士推为首领，举行叛乱，兵败自杀。

③ 《宫崎滔天全集》第4卷第304页。

④ 宫崎寅藏1909年2月5日致小泉策太郎函云："……二十三日归京。"载《宫崎滔天全集》第5卷第365页。

⑤ 《宫崎滔天全集》第4卷第304页。

这似乎取自武陵桃源。"①

1月　偕宫崎寅藏往访俄国革命党人尼古拉·拉塞尔(N.K. Russel)。②

4月　孙武、焦达峰等自东京回国，在武汉设立共进会总机关，从事联络会党活动。

春　撰联赠送仇亮归国。

仇亮"入日本陆军士官学校，毕业归国，黄克强赠以联云：'天生此才必有用，我与了别当谁从？'亮答之以诗，有'暂把雄心挥一剑，积尸不羡故人多'之句。盖相知深，相期切，而亮自负亦綦重也。"③

5月15日（三月十六日）　于右任等创办上海《民呼日报》。8月15日（六月三十日）被封。

5月19日（四月初一日）　孙中山由新加坡启程赴欧洲，后赴美国。受孙中山委托，与胡汉民负责国内革命运动之进行。

孙中山后来说："予自连遭失败后，安南、日本、香港等地与中国密迩者，皆不能自由居处，则余对于中国之活动地盘已完全失却矣。于是将国内一切计划，委托于黄克强、胡汉民二人，而予乃再作漫游，专任筹款，以接济革命（之）进行。"④

6月　"勤学舍"解散。⑤

10月3日（八月二十日）　于右任等创办上海《民吁日报》。11月19日（十月初七）被封。

10月中旬　资政院和各省咨议局成立。

---

① 宫崎槌子：《我对于辛亥革命的回忆》（陈鹏仁译）.
② 《宫崎滔天全集》第5卷第693页.
③ 程潜：《仇亮传》，湖南省政协文史资料研究委员会藏稿.
④ 《孙中山选集》上卷第180页.
⑤ 据黄兴1909年11月7日致孙中山函："勤学舍自六月解散矣。"

10月　同盟会南方支部在香港成立，并在广州建立分会。

10月14日（九月初一日）　各省咨议局宣布开会。

秋　抵制陶成章、章炳麟等对孙中山的攻击。陶成章、章炳麟等在南洋和日本对孙中山进行攻击，居心叵测。9月，陶成章在南洋纠合李燮和、柳聘农、陈方度、胡国梁等七八人，以川、广、湘、鄂、江、浙、闽七省同志名义，起草了一份《孙文罪状》，指责孙中山犯有"残贼同志"，"蒙蔽同志"，"败坏全体名誉"之罪状三种十四条，并要求东京**总会**"开除孙文总理之名，发表罪状，遍告海内外。"①黄兴极力抵制，不使纠纷扩大，妨碍革命事业之进行。9月24日，陶成章在致胡国梁信中，告以"到东京后，即将公函交付克公，迄今并不发布，专为中山调停。""弟及兄等与中山已不两立，看来非自己发表不行矣。"②另在致胡国梁、李燮和信中谓"公函已交克强兄，惟彼一力祖护孙文，真不可解。""章太炎已刊报告，不久当分布南洋各埠也。""克强函责太炎以晚节不终。"③陶成章等并恢复光复会名义，由章炳麟、陶成章分任正、副会长，在南洋一带展开活动，造成公开分裂局面。

△　筹备恢复《民报》，托名以巴黎《新世纪》杂志社为发行所。

"《民报》于1908年10月遭日本政府封禁，1909年秋，黄兴在林文等帮助下筹备恢复。因为对章太炎主持时的《民报》不满，黄兴邀汪精卫到东京任编辑；又因避免日本政府干涉，托名以巴黎《新世纪》为发行所。"④

---

① 李燮和所撰《孙文罪状》全文，见《神州日报》1912年11月2日。

②③ 原件藏湖南省社会科学院。

④ 杨天石、王学庄：《同盟会的分裂与光复会的重建》，载《近代史研究》1979年第1辑第202页。

巴黎《新世纪》第114号（1909年10月16日出版）"本社广告"中称："支那第一杂志《民报》去冬为清政府要求日政府所干涉，暂时停刊，久欲择善地续印。现已从第二十五号起次第秘密出版，将以本社为主要之发行所。"

11月7日（九月二十五日） 复函孙中山，揭露陶成章、章炳麟等在东京的破坏活动。

函云："昨接读由伦敦发来之函，得悉有人冒名致函美洲各埠，妄造黑白，诬谤我公，以冀毁坏我公之名誉，而阻前途之运动，其居心险毒，殊为可恨。再四调查东京团体，无有人昧心为此者。但只陶焕卿①一人由南洋来东时，痛加诋诽于公，并携有在南洋充当教习诸人之公函（呈公罪状十四条），要求本部开会。弟拒绝之，将公函详细解释，以促南洋诸人之反省。是函乃由弟与谭人凤、刘霖生三人出名，因当时公函中有湖南数人另致函弟与谭、刘也。本拟俟其回复，再作处理，不料陶焕卿来东时，一面嘱南洋诸人将前公函即在当地发表（即印刷分布于南洋各埠者），一面在东京运动多人要求开会。在东京与陶表同情者，不过与②江浙少数人与章太炎而已。及为弟以大义所阻止，又无理欲攻击于弟，在携来之附函中，即有弟与公'朋比为奸'之语，弟一概置之不理。彼现亦（无可）如何，只专待南洋之消息，想将来必大为一番之吵闹而后已。彼不但此也，且反对将续出之《民报》，谓此《民报》专为公

---

① 陶成章（1878—1912），字焕卿，浙江绍兴人。1902年赴日本留学，入成城学校习陆军，为清吏所阻，不久返国，谋联络会党起义。1904年在上海与蔡元培等组织光复会。次年与徐锡麟在绍兴创办大通学堂。1906年在日本加入同盟会，任《民报》编辑。1910年又在东京成立光复会总会，自任副会长，与同盟会分裂。武昌起义后，发动沪、苏、浙各地光复军响应。

② "与"系衍文。

一人虚张声势，非先革除公之总理，不能办《民报》。见弟不理，即逼劲章太炎在《日华新报》登一伪《民报》之检举状（切拔①附上一览），其卑劣无耻之手段，令人见之羞愤欲死。现东京之即非同盟会员者亦痛骂之。此新闻一出，章太炎之名誉扫地矣。前在《民报》所登之与吴稚辉〔晖〕君书，东京同志已啧有烦言，知其人格之卑劣，今又为此，诚可惜也。弟与精卫等商量，亦不必与之计较，将来只在《民报》上登一彼为神经病之人，疯人呓语，自不可信，且有识者亦已责彼无余地也。总观陶、章前后之所为，势将无可调和，然在我等以大度包之，将亦不失众望，不知公之见〔意〕意〔见〕若何也。美洲之函，想去不出陶、章之所为，今已由弟函达各报解释一切（函稿另纸抄上），桀犬吠尧，不足诬也。我公当亦能海量涵之。至东京事，陶等虽悍，弟当以身力拒之，毋以为念。《民报》二十五号已出，二十六号不日亦可出来。"②

　　△　以中国同盟会庶务名义，致函美洲各埠中文报社，为孙中山赴美活动扫除障碍。

　　函云："同盟会总理孙君今春由南洋启程赴欧，将由欧来美，想各位同志已有所闻。本处风闻孙君于未抵美以前，有人自东京发函美洲各埠华字日报，对于孙君为种种排挤之辞，用心险毒，殊为可愤，故特飞函奉白：

　　（一）按本会章程，如总理他适，所有事务由庶务代理，故凡公函必须有庶务签名，及盖用同盟会之印者，方可认为公函。

　　（二）如非公函，而函中有多数会员签名者，则作为会员之函件。请将其姓名及所陈之事实，抄录一通，寄来敝处，俾得调查考

---

①　日语．剪报的意思。
②　《黄克强先生书翰墨迹》第50—53页。

核，以明是非曲直之所在。

（三）如系匿名之函，则其为清政（府）侦探奸细之所为，毫无疑义。近日奸细充斥，极力欲摇撼本党，造谣离间之事，陆续不绝，同人可置之不理。

以上三条，当祈各位同志留意。再者，南洋近二三同志对于孙君抱恶感情，**不审事实，遽出于排击之举动，散处及南洋分会已解释一切。望我各位同志，乘孙君此次来美，相与同心协力，以谋团体之进步，致大业于成功，是所盼祷。"①**

胡汉民赞誉黄兴维护孙中山之威信，说："闻黄克强已有书致**文岛各教员，痛为辩白，而陶归日本，要求开会讨论，黄君则拒绝不允。**凡此皆非为中山个人，实为大局。盖吾人矢志革命，虽未尝依一人，而其人于全党有重大关系，抑且无丝毫之负于党，如此而**被诬受谤，则不容不为辩白护持。今在东京有黄克强兄，在南洋有公等，俱持正不阿，以伸公论，悠悠之口，将不久自息矣。"②**

11月7日稍后　就《民报》在东京秘密续刊事，两次致函巴黎《新世纪》杂志社。

第一次函云："自日政府受胡政府运动，将《民报》封禁后，同人等即谋继续。以著述、经费两者困难，未能迅速出版，殊深惭歉！前中山先生由欧洲来函云：贵社允担任印刷事务，同人等不胜雀跃，奋励图成，冀副贵社同人之望。今秋以来，又得香港同志林君③之助，并请精卫君来东任其编辑，始得继续。二十五号起秘密出版，托贵社为发行所，前已白精卫君将情形函达贵社，已蒙《新

---

① 《黄克强先生书翰墨迹》第57、58页。
② 胡汉民致南洋同志书。
③ 林君，指林文（1887—1911），即林时爽，福建侯官人。

世纪》第一百十四号登布广告，奖励同人，同人等曷胜感激。……
章太炎此次之发布伪《民报》检举状，乃受陶成章运动（陶因在
南洋欲个人筹款不成，遂迁怒中山，运动在南洋之为教员者，连词
攻击之。陶归东京后，极力排击，欲自为同盟会总理，故谓《民报》
续出，则中山之信用不减，而章太炎又失其总编辑权，无以施其攻
击个人之故智，遂为陶所动），遂有此丧心病狂之举。已于二十六
号中登有广告，想同人阅之，皆晓然于太炎人格之卑劣，无俟辩论
也。"①

　　第二次函云："昨邮上一函，内附呈二十五号《民报》之提单
一纸，想可于此函前达到矣。兹又呈上二十六号《民报》之提单
一纸，乞再为查收为幸。此期内有辨正章炳麟之《伪〈民报〉检举
状》之告白，若能转登于《新世纪》，更加以辟词，同人等尤为盼
切。"②

　　11月27日（十月十五日）　各省咨议局联合大会在上海举
行，决定组织代表团晋京请愿，要求速开国会，建立责任内阁。

　　是年　派何用九回湘活动。

　　"宣统元年，……黄克强先生派何用九来湘接洽，在嘉禾塘村
圩被驻防哨官李赞卿捕获，为知县杨灿所杀。柱亦潜逃桂林及连、
韶等处，联络同志，密谋起义湘粤桂边界。"③

---

　　①　《黄克强先生书翰墨迹》第81页。
　　②　《黄克强先生书翰墨迹》第83页。　按：黄兴致《新世纪》杂志社两函，均
由东京寄出，未署时日。《墨迹》考订为"民元前二年（1910）二、三月间所发"，
误。是时黄兴赴香港、新加坡，不在东京。观11月7日复孙中山函中有"《民报》二
十五号已出，二十六号不日亦可出来"句，可知为11月7日稍后发出。
　　③　《李国柱自述》，嘉禾李氏后人藏。

1910年（宣统二年　庚戌）36岁

　　1月16日（己酉年十二月初六日）　　各省咨议局代表递呈请愿书，要求速开国会。清政府不许。

　　1月23日（己酉年十二月十三日）　　应同盟会南方支部之邀，赴香港主持起义军事。

　　"己酉九月，香港同盟会员以各地党势日盛，建议于香港分会之外，添设南方支部，以扩大组织。遂推举胡汉民为支部长，汪精卫书记，林直勉会计，会所设于黄泥涌道。其开办费初由直勉捐助之。自是南方支部与香港分会划分权限：分会专任香港以内党务，西南各省之党务军务则由支部统理之。汪精卫仅任书记三月，即离港北上。是冬十月，倪映典自广州来，报告联络新军反正已告成熟，可以约期大举。时总理方远游美国，支部乃电告以运动经过，请即筹汇二万元应急，同时并电邀黄克强、谭人凤、赵声来港主持大计。"①

　　萱野长知回忆说："黄兴准备回到广东去起义时，他们实在连从东京到广东的旅费也没有。因而在黄兴离开东京时，我曾经给神户的朋友太田信藏写封信，要他为黄兴设法，并把此信交给黄兴。可是黄兴去找太田时，太田也赤贫如洗，无可奈何。太田又去找他

---

　　①　冯自由：《革命逸史》第3集第236、237页。

的哥哥中岛胜次郎氏帮忙。中岛氏是一实业家，遂给黄兴川资和军费若干，黄兴始得成行。那时，黄兴跟中岛氏毫不相识，然而中岛氏却不只给钱，而且在神户的常盘花坛为黄兴设宴，举行盛大的欢送会。"①

1月25日（已酉年十二月十五日） 经神户过下关，两次致函萱野长知，请代为催款。

第一次函云："弟抵神驿，即承铃木君来接，欢慰无极！所商之件，已允竭力筹助。但因弟起程太急，昨只得五百之数。弟已书留二千元借用证据在伊处（因铃木君云，本月中亦拮据之甚，故只求助二千元），余数乞为替（或面交）友人谭君人凤带来。兄接此书时，即乞电求铃木君从速汇寄，使谭君能早一日来，则弟能早得一日助手也。……昨由兄处转来之电，乃前途决即发动，要弟速去，并要谭君（乃老头子）偕去，以资臂助。故弟由神户电谭君来神相晤。"②

第二次函云："谭君专待铃君款到出发，请设法催之，不胜祷切。兄抵连后，请发一电至香港《中国报》，以便有事通电也。此次前途元气甚旺，如能得手，万事可弃，兄当速来助我。"③

1月28日（十二月十八日） 熊成基于哈尔滨谋刺载洵不成，30日被逮，2月20日死难。

1月29日（十二月十九日） 抵香港。④

---

① 萱野长知：《中华民国革命秘笈》附录《辛亥革命秘话》。
② 《黄克强先生书翰墨迹》第61—63页。神驿，指日本神户。铃木，指铃木久五郎。
③ 《黄克强先生书翰墨迹》第69、70页。
④ 黄兴1910年2月4日致宫崎寅藏函："弟于一月廿三日由东京启程，廿九日抵香港。

"其时克强已由日本到港，赵伯先为清督抚所猜忌，去军职至港。伯先军事学甚优，且有经验，天资豪迈，能为诗文。其为陆军学校监督及将新军，辄以民族大义鼓励学生、士兵，俱悦服之，亦以此为清吏所恶。江南、广东两省军界革命种子，大半伯先所培植也。余与克强、伯先在港规划一切，省中新军运动，则以倪炳章（映典）为总主任。"①

2月4日（十二月二十五日） 决定元宵前后举事。致函宫崎寅藏，请速招军事人员来援。

黄兴抵港后，倪映典等至港报告运动新军成绩，本拟以农历除夕举事，倪言年关商人停止贸易，供给不便，于是决定正月元宵前后发动，各部依期准备。是日，致函宫崎寅藏，函云："革命军不日大起，人材缺乏，乞速召集步炮工佐尉官多名前来援助，不胜感祷。其旅费至时当电寄二千元。中山或由横滨经过，亦未可知。来时望密为探知，以便东京方面事就商妥帖〔贴〕。其佐尉官则必先期火速催其上道，至要，至要！再者，小儿一欧请伤偕定平君等同来。"②

2月5日（十二月二十六日） 谭人凤抵香港。

谭人凤说："方精卫之去北京也，克强旋亦得香港电促，约余往，盖因广州新军将克期举事也，吾党运动军队革命从此起。……时克强方负债累累，向陈犹龙借得千金，始得去。余亦接踵往，至则十二月二十六矣。"③

2月9日（十二月三十日） 与倪映典、赵声等商定新军提前

① 胡汉民自传，载《革命文献》第3辑。
② 《黄克强先生书翰墨迹》第73—75页。时孙中山离美东返，正在由纽约赴旧金山途中。2月10日抵旧金山。
③ 谭人凤：《石叟词牌叙录》，载《近代史资料》1956年第3期。

起义。

"十二月三十日除夕，广州燕塘新军第二标三营后队兵士吴元英往双门底绣文斋取定印名片，与店东发生口角，巡警向前干涉，致互相斗殴，巡警并将新军拘去，激起新军公愤。"① "炳章急至香港，以其情告，且曰：'此所谓小不忍则乱大谋，余料新军运动已成熟，经此事故，勿论如何，殆难抑制，应提前改期，勿待元宵。'余与克强、伯先审议久之，遂改初六。"②

2月12日（庚戌年正月初三日）　获悉广州新军起义，急欲前往督战，未果。

"宵（映典）于初二早自港抵省。初拟力劝新军暂忍耐数日，勿遽暴动偾事。及抵燕塘，见新军与防营已列阵对垒，知大势无可挽回，遂毅然入炮工辎营主持攻战大计。新军见倪入，欢声雷动。初三晨，倪督兵向清军进攻，以新军缺乏子弹败绩，倪头部中弹死之。"③ "新军乃暂时退据燕塘。公在香港，夜间得报，急欲乔装与赵声前往督战，以广九路局闻变，火车不准开行，只得另觅他途，然已缓不济急。"④

2月中旬　定平伍一、黄一欧应召抵香港。

黄一欧说："我那时正在东京东斌学校学习，得到宫崎寅藏转

---

①　姚雨平：《新军起义前后及辛亥三月二十九之役的回忆》，广东省政协文史资料研究委员会藏稿。

②　胡汉民自传，载《革命文献》第3辑。

③　冯自由：《革命逸史》第3集第238页。关于倪映典牺牲的情况，有人谓"并非阵亡，实被人诱杀"，见陈景昌：《庚戌之役倪映典遇害真相》，载《辛亥革命回忆录》第二集。

④　刘揆一：《黄兴传记》，载《辛亥革命》（四）第293、294页。

告先君来信后，立即同日本退职炮兵大尉定平伍一一道束装启程。临走时，带去宫崎寅藏给先君的复信。记得我们到香港已是春节过后，新军起义以失败告终。在香港呆了个把月，空跑一趟，无所作为。……先君对这次起义失败感到痛心，但并不灰心，在谈话中常对同志说：'不要紧，慢慢细细再来！'"①

3月19日（二月初九日）　致函宫崎寅藏，告以新军起义失败及今后行动计划。

函云："此次纯以军队为主力，定期在阴历正月初六日。不料正月初一、二两日，兵卒与巡警冲突，致为满大吏所察觉，加意防备。初三日，新军一标（约一联队）及炮工辎四营（约一联队外）见其势已危，即与官兵战，相持数时间之久。奈新军子弹每人不及四颗（因子弹均在城内），终以无弹退败。同志倪映典，号炳章，安徽人，死之；其兵卒遣散，仍返乡里。官吏虽知吾党运动，表面上则为兵警冲突，莫能得革命实据，不致妄肆杀戮，亦幸也。**然吾党之势力，已普及于全军队（如北京、南京皆是），此次不过解散一部分，而其主要仍在也。今后人心更加奋发，一得机会，即再举动，可望成功。弟拟于北京及南京两处图之，较之广东之偏于一隅，则更有进也。**今弟将往他处运动，然后回此两处布置，数月之内，当有头绪，一得时机，即先电告。一欧以不能随弟来往，致碍他人耳目，故令暂返东京，面达一切，日后再唤之来也。"②

3月28日（二月十八日）　偕胡汉民、赵声赴新加坡筹款善后，且谋再举。

广州新军之役"除死事者外，其素为党人入军中运动之干部，

①　黄一欧：《黄花岗起义亲历记》，湖南省政协文史资料研究委员会藏稿。
②　《黄克强先生书翰墨迹》第77、78页。

大率亡命香港、南洋，乃分别设法为之收容之。"①是时，南方支部经费奇绌，势将不支。黄兴乃与胡汉民、赵声同赴新加坡，"欲运动小款，以接济港中目前之危困。"②并谋再度举事。

3月31日（二月二十一日）　汪精卫、黄树中（复生）在北京谋炸清摄政王载沣失败，4月16日被捕下狱。

3月　孙中山在美国先后发电报，致长函到香港给黄兴，提出在广东再次发动起义的计划。③

4月上旬　黄一欧自香港回东京，寄居宫崎寅藏寓所。④

4月22日（三月十三日）　宫崎寅藏偕儿玉右二离东京赴香港约晤黄兴，调查中国革命党情况。⑤

4月下旬　自新加坡回香港。

孙中山函电到港后，胡毅生电请黄兴等返港商榷；又，宫崎寅藏自东京来电，约在港相晤，因与赵声先后返港。⑥

4月　长沙发生"抢米"风潮。

春　在香港晤何遂，告其多与蔡锷联系。

"我们在昆明逗留了一个星期，又回河内与耿济会齐，经海防到了香港，在香港同盟会总部见着了赵声和黄兴。黄兴告诉我们说：南宁讲武堂总办蔡锷（松坡）也是革命的同志。他给了我们一封介绍信，要我们多与蔡锷联系。"⑦

---

①　《胡汉民自传》，载《革命文献》第3辑。
②　黄兴：《复孙中山函》（1910年5月13日）。
③　参见黄兴1910年5月13日复孙中山函。
④　《宫崎滔天全集》第5集第698页。
⑤　宫崎寅藏这次受陆军大臣寺内正毅之托，调查中国革命党情况。赴港时行踪秘密，对外自称《万朝报》记者。见《宫崎滔天全集》第5卷第699页。
⑥　黄兴：《复孙中山函》（1910年5月13日）。
⑦　何遂：《辛亥革命亲历纪实》，载《辛亥革命回忆录》第1集第465页。

5月初 与宫崎寅藏、儿玉右二会晤，就中国革命形势问题进行了为时一周的谈话。①

黄兴函告孙中山说："弟在新加（坡）时，宫崎由日来电，约弟来港相晤。及弟来港，伊偕儿玉右二来，此人与寺内正毅有关系。大约日政府见满洲交涉无大进步，而清军队之表同情于吾党者日多，或一旦吾党势力可成，伊既无要求于满政府，而又不见好于吾党，两无所据。又恐他国与吾党密近，将来排斥己国，于东亚殊难立足。有此隐情，故宫崎乘间运动长谷川大将名好道者，由长谷川将宫崎所铺张吾党之势力绍介于寺内。故寺内密派儿玉与宫崎来调查吾党势力，不过证实宫崎之前言耳。在港不过一礼拜，弟稍夸张出之，略言法美国民皆表同情，或能怂恿之，亦未可知也。"②

宫崎寅藏写道："北京发生炸弹事件后，传说他匆匆离开日本，不知去向。笔者漫游南方时，偶然在某地和他相遇。我们很久不见，真不易得此促膝畅谈的机会。但我很遗憾，由于承担对他们保密的义务，不能将谈话的情况全部无遗地记录下来，借以博得读者的赞扬。……"③

5月12日（四月初四日） 宫崎寅藏偕儿玉右二乘日轮加茂丸离港（5月26日，抵东京）。④临行前，黄兴作七律一首书赠，诗云：

"妖云弥漫岭南天，凄绝燕塘碧血鲜。（庚戌正月广州之役，倪□死于此）

---

① 《宫崎滔天全集》第5卷第699页.

② 《黄克强先生书翰墨迹》第36—38页.

③ 宫崎寅藏：《与革命党领袖黄兴谈话》，载《宫崎滔天全集》第1卷第513页.

④ 《宫崎滔天全集》第5卷第699页.

穷图又见荆卿苦，（北京炸弹案，精卫、复生被陷）脱剑今逢季札贤。（君与篁南君南来）

七日泣秦终有救，十年兴越岂徒然。

会须劫到金蛇日，百万雄师直抵燕。

滔天先生别半载矣，今夏偕篁南君南游，晤于香江，欢聚数日。临行书此，以志离踪，即乞哂正！"①

5月13日（四月初五日）　复函孙中山，详陈革命计划。

是年三月，孙中山在美国洛杉矶与荷马李、布思举行多次会谈，制定反清起义计划，并委派布思为中国同盟会驻国外全权财务代办，向纽约财团洽商贷款三百五十万美元以充军费。因陶成章、章炳麟等先年在南洋和日本对孙中山进行攻击，外间谣传同盟会内部发生分裂，荷马李等提出要有正式文件证明孙中山为公认之领袖，作为向美方贷款的保证。孙中山于三月十四日及二十八日以电报、详函致黄兴，提到他与荷马李等计划暂时中止长江流域及华南地区的起义活动。黄兴在香港与赵声等研究后，复函孙中山，汇报国内革命运动情况，陈述在广东再次发动起义的计划。并办理了孙中山所需要的委任状。

在复函中，黄兴首先陈述了选择发难地点的意见："先生与军人所议之方略，与此间所已运动得手之情形略有不同。弟与伯先意，以为广东必可由省城下手，且必能由军队下手。此次新军之败，解散者虽有一标及炮（二营）工辎四营之多，然二标及三标之一营皆未变动。现虽有议移高州之说，恐一时尚不能实行。而巡防队兵卒之表同情于此次正反〔反正〕者甚众。现总督水陆提〈督〉

---

①　影印墨迹，载《宫崎滔天全集》第2卷卷首。　倪囗（辨认不清），即倪映典.

皆以巡防队为可靠（可断定多会党，运动必易，以湘人运动尤易），闻往招湘人约千人。北江一带约数百人，将来专为省防之用。李准原有之亲兵队约千余人（内同志甚多），总共巡防队计有三千之谱。若此兵数一能运动，则外无反对者。其方法，俟大款得手，先刺杀李准一人，使其部下将校自相混乱变更（因皆李私人，多不得兵心，若易统领，则必更换其管带哨弁等，而兵卒之心更离矣），于此变更之时，广用金钱（兵卒皆不丰足，负债者甚多，益以嫖赌，其势更岌岌），不一月可悉收其众。前次之失，立可恢复。省城一得，兵众械足，无事不可为。至广西一隅，同志之在陆军者，约数十人（李书城、孙棨、杨源濬等均在此），以刻尚未招兵训练，无可假手。至秋期则兵数想亦可招足。此方面不必顾虑，自能联合也。外会党一面，刻虽清乡，其人众稍为所慑，然兵去则聚，自成常例，至时亦可号召之。前后运动之基础固未摧坏，再扩张之，自易易也。总之，广东之事，视款为难易。以普通一般之军队多贪鄙嗜利，况有义字以激发之，富贵功名，唾手可得，何乐而不为此！此弟与伯先兄观察广东巡防军队之心理而可以断定者也。故图广东之事，不必于边远，而可于省会。边远虽起易败（以我不能交通而彼得交通故），省会一得必成。"

在谈到联络他省之军队及会党时，黄兴说：

"今满洲之马杰及渤海之海贼，去岁萱野返日已带有二三人来，均有势力者。伊等只要求费用，即可活动。至少可集合三五千之众，扰乱满洲方面，趋近杀虎口、张家口一带（口外无兵，可随意越过），以惊撼北京，此最为出奇者也。势虽不成，牵掣北清之兵力有余。又北清之新军，同志在其间者亦不少。前岁西那拉氏之变，伊等欲乘机运动，虽无大效力，然种子已播，兹更图之，亦不难也。长江一带之会党，久已倾心于吾党，一有号召至，可助其威焰；

尤以浙江一部为可用，王金发① 君等可得主动之。至三江之陆军，其将校半多同志，今岁闻伯先兄在粤举事，皆有握拳透爪之势，若事前与之联给〔络〕，择其缜密者为之枢纽，势不难与两粤并。湖北之陆军虽腐败，然开通者亦不少。去岁有孙武② （湖北人）者竭力运动，闻成绩也好。湘中之新军虽不及万人，然有数同志为管带、队官等；又督练公所及参谋等多同志，人较他处亦不弱。云南同志亦多得力，其经营有不俟他处彼亦为之之势。此次巨款若成，择其紧要，辨其缓急以图之，必有谷中一鸣、众山皆应之象。而吾党散漫之态，亦从而精神活动，可无疑也。"

关于"组织总机关之人材"问题，黄兴指出："弟意必多求之各省同志中，以为将来调和省界之计。一有款，弟拟去日本招求已归内地之同志（有胆识者）来日会议后，分遣担任赴内地运动各事。其智识卓绝或不能回内地者，则留驻日本或招来港中，为组织总机关之人员。但目今不能详举其人名，以近二三年来未与共办一事，而为外间浮言所中者居多。必须开诚布公、推心置腹以感之，彼方见信。……赵伯先兄于军事正踊跃担任，此次款项若成，可委广东发难之军事于伊，命弟为之参谋，以补其短，庶于事有济。伯兄刻虽不能入内地，以军界多属望于伊，为之自亦易易。若能得一次大

---

① 王金发（1882—1915），名逸，字季高，浙江嵊县人。早年组织乌带党（会众均腰系黑带，人故称之为乌带党），从事反清斗争。1905年随徐锡麟赴日本，参加光复会。回国后任绍兴大通学堂体操教员。秋瑾遇害后，亡命日本；复往来于沪、浙等地，坚持斗争。辛亥革命时光复绍兴，成立军政分府，任都督。"二次革命"失败后，再次亡命日本。1915年回杭州，被朱瑞杀害。

② 孙武（1879—1939），字尧卿，湖北夏口人。清末在湖北武备学堂毕业后，历任湖北新军教练官、管带等职。后在湖北先后加入科学补习所、日知会。1907年赴日本，参与组织共进会。1909年在武汉建立共进会组织。次年到香港，加入同盟会。1911年与刘公等筹划共进会同文学社合作，在武汉部署新军起义。武昌起义后，任湖北军政府军务部长。1912年春组织民社，脱离同盟会，拥护黎元洪。

会议，分担责任，各尽其才，事无不成矣。"①

李书城追述广西当时情况说："当时先后到广西的陆军同志，有直隶（河北）省的陈之骥、田遇东、刘洪基、周荫人、耿毅，湖南省的杨源濬、高兆奎、袁华选、齐琳、赵恒惕、刘建藩，安徽省的孙棨、孙方瑜、李乾璜、丁绪余，四川省的尹昌衡，福建省的王孝缜、何遂、杨明远，江苏省的冷遹、赵正平，浙江省的吕公望，广东省的覃鎏钦，河南省的韩凤楼，湖北省的孔庚、雷寿荣、张华辅、全恕、李浚、黄恺元、李书城等。他们分别在广西督练公所、陆军干部学堂及陆军小学堂担任职务，预备在学生毕业后，编成一个陆军混成协，作为革命的基本队伍。同时与广东、湖南的同志取得联系，以这三个省作为革命的根据地，再向全国扩展，最后夺取北京。我在桂林，是担任陆军干部学堂的监督；又有一个时期，兼任过陆军小学堂的监督。"②

5月24日（四月十六日） 宫崎寅藏撰黄兴访问记在日本报刊上发表。

宫崎寅藏偕儿玉右二抵港后，自5月8日起，就与黄兴谈话之不属于保密范围者，以《革命党领袖黄兴——在热带地方》为题，写成访问记。是日，开始在《万朝报》上连载发表。后改题为《与革命党领袖黄兴谈话》，转载于《日本及日本人》杂志。③

湖南志士唐才常起事失败后，黄兴又在长沙举起反清旗帜，密谋起事，也遭到挫折。之后他到广西和孙中山一起策划军事行动，一举攻克了镇南关。在遭到官兵的反击而撤退时，他一个人带

---

① 影印墨迹，本谱编者藏。
② 李书城：《跋黄兴〈上孙中山论革命计划书〉》，湖南省政协文史资料研究委员会藏稿。
③ 《宫崎滔天全集》第5卷第699页。

着二百个士兵，辗转战斗于广西各地达一年之久；接着又转到云南，指挥革命军夺取河口。在几次起义都遭失败以后，黄兴有较长一段时间潜居在日本。北京发生炸弹事件后，传说他匆匆离开了日本，不知去向。笔者漫游南洋时，偶尔在某地和他相遇。我们很久不见，真不易得此促膝畅谈的机会。遗憾的是，由于对他们承担了保密的义务，我不能将所谈情况全部无遗地公布出来，以飨读者；只能在不失密的范围内简述如下几节，如多少能为了解当时情况起参考作用，就足以自慰了。

暴徒和革命党

湖南暴徒和革命党有无关系，一般成为疑问，没有定论。笔者向黄兴提出这个问题，并问及革命党究有多大势力？他说：我党现有势力如何，这是个实际问题，不是现在应该拿出来谈的。若说我们有多大势力，却没有取得天下，就证明我们没有足够的势力。若是真正有了势力，能这样说的时候，那就是天下已经得到了。所以现在你如何自夸都没有用，还是说自己没有多大势力比较好。事实也是如此。象湖南的饥民一类的暴动，与我党是根本无关的。有些人以为我党急于起事而不择手段，把什么样的人都吸收进来，这是不了解我党的宗旨而作的猜测。我党在开始建党和进行革命的时候，处事是很慎重的，这是我党主义所决定，是理所当然的。我们最怕引起外人的误解，因为我们认识到纵然不象义和团那样，如有一点排外思想表现出来而招致误解，对于我党都是非常不利的。为了避免这一点，我们把许多好的机会都放弃了这是很可惜的。当某些事件发生时，并不是我们没有想到这是一次好机会，尽管想到了，还是没有动手干。湖南长沙是我的故乡，因为有前年那一次事件，我们的声望，影响很大，有些参加革命的人，很想乘那次机会急于发动,好不容易才制止下来。现在对江苏发生的暴动,我们采用了同样的方针。目前国内接连发生饥荒,对革命来说,是有利条件;加以近年来我党日益发展壮大,到处都潜伏有同志,在伺机而动。可是我们必须慎重,不能轻举妄动。当前最大的问题是:有的人忍耐不住,又悲又叹;有的人想用俄国的办法发动农民起义。他们不仅是这样说,而且有所行动。对于这种作法,必须加以制止。在如此炎热的远方,我现在是淌着汗水担心这件事情。现在不是我吹号子他们不跳的时代,那个时代已经过去了。我现在担心的是另一种情况,比起那个时代来,这种担心又含有愉快的成分。贵国的由井民部、元辅飞雪的谋叛也是相同的,准备工作已做好百分之九十九,只因差了一分之故,就失败了。所以我认为,宁可痛苦,也要忍耐。因为那不仅仅是一次行动的失败,如因而引起列强的干涉,从而导致国家灭亡之祸,这就不是一般的担忧了。我们的担忧因时期的变化而有所不同,但担忧始终是存在的。人的一生中总会有各种各样的忧虑,我们企求的是愉快的忧虑。现在距离我们这种愿望的实现已经为时不远了,请你为我们高兴吧。

北京炸弹事件

笔者回转来问北京炸弹事件,他叹息地说,如果在有神权和皇权坚强统治着的俄国,人民在迫不得已时这样做,是可以的。但在我们中国,只有一个儿皇帝(宣统帝溥仪)和一个懦弱无能的政府,我们完全不必搞这类无谓的暗杀行为,而要采取等待时机一举推翻清政府的方针。我们做梦也没有想到在党内起重要作用、向来沉着稳重的汪(兆铭)、黄(复生)二君竟然做出那种唐突之事。他们根本没有同大家商量过。但清政府也没有杀他们,只作了终身监禁的处罚。这对于双方都是有利的。如果杀了他们,就会闹出大乱子来，那些崇拜他们的血气方刚的青年会以血还血地进行报复。汪兆铭曾在日本留过学。你也清楚，他的号叫精卫，还是《民报》的主编，写的文章颇有特色，在青年中有很大的影响，吸引着一部分青年靠拢革命。可是现在看不到他那些好文章了，真是遗憾啊！黄兴说罢，眼泪滴滴流了下来，我也情不自禁地低下头来。

广东新军事件

笔者又提到本年（明治四十三年）元旦广东新军骚乱的问题，黄兴说，十分遗憾，我们失策了。仅仅只六天之差，本来有希望取胜的，结果完全失败了。尤其是牺牲了极其重要的革命党人倪炳章，令人十分惋惜。本来约好在正月初六，由三千个三合会会员与新军同时起事，倪队长为了商定起义计划的细节，元旦那天，就外出某地，与同志联系密议。不料心怀愤懑的新军士兵，于当天大喝其酒，以致与巡防营的士兵发生冲突。飞毛腿跑来报讯，说大事不好，士兵和平时的死对头巡防营打起来了，倪飞奔前去制止，但已制止不住。在不得已的情况下，他只得提前举事。由于缺乏弹药，每人仅有四发子弹，倪命令他们不要随便开枪，他自己站在最前面，带领部队慢慢地向前走去。这时，水师提督李准已把机关枪运来，瞄准倪首先射击，倪当场中弹倒下，部队跟着就四散了。他们又在另一个地点集合起来，等待为倪报仇的时机到来。应该说促使这一时机到来是我们的责任和义务。这件事，李准先发制人，倪炳章殉难，固属可惜，但却使革命方面避免了一场更大的牺牲。当时，一般人都揣测新军中潜伏有革命党人，官吏中也不少人持这种怀疑。总督则极力掩饰实情，说军队与革命党全然无关。可是在他们的战利品中已发现了很多炸弹和革命党的旗帜，这就戳穿了他的谎言。尽管如此，总督还是采取掩耳盗铃的办法，矢口否认。他们这样做,看来用心良苦,真是可笑之极。

革命党和军队的关系

笔者借广东新军骚动一事,进一步问革命党和军队的关 系 如何? 黄兴缓缓地说:几年前萍乡之乱发生时,清政府派来讨伐的军队有把枪丢弃给"乱党"的。在广西、云南等地,亦复如此。这是因为军队中有革命党人在作内应。也有军队因受革命的影响而自发行动的,如安徽事件和早一个月的江苏事件,就是这样。从这些现象也可以看到整个的趋势,革命的潮流是在向前发展,胜利愈来愈近了。我们在广东虽然失败了,但我们并不悲观,而 是 非 常 乐观,所以一点都不急躁。对我们革命党人来说,几次的失败,使 我们吸取了教训,提高了觉悟,懂得了在准备工作上必须十分慎重、周密。从此以后,不致再发生那种仓促冒险的行动了。

革命党人对列强的看法

笔者知道中国革命党人在日本逗留期间,对侦探的盯 梢 非 常讨厌,所以就问他们在英国殖民地和法属领土逗留时,当 地 政府对他们的态度如何? 黄兴笑着说,贵国的警察有世界第一之称,尤其是当今的桂内阁比以前的西园寺内阁更为厉害,什么事都做 得 十分严密, 这恐怕要多作无用之花费。英法殖民地虽然在某些方面是极严厉的,而在有些方面却是采取放任的态度, 象我们这 些带"危险性"的人到他们那里去,也可以成为自由之民。在法属安南,我们如被错看是贵国的人,是会发生麻烦的:如晓得是中国人,尤其是革命党人的话,那就会受到特别优待, 使你感到十分愉快。在英国殖民地,如果知道我们是革命党人的话,也会受到优待。英国和贵国是同盟国,贵国人在英国,不会象在法国属地那样受到猜疑，而会受到友好的对待，对我们，如盯梢之类的事，也是不会有的。这就是所谓大国的风度。我这么讲，决不是视贵国为小国。可是，因为贵国把我们看得太重要了，对我们的一举一动都很注目，使人产生应该"感谢"的心理。但过分的关心就可能使人感觉不愉快，而且相互之间可能发生麻烦。不过人的感情是一种微妙的东西，相处时间一长，就会增进了解，加深感情，我们同文字、同肤色的人，总还是有些亲切之感的。您回国后，恳请转告贵国的仁人志士，万一我们革命党不能一举推倒清廷，清政府要想长久地统治下去，也是不可能的。因此我认为，应该从长远的观点考虑，来确定贵国的国策。作为日本政府，当然不可能把清政府置之度外，而作为日本人民，就可以权衡轻重，另作选择。如果不是这样，就可能造成百年遗恨。这些话，似乎是杞人忧天，但却是我的由衷之言。

6月7日（五月初一日）　　由香港秘密抵东京，与宫崎寅藏会晤。①

6月10日（五月初四日）　　化名赴横滨，与孙中山秘密会晤。②

萱野长知回忆说："孙逸仙抵达横滨前一天，我坐一辆双人拉的人力车……到了旅馆。……次日，黄兴和我乘人力车到国府津，在那儿，我们悄悄地溜进一家旅馆。……孙逸仙坐的美国轮船刚刚靠岸，黄兴就跳上船去。两人久别重逢，极少谈论私事，很快转入对革命形势的讨论。……我们来到孙逸仙所住的旅馆。在那里，大约有两小时之久，孙、黄就各种重要问题交换了意见，并对

---

①　《宫崎滔天全集》第5卷第699页。
②　黄兴这次化名李经田，见《宫崎滔天全集》第5卷第699页。

未来的若干方针大计取得了一致看法。"①

　　6月11—24日（五月初五至十八日）　在东京与孙中山、赵声等秘密会商。

　　孙中山于抵横滨之次日赴东京，隐居小石川区原町三十一番地宫崎寅藏寓所，②与黄兴、赵声、宋教仁、谭人凤等多次密商革命进行方略，谋设秘密机关，统一各省革命团体行动。在密会中，宋、谭与孙中山曾发生争执。

　　谭人凤后来追述说："中山闻桂太郎入阁之说，潜与克强东来，赵伯先亦相继至。余晤中山，责改良党务，中山颔之。不意钝初往商，乃曰：'同盟会已取消矣，有力者尽可独树一帜。'钝初问故？则曰：'党员攻击总理，无总理安有同盟会？经费由我筹集，党员无过问之权，何得执以抨击？'钝初未与辩，返告余，余颇愤。次日复同钝初往，仍持此种论调。余驳之曰：'同盟会由全国志士结合组织，何得一人言取消？总理无处罚党员之规条，陶成章所持理由，东京亦无人附和，何得怪党人？款项即系直接运动，然用公家名义筹来，有所开销，应使全体与知，何云不得过问？'中山乃曰：'可容日约各分会长再议。'不意越数日，暗地而来者，又暗地而去，余于是亦遂大不慊于中山矣。"③

　　7月17日（六月十一日）　因日本政府向宫崎寅藏"严厉追究"，离东京往香港。④

　　①　董野长知：《中华民国革命密笈》第381、382页。
　　②　《宫崎滔天全集》第5卷第699页。
　　③　谭人凤：《石叟牌词叙录》，载《近代史资料》1956年第3期第42页。
按：据《宫崎滔天年谱稿》（见《宫崎滔天全集》第5卷）载：孙中山这次抵横滨，登岸后即被当地警署探悉，不准居留，遂于次日化名前往东京。又被探悉，限期离境，乃于本月25日离开东京，经香港前往南洋。谭人凤以此相责，不符当时实际情况。
　　④　《宫崎滔天全集》第5卷第700页。

10月11日（九月初九日）　　《民立报》在上海创刊。

秋　谭人凤来港筹商整顿党务办法。

孙中山离日后，谭人凤约张懋隆、林时爽、李伯、陈勤宣、邹永成、刘承烈、张斗枢等集议于宋教仁所寓之寒香园，谋组中部同盟会，在长江上游各省起事。众推谭赴港筹款，与黄兴面洽一切。①

谭人凤记述说："同盟会初成立时，本有五部名义，乃议作中部同盟会办理。惟议虽决，苦无款进行，故尚需与南部磋商也。时伯先偕患难同志佃渔于香港对岸之九龙，须归照料，旋即返。余以代克强担负债务，月需百余金纳息，力不胜，亦于九月间往商，兼向克强索款。及晤时，克强无别意见，惟谓须有款项方可。……余从香港归时，克强经济亦因，仅筹得三百金交余，不够偿欠利息。"②

△　偕赵声赴仰光，图进取云南。

孙中山夏间离日本时，"即已约黄兴、赵声等南行，以商卷土重来之计。时兴以粤中党人，元气大损，再举不易，拟改从缅甸入云南，联络云南军队举义。声等亦有所图。"③谭人凤离港后，黄兴即与赵声赴仰光，与滇籍同盟会员吕志伊等徐图进行，并到腊戍筹募起义经费。④

吕志伊记其事："黄兴至仰，与吕志伊同至胶墨会寸某（按：指滇商寸尊福），面商一切，议将决矣。会英人进兵侵我片马，又旅逼同志运滇之军械为逼关吏侦获，黄兴与吕志伊商，与其举义于滇西，不如举义于粤东，而滇为响应。议定，黄兴先行赴港。"⑤

①　谭人凤：《石叟牌词叙录》，载《近代史资料》1956年第3期第42页。
②　谭人凤：《石叟牌词叙录》，载《近代史资料》1956年第3期第42、43页。
③　《总理年谱长编稿》卷上第181页。
④　据吕志伊自述，见《中国国民党史稿》第4册第1421—1426页。
⑤　参见吕志伊：《黄毓英事略》，载《南社丛选》"文选"卷4第29页。

"庚戌夏六月，黄克强自香港来，亦拟入滇企图起事。吕志伊介绍克强与滇人寸尊福相见，寸愿醵万金作滇边起事义饷。将行，适缅甸匪首貌产与英人为难，各地戒严，途无所出，遂以折回。时克强审察滇边形势，谓其地交通困难，经营十云南、不如一广东。因决计回广州发动。是即辛亥三月二十九之役。"①

11月13日（十月十二日）　赴槟榔屿（庇能）出席孙中山召集的秘密会议，决定组织广州起义。

孙中山"力主再谋广州大举之议，……遂约各埠党员于十月十二日到庇能开会商议筹款方法，与议者有孙眉、黄克强、谢逸桥、胡汉民、谢良牧、何克夫、熊越珊、赵声，庇能党员吴世荣、林世安、黄金庆，芙蓉代表邓泽如，怡保代表李孝章诸人。总理发言谓现在国内时机已熟，吾人决意在广州起义，以顺人心。请各同志刻即担任筹款。众咸赞成，议定募足十万元，便可着手大举。预计英属、荷属各筹十〔五〕万元，暹罗、越南三万元，美洲在外。即席捐得八千余元，其余由各党员分头募集。并拟分发捐册，概以中国教育义捐为名，免居留政府之干涉。议既定，黄克强、谢良牧、邓泽如、胡汉民等遂分赴各埠从事募款。"②

"各埠同志齐集后，十月十二日，遂开秘密会议，与议者黄兴、赵声、胡汉民、孙眉及庇能党员黄金庆，吴世荣、熊玉珊、林世安，怡保代表李孝章，芙蓉代表邓泽如等。中山乃谓现在时机既迫，吾人当为破釜沉舟之谋，款项多一分，则筹备足一分。吾党不乏热心之士，前此力分而薄，且未先事为备，每有临渴掘井之患。今举全力以经营，鉴于前车，故为充分款项之筹集，事济与否，实全系之。……此次大举，以新军为主干。但鉴于从前运动军队或民军，难于

---

①　冯自由：《革命逸史》第2集第239页。
②　冯自由：《革命逸史》第6集第189、190页。

择一发难，乃决定择同志五百人为先锋，任发难责，以领导军队及民军，盖将倾全党人力财力以赴之也。广州一得，以黄兴统一军出湖南趋湖北，赵声统一军出江西趋南京。"①

槟榔屿（庇能）会议决定倾全力发动广州起义。会后，赵声往香港联络广州新军，黄兴、胡汉民等分往南洋各埠筹款。

11月下旬　槟榔屿会议后，返仰光部署滇事，委之于吕志伊独力筹划，约其同时并举。

12月25日（十一月二十四日）　自仰光至新加坡后，致函陈楚楠②问疾。

函云："两日不见，相思如年。贵恙昊似，念念。少间能出门一见乎？要事均待酌定。生死关键，在此一着，苟有迟误，负国实甚，千金一刻，至宝贵也。鹄候驾临不宣。"③

12月31日（十一月三十日）　由新加坡至坝罗，访邓泽如④商筹款事。

"二十九日，泽如返坝罗。三十日，黄兴亦至。初，黄兴由仰光至星加坡会汉民，以所得款距预算额远甚，意沮丧。嗣知泽如在

---

① 曹亚伯：《武昌革命真史》前编第258、259页。

② 陈楚楠，原名连才，别号思明洲之少年。福建厦门人。新加坡华侨。早年经商。1903年"苏报"案发生后，与张永福等致电英国驻上海领事，请援引保护国事犯条例，勿将章炳麟、邹容引渡清廷。次年发刊《图南日报》，任经理，进行革命宣传。1905年新加坡同盟分会成立，被推为会长。1907年创刊《中兴日报》，与保皇派论战，多次为武装起义筹捐巨款。1917年归国，充孙中山大元帅府参议。1928年南京政府成立后，先后两任福建省政府委员。抗日战争中拒任汪伪中央监察委员及伪国民政府委员。

③ 据张永福：《南洋与创立民国》。

④ 邓泽如（1869—1934），号愚翁，广东新会人。早年赴南洋经营工商业。1907年加入同盟会，积极为同盟会历次武装起义筹集款项。辛亥革命后，又为讨袁（世凯）筹款。历任广东矿务局长、国民党广东支部长、大本营建设部长、国民党西南政务委员会委员、广东治河委员会委员长等职。

麻六甲，往访之，至则泽如已回芙蓉。乃偕邓寿如至芙蓉，至则泽如又回坝罗庇胜。黄等更至坝罗，至是会焉。适泽如举一男，黄兴为之名曰光夏。"① 取"明德之后，必有达人；光复大业，夏声厥灵"② 之意。

12月　为张华丹③题词。

词曰："夏完淳者，朱明遗臣允彝之子也。十五从父起义，磨盾草檄，夜阑不休。满贼读之，魄褫气夺！十七就义时，赋绝命词遗母及妇云：'孤儿哭无泪，山鬼日为邻。古道麻衣客，空堂白发亲。循陔犹有梦，负米竟何人？忠孝家门事，何须问此身！忆昔结褵日，正当擐甲时。门楣齐阀阅，花烛爽旌旗。问寝谈忠孝，同袍学唱随。九原应待汝，珍重腹中儿！'绝衾绸以赴矢石，谭笑殉国。诚以无国则民族无自而寄；民族无自而寄，则为奴隶，为戮民，被宰杀压制于异种。独夫民贼，其寄生于国外者，设为特别法律以遇之，光天化日，窜身无所。夫惟军神与国为生死荣悴，献其身于国家而不私，其斯为大汉魂者哉！华丹五兄正之。克强。"④

是年　二女文华生于日本。

---

① 曹亚伯：《武昌革命真史》前编第263、264页。
② 邓泽如：《中国国民党二十年史迹》第50页。
③ 张华丹，同盟会员，南洋华侨，张永福的五弟。
④ 影印墨迹，载《建国月刊》第5卷第4、5期。

1911年（宣统三年　辛亥）37岁

1月1日（庚戌年十二月初一日）　在芙蓉筹款会议上发表演说。

是日到会者三十余人，"黄兴力言时机已逼，需款孔急。苟非英属各州府集得五万元，则事不可行。同志闻之，极为踊跃。"谭德栋已捐一千元，又捐五千元货物。①

1月2日（十二月初二日）　偕邓泽如等抵吉隆坡筹款。②

1月3日（十二月初三日）　抵怡保，在宴会上发表演说。

是日，与侨领郑螺生相晤于决醒园。应李源水、李孝章等宴叙时的演说中指出："此次筹饷大举，英属各埠，以五万元为预算额。现筹得之款，相差甚远。我与赵声等，身命何足惜，为大局计，不能不筹划稍备，冀以不败。方今瓜分之局，将见实行，若冒险以为，徒苦民耳，心何忍也！望各同志有以救〔教〕之。"闻者均极感动，当场认捐踊跃。③

1月4日（十二月初四日）　至霹雳。

"集各埠分会办事人，开会于华成之楼，到会同志，不下百人。黄兴以近日各处同志认捐极为踊跃，筹得之款，相差不远，尚望会

---

①②　曹亚伯：《武昌革命真史》前编第265页.
③　曹亚伯：《武昌革命真史》前编第265、266页.

中同志,竭力鼓吹,以符原算。（到会者）均愿任提倡之责。"①

1月5日（十二月初五日）　至文明阁。

是日"至文明阁,会郑应章、胡莹宝。适陆文耀自太平至,商筹款事。陆曰:碍于乃兄,不能多助,若一二百元,可量力为之。"②

1月6日（十二月初六日）　至金宝筹款,无结果。

金宝有余姓巨商。"初,中山有函致余某,求助款事。黄(兴)、邓(泽如)等与会于中西别墅,交中山函。余某不应,且出恶语。"③

1月7日（十二月初七日）　返吉隆坡,向某俱乐部筹款,无效。④

1月8日（十二月初八日）　返芙蓉。⑤

1月9日（十二月初九日）　返新加坡,函谢邓泽如。

英属各埠筹款任务告成。是日,与邓泽如握别,返新加坡。"车行至毕牵钉丁宜(Perhentian Tinggi)而车头损坏,急为修复,至十二点六分始前进,抵星加坡厅律则已九时四十分矣。"⑥时胡汉民已离新加坡赴西贡,留书云:"暂死必有所得。"赵声亦自香港来电催款并询械事,黄兴遂作返港准备。⑦是晚,致函邓泽如。函中有云:"此次巨款之集,虽由谭、王、郑、黄、陆、朱、郭诸君及各同志之热心国事而来,实由我兄一人之至诚所感。黄帝有灵,锡以哲嗣,其报不爽!弟虽不言因果,而天理自在,孰不信之?弟等惟有奋励厥志,慎小其心,力求有成,勉尽公义,更有所以酬知己,则私心方安耳。"⑧

———————

①②③④⑤　曹亚伯:《武昌革命真史》前编第266、267页。

⑥⑦　《黄克强先生书翰墨迹》第85页。

⑧　《黄克强先生书翰墨迹》第86、87页。函中"谭、王、郑、黄、陆、朱、郭",指南洋英属各埠赞助革命的爱国侨商谭德栋、王镜波、郑螺生、黄怡益、陆秋露、朱赤霓、郭应章。"锡以哲嗣",指邓泽如四十二岁得子。

1月10日（十二月初十日）　函谢李源水、郑螺生、李孝章，并催汇款。

函云："五万之数，虽所差不多，非兄等担任，不能足额。赵伯先有电来催，务乞拨冗赶速于日内收齐，汇寄港部（二十日以前可单汇，二十日以后必电汇），俾得早收一日，则早得一日之用。且腊底运动，尤为节款而有效，其中苦心，想兄等能谅察也。此次大款之集，全赖兄等慷慨毁家，以纾急难。弟等深悉其艰苦之状，敢不勤励厥志，慎小其心，力求有成，勉尽公义，更冀有所以酬知己者也耶！"①

1月11日（十二月十一日）　致函暹罗（今泰国）同志，揭露清政府罪恶，促汇发难经费。

函中有云："中山先生特召集内地各部代表南来，相与确定计划，急起实行，破釜沉舟，拚此一举。预算发难费用十万金，向南洋、欧、美各分会筹措。前月中山先生已启程西去。今英属之地，得邓泽如兄等起而提倡，已大有眉目。汉民兄则由安南而至贵埠，望各同志尽情商榷，竭力捐助，少毁其家，以纾国难，则大款易集，而大业亦可成矣。顾内地同志既破其家，又牺牲其身者，所在多有。海外同志为地所限，不能亲入身冒其锋，今能掷金钱以偿其热血，亦义之至正。诸君慷慨豪侠，多不让人，弟知必有以集巨资以成斯举者。……其一切详情，汉民兄当为面陈。乞各同志赞成，于各尽力捐助外，将储款尽数提出，以助公用。俾能多得一分之财，即能多得一分之预备。"②

---

① 《黄克强先生书翰墨迹》第92、93页。
② 《黄克强先生书翰墨迹》第96、97页。

△致函谢乙桥，①催筹款归港。

原函略云："今英属之款，大致已有眉目，惟与十万之数，所差甚远。而前途待办之事，有如星火，不可迟以分秒。望兄前许之件，速速决心实行，驰赴港部办事。……伯先兄昨亦有函来催贵昆仲，意至恳切。"②

1月12日（十二月十二日） 自新加坡乘日本邮船回港。行前，致函谢良牧、邓泽如，催践约汇款。

黄兴在致谢良牧函中告以"此次于四州府所筹之项，虽稍有眉目，然不敷已甚，非得兄提荷属之款，决难开办。伯先兄屡有函来催兄提款，……我辈今日为此最后之一举，必多得资以为完全之预备，方免失败。"③致邓泽如函中指出："各处之款，乞兄赶速催齐，必于年内汇到。现所靠者，仅有此款，断不可失期有误。"④

1月18日（十二月十八日） 抵香港，主持广州起义筹备工作。旋成立统筹部于跑马地鹅井三十五号。

是日午后，黄兴抵埠，与赵声等会晤，将此次在南洋筹款苦状，及爱国侨商"毁家纾难之义举，尽情宣告，无不奋励激发，勇气百倍。"⑤"乃组织统筹部分职任事，众举黄兴为统筹部部长，赵声为副。内分课：曰调度课，掌运动新旧军人之事，举姚雨平为课长；曰交通课，掌江浙皖鄂湘桂闽滇各路交通之事，举赵声为课长；曰储备课，掌购运器械之事，举胡毅（生）为课长；曰编制课，掌草定

---

① 谢乙桥（1874—1926），也作逸桥，广东梅县人。清末留学日本，加入同盟会。归国后与其弟良牧等于潮州、黄冈等地谋发难，事败出亡。后赴南洋经营商业，为革命事业筹募款项。辛亥革命后，任同盟会汕头分部长，并与叶楚伧等创办《中华新报》、《大风日报》。时与黄兴相约，与乃弟同赴荷属各埠筹款，筹妥后即赴香港待命。

② 《黄克强先生书翰墨迹》第101页。

③④⑤ 《黄克强先生书翰墨迹》第103、107、109页。

规则之事，举陈炯明为课长；曰秘书课，掌一切文件之事，举胡汉民为课长；曰出纳课，掌出纳财政之事，举李海云为课长；曰调查课，掌伺察敌情之事，举罗炽扬为课长；曰总务课，掌其他一切杂务，举洪承点为课长。其余各同志，各以所能分属于各课，共同努力。"①另于摆花街设实行部，"专制造炸弹，李应生、李沛基、庄六如、女同志徐宗汉、庄汉翘、卓国兴、黄悲汉等任之。及发难期近，移机关于省城甘家巷。"②

"统筹部成立，各部分头入省进行，如是在省不能不有机关之设立。……其时设立机关虽有先后不同，然最困难者有二点，即租屋必须担保及有眷属。如是在海旁西街及育贤坊，先后专设二米店，以为租屋担保之用，同时即可将米包藏军械以为运械之资。至于眷属，则除有姊妹妻女者外，即由女同志伪饰家属，以掩人耳目，即佣妇亦由女同志充之。然机关多而女同志少，则女同志多往来数处。机关多标公馆名，尤多为嫁娶等事，以便借肩礼物转运军械。其时机关至多，各不相知，恐一泄漏，累及他处也。

"小东营五号，黄兴办事之所，黄兴及闽同志林时爽等寓之。③"

1月21日（十二月二十一日）　　致函李源水、郑螺生等，请继续筹款汇港。

函中有云："时期迫促，所应预备之事至夥，专待外款到来，方能着手。……现张鸣岐到任，吾党之士之偕来者甚多，且得干部之职务，时机至好，真千载难遇也。再望各兄竭力援助，以成斯业，汉

---

①②　曹亚伯：《武昌革命真史》前编第275、297页。　黄兴与胡汉民联名致华侨同志报告书中，调度课作调度处，编制课作编辑课。
③　曹亚伯：《武昌革命真史》前编第283页。

族幸甚！”①

1月24日（十二月二十四日）　致函邓泽如，催速筹款，并告运动新军情况。

函云：“中山先生昨有电来云：‘文到美，望佳。’据此，则美洲之后援亦有可靠。故弟等决议开始运动，因年关紧逼之际，效力至伟。今已派员向各省联络，惟是英属五万之数，非于年内到齐，不足敷用。若兄得此信时，尚未足数，望即催促电来，祷切之。兹尤幸者，张鸣岐到省后，有同志将尊簋（浙江人）、陶茂椿（湖南人，与弟曾共事者）二人，一得委充新军协统，一得委充新军标统，其他之得为管带、队官者有数人，此诚千载一时之机。且二人与弟及伯先之感情尤好，若再预备二三月，必能得完全之作用。此节至秘，望勿宣布。”②

1月下旬　约邹鲁到港，商在广州办报事。

邹鲁回忆说：“黄先生详细说明这次起义的计划以后，就对我说：‘现在有一件急于要办的事情，特地请你来商量，不知你肯答应去做否？’我答：‘只要我有这能力，那有不乐于从命的事。’黄先生说：‘我们想在广州办一个报馆，做这次起义的宣传。但是革命工作，暗中活动易，公开从事难，尤其在敌人的势力范围下，更为困难。我们以为主持的人，必须有相当的地位，并且要和当地人士有几分好感，才容易着手。我想来想去，认为你是最适宜。’……”③

“党人革命以主义为号召，而主义之入民众，端赖宣传。此点固党中随时随地注意，而于此次之举，则尤于普通宣传之外，特别注意军界，因而有《可报》之组织，主其事者为邹鲁。《可报》之

----

①②　《黄克强先生书翰墨迹》第209、110、113、114页。张鸣岐时由清广西巡抚调任两广总督。

③　邹鲁：《回顾录》，转引自《辛亥革命》（四）第259页。

名，取义于咨议局反对广东开赌投'可票'之持正派，以掩官吏耳目，时论亦多助之，故一出版，即博各方之同情，宣传至为有力，而于军界特减价号召，实则每日无价赠送，军界靡然争阅。无何，清吏知之，大惧，又无法阻止。嗣因温生才刺清将军孚琦之事，巡警道乃勒令停版。"①

1月30日（正月初一日）　湖北振武学社改组为文学社，蒋翊武为社长。

2月2日（正月初四日）　与赵声联名致函邓泽如，催汇款济急。

原函略云："五万之数，所差尚远。除电告急外，特函恳我兄驰赴怡保，与王、郑、黄、郭、李诸兄筹商，以足五万之额。现各方面均开始运动，需款尤急，望赶速电来，以济要用。若稍迟时日，则所差千里。此中苦情，仁明如兄，想能洞察之。"②

2月4日（正月初六日）　谭人凤应邀抵港，共商联络中部各省策应广州起义。谭"以两湖当冲要，非先示机宜不可。黄、赵韪之，乃于次日带两千金返。"③

"举义总计划，既在会师长江，并专设交通课以主任其事，则第一着江、浙、皖、湘、鄂等处不可不筹设机关，联络军人，以备响应。辛亥年一月六日，谭人凤至统筹部，亦以此意与赵、黄诸人言，曰：'南京之事，向谋之矣。若两湖居中原中枢，得之可以震动全国，控制虏廷；不得则广东虽为我有，仍不能有为，愿加以注意，俾收响应之效。'黄、赵即询以办法。谭曰：'今居正、孙武二人，日夕为武昌谋，惟缺于资，不能设立机关，以张大其势力；湖南同志甚

---

① 曹亚伯：《武昌革命真史》前编第280—283页。
② 《黄克强先生书翰墨迹》第119、120页。
③ 谭人凤：《石叟牌词叙录》，载《近代史资料》1956年第3期第44页。

多，以缺于资，不能为进行之部署。诚能予金以分给两湖同志，则机关一立，势力集中，广东一动，彼即响应，中原计日可定也。'黄、赵等诺之。七日，即以二千金予谭。谭乘轮北行，自上海而武昌而长沙，以六百金予居正，二百金予孙武，俾设机关于汉口租界地，竟为九月武汉起义之导线。湖南适谢价僧、刘承烈自日本归，道其事于同志，同志闻之，极为热烈。谭即以余款交由曾伯兴、谢价僧等，部署一切。事毕，至上海，二月中旬矣。"①

2月10日（正月十二日） 致函邓泽如，催速收捐款。

函云："五万之数，尚差一万余元，现各方面皆开手运动，需用甚急。除前电恳火急催收外，用再函求拨冗驰往怡保埠，与源水、螺生、孝章、应章各兄筹措，以竟五万一篑之功。如能逾额多筹，则更为感激。缘此间选锋效死之士甚多，专备发动时之冲锋陷阵，非有多少利器以资之，不足致胜，且不忍让其血肉相搏，致捐锐气而多失我人才也。"②

2月13日（正月十五日） 派刘承烈③携函抵武汉，面交居正。

居正回忆说："辛亥正月，余在家忙庆上元节，忽有口含湘音客驰入。父母以余素好客，雅不为怪。问其何自来？答曰：自汉口。所为何事，则出一封书。拆阅之，乃系刘友绍襄函，称有要事相商，速往汉口。余即款客一宿。翌日，着来人至武穴稍待，余托

---

① 曹亚伯：《武昌革命真史》前编第276、277页。
② 《黄克强先生书翰墨迹》第122页。
③ 刘承烈（1881—1952），字劭襄，也作绍襄，湖南益阳人。清末留学日本，毕业于东京早稻田大学。参加同盟会后，留东京本部工作。旋往湖北、河南、陕西、山西等地秘密活动，待机起事。辛亥革命后，任湖南都督府实业司长，"二次革命"失败后亡命日本。解放后，任政务院参事。

词告别家人，买轮赴汉，晤绍襄于俄租界宝善里广惠公司。……绍襄即出一书。书系黄克强先生亲笔。书中大意云：吾党举事，须先取得海岸交通线，以供输入武器之便。现钦、廉虽失败，而广州大有可为，不久发动。望兄在武汉主持，结合新军，速起谋响应。余读竟，绍襄复告以此次由香港来，克强再三嘱咐。并将派谭石屏先生至南京、九江各处联络，不久准来汉口，相与商定着手结合新军之法。"①

2月14日（正月十六日） 致函邓泽如催款。

原函末称："今各处方面进步甚速，惟待大款一到，即可兴师。中山刻已至坎拿大之云哥华，②日内或可得多少。金山与檀岛，③亦有电去催筹，但不知能达五万之数否也。我兄血性之友最多，能有特别法以筹得否？时机逼近，焦灼殊甚，望有以救之为幸。"④

2月23日（正月二十五日） 谭人凤衔命抵汉，与居正等商策应广州起义。

"黄花冈一役之前，黄克强在香港预派谭人凤携款至上海、汉口、长沙各地，分谒苏、浙、皖、赣、湘、鄂各省党人，令准备发难以响应广州革命军。是岁正月二十五日谭到汉口，邀集居正、孙武、杨舒武诸人面授起义方略，及给予运动费八百元。居等受命，乃设置机关三处，以汉口法租界长清里八十八号为总机关，武昌胭脂山某号为分机关，武昌黄土坡某酒馆为军界招待所。"⑤

谭人凤自述："余遂溯江上，由沪抵汉。因克强谓湖北方面屈

---

① 居正：《辛亥札记》，载《辛亥革命在湖北史料选辑》第113页。
② 坎拿大即加拿大；云哥华即温哥华。
③ 金山，指美国旧金山；檀岛即夏威夷。
④ 《黄克强先生书翰墨迹》第128—130页。
⑤ 冯自由：《革命逸史》第2集第277、278页。

正可负责任，乃以六百金与之。孙武前办共进会，武汉江湖士多在其团体中，于军界亦稍有接洽，势力远胜居正，惟所带经费无几，故仅与以二百金。"①

当时，"聚商于某旅社。谭谓：'余奉黄克强同志命，察看长江革命近况，并报告紧要消息。因黄同志与胡展堂（汉民）、赵伯先（声）诸兄均在香港，各省同志毕集，今春决定在广州起事。谋既定，款亦有着，最短期间当能实现。南京、九江已有联络，两湖尤关重要，希望急起响应。'旋出八百元交居正，为湖北革命运动经费。"②

"正月二十五日，谭石屏先生到汉，聚商于其旅舍。谭先生谓：'余奉黄先生命，督率长江革命进行。南京、九江已有联络，两湖尤关重要，因黄先生与胡展堂、赵伯先诸兄均在香港，各省同志毕集，决在广州起事。谋既定，款亦有着，最短时间当能实现，两湖宜急起响应。'并出八百元，交余为运动费。"③

"惟动员资力，极感贫乏。辛亥正月，共进会得湘潭人谭人凤自香港携来八百元之助，由居正、孙武等筹设武汉机关部，如汉口俄租界宝善里之总机关部，邓玉麟之武昌黄土坡同兴酒楼，以及开办余所主持之武昌胭脂巷机关部，早已支用殆尽。文学社经费原由社员捐助，亦感奇绌。乃有居正、焦达峰等盗取达成庙金佛之举。"④

2月底（正月底） 派喻培伦、但懋辛、熊克武等调查广州地形及交通路线。

---

① 谭人凤：《石叟牌词叙录》，载《近代史资料》1956年第3期第44页。
② 杨玉如：《辛亥革命先著记》第32页。
③ 居正：《辛亥札记》，载《辛亥革命在湖北史料选辑》第114页。
④ 胡祖舜：《六十谈往》，载《辛亥革命在湖北史料选辑》第59页。

　　熊克武说："一月底，黄兴派李文甫、林直勉、喻培伦、但懋辛和我上广州，调查城内外地形、交通路线和重要机关地址，画成一个简图。李、林是广东人，道路熟悉，但和我学过军事，喻则因广州房顶有可通行的走道，要勘定狙击清军的投弹地点，所以我们四人便被派去担任这个临时任务。"①

　　△　黄一欧自东京运送军火抵香港。

　　"辛亥年春，我仍在东京东斌学校读书，寄居宫崎寅藏家里，也参与了购运军火的活动。约在农历正月底，通过宫崎寅藏的内弟前田九二四郎的介绍，向日本人仓地铃吉买到一批枪弹；买到之后又要我负责运往香港。我冒充宫崎龙介（宫崎寅藏长子），穿的和服，讲一口日语，同住在宫崎家里的日本浪人龟井一郎一道，将几十支手枪和万多发子弹装在四口皮箱内，搭一艘外国邮船运到香港，交给统筹部。"②

　　2月至3月间　派郑赞臣、方君瑛等往江、浙、皖、桂等省活动。

　　"司江、浙、皖之交通者为郑赞臣，设办事机关于上海。……郑赞臣除由统筹部拨三千元外，用去赵声选锋费千余元，并储备课购械余款二千元。广西方面，则由方君瑛、曾醒、严骥、李恢往来于香港、桂林间，持黄兴、赵声书，与在桂军官方声涛、耿鹤生、何叙甫、刘建藩、赵正平、杨子明等商响应，以便联成一气。"③

　　△　从日本等地陆续购运军火到港。

　　王子骞说："第五批军火由曾宝森、陈可钧（福建人）和我三人护运。我们都改着敞领西装，乘坐一只六千多吨的德国大海轮，绕道朝鲜，经大连、青岛、上海而抵香港。……抵港，洪承点、黄一

---

　①　熊克武：《广州起义亲历记》，载《辛亥革命回忆录》第1集第132页。
　②　黄一欧：《黄花岗起义亲历记》，湖南省政协文史资料研究委员会藏稿。
　③　曹亚伯：《武昌革命真史》前编第277页。

欧（克强之子）乘小火轮来接。"①

宫崎寅藏的夫人回忆："他们所使用的武器也是那位仓地铃吉先生给搜集的。仓地秘密收集起来的武器，全部托在轮船上当伙伕的中国革命党人运送。可是武器的包装却是一个非常困难的问题。其中大部分是在我胞弟前田行藏家里秘密捆装的。从仓地家搬到行藏家的搬运工作，由当时尚是中学生的龙介和震作一件一件地完成。因为他们都是孩子，不太惹人注意，所以才用了这种办法。"②

3月6日（二月初六日）　与赵声、胡汉民联名致函加拿大域多利埠致公堂，谢汇军费三万元。

函云："前日收到尊处汇来军事费三万元，当即电复由温哥华转达，想已收悉。此间诸事俱已着实进行，规划以两粤为主，而江、浙、湘、鄂亦均为布置。经济问题自得尊处巨款后，亦已解决过半。若美洲如金山大埠等皆能实力相助，则成功必矣。尊处同志闻系先变产业，以急应军需，热度之高，洵为海外所未有，同人等不胜感服。内足以作战士之气，而他埠同志闻风而起者，当亦踊跃倍于寻常矣。"③

△　与赵声、胡汉民联名致函孙中山报告广州起义计划。

函云："现时方针，一依在庇原议，惟选锋人数增多，长短器亦拟增原数两倍有奇；独运动旧营方法稍异，其费约略减。以故预算之额约要十二万数千，预备费当至少有正额四分之一，则总额为十四五万馀。……选锋不专取一处人才，故最多至二百人，为（胡）

---

① 王子蟜：《辛亥广州之役前党人在日本购运军火的经过》，载《辛亥革命回忆录》第1集第530、531页。

② 〔日〕宫崎滔天：《三十三年之梦》，林启彦改译本，第288、289页。

③ 冯自由《革命逸史》初集第237、238页。

毂生之路。此外或百馀人，或六七十人。总数则八百馀人。……现拟购驳货五百十枝，而辅以长短杂货，此项预算数要四万几。惟购器之路甚难。……财政而外，此为最紧要之问题矣。……扬子江流域，议于沪汉设立两机关。沪则以郑赞臣主之，联络徽宁浙三省，现已开办，以徽为最有势力。汉欲请居正主之，联络湘鄂两省，已派有人去。……刻以经济不足，不能推及长江以北，至为恨事。"①

3月上旬（二月上旬）　谭人凤按与黄兴商定的计划抵长沙，谋策应广州起义。

"因入湘，先有谢介僧、刘承烈归，同志曾伯兴、龙铁元、龙云墀、洪春岩、文牧希、谢宅中、邹永成、唐熔、周岐及马标队长刘承烈之弟文锦，四十九标之文案吴静庵等，早已闻其事，余到时，约与密议，均颇热心。……时焦达峰不在省，留候数日未至，即行，盖因来时黄、赵约余二月中旬必返也。"②

"去岁二月间，家兄承烈随谭人凤君来湘，召集同志在路边井日本旅馆开会。……谭人凤君报告，黄先生将于三月间在广东起事，湖南当力谋响应。时文锦任马队排长，军界运动由文锦担任。绅学界运动由文君斐、曾君杰等担任。"③

3月14日（二月十四日）　致函邓泽如，催速筹款，并述赴义决心。

函中说："此间事因满吏防备之严，用款更多（专购器用），今预算在十五万元之外。美洲之款已有着落，但不能出五万之外。

---

①　黄彦、李伯新编：《孙中山藏档选编》第13、14、15页。
②　谭人凤：《石叟牌词叙录》，载《近代史资料》1956年第3期第44页。
③　刘文锦1912年11月在湖南光复同志会欢迎黄兴会上的报告，载《长沙日报》1912年11月14日。

荷属近亦少汇米（泗水五千，巴城四千），然总不能足预算之额。若英属之万余不能寄来，是所差不啻霄壤也。弟等身命何足惜，为大局计，不能不稍筹完备，冀有以不败。况今各国瓜分之局已见实行，若仍徒冒万险以为之，使国民吃苦，心何忍也。现如引弦已满，不发不得之时，公等岂能坐视？望大发仁慈，其有以救之。谨呈小像一枚，以为纪念，愿他日寻尸马革，尚能识我之真面目也。"①

3月19日（二月十九日）　与赵声、胡汉民联名函复冯自由，谢其力筹巨款。

函云："自前次收到域多利致公堂款三万之后，即具公函作复，……昨午得来电，知温哥华又汇到一万元。以加拿大一隅，而筹得如许巨款，微兄赞助之力，必不及此，佩感何似。第二手书云，兄尚可力任筹饷事，为源源之接济，真是余勇可贾。即从大局论之，事若发起，幸而有成，内地固不乏资，而外力仍不能无赖。以军用浩繁，无能预算，且购械购船等类，有不可限之于何方面者。欧美皆须有党中可恃之人，则前途乃大得力。兄能力任于外，匪细事也。"②

3月（二月）　派黄一欧、陈方度、柳聘农、胡国梁潜伏广州巡警教练所待命。

"我们进了教练所，最初感到陌生，慢慢就和同学们搞熟了，主要做了两件事：一是在同学中间暗地进行反清革命的宣传工作，有时还送些同盟会宣传革命的书报给同学们，一篇到手，竞相传阅，很能收些潜移默化之效；二是替在广州设立的秘密机关运输枪支弹药。当时为起义而临时设立的秘密机关有三十多处，我们

---

①　《黄克强先生书翰墨迹》第137—139页。
②　冯自由：《革命逸史》第3集第241页；第4集第208页有同一字信件，却作三月十二日。

身穿巡警制服，手夹包袱，包袱内藏着手枪和子弹，送到指定的秘密机关。农历三月间的广州，气候已很暖和，我们夹着沉重的包袱，提心吊胆穿街过巷，送到目的地常常是满身大汗了。"①

　　春　道经海防，为启智学塾②题字。

　　"明耻　辛亥春，道经海防，书质启智学塾诸君子。黄兴。印"③

　　4月8日（三月初十日）　主持统筹部发难会议，决定十路进攻计划。

　　"辛亥三月十日，开发难会议于总机关部，列席者数十人。议决十路进攻计划如下：一、黄兴率南洋及闽省同志百人攻总督署。二、赵声率苏、皖同志百人攻水师行台。三、徐维扬、莫纪彭率北江同志百人攻督练公所。四、陈炯明、胡毅（生）率民军及东江同志百余人防截旗满界，及占领归德、大北两城楼。五、黄侠毅、梁起率东莞同志百人攻警察署、广中协署，兼守大南门。六、姚雨平率所部百人占领飞来庙，攻小北门，延新军入。七、李文甫率五十人攻旗界石马槽军械局。八、张六村率五十人占龙王庙。九、洪承点率五十人破西槐二巷炮营。十、罗仲霍率五十人破坏电信局。此外，加设放火委员，入旗界租屋九处，以备临时放火，扰其军心。其总司令则为赵声，副之者黄兴。"④

　　发难日期，原议农历三月十五，"其后因美洲之款未能到齐，荷属一万五千元亦到于二十以后，所有各械购自日本、安南者，多

----

　　①　黄一欧：《黄花岗起义亲历记》，湖南省政协文史资料研究委员会藏稿。
　　②　海防启智学塾创办人林业明，字焕延，同盟会员。曾任孙中山的财政秘书。
　　③　黄兴署名之下，盖有"湖南名士"、"黄兴"二印。据新华通讯社湖南分社记者陈雅妮影印件。
　　④　曹亚伯：《武昌革命真史》前编第259、301页。

数尚未能到，加以温生才刺孚琦事件发生，清吏戒严特甚，欲俟其防备稍懈，俾易着手"，①省中党人，决定改期至二十八。

　　△　同盟会会员温生才刺毙清署理广州将军孚琦。温被捕遇害。

　　4月18日（三月二十日）　致函李源水、郑螺生、李孝章，紧急催款，并表赴义决心。

　　函中有云："时机日迫，需款甚急，南洋各埠虽得各兄为之劝募，恐普通之中，不能一时得此大数，而事终不办，用是忧心焚如。弟自愿献苦肉之计，身入重地，图恢复一城一邑，以为海外同胞劝。弟虽薄德，明知不足以感动同人，而区区私心，聊愿继精卫之后效一死而已。更望各兄竭力设法，速为筹措，则虽死之日，而大事可成，其荣誉多矣。"②

　　4月中旬　电召宋教仁到港，继陈炯明任统筹部编制课长。

　　宋教仁时在上海《民立报》任主笔，黄兴先嘱谭人凤过沪时约其来港相助，又复电邀南下，遂乘轮抵港。临行，"将馆中笔政，托方潜暂代，仍署名渔父，免人启疑。"③

　　4月23日（三月二十五日）　致绝笔书于孙中山及南洋同志，晚间即赴广州部署起义军事。

　　广州起义原计划以赵声任总指挥，黄兴副之。因赵在粤久，不便公开活动，黄兴遂先赴广州代行职权，总持一切。是日晨起，作绝笔书寄孙中山、冯自由云："弟兴以事冗迫，未获详书以告，其大概与展兄无异。今夜拟入，成败既非所逆睹，惟望公珍卫，成则速回，败亦谋后起。弟本不材，于此次预备多有未周，厥咎殊深。奈

----

　　①　曹亚伯：《武昌革命真史》前编第295、301页。
　　②　《黄克强先生书翰墨迹》第142、143页。
　　③　《宋教仁传》，载《革命先烈传记》第48页。

事皆决议而行，非一人所能专断，幸各人挟有决死之志，或能补救亦未可知。绝笔上言。"①

又作绝笔书寄邓泽如云："事冗，未获时通音问。罪甚，罪甚！本日即亲赴阵地，誓身先士卒，努力杀贼，不敢有负诸贤之期望。所有此次出入款项清册，虽细数亦有登记，当先寄呈公埠宣布，次荷属，次南北美洲各埠。无论成败，俾共晓然此次之款涓滴归公。弟等不材，预备或有未周，用途即因之不当，负咎殊深！所冀汉族有幸，一举获捷；否则虽寸磔吾躯，亦不足以蔽罪。惟此心"公""明"（此明字作光明释，非明察也。兴注），足以对诸公耳。绝笔于此，不胜系恋。"②

又作书寄梅培臣、李源水、郑螺生、李孝章、郭应章等云："事冗，无暇通候，罪过，罪过！本日驰赴阵地，誓身先士卒，努力杀贼。书此以当绝笔！"③是晚，黄兴入广州城，于越华街小东营五号设起义总指挥部。

"时省中同志，已决定二十八日发难。及黄兴入省，乃改定二十九日。预计日本、安南之械此日方能运到分配，不能不展缓一日。其次则各路选锋齐集广州，若过迟延，非特四月初有新军二标退伍之讯，即机关秘密，亦恐难保；经费支持，亦恐不继。此中既不能速，又不能迟之间，消息至微，所以决定三月二十九日也。"④

4月24日（三月二十六日）　屯阻留港敢死队员进省。

"二十六日，粤督张鸣岐因闻报大帮党人抵省，乃派兵驻守观音山及各要区，严密防卫。是时，同志中有因此倡议改期者，克强及一部同志坚持不可，谓改期无异解散，一旦前功尽弃，殊无以对

---

①　黄彦、李伯新编：《孙中山藏档选编》第19、20页。
②③　《黄克强先生书翰墨迹》第145—147、149页。
④　曹亚伯：《武昌革命真史》前编第302页。

海外助款之华侨同志。又有主张赵声所部同志多外乡人，易 为 清吏侦知，不如暂退居香港，届时再来。于是 赵 部 返 港 者 三 百 余人。"①

"黄兴至省之后，尚留港之党人，原定二十六七两日悉数上省。时黄以风声过紧，乃电阻其来。……集省之同志，亦有返港者。二十六夜，胡汉民得黄兴电曰：'省城疫发，儿女勿回家。'港 中 同 志皆相顾失色。会议事机危迫，总宜 孤 注 一 掷。是 夜，有 仍 进 省者。"②

4月26日（三月二十八日）　电召在港敢死队员悉数进省，准备发难。改订四路进攻计划。

"二十八晚，胡汉民复得黄兴电云：'母病稍痊，须购通草来。'盖即令党员悉来之隐语。……黄兴一面电港促党员进省，时 以 各部未能如计划妥办，敌情亦有变化，加以发难日期之更 改，党员 退出省城者亦多，乃将初十决定十路进攻之计 划，临 时 为 之改变：（一）黄兴攻两广总督署；（二）姚雨平攻小北门占飞来庙，并延防营及新军进城；（三）陈炯明攻巡警教练所；（四）胡毅（生）以二十余人守大南门。……预定二十九日 下 午 五 时 半 一 齐 发动。"③

4月27日（三月二十九日）　广州起义爆发，率敢死队向两广总督署进攻。经过短兵相接，浴血战斗后，终以实力悬殊而失败。英勇牺牲或被逮后从容就义者八十余人。事后，潘达微等 收 殓烈士遗骸七十二具，合葬于城郊黄花岗。是役，史称"广州之役"或"黄花岗之役"，死难者称"黄花岗七十二烈士"。

---

①　冯自由：《革命逸史》第3集第245页。
②　曹亚伯：《武昌革命真史》前编第302页。
③　曹亚伯：《武昌革命真史》前编第303—305页。

谭人凤记出发时情况说："克强装束已妥，正在分发枪弹。请休息片刻接谈，不听。再据各情形劝阻之，克强顿足曰：'老先生毋乱军心！我不击人，人将击我矣。'余见其状类狂痫，……乃整装向克强索枪。克强忽平心静气曰：'先生年老，后事尚须人办。此是决死队，愿毋往。'余曰：'君等敢死，余独怕死耶？'克强知余志不易夺，乃以两枪与之。误触机子，发一响。克强将枪夺去，连声曰：'先生不行，先生不行！'即派人送余返竟存家。"①

"二十九日下午五时三十分钟，黄兴率革命军举义广州，由小东营进攻清两广总督署。党人皆臂缠白巾，足着黑面树胶鞋，手执枪械炸弹；司号者手执螺角，为林时爽、何克夫、刘梅卿及□□四人，一时呜呜声动，风起云涌，直扑而前。途遇警察，皆枪杀之。疾行入督署，见卫队，即曰：'我辈为中国人吐气，汝等亦中国人，若赞成，请举手！'卫队不悟，革命军枪弹并发，号角大鸣。杀其卫队管带金振邦，破入督署，直冲入二门。二门有兵八九，闻声走避而退入。两庑及大堂之卫队，则凭栏倚柱以狙击。杜凤书、黄鹤鸣为大堂伏狙之卫兵所击，死之。黄兴由大柱后还枪伤其一，余被截击，入署不能出，弃枪请降，求为引导，如是直入内进。黄兴、林时爽、朱执信、李文甫、严骥等，分头亲行遍索，渺无一人。……及出至东辕门，遇李准调其卫队亲兵大队迎头冲来，林时爽……弹中脑，立仆。是日林身服黄斜衣服，右手持枪，左手执号筒。刘元栋弹中太阳穴，林尹民弹中胸部，均死焉。其余死者尚有余人。黄兴亦中伤右手断两指。"②

"黄兴亲自领着一队人直攻总督衙门，及至攻入后堂，才发

---

①　谭人凤：《石叟牌词叙录》，载《近代史资料》1956年第3期第46页。
②　曹亚伯：《武昌革命真史》前编第307、308页。

现张鸣岐早已逃避。再返出衙门，恰遇敌人的大队人马。林时爽误信其中颇有党人，便欲晓以大义。他刚喊话出口，即中弹牺牲；黄兴亦伤右手而断两指。此后黄兴仍领着队伍奋勇杀敌，且战且走，直到最后剩下他一个人，才避入一家小店，换了衣服，逃到广州河南女同志徐宗汉家，由她看护，以后他俩即因此而结成了夫妇。"①

黄兴自己回忆说："广州之役，本拟正月起事，因布置未妥，延至三月。张鸣岐捕拿甚严，广州军队林立。兄弟即发命令，召集同志，分为四部，定于廿九日起事。时同志多有主张稍缓者，兄弟则主急进。至期，三部同意，一部不从。遂以一部攻军装局，一部堵截旗兵，一部由兄弟领攻制台衙门，各执手枪炸弹，与卫队激战，毙卫队数十人。时张鸣岐已早侦知，逾垣出矣。兄弟即入衙内搜索，不料各部未发。将出该衙门，而李准卫队已至西辕门。时有同志某君近向该卫队晓以大义，兄弟侦该队兵士有跪地谋〔瞄〕枪准者，即呼某君留意，并手招之。而该兵士枪适发，兄弟两指头应弹而落，并伤一腿，而某君亦已应声死矣。兄弟遂徐出作街市之战，直至双门底遇巡防营一队。该管〔营〕先已运动成熟，兄弟稍未注意，同志某君见势非援我，即开枪与敌。时所存唯十余人，兄弟犹以误为，便撞开某店门入，仍掩门静听。该士兵相语云：'我们本往护提督衙门，不意途遇革党。'始知非我同志。时甚愤激，亦不暇择，因于门内开枪，击毙士兵十余人，该队亦退。未几，该店主回，问余何至此状。我答以因革党起事，逃避于此，并非行窃者流。该店主亦甚好，与以衣帽。其小主人亦告余城门洞开，并无一守城兵，遂因此出城。而此役最强健之同志，死难甚多，即所谓黄花岗七十二烈士

①　吴玉章（永珊）：《辛亥革命》第110页。

是也。"①

"辛亥三月黄花岗一役之前,宗汉率其亲属为党军秘密运输枪械弹药,由香港至广州,异常尽力。并在香港摆花街设置机关制造炸弹,及发难期近,则移至省河南溪峡,担任分发弹械于选锋同志,其门外贴大红对联,伪饰喜事,故人不之疑。是月二十九日晚,黄克强率众焚攻督署后,脱险至河南,寻至溪峡机关,宗汉为裹指伤。至四月初一始为克强改装,亲送至哈德安夜轮,相偕赴港。抵港后,以指伤过剧,乃入雅丽氏医院割治。照例割症须有亲族签名负责,宗汉遂从权以妻室名义行之。未几伤愈出院,而夫妇虚名竟成事实,洵可谓患难奇缘也。"②

"二十八日,张③又调巡防营入城,然营中有同志颇多,故此时多数又决议进行,冀有该营为之援助,而该营中同志亦多半赞成发动迅速者。下午二时半遂电赵④部下,要其来城。……是夜商议次日进行方法,……时间则定午后五时半。二十九日上午分发枪械与各处。然是晨城门已闭,赵君率所部自港来时已不能入城。而兴遂任指挥,部下共数十人。部署一切,至下午五时二十五分钟始率部队由小东营出发。先十分钟,陈炯明君派人来问今日究竟发动与否。然来者见我等皆携弹荷枪,遂不言而去。事后始知陈因畏事之棘手,欲不发动,故派人来陈说一切。然来者并未明言,故我等并不知其不来援应,仍孤军冒险前进。出军时全队行走迅速,至督署门首,有卫兵数十人驻守。林时爽先生率二三人前进,厌炸

---

① 《在旅京善化同乡会欢迎会上的演说》（1912年9月下旬），载《长沙日报》1912年10月2日。

② 冯自由：《革命逸史》第3集第32页。

③ 张，指粤督张鸣岐。

④ 赵，指赵声。

弹猛击，死卫兵数人，余皆逃入卫兵室内，匿不敢出。然我军此时亦死三、四人。卫兵既退，兴率十余人由侧门入署，余大部分，四川喻培伦先生率之，驻门外防御。兴入署至大堂，有卫兵数人见我军至，即招手愿降，求为引导。于是直入内进花厅各处搜张鸣岐不获。观其情形似久已迁移者。我军觅得床板木料等物，放火后遂出。复有卫兵一排在大堂下用枪向我军猛击。兴立大堂柱旁，双手各持手枪还击，毙卫兵数人，余皆鼠窜，我军乃得出署。至门外，见喻培伦及所率之部皆已不在，盖当兴入署后，喻已率队往攻督练公所矣。我军行至东辕门外，时有李准之卫队与我军相遇，相隔距五十米突。卫队遂即跪击我军。林时爽君时在前列，刚欲用枪还击，而头部已中枪弹，遂倒街中。兴手指及足亦受弹伤，乃率残部十余人转行，欲往助喻君攻督练公所。至双门底，又遇巡防营一大队，距我军丈余，福建人方声洞君猛击之，中有哨官巡兵数人。然彼见我军人少，乃向前直扑，尔时硝烟漫空，弹如雨注，方君遂中弹而仆，存者仅数十人矣。兴乃避至一民房中。由板壁内放枪，毙其前进者十数人。相持约十分钟，巡防营退去。我军复行，途遇喻君。喻以为欲攻督练公所，必先攻观音山所驻之巡兵，乃身先部下，携弹直上。至半山与巡兵激战，但部下之人多无经验，不善掷放炸弹，又见彼军势盛，遂一面抵御，一面徐徐退却，巷战至十二时。我军见彼巡防营愈增，乃退至一米店，用米袋筑墙以守，各挟利枪，一发数中。遂以十余人力御巡防营四百余人，毙彼近百数。巡防营畏死不敢前，始放火烧店，而此役之失败，至是完毕。"①

莫纪彭记当时战况说："下午五时过后出发，克强，时爽、文

---

　　① 《黄克强在民元南京黄花岗先烈追悼会演说辞》，载冯自由：《革命逸史》初集第220、221、222页。

甫等率领一大队共百余人，从正面进攻两广总督衙门，到了督署两旁，战斗至为激烈，反复冲杀，精英的选锋同志，多数在这里战死。时爽、文甫陈尸于血泊之中。攻进中堂，张鸣岐已经逃去了，扑了一个空。于时，克强残余的部众，趁势打出大南门。从正面进攻的大队，搏战是很剧烈的，可是为时很短促的。喻培伦、熊克武、但懋辛等五个四川人及花县田间志士十数人为一小队，从后墙进攻总督衙门。喻培伦双手捧起各十磅两枚炸弹向后墙抛掷，登时变成两个大洞口，喻培伦等一齐从洞口涌进。这时懋辛最为活跃，他连声叫喊：'活捉张鸣岐！''活捉张鸣岐！'张鸣岐已经逃走了。"①

孙中山说："是役也，碧血横飞，浩气四塞，草木为之含悲，风云因而变色。全国久蛰之人心，乃大兴奋。怨愤所积，如怒涛排壑，不可遏抑。不半载而武昌之大革命以成；则斯役之价值，直可惊天地，泣鬼神，与武昌革命之役并寿。"②

"是役也，集各省革命党之精英，与彼虏为最后之一搏。事虽不成，而黄花岗七十二烈士轰轰烈烈之概，已震动全球，而国内革命之时势，实以之造成矣。"③

黄兴说："七十二烈士虽死，其价值亦无量矣。且烈士之死义，其主义更有足钦者，则以纯粹的义务心，牺牲生命，而无一毫的权利思想存于胸中。其中如林觉民先生，科学程度，极其高深，当未发动之先，即寄绝命书与其夫人。又告同人云：'吾辈此举，事必败，身必死，然吾辈死事之日，距光复期必不远矣。'其眼光之远

---

① 莫纪彭：《民国奠基之一役（黄花岗亲历记）》，载《辛亥革命史料选辑》续编第106页。
② 《〈黄花岗烈士事略〉序》，载《总理全集》第1集第1054页。
③ 《孙中山选集》上卷第181页。

大，就义之从容，有如此者。又，喻君培伦，最富于革命思想。前在天津，与汪精卫、黄复生诸人苦心经营，谋炸载沣，后因事机失败，炸弹为暬兵搜去，不遂所志。来港后，日夜与李君荫生复制炸弹，不稍休息，此役所用之炸弹，多出其手制者。至方声洞以如花之年，勇于赴战，当其与巡防营巷战时，身中数弹，犹以手枪毙多人。……总之，此次死义诸烈士，皆吾党之翘楚，民国之栋梁。其品格之高尚，行谊之磊落，爱国之血诚，殉难之慷慨，兴亦不克言其万一。"①

4月28日（三月三十日）　赵声来见，相抱痛哭。

"次日早，庄六如出购止血药，途遇赵声，急率往。盖赵二十九夜与胡汉民尽率港中党员李恢、郑烈等二百余人来省。三十早到，分头上岸，始知事败。胡汉民及各党员以城门严扃，不得入，分别折回。赵声迷路，渡至河南，故庄六如见而引晤黄兴。黄、赵一见，相抱痛哭。黄晕，无药以救，乃以葡萄酒饮之。及醒，欲裹手渡河与清吏拚，赵、徐等力阻始止。"②

4月29日（四月初一日）　由徐宗汉护送香港养伤。以左手拈笔，向海外同志作广州起义报告书。旋入雅丽氏医院割治断指。

"四月初一，购灰长衫为黄改装，由徐宗汉送赴港，乘哈德安轮。轮已无房，坐厅中梳化椅装睡，徐坐以身障之，船中固多数党人也。到港，指伤不减其痛，且有一指将断未断，乃入雅丽氏医院割治。照例，割症须亲族签字。徐以妻名义签字，而黄、徐之姻缘

---

①　《在南京黄花岗之役周年纪念会上的演讲》，载《辛亥革命》（四）第171页.

②　曹亚伯：《武昌革命真史》前编第325、326页。

即由是结。"①

报告书云："良友尽死，弟独归来，何面目见公等？惟此次之失败至此者，弟不能不举毅生、雨平二人之罪。毅生所主张用头发公司之陈镜波，据现在事实观之（昨新闻纸已载用头发运枪弹之说），陈实为大侦探。②弟到省时，毅生即言：陈自云曾充李③之哨弁，毅以是不敢④前寄之子弹取出（共计十包），以致临时无多子弹分配；其已储于石屏书院者，又临事畏惧，云：'有警查〔察〕窥伺⑤'，取出与姚雨平，⑥致雨平有枪无弹，不能出队。……弟见各部如此，所谓改期者，实解散而已。弟之痛心当何如也！故弟当即愿以一死拼李准，以谢海外助款之各同胞，亦令各部即速解散，以免搜捕之祸（当即与宋、周二君商量，先将伯兄部全数返港，随即遣回籍）。一面保存已到之枪支，留与公等作后图。此即缓期之一段落也。后林时爽、喻云纪两君到弟处，云不但不能缓期，且须速发，方可自救，此巡警局早四、五日已有搜索户口之札饬，旦夕必发也（河南巡官系四川同志，报告于喻者）。弟以两兄之决心，

----

① 曹亚伯：《武昌革命真史》前编第325、326页。据黄一欧告本谱编者，当时与徐宗汉一道护送黄兴赴港者，尚有女医师张竹君。徐以黄妻名义签字，即系张竹君所怂恿。

② 谭人凤认为，指陈镜波为大侦探，是胡毅生委罪嫁祸所制造的冤案。他在《牌词》中有一段议论："陈镜波一理发师也，无甚价格，目为侦探，人自易信之。然子弹寄枪，皆其用头发扎包运入，克强晋省，陈亦知之。使果如胡所云，则枪弹之存于各机关者，当一时破获，何事败五六日后尚有各处发现之事情？思患必预防，克强当早被逮于张鸣岐，何反临时失措，逾墙而走？（指黄兴率领攻督署时，张逾墙逃出）胡匿省不敢返，陈反来港寻克强，非一反比例乎？陈有母寄胡毅生家，脱有亏心，当迎其母返省也，肯随人夜赴僻处就死乎？党人比时不察，杀一无辜。"

③ 系指李准。

④ 似脱一"将"字。

⑤ 此处似有脱漏。

⑥ 按文义，应是"不取出予姚雨平"。

欲集三四十人以击督署，议亦决。毅闻之，又运动林时爽兄将已到三十人遣归。喻闻之愤愤（喻是日自来搬炸弹二次）。适李文甫兄来，多方劝慰，喻尚未允。……而陈、姚偕至，云：'顺德三营之同志皆归，现泊天字码头，即可乘此机会。'（喻闻，即三跃，携弹以去；李文甫兄亦返港报告。）陈遂往与其人商定。不久，即回复：其人已决。当即电港：定期二十九。弟意此三营若能反正，不患余营不降；现有新军以助之，事必可成。即定计划与竞存①兄。弟即召集余人，以当督署。意欲督署一破，防巡即入，李准不难下也。孰料事竟相反，死多人以攻入督署，空洞无一人。观其情形，有如二、三日前去者。报纸所云：藩司、学司适在开审查会者，皆是捏词。如两司在，必有轿及仪仗各物，今一切皆无。此中非又有一最密切之侦探报告，不能有如是之灵活。吾党头脑既多，姚又逢人运动，以巡防为最可恃，使弟部牺牲多人，姚之罪亦不少减。又可愤者：既约定时刻，陈破巡警局；毅率二十人守大南门。（毅自云：欲驳壳十余支，只给弟部六支，后毅亦不知何往。若当时自己不出，多给弟十余支，则殪贼必多，或全部击出城外，亦未可知。弟思及此，尤叹毅之无良。）姚部即不能出，则驰往新军，必可成功。何姚并此不为，徒作壁上观耶？是可忍，孰不可忍也！……呜呼！吾不为我众死友哀，吾为生友哀，吾并自哀！且寄语仲实、璧君、毅生诸人：兄等平日所不满意之人，今竟何如！毅生平日自诩一呼即至者，今竟何如！廿八晚，劳朱执信驰往该处。廿九日午后三时归来，云：'有十人来，至莲塘街头发公司。'比朱兄往视，则弟部李群带来有十人。朱兄始恍然曰：'我受其骗矣！'噫嘻！此'骗'字，朱兄言之，恐毅生此刻还不言之，反为辩之，其愚有不可及者矣。弟

---

① 陈炯明字。

本待死之人，此等是非本不足表白。惟此次预备时期，推弟为统筹部长，事之成败，非可逆料；而事之实际，不可有诬。以前屡次革命，伤吾党人材，未若如是之众。今若聚闽蜀之精华而歼之，弟之躬虽万剑不足以蔽其罪矣。今手足虽疮痍，大约两礼拜即可就痊，报吾良友之仇亦近。今乞少助药费，以往〔便〕即往医院疗治。并乞展①兄向仲实兄假三千元，为弟复仇之资。将来用去剩余，还上就是。因出血过多，头部时为昏眩，不能多书，勉以左手拈笔。"②

5月初　为避免清吏耳目，赁居九龙筲箕湾养伤。同住者有徐宗汉和李应生、李沛基、卓文。③

5月4日（四月初六日）　孙中山在美国接胡汉民复电，得悉黄兴等安全脱险到港，欣然表示："天下事尚可为也！"④

5月6日（四月初八日）　郑螺生得接黄兴自香港来电，略谓："事虽失败，来者可追，惟对伤亡同志当速筹款抚恤。"⑤

5月8日（四月初十日）　清政府组成"皇族内阁"，以庆亲王奕劻为总理大臣。

---

①　胡汉民字展堂。
②　影印墨迹。原件无称呼和落款，亦未署日期。《近代史资料》1963年第2期曾据影印件发表，题作《广州起义报告书》。　按：黄兴于辛亥年三月二十九广州起义失败后，在香港养伤。曾与胡汉民联名发布广州起义经过之报告书，该报告书早已流传，全文收入曹亚伯著《武昌革命真史》前编，且有影印本。其写作时间为辛亥年四月下旬，时赵声已病故。本文为第一次报告书，约为四月初所写。文中所叙事实，与黄、胡联名的报告书颇有出入，叙胡毅生、姚雨平等的行为出入尤多，本文直斥"毅之无良"，"姚之罪亦不少减"，联名报告书则无此语。本文可与联名报告书参阅，是研究同盟会辛亥年三月二十九广州起义的重要史料。全文计二千二百余字。
③　薛君度1963年10月17日在九龙访问李应生的谈话纪录。
④　《胡汉民自传》，载《革命文献》第3辑总第412页。
⑤　郑螺生《华侨革命之前因后果》，载《南洋霹雳华侨革命史迹》（1934年版）

5月9日（四月十一日）　　清政府宣布将川汉、粤汉铁路收归国有，旋将筑路权出卖给帝国主义。湘、鄂、川、粤人民纷起反对。

5月19日（四月二十一日）　　赵声病故于香港。黄兴因避追捕，未能送丧。

在与胡汉民联名报告书末称："以伯兄平日之豪雄，不获杀国仇而死，乃死于无常之剧病，可谓死非其所。彼苍无良，歼我志士不已，又夺我一大将。想公等闻之，亦将悲慨不置，若弟等则更无可言矣。"①

5月下旬　　与胡汉民联名致书南洋各埠华侨同志，报告广州之役经过。

联名报告书由胡汉民执笔，作于赵声病故后，未署日期。全文近万字，叙及统筹部分课办事之情形，破坏粤城之计划，预算并支出之大略，展缓时期之原因，选锋之召集，器械之运送接收，黄兴入省及独攻督署之情形，以后巷战及党人死事之勇烈，失败之原因与担负任务者之不力，善后事宜，等等。末称："此次以党之全力举事，中外周知，而事机贻误，不能有成，省会既失（乐从圩未几即退），各处都不能发。虽虏以党人之敢死勇战，至今犹草木皆兵，然费如许力量，得此结果，岂初念所能及耶？又况殉我仁勇俱备之同志之多耶？谋之不臧，负党负友，弟等之罪，实无可辞！惟此心益伤益愤，一息尚存，此仇必复，断不使张、李等贼安枕而卧也。"②

△　致函南洋各埠同盟会分会，介绍参加广州起义之莫纪

①　《黄克强先生书翰墨迹》第184、185页。
②　《黄克强先生书翰墨迹》第184页。

彭①前往求职。

函云："莫君宇非，东莞人。此次与花县徐维扬君同任选锋，二十九日之役，同攻督署后，战于龙王庙一带，指挥悉中机宜。卒以他部不出，士卒相继陷敌，仅以身免。莫君盖文而能武者，兹来游各埠，望推情接待，或能于学堂教员及报馆主笔分割一席，知必有以发挥民族精神克尽厥职者。"②

5月31日（五月初四日）　胡汉民致书孙中山、冯自由，报告黄兴近况。

函云："现时克伤大愈，愤恨张、李二贼，拟以个人对待之。弟等曾多次力阻不从，以克为此，即成亦利害不相补。况此次事后，侦探之多与港地之受影响，为向来所无（港地房屋随时被搜，华差侯兴与粤吏连，又新订提解犯人则例，每省港船开行前，皆先任侦探到船查视）。克兄大战一日，又港中失落相片六张（系巴泽宪以皮包贮之，是日将交还克，中途被差拘去，内并有《革命方略》等文件，遂悉没收，而令巴等出境）。以此数节，深为克危。然克意之难回，有同于精卫之曩日，殆非口舌所能争，亦复令人无法。"③

6月17日（五月二十一日）　与胡汉民联名致函加拿大各埠同盟会分会，望继续筹款，支援再次起义。

函末有云："此时党力方盛，人心激昂，卷土重来，不宜少懈。然经济若无预备，必临渴而共掘井，则费时失事，屡屡由此。现在南洋同志已为筹款之预备，弟等之意，深望美洲同志亦为此绸缪。更

---

① 莫纪彭，字宇非，广东东莞人，同盟会员。时在香港与洪承点将陈镜波诱至九龙僻处秘密处死。黄兴考虑到莫在省港一带，难以居留，故作此函，介绍避走南洋。

② 《黄克强先生书翰墨迹》第204、205页。

③ 黄彦、李伯新编：《孙中山藏档选编》第39、40页。

宜于未事之先，各分贮于本埠，力量既厚，应机同集，庶不致迁延岁月，坐误事机。天时人事，近在咫尺，国仇友仇，誓以必报，惟我同志兄弟同图之。"①

△　四川保路同志会在成都成立。

🈰　在港组织东方暗杀团，策划暗杀活动，与武装起义相辅而行。

黄兴于广州起义失败后"返港，专意养伤，一面团集少数实行之士，以为复仇之计。"②及赵声死后，又愤然表示："此时党人唯有行个人暗杀之事，否则无以对诸先烈。"③孙中山、冯自由等函电交加，极力劝阻。黄兴乃放弃个人暗杀计划，组织东方暗杀团，派李应生入省设暗杀机关，谋刺李准。致冯自由书谓"粤事弟已组织实行队，先去其阻碍吾党之最甚者"，④即指此。徐宗汉、李沛基、卓文等均参与其事。

7月4日（六月初九日）　谭人凤致电黄兴等，请汇发中部同盟会活动经费。

电云："粤总号亏累虽巨，幸此间分号营业甚旺，差堪告慰。望速汇二三万元，以便进货。至盼。凤。青。"⑤

7月8日（六月十三日）　杨笃生在英国投海自杀。事先，汇英币百镑与黄兴，献作革命费用。

杨笃生，原名毓麟，改名守仁。华兴会骨干分子，后入同盟会。留日归国后，复赴英深造，入苏格兰爱伯汀大学。在英闻广州起义失败，愤于民族危机严重，是日在刊物浦大西洋岸跳海自杀。事

①　冯自由：《革命逸史》初集第239、240页。
②　《黄克强先生书翰墨迹》第212页。
③　《胡汉民自传》，载《革命文献》第3辑总第412页。
④　《黄克强先生书翰墨迹》第215页。
⑤　据蔡寄鸥：《鄂州血史》。

先，将留英数年所积之英币一百三十镑汇交在伦敦之石瑛、吴稚晖，"托石、吴两君将其所积之一百镑金钱，转寄黄兴，以作运动革命之军费。余三十镑，托转寄其老母，以报答其养育之恩。"①

杨笃生致□□遗书中云："存款百镑又十镑，系拟归国后，为开一小小炸弹厂之起点者，今以寄公，或以为济黄克强兄之穷。"②

杨笃生致杨昌济遗书中又云："旅费馀三十镑，寄归与慈母，为最后之反哺，然不敢提及自戕一字，恐伤母心，亦不忍作一语。"③

黄兴闻讯后表示："适得杨君笃生在伦敦自沉消息，感情所触，几欲自裁。呜呼！人生至斯，生不得自由，并死亦不得自由，诚可哀矣。"④

"据我驻英国大使馆查告，杨烈士墓位于英国利物浦ANFIELD公墓，保存良好。每年都有当地华侨前往扫墓，并拍来墓地照片七张。"⑤

7月31日（闰六月初六日） 宋教仁、陈其美、谭人凤等三十三人在上海发起成立同盟会中部总会。

8月13日（闰六月十九日） 林冠慈、陈敬岳炸伤清广东水师提督李准。林冠慈中弹死难，陈敬岳被捕后牺牲。

△ 在黄兴主谋下，同盟会员林冠慈、陈敬岳在广州炸伤镇压

---

① 曹亚伯：《武昌革命真史》前编第367页。

②③ 据《民立报》1911年10月12日。又杨寄黄款，黄兴曾说："遗弟百磅，后卒未寄到，为他友用去。"见1914年5月21日《复宫崎寅藏书》，载《黄兴集》第355页。

④ 《黄克强先生书翰墨迹》第213页。

⑤ 中华人民共和国外交部领事司1982年4月17日复湖南省政协函。

广州起义之清水师提督李准。林、陈两人先后牺牲。①

　　黄兴"拟亲至广州暗杀一二满清大员，以振作全国之民气。时总理与余均在美洲，闻克强有必死之志，乃与致公堂及同盟会诸同志再三函电香港，力劝其不可轻生偾事，致碍大局。克强复电要求先筹汇二万元在广州设立暗杀机关，始允不亲自出马。旋得美洲中华革命筹饷局电汇如数。克强得款，即派人至广州布置各事。是年闰六月十七〔九〕日，遂有陈敬岳、林冠慈之狙击李准，及九月四日周之贞、李沛基之谋炸凤山，即由此机关指挥发动之也。"②

　　8月下半月　电请孙中山接济暗杀机关经费。

　　电称："粤事非先破坏，急难下手，且不足壮党气，酬死友。今遵谕先组织四队，按次进行，惟设机关及养恤费甚巨。兹李准虽伤，须再接再厉。恳助万五千元，电《中国报》收。"③

　　△　派周震鳞回湘布置军事。

　　"一九一一年夏历九月初一日，焦达峰、陈作新两同志在长沙领导了起义。我在两个月以前奉黄克强先生命，由北京经上海秘密回到湖南，在长沙约集各方面同志秘密开了多次会议，布置军事。约定夏历十月起义，并严诫毋蹈过去事机不密、因而失败的覆辙。"④

---

　　① 林冠慈（1883—1911），原名冠戎，广东归善（今惠阳）人。早年在家务农。后到广州，在基督教会福音船上习驾驶，受革命宣传影响，加入同盟会。广州起义失败后，在香港加入暗杀团。陈敬岳（1870—1911）；字接祥，广东海丰人。1903年游马来半岛，加入中和堂，继又参加同盟会，积极从事革命活动。广州起义失败后，回到香港，加入暗杀团。
　　② 冯自由：《革命逸史》第3集第246页。
　　③ 载《国父全集》第2册玖一第102页。
　　④ 周震鳞：《谭延闿统治湖南始末》，载《辛亥革命回忆录》第2集第151页。

8月24日（七月初一日）　　成都举行万人保路大会，反对铁路国有。9月7日，川督赵尔丰逮捕保路同志会议长蒲殿俊等，枪杀请愿群众数十人。

8月30日（七月初七日）　　孙中山应黄兴来电要求，嘱美洲洪门筹饷局电汇港币一万元往香港。余数请檀香山、伦敦两地同盟会组织凑足汇去。①

8月31日（七月初八日）　　孙中山在致吴稚晖函中评论黄兴组织暗杀机关的计划。

函云："盖黄君一身为同人之所望，亦革命成败之关键也。彼之职务，盖可为更大之事业，则此个人（暗杀）主义事，非彼所宜为也。……今彼欲'组织四队，按次进行'，大为同志所赞成。"②

9月18日（七月二十六日）　　旧金山致公总堂(即美洲洪门总会)将收到的黄兴致孙中山电，转发已赴华盛顿州筹款的孙中山。

黄兴电云："川民军起，军反正，据成都。速筹款谋应。并转中山。兴。"③

9月21日（七月二十九日）　　致电郑螺生，谓"川事骤变，民愤已极，而鄂能响应，速筹款接济。"④

9月24日（八月初三日）　　文学社、共进会在武昌举行联合会议，商定首义动员计划。

9月25日（八月初四日）　　湖北代表居正、杨玉如抵上海，拟邀黄兴、宋教仁等莅汉口主持大计。

"中部同盟会既成立，会员对于长江各省之革命工作，益趋积

---

① 《孙中山年谱》第121页。
② 胡编：《总理全集》第4集（遗墨影印）第83、85页。
③ 黄彦、李伯新编：《孙中山藏档选编》第49页。
④ 郑螺生：《华侨革命之前因后果》，载《南洋霹雳华侨革命史迹》。

极。至七月中旬，鄂省军界同志运动已臻成熟，大有一触即发之势，遂派居正、杨玉如赴沪购办手枪，并邀黄兴、宋教仁、谭人凤等莅汉口主持大计。时黄兴尚在香港，居正等抵沪，即在马霍路陈其美寓所召集会议。莅会者除参加成立会诸人外，于佑任、熊克武、陈方度、柳聘农、梁维岳、谭心休等预焉。是会决定南京、上海与鄂省同时发动，并派吕志伊赴香港请黄兴速来。"①

会议之后，宋教仁、谭人凤即将湖北军队运动情况，密电在香港的黄兴。"克强当时回电说：'各省机关，还没有一气打通，湖北一省，恐难做到。必须迟到九月初，约同十一省同时起事才好。'并听说月底克强准到上海，布置一切。"②

9月26日（八月初五日）　作七律一首和谭人凤，论在武汉举义的重要性。诗云：

"怀锥不遇粤途穷，露布飞传蜀道通。

吴楚英豪戈指日，江湖侠气剑如风。

能争汉上为先著，此复神州第一功。

愧我年来频败北，马前趋拜敢称雄。③

9月30日（八月初九日）　致函冯自由，略告国内形势。

函云："七月以来，蜀以全体争路，风云甚急。私电均以成都为吾党所得，然未得有确实消息。前已与执信兄商酌，电尊处转致中山先生，请设法急筹大款，以谋响应，尚未得复。今湘、鄂均有代表来沪，欲商定急进办法。因未得接晤，不能知其实在情形，故不能妄断。至滇之一方面，若欲急办，尽可办到，以去年已着手运动，军界、会党皆有把握，有二、三万之款即可发动。然此方面难望其

①　冯自由：《革命逸史》第2集第90页。
②　袭霞初《武昌两日记》，载《辛亥革命》（五）第44页。
③　据黄兴1912年9月书赠陈家鼎（汉元）之影印件，原件藏上海博物馆。

成功，以武器甚少，不足与外军敌也。滇为蜀应则有余，为自立计则不足，倘蜀败，亦同归于消灭而已。是以弟等尚未能决其如何办法，专待蜀事得有确信方敢为之也。粤事弟已组织实行队，先去其阻碍吾党之最甚者，得成功时，再为电告。”①

秋　填《蝶恋花》词，哭黄花岗诸烈士。词云：

“转眼黄花看发处，为嘱西风，暂把香笼住。待酿满枝清艳露，和风吹上无情墓。

回首羊城三月暮，血肉纷飞，气直吞狂虏。事败垂成原鼠子，英雄地下长无语。

辛亥秋，哭黄花岗诸烈士。调寄《蝶恋花》。”②

10月2日（八月十一日）　与湖北代表吕志伊、刘芷芬晤谈③。

同盟会中部总会成立后，积极筹划在武汉地区起义。湖北方面推居正、杨玉如赴沪，邀黄兴、宋教仁等克期前来，主持一切。居正等抵沪后，访晤宋教仁、谭人凤，又由居“详述武汉及长江一带事实，函报香港，托吕天民携往，请黄克强速来。”④吕与刘芷芬抵港数日，是日，始与黄兴相晤。事后致电孙中山。

10月3日（八月十二日）　与吕志伊、刘芷芬继续晤谈。复函同盟会中部总会，赞成在武汉起义计划。

函云：“奉读手札，欣悉列公热心毅力，竟能于横流之日，组织干部，力图进取，钦佩何极！迩者，蜀中风云激发，人心益愤，得公

---

① 冯自由：《革命逸史》初集第244、245页。
② 影印墨迹，本谱编者藏。
③ 吕、刘两人于9月29日（八月初八）抵香港，因黄兴住所“初未与他人交通”，又“不得日本旅馆”，故延至今日始晤。参见《黄兴集》第64页。
④ 杨玉如：《辛亥革命先著记》第52页。居正在《辛亥札记》中叙及此事，内容相同。

等规划一切，长江上下，自可联贯一气，更能力争武汉。老谋深算，虽诸葛复生，不能易也。光复之基，即肇于此，庆何如之！……初念云南方面较他处稍有把握，且能速发，于川蜀亦有犄角之势；及天民、芷芬两兄来，始悉鄂中情势更好，且事在必行，弟敢不从公等后以谋进取耶！……弟之行止尚不能预定，以南洋之款或须弟一行，亦未可知。数日后接其复电，方能决策也。鄂事请觉生兄取急进的办去〔法〕；如可分身，能先来港一商，尤盼！"①

10月5日（八月十四日）　前致冯自由函书就未发，补述武汉方面形势，表示不日将前往指挥起事。

函云："鄂省军界久受压制，以表面上观之，似无主动之资格，然其中实蓄有反抗之潜力；而各同志尤愤外界之讥评，必欲一申素志，以洗其久不名誉之耻。似此人心愤发，倚为主动，实确有把握，诚为不可得之机会。若强为遏抑，或听其内部自发，吾人不为之指挥，恐有鱼烂之势，事诚可惜。即以武汉之形势论，虽为四战之地，不足言守，然亦视其治兵之人何如。……前吾人之纯然注重于两粤，而不注意于此者，以长江一带吾人不易飞入，后来输运亦不便，且无确有可靠之军队，故不欲令为主动耳。今既有如此之实力，则以武昌为中枢，湘、粤为后劲，宁、皖、陕（原边注略）、蜀亦同时响应以牵制之，大事不难一举而定也。急宜趁此机会，勇猛精进，较之徒在粤谋发起者，事半功倍。……弟本欲躬行荆聂之事，不愿再为多死同志之举，其结果等于自杀而已。今以鄂部又为破釜之计，是同一死也，故许与效驰驱，不日将赴长江上游，期与会合，故特由尊处转电中山，想我兄接阅，必为竭力援助。②"

---

①　《黄克强先生书翰墨迹》第207—209页。
②　《黄克强先生书翰墨迹》第219—221页。

"八月初旬，克强得鄂同志居正书，报告鄂省军界运动成熟，请即筹集巨款，克日北行，共图大举。于是急电总理及余求汇款接济，并拟偕数同志赴沪策划一切。讵行旌未动，而武昌发难之电已至，遂即兼程就道转鄂。"①

10月6日（八月十五日）　致函陈其美、谭人凤、宋教仁、居正等，认为：吸取广州之役失败教训，须注意纯洁起义组织，防止内奸，严明纪律。

函中说："布置不可过大，用人不可不择。以广东前事比较，好挥藿〔霍〕者，其用钱必多，而成绩又不好；能俭约者，其用钱得当，而成绩必良，此一定之程式也。若欺罔诳骗之流，则又在所勿论矣。尤要者，天义晦塞，人心险诈，外托热心之党员，以为贼虏之侦探者有之，广州之败，首坐于此。此次不可不引为前鉴，用一人必深悉其底蕴，绍介者尤宜负其责任。如有迹涉嫌疑者，可不用之。……吾党发难时之组织，不可不以军律行之。补救其偏，在多设参谋。凡事先重计划，由参谋作成之，计划一定，只有命令，不得违抗，如此庶可收指臂之效。"②

10月7日（八月十六日）　复函美洲致公总堂，请设法筹款接济。

函云："前接中山先生手书，知公等热心祖国，协力以谋光复。海天翘首，无任神驰。昨又蒙赐书，极情奖慰，并许力筹大款，独任其艰。弟等感激之余，敢不竭力预备，期有以答公等之侠情耶？迩者，西蜀风云变幻日急，长江一带民气飞腾，已专电中山先生，请设法筹应，想已有函达尊处咨商一切矣。"③

---

①　冯自由：《革命逸史》第3集第246页。
②　《黄克强先生书翰墨迹》第225、226、228页。
③　《革命文牍类编》。

△　致函美洲华侨伍平一、黄芸苏、李是男等，请竭力筹款。

函中有云：“迩者，四川以铁路风潮为吾党所鼓动，其势甚急，今成都外府归吾党所占领者甚多。惜军队未能公然反戈，不能占据其省会，是为失计。昨湘、鄂各有代表来，言军队极表同情，皆有自动之力。已专电中山先生，请其急为设法筹集大款援救，想已有电函告公等矣。伏望公等体察内地同志经营之艰苦，而机会不可坐失，亟为劝告筹饷局诸君，改变原议，毋拘守一年筹措之办法。”①

△　致函美洲筹饷局，请念内地经营之艰苦，从速筹款救援。

函云：“四川民党已起，长江一带皆需款响应，前已有电致贵局筹商矣。闻贵局原议俟美属各埠大款齐集然后调用，本为至善之法。但今内地情形瞬息万变，若乘此机会，则事半功倍。今四川同志之利用保路风潮，亦万不得已之势，外间若无响应，必至为贼虏摧残殆尽，复起者殊难为力。伏乞贵局念内地同志经营之艰苦，即速开议速筹大款，立予救援，中国大事不难一举而定也。”②

10月9日（八月十八日）　蒋翊武③抵武昌，依黄兴来电部署起义。

“蒋（翊武）于八月十八日晨抵武昌。先是，黄克强由香港来电谓：‘鄂省勿徒轻举，候九月初旬，计划中之十一省布置妥善后，互相呼应，一举而光复汉疆。’刘尧澂即以告蒋，征其意见，并以居正、杨玉如两同志至上海购枪未妥相告。蒋沉思良久，卒以黄电为是。遂召集各标营代表会商于小朝街机关部，作起义时日最

---

①　《革命文牍类编》。
②　《革命文牍类编》。
③　蒋翊武（1884—1913），湖南澧县人。早年肄业常德西路师范，因谋革命被开除，改名蒋伯夔，赴上海就读中国公学，加入同盟会。1909年入湖北新军，参加群治学社，次年改组为振武学社，后又改组为文学社，被举为社长。与共进会合作，准备发动新军起义。武昌起义后，任军政府顾问，后继黄兴任战时总司令。“二次革命”失败后，在广西全州被捕，就义于桂林。

后之决定。"①

10月10日（八月十九日）　　武昌首义爆发。次日,湖北军政府成立,黎元洪任都督。

10月11日（八月二十日）　　宋教仁获悉武昌起义消息,电邀黄兴即时赴沪,共商进行。

黄兴于前致宋教仁等函中表示:"必待外款稍有眉目,方能前来。"②湖北方面经多方准备,有弦满欲发之势,拟俟黄兴到后即行举事。不意10月9日孙武在汉口俄租界宝善里装置炸弹,被旁立吸香烟者堕热灰于炸药中,立时爆炸,警吏前来搜查,抄去名册文告。当晚,有彭楚藩、刘复基、杨宏胜等被捕,一时风声鹤唳,武昌震惊。次夜,新军工程第八营左队首先发难,其他各营兵士及陆军中、小学堂学生纷起响应。武昌起义爆发。宋教仁在沪闻讯,急电黄兴,促速北上。

△　孙中山在旅途中译读黄兴密电,得悉武昌新军必动。

"武昌起义之次夕,余适行抵美国哥罗拉多省之典华城。十余日前,在途中已接到黄克强在香港发来一电,因行李先运送至此地,而密电码则置于其中,故途上无由译之。是夕抵埠,乃由行李检出密码,而译克强之电。其文曰:'居正从武昌到港,报告新军必动,请速汇款应急'等语。……乃拟电致克强,申说复电延迟之由,及予以后之行踪。"③

10月12日（八月二十一日）　　湖北军政府电促黄兴、宋教仁、居正即来鄂赞画戎机,并请转电孙中山从速回国,主持大计。

---

①　王缵承:《辛亥首义阳夏光复会纪实》,载《辛亥革命回忆录》第2集　第21页。

②　《黄克强先生书翰墨迹》第228页。

③　《孙中山选集》上卷第183页。

10月14日（八月二十三日） 居正、谭人凤抵武昌，汇报在沪协商情况。

"是晚十时，居正、谭人凤同到武昌。据云系黄兴所派，请召集各机关人员开会，报告上海情形。于是，李作栋即通知各机关人员，齐到农务学堂集合，听居正报告情形。至十一时，大众齐到农务学堂。居正云：我们同志等此次在上海接得英文报告，谓湖北已独立。我们闻之皆喜出望外，当与宋教仁等商量，一般同志特推兄弟与谭君人凤回来看看。并与诸君晤教后，再回上海协商进行。……兄弟明日即往上海，请黄兴、宋教仁等来鄂，与诸君帮忙，一面促各省响应云。大众闻黄兴、宋教仁之名，极为仰慕；又听说促各省响应，更为欢悦。即请居正、谭人凤二人速回上海设法进行，并请黄兴、宋教仁等克日来鄂。"①

10月16日（八月二十五日） 离港前夕，致函巴达维亚钟幼珊，谓"今幸鄂军骤起，基础已立，公等于外必有以协助，以竟直捣黄龙之功。"②

△ 致函巴达维亚华侨书报社同人，告以日内前往武昌，请汇巨款谋两粤。

函云："自三月事败，弟愤同事诸人之畏缩，以致徒伤英锐之同志，故愿专事暗杀一方面。蜀事起，乃与长江流域各要埠通消息。今幸基础已立，力图北伐；而南方沿海各省不急起，不足以固后路。敢飞书求助，力汇巨款，协谋两粤。弟日内即前赴武昌，虽

---

① 曹亚伯：《武昌革命真史》正编第88、89页。

② 《黄克强先生书翰墨迹》第231、232页。巴达维亚，即今印度尼西亚首都雅加达。据《罗福星日记》，黄兴前曾去巴达维亚活动。《日记》载："五月（6月）杪，往巴达维亚会见黄兴。黄兴于七月二十日（9月12日）由巴达维亚归国〔港〕"。参见《辛亥革命回忆录》四第494页故有致巴达维亚同人信函。

道路梗塞，必可得达，望勿以为念。"①

10月17日（八月二十六日）　再次致函美洲筹饷局，望尽力相助。

函末有云："今弟赶赴前敌，实行队员留粤省待机而动。总之，此次革命，决望成功。望海外同人，尽力相助，时不可失。以公等之明，想得电即奋跃襄事，不俟此书之劝告也。"②

△　离港经海道北上，赶赴武昌前线。途中，致电萱野长知，嘱"即采购炸药，携往武昌相助。"③

10月23日（九月初二日）　抵上海，与宋教仁商讨光复南京部署。次日启程赴武昌。

"武昌起义后，先君在香港得到消息，即偕先继母徐宗汉于九月初三赶到上海，寓朱家木桥某宅。当晚由先继母到《民立报》社约宋教仁来会，久别重逢，倾谈竟夕。商定由柏文蔚、范鸿仙等往南京策动新军反正，先君与宋教仁去武昌支撑全局。柏文蔚临走时，先君送他手枪一支。其时武昌虽已发难，沪宁尚未光复，沿江口岸都在清军手中，查缉极严。结果想出办法，由女医师张竹君出面组成红十字救伤队，开往武汉战地服务，先君变服混在其中，先继母则扮作看护妇偕行。随行者还有宋教仁、陈果夫等。"④

"辛亥武汉革命军起事，黄克强、徐宗汉由港到沪，将赴鄂襄

---

①　《黄克强先生书翰墨迹》第235—237页。

②　《共和伟人函牍》第8卷。

③　萱野长知：《我参加了辛亥革命》（陈鹏仁译），载纽约《中华青年》第4期。

④　黄一欧：《辛亥革命杂忆》，载《辛亥革命回忆录》第7集第154页。柏文蔚在《五十年经历》中回忆："余于九月初一日到上海。初二日黄克强亦归自南洋，当即在陈英士家开紧急会议，决定克强担任武汉，余担任南京。"黄兴抵沪日期比黄一欧回忆早一天，待考。

助民军。因长江沿岸清吏禁网极严，不易偷渡，由竹君出面组织赤十字救伤队，以中外人士前往武汉救伤为名，使克强化装队员，宗汉担任护士，才得安然到汉，支持武汉军事，完成开国大业。"①

辛亥敢死团"推定朱家骅偕团员黄伯樵、杨子嘉同志等五人，与黄克强、徐宗汉、马伯援、张竹君诸先生同舟西上。……家骅等行时均化装潜行，甚为秘密。经九江时，见湖口炮台已有白旗，船上同志共有一百数十人，至是均得露其身份。克强先生即在船面招集同志曰：'我们已到自己地带！'众向岸上欢呼不止。"②

10月25日（九月初四日）　　前派同盟会员李沛基谋刺清吏，是日炸毙清广州将军凤山。事前，填《蝶恋花》词相赠。词云：

"画舸天风吹客去，一段新秋，不诵新词句。闻道高楼人独住，感怀定有登临赋。

昨夜晚凉添几许？梦枕惊回，犹自思君语。不道珠江行役苦，祗忧博浪椎难铸。"③

"李应生奉黄克强之命，亦于广州筹设暗杀机关，担任执行者为其弟李沛基。……沛基方起床，乃急将炸弹放置楼上临街之窗口，外护以木板，而以绳系板之一端，余人遂尽离去。时约八时，凤山已到接官亭，旋即入城。除卫队外，仪从颇简，以为可避免人注

---

①　陆曼炎：《张竹君与辛亥武汉赤十字会救伤队》，载《辛亥革命史料选辑》续编第169页。

②　朱家骅：《对〈辛亥敢死团缘起与沪军革命史略〉补正》，载《中华民国开国五十年文献》。

③　《黄克强先生书翰墨迹》第339页。1912年3月，黄兴以此词书赠居正，题作《调寄蝶恋花，赠侠少年也》。据黄一欧云，侠少年即指李沛基。李与徐宗汉有戚谊，广州之役失败后随黄兴蛰居九龙，时尚未成年，派赴广州执行暗杀任务，黄兴关怀备至，因填此词，由卓文携往广州袖交。左舜生撰《黄兴评传》（台北版）谓此词为怀徐宗汉而作，推断不确。"梦枕惊回，犹自思君语"，另本作"梦醒灯残，犹是思君语"。参见《南社》第21集"词录"第5—6页。

意矣。追抵仓前街，沛基牵绳去板，弹落立爆，凤山与其卫队多人均炸毙，邻近各店倒塌者约六七间。沛基同志从铺后避去。"①

10月28日（九月初七日） 抵武昌，与黎元洪会商军事。被推为总司令，即日渡江赴汉口前线督师，设临时指挥部于满春茶园。②

"正当前线紧急之际，黄兴由上海乘轮船到达武汉，旋赴都督府与黎元洪会晤。黎闻黄兴到后，即下令做一面大旗，上写'黄兴到'三个大字，派人举着大旗，骑马在武昌城内和汉口没有被清军攻陷的地方跑一圈。前线将士听到黄兴来了，士气高涨，军心大振，居民铺户也纷纷鸣放鞭炮，表示欢迎。"③

"黄兴到都督府与黎元洪相见时，黎极欢迎。二人握手后，旋即谈汉口日来战争情形，黎请黄主持，黄亦不辞，以天下为己任。黄兴即欲往汉口一视，于是黎都督即派吴兆麟、杨玺章、蔡济民、徐达明四员，偕黄兴赴汉口。抵汉时，即视察战线情形，满军仍与民军在歆生路附近以炮火战斗，彼此皆未前进，各在原占阵地相持。黄兴见各部队按段防御，复返武昌与黎都督商议妥当，再行来汉设法进行。午后三时许，黄兴转回武昌与黎议事，大众均向黎都督云：黄兴素来好战，且善战，请军政府任以全军总司令。黎极赞成，即由大众开会公推黄兴为总司令，所有湖北军队及各省援军，均归他节制调遣。又谓汉口危急，仍请黄兴于本晚往汉督率。……是晚，黄兴偕杨玺章、查光佛、蔡济民、徐达明等渡江，在汉口满春茶园设

---

① 冯自由：《革命逸史》第4集第198、199页。
② 黄兴实为九月初七日到汉。惟《民立报》1911年10月28日"专电"栏载"本馆长沙要电"称："黄兴今日（初六日）到汉，黎都督特开欢迎会（汉口电）。"
③周武彝：《陆军第三中学参加武昌起义经过》，载《辛亥革命回忆录》第7集第17页。

总司令部办公处。”①

“初七日黄兴自上海来，黎都督授以总司令官，人心为之振奋。街衢多揭条欢迎。黄立即自武昌渡汉督队反攻，卒亦未能挽回颓势。黎乃电请黄兴返府，计议防守汉阳作战方略，临时又先后派王安澜、杜武库、胡培德等权为指挥。”②

“黄克强以九月初七日到汉口，即时渡江，晋都督府，当夜商，出兵反攻。会新兵初败，几无精锐可调。幸有长龙舢板水师告奋勇，既系老兵，又多训练。余见其枪支不精，命换新枪。又见连日鏖战，兵不得饱，命庶务处备饭，复备干粮。迄至士饱装齐，夜已三鼓。克强率队出汉阳门，期即渡江，而交通部船未备妥。余复奔走江干，呼备船只。天已大明，兵乃得渡。克强布陈于满春茶园，血战四昼夜，冯国璋不得逞。克强以电话调某标增援，标统迟迟不进。克强电请以军法从事，都督命执行，同志挥泪斩之，而士气一肃。战至十二日下午，卒以众寡不敌，败退汉阳。余急请派兵援克强返武昌。”③

10月29日（九月初八日）　命徐国瑞、郭秉坤率部进攻歆生路，熊秉坤率十一标向硚口进攻。

“初八日，上自硚口，下至张美之巷一带，均为清军占领。黄兴命第二协参谋徐国瑞，率第二协残部任前卫，第三标第一营管带郭秉坤任尖兵，进攻歆生路张美之巷，胜之，夺回已失山炮四尊、子

　①　曹亚伯：《武昌革命真史》正编第172、175页。按：黄兴1912年10月10日在国民党宁支部欢迎大会演讲中称：“九月三日至上海，七日午后抵武昌，……初七晚，各同志均渡江赴汉口。”（载《黄克强先生全集》第69、70页）李书城、张难先、熊秉坤、胡祖舜、韋裕昆等人撰文，亦均谓黄兴于九月初七抵武昌。曹亚伯在本书中记为九月初十，误。

　②　胡祖舜：《六十谈往》，载《辛亥革命在湖北史料选辑》第96页。

　③　居正：《辛亥札记》，载同上，第159页。

弹数十箱。……第五协统领熊秉坤率十一标向硚口进攻,将达面粉厂,与清军遭遇于铁路外,清军据松林射击,火力甚烈,曾宗国、周荫棠等阵亡,李正均等受伤,熊与黄兴、杨玺章等,身先士卒,持械突进,奈兵不用命,未能得手。"①

　　△　致电长沙军政府,告以"黄兴、宋教仁、刘揆一到鄂。"②

　　10月30日（九月初九日）　　向陆军第三、第四中学学生发表演说。

　　"黄兴到达武昌的第三天晚上,有军政府的同志介绍他与我们见面。当时在场的有原湖北陆军第三中学的学生,以及我们由南京来的陆军第四中学的学生,共约三百余。我们齐集都督府门前广场上,聆听黄兴讲话。当黄兴走近行列时,同学们都以惊奇和敬佩的目光向他注视。黄兴讲话对我们参加革命表示赞许。他说:'你们将来都是国家干城之选,现在革命要人用,但我可保证绝不把你们当一兵一卒之用。'"③

　　"黄兴到达武汉的第三天,即十月三十日晚上,在都督府前面的广场上,对湖北陆军第三中学和由南京来的陆军第四中学(蒋光鼐、陈果夫、李章达等数十人)学生发表演说。两学堂听讲学生共约四百人(许多人在前线或有工作未参加,故只到此数)。黄兴身材魁梧,态度安详,讲话时慷慨激昂,声如洪钟,确是大将风度。他首先赞许我们参加起义,著有功绩。并针对有人表示参加起义是为了当官的思想倾向,语重心长地告诫说:'你们将来都是国家的干城之选,前途不可限量。现在革命事业迫切需要人材,我保证决不

---

①　胡祖舜:《武昌开国实录》第94、95页。
②　上海《民立报》1911年11月9日。
③　浓铸东:《南京陆军第四中学学生赴武汉参加革命经过》,载《辛亥革命回忆录》第2集第71、72页。

把你们当一兵-卒之用。'黄兴在讲话完毕举手回礼时,右手仅有三个手指,大家感到很奇怪。因为那时候并不知道他在黄花岗起义战斗中打伤两指,后在香港动手术截掉了。"①

10月31日（九月初十日）　应黎元洪电请渡江,"商议退保汉阳计划,前线则由王安澜、杜武库指挥。"②

11月1日（九月十一日）　在汉口前线率敢死队督战。

"十一日晨,黄总司令正与杨玺章等商进攻事宜,准备下令击敌,而敌已于午前六时由王家墩来攻,枪炮齐发。我军依堤防固守,预备队亦向前线增加。总司令率敢死队督战,不准后退,退者斩。午前十时许,敌分布机关枪扫射,渐与我右翼接近。我右翼受伤者多,稍后退,敌遂放火烧歆生路房屋,使我军失其掩蔽。又乱发炮,于是我右翼不得不节节再退。其正面及左翼则借抬救伤兵,亦陆续退。总司令手刃数人,而士兵竟潜向两侧而退。"③

"黄兴率敢死队督阵,不准后退。……午前十时许,满军借歆生路附近房屋掩护,多用机关枪,渐渐与民军右翼接近,用机关枪猛射。民军受伤甚重,即向后退却。满军即乘机前进放火,将歆生路房屋焚烧。加以炮火乱射,使民军不能依托房屋掩护。于是,民军右翼队伍节节后退。而民军正面及左翼队伍,见右翼火起,友军退却,亦借抬伤兵往后陆续退却。黄兴在后阻止,并手刃数人"④

11月2日（九月十二日）　在军政府紧急会议上报告军情。被举为中华民国军政府战时总司令。

① 周武彝:《陆军第三中学参加武昌起义经过》,载《辛亥革命回忆录》第7集第17、18页。
② 胡祖舜:《武昌开国实录》第95页。
③ 杨玉如:《辛亥革命先著记》第151、152页。
④ 曹亚伯:《武昌革命真史》正编第179、180、208、209页。

是日，清军在汉口歆生路刘家花园一带专用炮队射击，并以炮队向汉阳兵工厂及武昌都督府射击，故意扰乱。一面仍在汉口市街节节纵火延烧，火头随风所扇，愈焚益烈，至晚间市民渐渐迁尽。黄兴命各队仍占领原阵地防御待援，如万不得已，逐渐退守汉阳，沿襄河一带防御。旋即返武昌，与黎元洪会商湘军来援时应敌之策。① 并在军政府召集紧急会议，于报告中分析汉口战事失利的原因：

"一、各队新兵最多，秩序不整，颇难指挥。二、军官程度太低，均不上前指挥。至战时因与兵士穿一样服装，辨别不清，亦极复杂。三、各队战斗日久，伤亡过多，官与兵均已疲劳太甚，毫无勇气。且一闻机关枪声，即往后退。四、兵士中在武汉附近所招者甚多，一到夜间，即潜回其家，以致战斗员减少。各军官因仓卒招募，亦无从查实。五、民军军火，全在步枪，无机关枪。一与敌接近，即较敌人损伤为重。民军炮队又系山炮，子弹射出，又不开花；且射出距离太近，不及满军退管炮效力之远。六、查满军俱系北洋久经训练之兵，秩序可观，亦善射击，唯冲锋时不及民军灵敏。故每闻民军冲锋喝杀声，即往后退。此民气之盛，可恃者仅此耳。"②

"少顷，居正、田桐即邀请一般同志复开秘密会议。由居正提议，拟公举黄兴为湖北湖南大都督，其中有一般同盟会同志极力附和。其时吴兆麟③即说明当时情形，万不可发表，以启纷争。又云：

---

① 曹亚伯：《武昌革命真史》正编第179、180、208、209页。
② 曹亚伯：《武昌革命真史》正编第209、210页。
③ 吴兆麟（1882—1942），字畏三，湖北武昌（今鄂城）人。年十六投省城工程营当兵，次年即肄业本营将校讲习所，后在湖北参谋学校毕业。曾参加日知会。逐步升任湖北新军工程第八营左队队官。辛亥武昌起义后，被举为起义军临时总指挥。后转任第一协统领兼参谋部副部长。黎元洪被举为大元帅，他任参谋总长兼第五镇统制（旋改为第五师师长）。

黎元洪虽非同志，但在湖北军界资深望重，此次大众公举其为都督，并非黎之本意。且起义时大众说他浑厚，外人均依其名义，认民军为交战团。各省陆续响应，群来电推崇，颇表敬仰。若一旦将其推倒，中外必生疑团，视我辈有争权利之嫌，不顾大局。此不可者一也。黄厪午（黄兴旧号）为革命巨子，海内皆知。此次来鄂，大众皆为爱戴。如趁此在湖北立功，将来达到革命成功目的，再由同志公举为全国首领，前程远大，天下归心。区区都督虚名，又何足计较。此不可者二也。前日黄厪午抵鄂时，已由大众公举为总司令，由黎都督命令发表，是黄已在黎下。忽以大都督名义节制黎都督，在黎原无可如何，如有人代鸣不平，岂不立起内争。此不可者三也。若黄之大都督发表后，黎如辞职，届时各省及外国人群来质问，我辈如何答复？即云我辈公意，当此军书旁午之际，致令主将辞职，授敌以隙，各方必疑我辈不能容物，好恶偏狭。此不可者四也。……杨玉鹏等不以为然，谓江西革命军始以吴介璋为都督，继以马毓宝，亦未见中外人质问与其内部反对，且湖北反去电欢迎。况我辈公举黄厪午为大都督，于黎之位置原无妨碍。试问将来推倒满清后，中国不举大总统乎？岂以各省之有都督即算完事耶？云云。……吴、杨辩论未终，而宋教仁即云：此事不过征求大众同意，原无成见。盖因黄厪午实行革命多年，声望甚好；诸同志拟推其为首领，借以号召，以达迅速成功之目的，并无他意，我们初来湖北，对于湖北军队情形不熟，既有利害冲突，即作罢论可也。于是，大众复拟举黄兴为战时总司令，所有各省军队均听其节制调遣。并效汉刘邦聘韩信为大将故事，请黎都督聘黄兴为总司令，登坛拜将，以郑重其事。"①

---

①　曹亚伯：《武昌革命真史》正编第210—213页。

△ 李书城自沪来谒，任命为战时总司令部参谋长。

李书城说："我是从北京经上海乘江轮于十一月二日到汉口的。……到都督府后，会见黎元洪、黄先生及首义各同志，并参加当日举行的军事会议。会议决定黄先生为中华民国军政府战时总司令，我为参谋长。"①

△ 派章鋆、蔡国光带特别任务赴沪。致函潘训初、杨谱笙，告以武汉战况，并促宁、皖响应。

函云："别后抵鄂，敌人已占汉口租界下之刘家庙，倚租界设立炮兵阵地，相持数日不下。至昨日风起，汉镇房屋中炮火起，全市被焚。我军退守汉阳，尽力防御，兵卒多系新招，不能久战，今已疲乏。幸有湘军大队来援，及江南各学堂勇士，当可保捍。弟到此间虽亲战两次，未能获胜。亟盼宁、皖响应，绝彼海军后援，则易驰〔驱〕除也。兹有章鋆、蔡国光两兄因带特别任务来沪，详情面呈。有可助力之处，望为指示，不胜切祷。"②

11月3日（九月十三日）　就任中华民国军政府战时总司令。是晚，率总司令部人员进驻汉阳。

"黄克强以九月十二日退出汉口，都督派人迎克强渡江，议守汉阳方略。同志等以克强在汉口巷战数日，纯恃革命党资望号令各军，终有名不正则言不顺之感。故各军有不受命者，克强无法驭之。今势必守汉阳，又非克强不胜任，若督师无名，则危险实甚。宜公推为战时总司令官，以专责成。汤化龙等亦是其议，但公推后，

---

① 李书城：《辛亥前后黄克强先生的革命活动》，载《辛亥革命回忆录》第1集第188页。

② 《黄克强先生书翰墨迹》第240—242页。按：原书末署"九月十二日"，《墨迹》释文作九月十一日，误。潘训初、杨谱笙时在上海，系同盟会中部总会总务会干事。

仍由都督委任，庶系统不紊。同志有不以委任为然者，余曰：‘可，然须郑重其事，请都督登台拜将，授以全权，庶几号令严肃，收指挥统一之效。’都督许之。乃于九月十三日晨，下令各军自营长以上，齐集阅马场，举行拜将式。届时都督与克强并辔临场，登台拜黄兴为战时总司令官，授印授令，行礼如仪。并由都督训话，勉各军领袖绝对服从。克强答礼毕，随作简单演说·行观兵式，各军环呼万岁。”①

"立宪派和黎元洪的旧军官极力反对杨玉鹏的建议，彼此相持不下。共进会的孙武一派人都倒向立宪派一边，说是要顾全大局。最奇怪的是同盟会的高级人物居正，也做了立宪派的俘虏。这样，文学社孤立了，不能起到积极作用。但是，问题并没有解决。立宪派仿照古法炮制一个‘登坛拜将’的把戏。登坛拜将，形式上似乎是重用黄兴，实际上是打击黄兴，排斥黄兴，使黄兴居于黎元洪之下，干不下去。"②

"十一月三日，黎元洪在阅马厂筑一将坛，隆重举行‘登坛拜将’仪式。是日秋高气爽，将坛中央树大旗一面，上绣‘战时总司令黄’六个大字。各机关团体部队官兵都列队肃立。首由黎元洪登坛讲话，极力称赞黄兴献身革命，屡经战阵，指挥若定，卓著功勋，特举为战时总司令。凡我将士，均应听其指挥调遣。语毕，请黄兴登坛，黎亲将印信、委任状、令箭等授与黄兴亲收，全场高呼万岁，欢声雷动。黄兴当众演说，略谓：‘兄弟有三点意见与我同胞共勉：第一须努力，清兵拼死与我对敌，我若稍存畏缩，敌即攻入我心腹。临

① 居正：《辛亥札记》。
② 章裕昆：《黄兴与武昌起义》，湖南省政协文史资料研究委员会藏稿。

战时必须努力，后退者斩首示众。第二须服从军纪。纪律非绝对服从不可；倘不服从，命令何能贯彻执行。今后无论如何危险，皆须服从军纪，不得借故规避。第三须协同。若各存意见，互相磨擦，无论条件如何好，都不能成大事。太平天国的失败，是前车之鉴。'黄兴面色黧黑，神态威武，演说时声音洪亮，情绪慷慨激昂。讲毕下台后，乘马巡视全场一周，士兵举枪致敬，他在马上频频举手答礼。最后，由黎元洪陪同返回都督府。"①

"是日，即将总司令部人员组织完成。以吴兆麟为副参谋长（吴原系第八镇工程第八营左队队官，未参加革命团体，八月十九日夜间起义士兵攻占楚望台军械库时，推他为临时总指挥，由他下令攻打督署。他曾向张之洞所聘请的日本铸方大佐学过参谋学，以富有军事学识著称），姚金镛、金兆龙、高尚志、甘熙绩、耿丹、辜仁发、吴兆鲤、余鸿勋等为参谋，田桐为秘书长，王安澜为兵站司令。以后王孝缜从北方来鄂，任为副官长。……是晚，黄先生率总司令部人员同赴汉阳，在伯牙台设总司令部；嗣因敌方枪弹能射至院中，次晨移往昭忠祠。"②

"黄当即设总司令部于汉阳城北之伯牙台，旋迁至西门外昭忠祠，积极从事汉阳作战计划。以李书城为参谋长，王孝缜为副官长，吴兆麟、杨玺章、吴醒汉、高尚志等俱为参谋，甘绪熙、李南星等任参谋战地制图工作；王安澜奉派为粮台总办，余奉调担任全军后

---

① 周武彝：《陆军第三中学参加武昌起义经过》，载《辛亥革命回忆录》第7集第18页。

② 李书城：《辛亥革命前后黄克强先生的革命活动》，载《辛亥革命回忆录》第1集第188、189页。关于战时总司令部之组织，曹亚伯记云："其部内设参谋、副官、秘书三处，设侦探、间牒两科。以李书城为参谋长，以曾昭文为副官长，耿觐文、何成濬等为副官，以田桐为秘书主任。总计该部有职员百余人。"（《武昌革命真史》正编）。

方勤务,同驻归元寺,密迩总部。"　"某日乃有夜袭汉口之举,计分两路出动:一由学生军统领刘绳武率兵一支队,由武昌下游青山、两望间,潜渡长江,进袭刘家庙敌军后方之据点;一由鄂军第六协统带杨选青、胡廷翼各率所部,由汉阳龟山据点向薛家嘴对岸强渡襄河,进袭龙王庙敌军前哨阵地。"　"乃于九月二十七日夜,大举进攻汉口。"①

△ 湘军第一协王隆中部抵武昌,命居正代往慰劳。

"焦都督虽死,而奉焦都督之命,王隆中一协仍遵命来鄂。先头部队于克强拜将之晚进城,由副官处招待,宿营于师范学校。克强本拟躬往慰劳,奈时间仓促,急于渡江,要余代往。余见湖南军队士气旺盛,回报克强,克强甚喜。"②

"午前十时,湘军援鄂第一协统领王隆中及第二协统领甘兴典,各率步兵一协抵武昌。……王隆中协暂驻城内两湖书院,甘兴典暂驻城外平湖门乙栈及附近各营房。"　"九月十四日,湘军王隆中、甘兴典两协,全部开往汉阳接防。"③

11月4日（九月十四日）　　登龟山观测敌阵,视察沿河防线。

"四日晨,黄先生率总司令部人员登龟山顶观测汉口敌方阵地。敌方大炮向龟山射击,炮弹都落入龟山后方的江中,无人受伤。寻沿河边防线视察一周,决定利用汉阳兵工厂、钢药厂的铁板、木材,沿汉水南岸构筑防御工事。因部队都系新兵,须受训练,不令担任此项任务,另由各部队招募民工,按日付给工资,由官长督

① 胡祖舜:《六十谈往》,载《辛亥革命在湖北史料选辑》第99页。

② 居正:《辛亥札记》。按:长沙光复后,新军第四十九标扩编为第一协,部队仍为原来的三个营,总计不足两千人,这次援鄂的先头部队即一、三营。第二营于十一月五日抵武昌。(见余诏:《湖南光复及四十九标援鄂》)

③ 曹亚伯:《武昌革命真史》正编第221、225页。

修。"①

△　命王安澜为兵站司令，在汉阳归元寺设粮台。②

11月5日（九月十五日）　偕李书城等巡视防御阵地。

"十五日，黄兴命湘军第一协准备开赴汉阳集合。是日，黄兴即偕李书城、吴兆麟等巡视防御阵地。先至大别山，然后由右翼南岸嘴起，经十里铺至左翼三眼桥止。旋回总司令部，遂命侦察科长胡鄂公多派侦探间谍赴汉口方面侦察敌情，并派侦探赴新沟、蔡甸方面广远搜索。"③

11月初　任命萱野长知为总司令部军事顾问。④

萱野长知写道："我们抵达门司，在川卯旅馆集合，到有金子克己、布施茂、三原千寻、龟井祥光、岩田爱之助、加纳清藏等，即日登轮，先赴上海，转往汉口。某日黄昏，到达汉阳，直往革命军总司令部，会见黄兴。当时的司令部在归元寺内，设备简单。我和黄兴合宿一榻，电话机声，彻夜不绝，报告前方战况。参谋长李书城，同居一室，商洽军事，紧张情形，达于极点。"⑤

△　会见日本《报知新闻》记者内藤、同文书院教师荻原。

《黄将军雍容儒雅》："沿堤迂迥约数十步，忽睹一宏壮庙宇，榜曰：'敕建淮军松武昭忠祠'，是即中华民国军政府战时总司令部之所在，亦即黄兴之所在也。通刺求见，门者导之入一室。室临参谋室，室中桌一椅数。坐定，有兵士送茶至。壁悬文天祥《正

①　李书城：《辛亥前后黄克强先生的革命活动》，载《辛亥革命回忆录》第1集第189页。
②　曹亚伯：《武昌革命真史》正编第227页。
③　曹亚伯：《武昌革命真史》正编第230页。
④　胡祖舜：《武昌开国实录》第87页。
⑤　萱野长知：《中华民国革命秘笈》第八章。按：李书城谓萱野长知与黄兴同乘江轮自上海至武汉，误。（《辛亥前后黄克强先生的革命活动》）

气歌》，读未竟，有一人入，则黄兴之秘书长田桐。未几，黄亦入，见二人，莞尔曰："故人乃相偕来访也。'黄颜色赭黑，盖为日所炙也。容仍肥满，身御缟衣，无杂色，足蹑黄皮靴，气象凛然，令人起敬。谈笑间，文书札子自都督府来者络绎不绝，黄一一与以复书，裁决如流，虽甚繁剧而处之裕如，且语且判答。二人见事殷，将告别，黄起取云笺，援笔书'秋高马肥'四字，笑赠内藤，荻原亦求书，遂书'杀机'二字。时日已西，暮色苍然而至，二人乃辞出，鼓棹向夏口，则流弹时时掠水上，炮声殷然破秋梦也。"①

△　致函谭人凤、周震鳞，稳定湘局，迅速出兵援鄂。

周震鳞回忆说："焦、陈两都督被害后，……湖南局势，动荡不安，确属异常危险。恰好这时克强先生来了一封长信给我和谭人凤，对湖南事变作了详尽的指示。内容大致是：为了统筹全局，湖南局面不能再乱，如果再乱，湖北也将支持不住，其他各省响应，恐生观望，我们再不能失去这次两湖光复千载一时的机会。既然谭延闿已经推举为都督，就应权且维持他的威信，共同安定湖南。信中一再强调当前首要任务是迅速出兵援鄂。"②

11月7日（九月十七日）　与黎元洪同往两湖书院检阅首批援鄂湘军王隆中部。次日，命王部渡江至汉阳布防。

"全标开到两湖书院听黎元洪都督训话，队伍归卿衡指挥。八时左右，王隆中陪着黎元洪、黄兴和几个高级幕僚来了。黎骑一匹酱色大马，穿着黄呢军服，黄皮马靴。吹过敬礼号后，阅队开始。黎元洪按辔徐行，在各队前面检视一周，接着讲话。……当时有人告

---

① 译文载上海《民立报》1911年11月28日。

② 周震鳞：《谭延闿统治湖南始末》，载《辛亥革命回忆录》第2集第152、153页。

诉我，站在王隆中上手那个穿青呢衣服，相貌魁伟的人，就是黄兴。这天他没有讲话。"①

11月8日（九月十八日）　命王隆中率部赴汉阳十里铺附近防御。

"湘军第一协统领王隆中，率该协及工程第一营在十里铺锅底山附近占领阵地，但须构筑强固防御工事，且派一部警戒琴断口、三眼桥附近。"②

△　程潜自沪来谒，命协助曾继梧指挥炮兵团。

"十八日，唐桂良带路，由鲇鱼套过江，到了汉阳昭忠祠总司令部。克强见我们来了，十分高兴。……克强说：'湖南关系甚大，在焦、陈遭人暗算之后，问题颇多，最好我们有同志前往联络，共策进行。汉阳战事，我已派曾继梧指挥炮兵团，颂云来得及时，就请你帮助凤岗（继梧字）。'我说：'不论什么工作，只要对革命有利，我们都是应该做的。凤岗是我们的同志，我们一定合作得很好。'"③

11月9日（九月十九日）　复函袁世凯，劝其归诚起义，勿为清廷所利用。

武昌起义后，清廷惊慌失措，被迫起用袁世凯，先任为湖广总督，继授钦差大臣，节制各军，复任为内阁总理大臣，至是清廷军政大权悉落袁手。袁乃玩弄两面手法，一面南下督师，亲临前线；同

---

①　余韶：《湖南光复及四十九标援鄂》，载《辛亥革命回忆录》第2集第170页．检阅时间，作者记为十一月八日，是日黄兴已命王部在十里铺附近布防，故当在十一月七日上午。

②　"民军总司令官命令．九月十八日午后三时于汉阳昭忠祠"，载曹亚伯：《武昌革命真史》正编第258页．

③　程潜：《辛亥革命前后回忆片断》，载《辛亥革命回忆录》第1集第78、79页．

时于攻陷汉口后，派蔡廷干，刘承恩携函来见黎元洪、黄兴，探询停战议和意见。是日，黄兴以中华民国军政府战时总司令身份，复函袁世凯。函云：“来示嘱敝军停止战争，以免生灵涂炭，仁者用心，令人铭心刻骨。惟满洲朝廷，衣冠禽兽，事事与人道背驰，二百六十年来有加无已，是以满洲主权所及之地，即生灵涂炭之地。如但念及汉口之生灵而即思休战，毋乃范围过狭，无以对四亿生灵。况汉口为我军所有之日，行商坐贾，百货流通，及贼军进攻不克，纵火焚烧，百余万生命、数万万财产均成灰烬。所谓涂炭生灵者，满奴乎？抑我军乎？至于尊嘱开党禁等数条，乃枝节问题，而非根本问题。兴等之意，原不在此。以大义言之：夷奴与中华，原无君臣之分。明公虽曾服满人之官，而十八省之举义旗，兴义师者，何亦非曾服满人之官者？按之是非真理，明公当自晓然。……近日北京政界，喧传明公掌握兵权，当为朝廷之大害，是以满奴又有调明公回京组织内阁之命。夫撤万众之兵权，俾其只身而返，乃袭伪游云梦之故事，非所以扬我公，实所以抑我公，非所以纵我公，实所以缚我公也。赵孟之所贵，赵孟原能贱之。满人之自为谋则善矣，所难解者，我公之自为计也。兴思人才原有高下之分，起义断无先后之别。明公之才能，高出兴等万万，以拿破伦、华盛顿之资格，出而建拿破伦、华盛顿之事功，直捣黄龙，灭此虏而朝食，非但湘、鄂人民戴明公为拿破伦、华盛顿，即南北各省当亦无有不拱手听命者。苍生霖雨，群仰明公，千载一时，祈毋坐失！”①

　　△　密谕民军将士，揭露袁世凯派人散布邪说，离间军心，饬速严密查拿。

　　密谕指出：“自鄂军起义以来，不旬日间，吾同胞之响应者已

---

① 原件藏中国历史博物馆。

六七省，足见天命已归，满贼立亡。乃虏廷不揣时势，不问民心，出其狉奸之卒，敌我仁义之师。是实妄干天诛，于我何妨。汉口之战，我师屡胜，继虽小挫，军家胜败，自古常然，不必介意。现鄂军大整，湘军来援，恢复之功，当在旦夕。顷据保定侦探何式微来报，虏廷已命袁世凯为内阁总理大臣，仍统陆海军队。袁世凯甘心事虏，根据初九罪已伪诏，倡拥皇帝之邪说，先运动资政院，遍电各省咨议局，有云：'政府十分退让，吾人只求政治革命，不屑为已甚者'，云云。现袁已派心腹多名，分道驰往各省发布传单，演说谕众，冀离间我同胞之心，涣散我已成之势。设心之诡。用计之毒，诚堪痛恨。我同袍光复旧宇，义正词严，既为九仞之山，何惜一篑之覆，自不致为所动摇。然恐妖情善蛊，致荧众听，故此密谕同袍，速饬密探查拿前项演说之人，销灭传单，俾鼠窃之伎无由而施，大局幸甚！"①

△　湘军第二协甘兴典部抵汉阳，受黄兴指挥。

"九月，湘军第二协协统甘兴典率所部徒手兵开至武昌，领取枪支后也开到汉阳。湘军两协士兵开到汉阳后，在汉阳防守的士兵都大为兴奋，以为转败为胜的时机到了。"②

11月10日（九月二十日）　宋教仁留书黄兴，偕日人北一辉渡江至汉口，乘日轮大利丸返沪。③

11月上旬　获悉上海光复，致函李燮和，望主持沪事。

---

① 李廉方：《辛亥武昌首义记》第214页。按：日本筱本警士报告，11月9日，九江民军司令官马毓宝收到黄兴密谕（见《辛亥革命资料》第565、566页）。故系于此。

② 李书城：《辛亥前后黄克强先生的革命活动》，载《辛亥革命回忆录》第1集第190页。

③ 《支那革命外史》第91页。

函云："沪事竟告成功，雄才佩甚。湘省兵饷，络绎赴援，各省贤士，亦连袂来鄂。谋臣猛士，际会风云，北虏万无生理。迄遍告沪上同志知之，以释系念。沪事如何进取，乞卓裁主持，不必远商也。"①

△　庄蕴宽来鄂，敦促黄兴早赴上海，组织统一革命机构。

李书城说："上海光复以后，当地名流如张謇、汤寿潜、赵凤昌等推庄蕴宽来鄂，……他告诉我来鄂的真意，是请黄先生到上海去。他说，上海方面的人认为黎元洪是武昌起义的革命党人所拥戴出来的，不是真正的革命党领袖，而孙先生还在海外未回，现在只有黄先生是国内唯一的革命领袖，应该负起领导全国革命的责任，到上海去统率江浙军队攻克南京，在南京组织全国军政统一机构，继续北伐，完成革命事业。他敦促黄先生早赴上海。但是黄先生对他说：'全国军政统一机构是愈早组织愈好，但不必要我担任领导人。我现在还担任武汉方面的作战任务，不能离开武汉。看以后情形如何再说。'"②

庄蕴宽说："辛亥武昌起义，予为江浙两省代表，至鄂晤黄陂。黄陂派小轮送予至汉阳，与克强相见。克强帕首短衣，自行间回营，握手相劳告，喜极出涕，出粗粝共食。食毕，复乘轮过江。冒险情形，今回忆之，犹历历如昨也。"③

11月11日（九月廿一日）　召开军事会议，规定各部队防御地区。会后，亲赴前线视察防御阵地。④

①　上海《民立报》1911年11月11日。李燮和，字柱中，湖南安化人。华兴会员，后入同盟会。辛亥上海光复后，任吴淞都督、光复军司令。

②　李书城：《辛亥前后黄克强先生的革命活动》，载《辛亥革命回忆录》第1集第190页。

③　《黄兴信函并题跋》，载《近代史资料》，1983年第3期。

④　曹亚伯：《武昌革命真史》正编第268、270页。

"……二、本军拟仍在南岸嘴至三眼桥附近一带防御。三、步队第四协统领张廷辅，率该协仍在原阵地防御，并须利用时间加筑防御工事。四、步队第五协统领熊秉坤，率该协右翼与步第四协联络，须于兵工厂至钢药厂之间占领阵地。五、步队第四标统带胡效骞，率该标于钢药厂及黑山西麓占领阵地，须与步第五协连络。六、湘军第一协统领王隆中，率该协及工程第一营，（欠二队）右翼与步第四标连络。须于割丝口至琴断口附近占领阵地。七、湘军第二协统领甘兴典，率该协及工程第一营之两队，于美娘山、三眼桥至扁担山附近占领阵地，并与湘军第一协连络。但须派侦探搜索蔡甸方面之敌情。八、炮兵团仍占领原阵地，以能射击汉口新停车场至东亚制粉工场一带，并三眼桥附近为要。九、步兵第六协在七里铺同第十标在归元寺附近，为预备队。十、各部队给养，仍派员到归元寺领取粮秣。……"①

"黄兴派参谋、副官到各部队帮同指示防御工事，然后自己赴各部队视察防御阵地。连日以来，满军在汉口炮队，昼夜向汉阳兵工厂及归元寺射击，然无大损伤，惟兵工厂内仍照常兴工。又满军每到夜深之际，用民船在襄河黑山附近一带作渡河之势，俱被民军守兵击沉水中。但兵工厂日夜兴工，所制造枪枝弹药，极形充足。"②

11月14日（九月廿四日）　　召开军事会议，部署反攻汉口计划。

"湘军第一协协统王隆中亦非常气盛，谓由湘至鄂，是在助战，孰知到汉阳多日，未受命进攻，仅在防御，心滋不悦。遂与参谋宾士

---

① 《民军总司令官命令》，载《武昌革命真史》正编第269、270页。
② 曹亚伯：《武昌革命真史》正编第270页。

礼云：……望阁下报告总司令，若再不转取攻势，我即不愿尽防御之责，我即报告黎都督回湖南矣，云云。宾士礼即将王隆中之意报告黄总司令。黄甚表同意，当请王统领来司令部，极为称赞。并令王妥为准备，一俟攻击计划规定，即行进攻。"①

是日上午，黄兴集合各部队长官在总司令部开军事会议，规定攻击计划，指示各队应准备之事项，限于次日准备齐全，待命攻击。当时除王隆中赞同外，其余咸因所率皆系新兵，一旦进攻，指挥恐难如意，均有难色。②

11月15日（九月廿五日） 偕李书城等"往大别山及各防御区域视察情形，一面问各部队准备完好否？"当晚，各部队报告，"攻击之事皆准备完好矣。"③

11月16日（九月廿六日） 下令反攻汉口，亲临前线指挥。

袁世凯杀吴禄贞后，派蔡廷干、刘承恩来武昌军政府求妥协，以为缓兵之计。蔡、刘失意而去，袁世凯遂以全力临武汉。时黄兴在汉阳布置已有两星期，冯国璋不敢越汉水一步。两湖健儿，争告奋勇，克强引而不发。继得报"冯国璋将绕桥口以上，于黑山之间偷渡汉水。乃下令反攻，时九月二十六日事也。"④

"我们在汉阳警戒了几天，汉口北兵的番号没有搞清，只听说有两三镇是冯国璋带来的。十一月十五日，黄兴总司令下令进攻汉口。""十六日下午出发，黄昏时在三眼过浮桥，乘夜向汉口前进。因为连日下了雨，道路泥泞，行动困难，十多里的路竟摸了一夜。拂晓时到达一道大堤（不知名）的北面，全标沿堤展

① 曹亚伯：《武昌革命真史》正编第271、272页。
② 曹亚伯：《武昌革命真史》正编第283—285页。
③ 曹亚伯：《武昌革命真史》正编第288页。
④ 居正：《辛亥札记》。

开。"①

"是日午后三时，黄总司令率总司令部人员赴花园。同时工程营正在架设桥梁，掩护队均已占领阵地，其余各队均在花园集合。午后四时，我炮队及兵工厂附近一带之步兵，并武昌凤凰山炮队，俱开始射击。汉口满军炮队，亦向我炮队还击。午后五时，我军架设桥梁，业已完竣，黄总司令即于汉阳花园发下命令如左：……三、湘军第一协统领王隆中，率该协为右翼进攻队，即时由军桥渡河前进，展开于博学书院北端至襄河左岸之间，须与湘军第二协联络。四、湘军第二协统领甘兴典，率该协为中央进攻队，俟湘军第一协渡河毕，即由军桥渡河前进，与右翼进攻队联络，展开于博学书院以北堤防之线。五、步队第五协统领熊秉坤，率该协（欠第十标）为左翼进攻队，俟湘军第二协渡河毕，即陆续渡河前进，右翼与中央进攻队联络，向北展开。"②

"以上各部队接得命令后，一面侦察地形，一面按命令顺序渡河前进，至指定地点展开。至午后十时，各部队陆续前进，始达预定展开地点。是时天气黑暗，方向不明，彼此询问，极形喧哗。满军已侦知我军渡河，严行防御。惟我军新兵过多，不知夜战原则，非但不能肃静，且内部殊多紊乱。幸满军尚未派军袭击，我军始从容占领阵地。……是晚，敌我两军相持于玉带门一带，射击猛烈，无一刻间断。"③

"湘军第一协统领王隆中所部为右翼，湘军第二协统领甘兴典所部为左翼，鄂军第五协统领熊秉坤所部为总预备队。其余炮

---

① 余韶：《湖南光复及四十九标援鄂》，载《辛亥革命回忆录》第2集第172页。
② 曹亚伯：《武昌革命真史》正编第291、292页。
③ 曹亚伯：《武昌革命真史》正编第293、295页。

兵第一标及工程第一营均随同前进。黄先生命令第三路各部队在十六日黄昏后开始行动，从琴断口渡过浮桥，向指定地点集合，进入阵地，准备次晨拂晓向汉口玉带门及硚口一带之敌进攻。黄先生率总司令部人员于是晚十时许渡过琴断口浮桥。"①

△ 石陶钧、杨源濬、袁华选自天津抵武昌。是日渡江来谒，"随即匆匆出发，参加攻汉口。"②

△ 《民立报》报道章太炎"回国返沪"消息。

当黄兴在汉阳时，"尝以扩大同盟会远询于"章太炎，章"以'革命军起，革命党消'告之，克强未纳。"③

"日前章炳麟复武昌谭人凤诸人电云：'武昌都督府转谭人凤诸君鉴：电悉。革命军起，革命党消，天下为公，乃克有济。今读来电，以革命党召集革命党人，是欲以一党组织政府，若守此见，人心解体矣。诸君能战即战，不能战，弗以党见破坏大局。"④

11月17日（九月廿七日） 反攻汉口失利，退守汉阳，下令各部队彻夜警戒。

"是日午后二时，我军因战斗一昼夜，极为疲劳，黄总司令特令各部队食饭。各新兵不知战斗利害，一闻食饭，群往后争食。湘军第一协见他部队动摇，忽向后退。满军斯时察知我军后退，队伍紊乱，即前进用机关枪猛击。我军即时慌乱，纷纷后退。黄总司令命令停止，皆不听命，一时极为紊乱。满军乘机前进，向我军追击。于是，我各部队因以瓦解，势如山崩。……黄总司令垂头丧气，几不

---

① 李书城：《辛亥前后黄克强先生的革命活动》，载《辛亥革命回忆录》第1集第191、192页。

② 石陶钧：《六十年的我》。按：石、杨、袁与李书城均属留日陆军士官学校第五期学生，同盟会员。

③ 《章太炎年谱长编》第364页。

④ 《章炳麟之消弭党见》，见天津《大公报》1911年12月12日第5版。

欲生。田桐等在旁劝解，谓胜败乃军家之常事，另行整顿，再图恢复可也。"①

石陶钧说："十七日拂晓攻击，敌退水电公司附近。至午，我甘兴典部动摇，黄总司令亲自督战，仍无救于全线的崩溃，漫山遍野，无法收容。我奉令督撤军桥，不许退兵窜往右岸。但抢渡者有如潮涌，我竟被挤入水中。"②

萱野长知记述："是夜天黑，寸尺难辨，加以下小雨，路上满是泥泞，实在寸步难行；因此接近敌人时，已是天明，夜袭变成昼袭。受敌人机关枪部队的直接攻击，革命军死者众。虽越尸百战，努力不懈，但黄兴所部湘军却几乎被消灭，地上毫无东西可以荫蔽。我以为这样战法，只有全军灭顶，所以遂与林一郎劝黄兴撤退，并退到本营花园的阵地。在花园阵地庭前潜入了一个敌方的便衣人员，并拿着手枪对准黄兴的侧背。我用日本话喊一声'危险！'顿时黄兴拔刀把对方的头砍成两块了。黄兴在东京牛込区曾习剑道，而井上上将的公子井上义雄送给他的这把古刀真是锐利。"③

居正记述："先是，黄总司令……命在襄河琴断口施架桥工事。以九月二十七日桥工完竣，乃下令各军，于是晚整队渡河，分左、右、中三部前进。克强自率鄂军居中部，以湘军分左、右翼，达到目的地，举火为号。会天雨骤寒，兵士依火取暖。迄拂晓，向冯军猛攻，鏖战四小时，冯军阵地移动，克强挥兵直指。时冯国璋在汉口大智门车站，探闻克强在军中，备车将逃，如再支一小时，则汉口全部克复。不图我军之一部新兵，不耐久战，相率诡避，左、右翼湘军

---

① 曹亚伯：《武昌革命真史》正编第298、299页。
② 石陶钧：《六十年的我》。
③ 萱野长知：《中华民国革命密笈》，东方人（陈鹏仁）译，原载纽约《中华青年》第4期。

因而先奔。克强自率学生团就中堵截，并手刃数人。奈溃兵争涉，势如山崩，桥狭不能容，士兵有落水者。克强叹曰：'新兵误事，功败垂成'。乃命徐徐退却，而自断后。晚归司令部，开军事会议，察及违令诡奔者，斩湘军标统甘兴典以殉。复作固守汉阳之计。"①

李书城说："我军退却时，敌人并未追击。他们探知我军已全部撤退后，才开至河岸，与我军隔河相持。我与黄先生在将到日暮时，踏着泥泞道路后退。……直到天黑，我们才回到汉阳。是晚，下令汉阳各部队彻夜警戒，作战斗准备。"②

△　汉阳不易守，命石陶钧"速赴湘，助谭延闿谋急救与根本发展。"③

△　黎元洪派蒋翊武慰勉黄兴。

"是晚，黄兴即派李书城赴武昌报告黎都督。黎恐汉阳有失，又虑黄兴灰心，不愿负责，当派蒋翊武到汉阳慰勉黄兴，谓汉阳有襄河之险，且系武昌保障，仍要固守。此时之败，不足虑也。一俟各省援军齐到，再图恢复可耳，云云。"④

11月18日（九月廿八日）　命令各部队"仍占领原阵地，以战斗队形准备彻夜。"⑤

11月19日（九月廿九日）　"命湘军第二协派一部赴蔡甸方面侦察敌情。……是夜，仍命各部队以战斗队形准备彻夜。"⑥

11月20日（九月三十日）　召开军事会议，讨论对付清军策略。

---

① 居正：《辛亥札记》。
② 李书城：《辛亥前后黄克强先生的革命活动》，载《辛亥革命回忆录》第1集第193页。
③ 石陶钧：《六十年的我》。
④⑤⑥ 曹亚伯：《武昌革命真史》正编第301、303、304页。

"午前八时，接得报告，谓清兵混合之满军约二千余人，自孝感南下，由新沟渡河至蔡甸，设司令部于该处乐善堂。并在城头山构筑炮垒。另以民船载机关枪四杆，在该处登陆。又以一部占领沱落口，与下游汉口之满军相联络。而汉口之满军已备就番布舟数十只，似准备架桥。又刘家庙江岸布置野炮十数尊，似防我海军攻击。黄兴接得以上报告，判断满军似已准备向汉阳进攻。……是晚，黄兴召集各部队长官到总司令部会议，讨论对付满军策略。黄兴云：现在各省响应，民心归向，全国已十之七八为我有，仅京汉铁路满军与我为敌。我若将汉阳、武昌严密防御，使满军不能得志，再经几日，则满军必渐穷蹙。望大家各督率所部，好为防御。"①

△　驻沪各省代表致电黎元洪、黄兴，承认武昌为民国中央军政府，以鄂军都督执行中央政务。请以伍廷芳为民国外交总长。②

11月上旬　黄侃来访，集众谋响应。

黄侃"既冠，东游日本，慨然有光复诸夏之志。尝归集孝义会于蕲春，就深山废社说种族大义及中国危急状，听者逾千人，环蕲春八县皆响应之。武昌倡义，往视善化黄兴、广济居正，皆曰兵力单薄，不足支北军，乃返蕲春，集会众谋牵制，得三千人，未成军，为降将某所袭。"③

△　札委陈新猷为野战病院院长。

"为札委事：照得本总司令所辖野战病院，业经编制成立，亟应遴选妥员，分充各项职务，以专责成。兹查有陈新猷堪以派充野

---

① 曹亚伯：《武昌革命真史》正编第304、305页。
② 据刘星楠：《辛亥各省代表会议日志》，载《辛亥革命回忆录》第6集第242页.
③ 章炳麟：《黄季刚墓志铭》.

战病院院长,合行札委。为此,札仰该员即便到差,认真办理,毋负委任。"①

△　致函李烈钧,促赣军援鄂。

"敌攻汉阳三眼桥失陷后,我奉克强先生致李协和先生手函,请赣军援鄂。我约晏勖甫（成献）同行,到石灰窑,即同赣军返到阳逻,海军司令汤铸新先生,嘱我转知赣军勿上驶,即停止阳逻,掩蔽我军右翼。盖汉阳已失也,我仍回武昌。……时克强先生已赴沪,蒋翊武先生任战时总司令,驻洪山宝通寺。"②

11月21日（十月初一日）　　清军猛扑汉阳,下令固守阵地。

是日,清军以水陆两路分向民军左翼三眼桥、琴断口方面进攻,由面粉厂渡河,进占琴断口。敌马队一营复向三眼桥冲锋,民军马队竭力抵御,坚守不退,三眼桥得以无恙。午后六时,下令各部队以战斗队形宿营,固守原占领阵地。③

△　寄书黄一欧,勉以"努力杀贼!"④

"农历十月上旬某天,江浙联军正在进攻南京,战斗激烈的时候,张竹君带领救伤队来了。她这次又带来先君给我的一封信,拆开一看,上面写着寥寥几个草书大字:'努力杀贼! 一欧爱儿。父字。拾月初一日。'落款处盖有先君当时常用的一颗小章:'灭此朝食。'这是先君在汉阳督战时,知道我参加了联军,正在进攻南京,特地写来勉励我的。胡适早年写过一首新诗:'当年曾见将军之家书,字迹飞舞如大苏。……'他指的就是这封八字家书。"⑤

---

①　据长沙市文化局文物科复制件。
②　万耀煌:《辛亥革命之回忆》,载《辛亥革命史料选辑》续编第159页。
③　胡祖舜:《武昌开国实录》第104、105页。
④　《黄克强先生书翰墨迹》第245页。
⑤　黄一欧:《辛亥革命杂忆》,载《辛亥革命回忆录》第7集第155页。

11月22日（十月初二日）　赴前线察看敌情后,下令彻夜警备,并派兵袭击仙女山、美娘山之敌。

是日,清军在汉阳三眼桥附近与民军战斗甚烈。其炮兵向锅底山附近猛烈射击。另部清军占领美娘山,侧击三眼桥。民军退占锅底山至花园之线。黄兴偕吴兆麟、曾昭文等赴十里铺、花园等处察看敌情。是晚,下令以战斗队形彻夜防敌夜袭。并派花园附近民军一部夜袭仙女山及美娘山之敌。①

11月23日（十月初三日）　命各部队坚守汉阳。

"初三日。清军以连日进攻三眼桥不克,即移主力于琴断口方面,猛攻美娘山,占领之。我军马队第二标第二营管带祁国钧率所部七十余人,冒险冲锋,各军继进。夺清军标旗一面,机关枪两尊,毙其指挥官一员,摘下肩章。祁两腿受十一伤不退。湘军第四十九标二营管带杨万桂,率所部二十四人,奋勇登山赴援,美娘山因此失而复得。"②

"敌乘势向美娘山、锅顶山、扁担山前进。本标奉命防御该敌,占领汉水以南的金龙山等次高地与敌对战。杨万贵挑选敢死队数十人,协同鄂军某管带向敌反攻,不顾北兵机枪扫射奋勇前进,由两侧攀登美娘山顶将敌击溃,斩获颇多。我队阵亡正兵李广田、李能平二人。敌复增加优势兵力来攻,我敢死队以众寡悬殊,只得撤退,美娘山得而复失。"③

11月24日（十月初四日）　命湘军协统刘玉堂赴花园前线御敌,中弹阵亡。

---

① 曹亚伯:《武昌革命真史》正编第311—313页。
② 胡祖舜:《武昌开国实录》第106页。
③ 余韶:《湖南光复及四十九标援鄂》,载《辛亥革命回忆录》第2集第173页.

"是日，湖南复派湘军协统刘玉堂，率步兵一标到武昌应援。黎都督即命赴汉阳援助，受黄总司令节制。午后三时半，刘玉堂率队已抵十里铺，与黄兴接洽。黄兴当命赴花园附近增援，攻击仙女山之敌。该湘军到火线时，剧战良久，前进攻击数次。满军用机关枪扫射，毫无动摇。刘玉堂极为奋勇，身先士卒，冲锋数次。午后五时半，刘统领玉堂身中数枪阵亡，官兵亦死伤甚众。至午后七时，两军始停止射击，我军仍占领扁担山、花园之线。……是夜，黄兴仍在十里铺宿营。"①

"十一月二十五日，湘军协统刘玉堂率所部千余人来汉阳增援。……黄先生命他到花园前线抵御从仙女山来攻的敌军，他率所部到达阵地后，数次向前冲锋，因敌军用机关枪扫射，未能得手。当日下午，刘不幸中弹阵亡，所部兵士纷纷后退。在花园山、扁担山防守的鄂军均在黄昏后全部退却，日间所守阵地都被敌人占领。"②

11月25日（十月初五日）　命李书城劝说王隆中返回汉阳前线，无效。

李书城说："王隆中竟于十一月二十三日率领他的部队擅离汉阳，退到武昌两湖书院，说要在武昌休息几日再赴汉阳作战。我奉黄先生命，到武昌劝他开回汉阳。但他对我说，兵士实在太疲劳，不休息几日不能作战。我商请黎元洪允给该部五十万元犒金，只要该部开回汉阳。他还是执意不肯开回，竟至向我下跪。我未能说服他，只得回去报告黄先生。黄先生也无法可想，只是和我共同叹

---

① 曹亚伯：《武昌革命真史》正编第329页。
② 李书城：《辛亥前后黄克强先生的革命活动》，载《辛亥革命回忆录》第1集第194、195页。关于刘玉堂增援的日期，本谱从曹亚伯说。

息而已。"①

△　汉阳益趋危急，命李书城向都督府报告军情。杨玺章到汉阳助战。

自花园山、扁担山一带阵地被清军占领后，总司令部发出的作战命令已无人接受，总部所在地十里铺已成为最前线。

"在这种情况下，汉阳已危在旦夕，实难再守。我与黄先生商议，将战况报告黎元洪，请早将兵工厂机器、存储汉阳的弹药、粮秣以及一切军用物资搬回武昌，以免资敌。十一月二十六日，我到武昌都督府报告以上军情，当即在都督府开军事会议。大家都赞成作有准备的撤退。惟都督府副参谋长杨玺章慷慨陈辞，主张坚守汉阳，虽至一兵一卒亦不放弃。于是杨玺章自告奋勇，组织参谋部十余人赴汉阳助战。"②

11月26日（十月初六日）　清军乘胜进逼，亲临前线督战。杨玺章中弹阵亡。

"清军乘胜进逼，侵入十里铺西端。……黄总司令亲在前线督战，敌军炮弹，落近数武，亦不少动，辄由随从人员，强曳以避。"②

"黄总司令又传命令不准后退，并将后退者斩二十余人，犹不能止，各部队兵士即避开正面往两翼退走。黄兴当派孙绳武、李诩东、吴兆鲤、赵学魁等到两翼督率，不许后退。各兵士不从。黄兴又将不用命者斩数人。同时满军见我战线动摇，即乘机前进，已占

---

① 李书城：《辛亥前后黄克强先生的革命活动》，载《辛亥革命回忆录》第1集第194页。按：根据曹亚伯、胡祖舜的记述和余韬的回忆录推断，王隆中部退到两湖书院，当在11月25日；李书城记为23日，疑误。
② 李书城：《辛亥前后黄克强先生的革命活动》，载《辛亥革命回忆录》第1集第195页。
③ 胡祖舜：《武昌开国实录》第109页。

领十里铺我两翼阵地，遂向十里铺注击。午后一时，参谋部副部长杨玺章在十里铺督战阵亡，由吴兆鲤派兵将杨尸身异至汉阳东门。旋运往武昌平湖门外收殓。"①

△ 深夜，到武昌都督府，与黎元洪商善后防守策。

"十月初六日，总司令部人员逃走一空，参谋长李书城则先期逃上海。克强身边只有少数学生团。秘书长田梓琴及日本同志萱野、大元等数人，均劝克强退守武昌，再作后图。武昌同志频以电话相促，都督亦电克强，请入武昌商善后防守策。"②

"午后六时，黄总司令即退回昭忠祠司令部，向大众哭曰：战事一败至此，官兵无一人用命。眼见汉阳已失，我亦无面目见一般同志，惟有一死以谢同胞，云云。………是晚，黎都督闻黄兴愤不欲生，特派人至汉阳劝勉，请黄兴到武昌休息。于是，黄兴即于是晚十一时至武昌都督府矣。"③

11月27日（十月初七日） 在军政府紧急会议上报告汉阳战事失利情况，主放弃武昌，进取南京。旋以众议不合。当夜渡江至汉口，翌晨乘轮东下。④

"是日正午，黎都督召集各机关人员及各部队长官，齐集咨议局开会，讨论战略及防守武昌事宜，并请黄兴述明汉阳战争经过情形。旋黄兴登台演说，谓此次汉阳之役，非军队不多，非防御阵地不固，又非弹药粮秣不充足。其所以致败之原因：第一，系官长不用命；第二，军队无教育；第三，缺乏机关枪。有此三缺点，故每战失

---

① 曹亚伯：《武昌革命真史》正编第337页。
② 居正：《辛亥札记》。
③ 曹亚伯：《武昌革命真史》正编第338、339页。
④ 据萱野长知《中华民国革命秘笈》附录《辛亥革命秘话》载：黄兴在军政府与黎元洪分手后，即偕徐宗汉及萱野长知等数十人渡江至汉口，在"松之屋"旅馆住一夜，隔天早晨搭乘日轮岳阳丸往上海。

利。……现在，武昌均系战败部队，不宜再用；用则仍败。为今之计，只有弃武昌而援南京。若得南京，然后组织北伐精锐军队，再图恢复可也。"①

"军政府当召集紧急会议，黄兴主张放弃武昌，率所有精锐及饷糈戒弹乘舰东下，进取南京，以为根据，再图恢复。众谓武昌为首义之区，动关全局，若不战自退，各省势受动摇，虽欲卷土重来，天下谁复再与共事？况有长江天堑，据险以守，敌焰虽张，当非旦夕可图。阳夏之役，以我未经训练之师，当彼精悍之众，尚能相持四十余日。今各省纷纷响应，分电乞援，必多劲旅，胜负正未可知。一致主张固守武昌，仍推黄兴为总司令。孙武、张振武尤为愤慨，范腾霄亦陈说以守武昌为得计。黄以所议不合，当夜乘轮东下。"②

"黄兴突入都督府，开军事大会，主张放弃武昌，退走南京。君③闻之，眦裂发指，拔剑抗声曰：'汉口与汉阳仅隔襄河，大敌临前，尚能支持月余。武昌为兵事重地，据此一隅，足制全国。倘不死守，则东南动摇，望风而靡，此不可弃武昌者一。长江天堑，北军仅四千人，岂能飞渡。武昌粮饷枪炮充足，举军号称数万，尚能背城借一，此不可弃武昌者二。各省援兵陆续来集，若退攻南京，胜负尚未可必，而武昌已失，敌据荆襄上游，以制湘桂死命，且分兵克九江，下安庆，势如破竹，南京虽为我有，亦不过如洪秀全之苟延时日而已，此不可放弃武昌者三。有此三不可弃，敢言弃武昌者斩！'黄兴气沮，默然而避。"④

"军政府召开紧急会议，筹大计。先生甫自汉阳前线归，戎装

---

①　曹亚伯：《武昌革命真史》正编第342页。
②　胡祖舜：《武昌开国实录》第110页。
③　君，指张振武。
④　《张振武之革命战史》，载《辛亥革命在湖北史料选辑》。

草屐，热水袋犹肩负未卸，即从容登台陈利害，谓：'汉阳以方城为城，汉水为池，原易守。但师克在和，今两湖军有歧见，湖南新旧军亦不一致，危城难久守。已下令撤守，重予部署。兵工厂拆卸，粮台亦毁，免资敌用。为今之计，宜并撤武昌，率师攻南京，用以出奇制胜，局势可观也。'众默然。有海军学生范腾霄者，登台抗声献议曰：'……武昌可守而不守，又何以进图南京？舍近就远，成败未可必，而士气丧矣。吾辈应死守武昌，以待天下响应。'言已，掌声雷动。先生知民意所向，众志可以成城，遂毅然放弃撤守武昌之计。"①

　　在这次军政府紧急会议上，黄兴是否提出过放弃武昌的主张？当事者事后就有不同说法。上引湖北籍党人的著述和回忆，都视此事为确凿。但时任湖北军政府秘书长的李廉方却认为此种说法"皆由事后政争籍题加甚其辞"，否认此说。② 对于这个名誉攸关的问题，黄兴本人似无所辩说，唯于1912年9月12日在旅京善化同乡会的欢迎会上略有解释。他说："汉阳之失，兴主张严守武昌，另调粤兵，而日本参谋某甲主张弃武昌。世或以此议咎兴，传闻之误也。"③

　　黄兴自10月28日到武汉，至11月27日汉阳失守，备极辛劳，功绩显著。然不知战情者反有所非议。于此，

　　冯自由有如下评述："坚守汉阳，与清军相持者一月。各省遂得乘机大举，先后响应。……清廷知大势已去，始派使南下议和，而革命之基础因之日固，卒以开创中华民国之新局。故克强之功，虽在坚守汉阳，而其能坚守汉阳，以促各省革命党之响应，则关系民

①　张立本：《黄克强先生二三事》，载《黄克强先生纪念集》第123页。
②　李廉方：《辛亥武昌首义记》第184页。
③　《申报》1912年9月28日。

国之兴亡尤巨。其后汉阳虽以势孤失守，然克强固已血战逾月，心力交瘁，则非战之罪也。"①

居正亦有评论："自黄克强坚守汉阳以后，各省得乘机大举，次第响应，俾革命军声威日壮，基础日固，不可谓非克强之力也。使当日无克强，则汉阳能守与否，尚属一问题。尤可虑者，清之故吏与宿将，都无人格可言，无思想可言，遭时扰攘，翻云覆雨，今日独立，明日取消，山东孙宝崎其明证也。故克强之功，不在守汉阳之孤城，而在其大无畏之精神。以未经教练之乌合残卒，含辛茹苦，抵抗冯国璋北洋熟练之雄师，因此稳定起义之武昌，促各省革命之崛起。……虽曰民众心理早已趋向独立自由，故清廷无所寄，而不得不土崩瓦解；然使武昌起义仅如昙花一现。则各省亦无从继起矣。阳夏之坚苦支持，自不得不归功克强。"②

李书城检讨说："进攻汉口失败，不仅暴露了我军的弱点，也使敌人轻视我军，加强了敌军进攻汉阳的企图。这是因为我在战略战术上都犯了极大的错误所致。从战略上说，我军若不进攻汉口，敌人是不敢轻于进攻汉阳的。因为汉阳的防御工事相当坚固，并且作了些夸大的宣传，使敌军望而生畏。且敌我两军隔河对峙，船只都靠在我方河岸，敌若渡河攻坚，地势于我有利，于敌不利。我若坚守汉阳，可争取时间，得到更多省份的响应和所派援军的支援。如果这样，汉阳是尽可不失的。从战术上说，我不懂得兵士是作战的基础，未查明军官和兵士的训练程度，只照书本上的作战公式下命令，结果三路进攻的负责军官一个被撤职，两个被处死。士兵不仅在战场上死伤了很多，而且在退却途中并无敌军追击，落水而死

---

① 冯自由：《革命逸史》初集第243页。
② 居正，《辛亥札记、梅川日记合刊》第71、72页。

的亦竟达数百人之多。敌军是素有训练的北洋军，我以初成之师与之作阵地战，真是既不知彼也不知己，犯了军事上的大忌。进攻汉口的失败，又引起了汉阳的失守。我对这两次战役的失败，是应该负重大责任的。因我的作战计划错误，使黄先生受'常败将军'之讥，使革命形势受到挫折，我至今犹引为遗憾。"①

11月28日（十月初八日）　赴沪途中，目睹汉阳陷落及汉口劫后情状，填《山虎令》抒怀。词云：

"明月如霜照宝刀，壮士淹波涛。男儿争斩单于首，祖龙一炬咸阳烧，偌大商场地尽焦。革命事，又丢抛，都付与鄂江潮。"②

11月　为内田顾一书赠条幅："海上三神山，可望不可即。今则群仙高会，飞觞醉月，大非昔比。　内田先生正之。黄兴。"③

11月底　在镇江与西上之宫崎寅藏等邂逅相遇，遂同轮赴沪。④时有七律一首赠宫崎寅藏。

诗云：

"独立苍茫自咏诗，江湖侠气有谁知。千金结客浑闲事，一笑逢君在此时。浪把文章震流俗，果然意气是男儿。关山满目斜阳暮，匹马秋风何所之？"⑤

12月1日（十月十一日）　抵上海。对《民立报》记者表示："此行目的，在速定北伐计划，并谋政治之统一。"

---

① 李书城：《辛亥前后黄克强先生的革命活动》，载《辛亥革命回忆录》第1集第193、194页。

② 据《昆仑杂志》第5卷第2期，1961年3月。题作：《赴沪为汉阳革命军事题词》。

③ 据日本东京法政大学大岛濬教授赠湖南省社会科学院影印件。内田，即内田顾一，日本人。日本三菱商事株式会社汉口支店职员。撰有《湖北革命战地见闻日记》。

④ 宫崎寅藏于11月27日从上海出发往汉阳，同行者有何天炯、伊东知也、志村光治等。见《宫崎滔天全集》第5卷第701页。

⑤ 载《黄克强先生荣哀录》。

　　《民立报》"租界纪事"栏载："汉阳民军统带黄兴乘南洋丸于日昨抵沪。闻黄将军于初六日夜间离汉阳渡江至武昌，翌日汉阳遂失，乘南洋丸来沪，已于日昨一点四十五分抵埠，当时并未上岸，至下午以后始登陆。沪人士有知之者，均欲一望其颜色。"①

　　同日《民立报》"上海春秋"栏载记者"少白"《访黄将军》谓："民国战时总司令官黄将军兴，昨日乘南洋丸到沪。记者往访，见将军神采奕奕，遂问以此行之目的。承答谓：'武昌守备严固，北军攻击无效。此行目的在速定北伐计划，并谋政治上之统一'云云。"②

　　"'南阳'轮于今日下午一时许航抵本港。乘客中有革命党员数十名由汉口登轮到达此地，黄兴亦在其中。下船后即与宫崎滔天等人进入日本人经营之旅馆胜田馆内。"③

　　"前在武汉侧身于革命军中之大原武庆、宫崎寅藏，萱野三平等多数日本人，此次随黄兴同船来抵此地，彼等围绕黄兴分别投宿于胜田馆及其它旅寓。此次革命军在汉阳战败，盖因此等徒辈簇拥黄兴，作威作福，致与湖南兵发生矛盾之所致。"④

　　12月2日（十月十二日）　　与章炳麟、宋教仁、程德全、陈其美等联名致电徐绍桢、林述庆、朱瑞、刘之洁等贺光复南京，指出："南京光复，赖诸公指挥之劳，将士用命之力。东南大局，从此敉平。"⑤

---

　　①② 上海《民立报》1911年12月2日。

　　③ 《有吉驻上海总领事致内田外务大臣电》（1911年12月1日），载《日本外交文书选译》第188页。

　　④ 《有吉驻上海总领事致内田外务大臣电》（1911年12月2日），载《日本外交文书选译》第189页。

　　⑤ 上海《申报》1911年12月3日。

△　致电黎元洪，告以"南京光复，联军克日来援。"①

△　与章炳麟、宋教仁联名致电徐绍桢、林述庆、朱瑞、刘之洁等，推程德全为江苏都督。

电云："目下因敌兵有南下江北之信，且浦口贼敌未灭，林都督又已公推为出征临淮总司令，故众意推苏州程都督移驻江宁，为江苏都督，一以资镇守，一以便外交。"②

△　与章炳麟、宋教仁联名致电林述庆，促出征临淮。

电云："鄂事紧要，亟待应援。临淮关须有劲旅驻守，既可进取，又可为援鄂之策应。且将来中州重镇，非公莫属。此间同志咸推公先进兵临淮，继图开封，谅邀鉴允。应带军队及筹备一切，望酌核赐示。"③

△　出席在张园召开的筹饷会议，并发表演说。

"下午三时，沪军都督府在张园召开筹饷大会，一千余人出席。黄兴中途出席时，'全场一致起立'，'一时拍手掷帽之声如雷而起，且有跃起大呼，以示欢迎者，良久始止。'李平书、伍廷芳、陈其美、程德全、黄兴等相继演说。"④

△　与各省留沪代表商议，力主临时政府设于南京。

章炳麟致赵凤昌函云："昨日议临时政府地点，迄无成议。主鄂者惟有下走，主金陵者惟有克强，而渔父斟酌其间，不能谈论。……愿公大宣法语，以觉邦人。不然，仆辈所持，既与克强不合，终无谈了之期。"⑤（章氏此函，在于拉拢赵凤昌等坚持建都武昌

---

①　上海《民立报》1911年12月3日。
②　上海《申报》1911年12月3日。
③　上海《民立报》1911年12月3日。
④　《辛亥革命在上海史料选辑》第1255、1256页。
⑤　章炳麟1911年12月3日（十月十三）致赵凤昌函，载《辛亥革命在上海史料选辑》第1066、1067页。

之议。）

12月初　与胡元倓相晤。

"辛亥革命事起，克强自武汉苦战力绌来沪。倓见面笑曰：'成功矣！'克强曰：'我败来，何出此言？'倓曰：'君非军事学家，败乃常事。前者，君一人革命，故难成功。自黄花岗事出后，全国人心皆趋向革命，自成功矣。'"①

12月4日（十月十四日）　由各省驻沪代表公举为大元帅。

蔡元培回忆此事说：各省代表拟推举大元帅时，多数拟推举黎元洪，少数倾向黄兴。"我权衡两者间，因黎君颇有与袁世凯部下妥协之倾向，举黎君后恐于革命军的进行有障碍，乃于推举之前一夜，访汤（寿潜）、章（炳麟）诸君，告以利害，请君皆勉强从我说。……及投票，黄君占多数，乃定为大元帅。"章炳麟提议以黎元洪为副元帅，亦获赞同。②

"适黄兴抵沪数日，一切军事，无形集中于彼之一身，乃由某代表③提议，今日即投票选举大元帅。到会者多数赞成，……开票结果，黄兴当选为大元帅。复有代表提议，既有大元帅，应选举一副元帅，众议一致。照样投一票，结果黎元洪当选。座中有老名士挥泪曰：'黎宋卿在武昌首义，劳苦功高。先头赴武昌一部分代表，已举黎为中华民国军政府大都督，事实上为大元帅。今反被选为副元帅，在黄兴之下，太不合理矣。'程德全代表章某（湖南人）〔驾时〕，为感情冲动，力然其说，欲将选举案推翻，以黎为大元帅，黄兴副之。众谓如是太儿戏，争执不决。又有人提议调停办法，黎为大元帅，事实上不能来指挥，仍请黄兴代理大元帅，是说亦

---

① 胡元倓：《黄克强先生遗墨》，载《明德校史》。
② 蔡元培：《自写年谱》手稿，转引自高平叔编《蔡元培年谱》第26—27页。
③ 代表，指留沪各省一部分代表及沪、浙、苏三都督代表。

未成立，相率散会。"①

"驻沪各省都督府代表联合会前经议定以武昌为临时政府。现在南京已下，鄂军务适紧，乃复决定暂设南京。昨日浙江汤都督、江苏程都督、沪军陈都督均至代表会出席。赞成此事。并与驻沪各代表投票公举黄兴君为假定大元帅，又举黎元洪君为副元帅，黎君兼任鄂军都督，仍驻武昌。"②

"那时各地民军大大小小不等，但从它们旗号计算起来，不下十七八个单位。各推代表集合起来，程德全亦到，黄兴亦到，十月十四在上海江苏教育总会开共和联合会大会，公电孙中山回国主持大政，公举黄兴为大元帅，黎元洪为副元帅。国名定为中华民国。黄兴等建议规定国旗式样。经过反复研讨，取五族共和的意义，决以五色为国旗。红、黄、蓝、白、黑，象征汉、满、蒙、回、藏。"③

12月5日（十月十五日） 出席各界欢迎大会，坚辞大元帅，愿领兵北伐。

"为欢迎临时政府大元帅，特开大会于江苏教育总会。苏州程都督、上海陈都督及各省都督府代表，均准时莅会。俟黄大元帅莅止，即开会行欢迎礼，一时欢呼声如雷动，先由程都督雪楼起述：昨日自大元帅举定后，即邀同陈君英士，亲往黄大元帅行辕道欢迎意，恭请莅会。大元帅谦辞不肯承任，经德全等再三劝驾，仅允到会重行选举。继沪军都督起谓：昨日之选举，万不可作为无效；况大元帅责任重大，关系全国。方今北虏未灭，军事旁午，非有卧薪尝胆之坚忍力者，不足肩此巨任，故其美以为舍克强先生外，无足当此者。于是黄大元帅起辞，谓才力不胜，拟举首先起义之黎

① 居正：《辛亥札记》。
② 上海《时报》1911年12月5日。原题作《选举假定大元帅》。
③ 黄炎培：《我亲身经历的辛亥革命事实》，载《辛亥革命回忆录》第1集第66页。

元洪为大元帅,再由各都督中举一副元帅。且谓:兴并愿领兵北
伐,誓捣黄龙,以还我大汉河山而后已。至于组织政府,则非兴所能
担任者也。嗣由各代表相谓:现今事机危迫,战事未息,黄大元帅
苟不俯从众意,其为全国人民何? 黄大元帅复辞,谓孙中山将次回
国,可当此任。后由某君起谓,开会已两时之久,西伯利亚铁道所
装之军械,已通过二百余里,京汉铁路之兵亦行近百余里矣。方今
军务倥偬,时间异常宝贵。孙君诚为数十年来热心革命之大伟人,
然对外非常紧急,若无临时政府,一切交涉事宜,俱形棘手。况大元
帅为一时权宜之计,将来中华底定,自当由全国公选大总统,是故
某以为黄大元帅于此时实不必多为推让。于是黄大元帅乃允暂时
勉任。"①

　　△　致电广东都督胡汉民,请再调援军。

　　电云:"南京光复,济兵之力最多。请再调数营前来,会合北
伐,必资得力。闻竞存兄兵亦北上,喜极,请速出发。郭兵何日能
来? 望示复。"②

　　胡汉民复电云:"现已公举姚雨平为(北伐军)正司令,马锦
春为副司令,督师北上。分为两次开行:马锦春已定于二十日出
发,姚雨平则后一二日出发,约期二十四五日定可抵沪,与各省义
师联络进行,一律由黄元帅调度。"③

　　12月7日(十月十七日)　黎元洪通电反对公举黄兴为大元
帅,竟谓"情节甚为支离,如确有其事,请设法声明取消。"④

―――――――――

　　① 上海《民立报》1911年12月6日。
　　② 山东《齐鲁公报》,辛亥年十一月初一。郭兵,指驻钦廉之郭人漳部,后由
林虎率领,经广州乘海轮北上到达南京,编入陆军部营卫团,林虎任团长。见林虎:
《我参加辛亥革命的经过》,载《辛亥革命回忆录》第1集。
　　③ 山东《齐鲁公报》,辛亥年十一月初一。
　　④ 《黎副总统政书》。

12月8日（十月十八日）　　电邀胡汉民离粤北上，告以"此间组织临时政府，急盼兄来主持一切。"①

12月9日（十月十九日）　　复电汪精卫，请促袁世凯与民军一致行动，推倒清廷。

南京光复后，黄兴着意于北伐，推翻清廷。连日与林述庆、柏文蔚议定，攻占黄河以南，屏障即将在南京成立的临时政府；并派炸弹队秘密北上，扰乱其后方，相机夺取鲁、豫。②而袁世凯则心怀诡谲，阴谋篡夺民国领袖地位。汪精卫被释出狱后，袁氏父子百般笼络，以资利用。汪曾有电致黄兴，为袁关说。故是日复汪电中指出："项城雄才英略，素负全国重望，能顾全大局，与民军为一致之行动，迅速推倒满清政府，令全国大势早定，外人早日承认，此全国人人所仰望。中华民国大统领一位，断推举项城无疑。但现在事机迫切，中外皆注意民军举动，不早成立临时政府，恐难维持现状，策画进行。……惟项城举事宜速，且须令中国为完全民国，不得令孤儿寡妇尚拥虚位。万一迁延不决，恐全国人皆有恨项城之心。彼时民国临时政府如已经巩固，便非他人所得动摇。总之，东南人民希望项城之心，无非欲早日恢复完全土地，免生外人意外之干涉。"③

12月12日（十月二十日）　　宋教仁、陈其美联名致电内田良平，请以黄兴等人名义草签从三井借款的临时合同。

电云："请您以黄兴、宋教仁、陈其美、伍廷芳、李平书等人名义，草签一项从三井④借款三十万元、年利七分的临时合同，并委

---

① 山东《齐鲁公报》，辛亥年十一月初一。
② 林述庆：《江左用兵记》。
③ 《缔造共和英雄尺牍》卷一。
④ 三井，指日本三井物产株式会社，即三井洋行。

任您接受现款。"①

12月15日（十月二十五日）　复函南狩，告以"民国政府行将成立，各省渐有统系"，"尚望友邦国民推爱相助"。②

△　汤寿潜、程德全、陈其美及各省代表会致电黄兴，请赴宁组织临时政府。

电云："各省代表会议决，黄克强先生暂摄大元帅，组织临时政府。兹派顾忠深君偕林、马二君来沪，面述一切。乞即移驾来宁，以便举行一切。"③

12月17日（十月二十七日）　致电各省代表会，力辞大元帅，荐黎元洪自代。被各省代表会改举为副元帅，代行大元帅职权。

"十月二十七日：全体代表到会。陕西代表赵世钰、马步云、张蔚生续到。报告黄克强君来电，力辞大元帅之职，并推举黎大都督为大元帅。当经改举黎元洪为大元帅，黄兴为副元帅。议决：黎大元帅暂驻武昌，由副元帅代行大元帅职权，组织临时政府。"④

"因接黄兴君来电，力辞大元帅之职，特在咨议局重行选举。……现十四省代表，已经议定举黎元洪为正元帅，摄行大总统事，黄兴为副元帅。正元帅为武汉战事，一时不能离鄂，暂由副元帅代为执行，拟在上海发表。"⑤

12月18日（十月二十八日）　南北议和开始。

12月20日（十一月初一日）　袁世凯仰承帝国帝主义鼻息，有恃无恐。

---

①　据高桥正雄：《日本近代化と九州》。原题为"一九一一年十二月十二日，宋教仁、陈其美发给内田良平"。

②　《黄克强先生全集》第189页。受信者是同情中国革命的日本人士。

③　《辛亥革命在上海史料选辑》第1073页。

④　刘星楠：《辛亥各省代表会议日志》，载《辛亥革命回忆录》第6集第25页。

⑤　上海《申报》1911年12月21日。

"本日，莫里逊氏前来访问，就时局问题进行交谈。……言称：时局之解决，除推袁世凯为大总统外，别无他策。即使纯革命党人如黄兴一派表示反对，但北军之强盛向为彼等所熟知，且军队又均惟袁世凯之命是听，以南方之软弱兵力实无法与北军为敌；纵由黄兴或孙逸仙出任总统，各国政府能否承认，亦属疑问。"①

袁世凯一则恃其实力强大，一则恃有列强撑腰。然而他并非毫无恐惧，他的一举一动都看帝国主义的颜色。"十二月二十日下午，袁世凯紧急召见高尾翻译官，秘密出示唐绍仪自上海来电，其要点如下：昨日与黄兴会晤，进行简短交谈，以探索其意向所在。革命党坚决主张共和，似已毫无折冲余地。……且各国领事之外交方针似亦有所变化，未必仍旧支持君主立宪。"袁世凯特别十分担心日本会转而赞成共和，十分急迫地要求高尾翻译官不避僭越之嫌，来回答公使才能回答的问题：日本政府的真正意向如何。为此，日本公使立即往访英国公使后，又正式向袁世凯表明："黄兴所谈，当属其个人私见，勿须过于重视。关于君主立宪问题，本使之主张并无任何改变。"②

△　各省代表团致电黄兴，请速赴宁组织临时政府。

电云："先生以黎公起义，天下归心，坚辞大元帅之任，而推戴黎公，谦德众所共佩。惟黎公既不能离鄂来宁，临时政府亟待组织，应仍请先速即莅宁视事，无任盼祷。"③

△　委派顾忠琛与廖宇春密商和议条款。

黄兴手谕："兹委任顾忠琛君与廖宇春君商订一切。十一月初

①　《有吉驻上海总领事致内田外务大臣电》，见《日本外交文书》第297页。
②　《伊集院驻清公使致内田外务大臣电》，见《日本外交文书》第297、298、299页。
③　《辛亥革命在上海史料选辑》第1072页。

一。黄兴。"①

"顾君忠琛，本名忠深。余赴申江时，中山先生未回国，黄君克强以大元帅统摄大权，顾君方任参谋，与余订密议。黄书委任状时，误作忠琛，于是顾君遂易名忠琛。"②

南北代表在上海英租界市政厅举行首次议和会议后，另有保定陆军小学堂监督廖宇春，得靳云鹏、段祺瑞之同意，到上海秘密会见黄兴，以私人资格接洽和议。黄兴密谕江浙联军参谋长顾忠琛与廖商谈。廖、顾在上海文明书店内协议秘密条款五项：一、确定共和政体；二、优待清皇室；三、先推覆清政府者为大总统；四、南北汉满军出力将士各享其应得之优待，并不负战时害敌之责任；五、同时组织临时议会，恢复各地之秩序。③

廖宇春携上述条款往武汉前线会晤段祺瑞，段无异议。旋与靳云鹏商定进行办法：一、运动亲贵，由内廷降旨、自行宣布共和；二、由各路统兵大员联名要求宣布共和；三、用武力胁迫清廷宣布共和。初拟行第一种办法，为宗社党所阻，乃决行第二策，秘密运动各路统兵大员，由段祺瑞领衔联名电奏，请定共和政体。明年一月二十六日，段祺瑞、姜桂题等联名通电，要求"立定共和政体"，即第二策之实行。④

12月中旬（十月下旬）　委派何天炯赴日借款。⑤

委任状云："兹因军事需财孔急，特委任何君天炯赴东借募巨

---

① 《黄克强先生书翰墨迹》第247页。
② 廖宇春：《新中国武装和平解决记》。
③ 《新中国武装和平解决记》卷首载有廖、顾所签协议摄影。
④ 《新中国武装和平解决记》第50、63—67页。
⑤ 何天炯，字晓柳，广东梅县人，同盟会员。广东光复后，任军政府顾问，时在上海。

款，所有订立条件悉有全权，但不得损失国权及私利等弊。须至委任者：何君天炯执据。黄兴。"①

△　福建林万里致电黄兴、章炳麟，请释爱国志士万福华。

电云："癸、甲之间，二公在沪，有一同患难之友万福华者，其人今犹系狱。二公八年出亡，再履故土，**追怀往事，当能忆此好男儿。似宜转商英领释放万君，以全公谊。"

12月21日（十一月初二日）　黎元洪致电各省代表会，接受大元帅名义，并委黄兴代行职权。

电云："黄君克强宏才硕画，自足胜大元帅之任，乃谦让不居，屡推元洪承乏。元洪才识平庸，何敢当此重任？然勘电所载，若大元帅不在临时政府时，即以副元帅代行其职务。既有此明文，元洪姑顺代表诸公之请，承受大元帅名义，即委任副元帅执行大元帅一切任务。"③

12月22日（十一月初三日）　致函宫崎槌子，略告宫崎寅藏行踪。

函云："宫崎君于日前平安抵此。现因事赴香港，不日即可返沪。渠近已戒酒不饮，身体亦健好如常。请释系念。兹寄宫崎民藏、大泽龙二郎两君一函，祈转交为荷。"④

△　驻宁各军代表李燮和等赴上海，欢迎黄兴莅宁组织临时政府。

"……以上各军代表均于昨日到沪，欢迎黄副元帅莅宁组织临时政府，以期统一而安人心。已于今日谒见副元帅具陈各军盼

①　转引自《辛亥革命前后（盛宣怀档案资料选辑之一）》第233页。
②　上海《民立报》1911年12月21日。
③　《黎副总统政书》。
④　据宫崎蕗苳赠黄兴故居纪念馆原函复印件。

望之意。黄谓此间暂难脱身，须俟三五日后方可赴宁，因财政支绌，人才缺乏，刻下正在此间组织，一俟就绪，即行往宁。各代表因言，刻下无统一机关，对外则不免有无政府之诮，对内亦不足维系人心，故各军盼元帅赴宁，不啻大旱之望霖雨。磋商至再，黄允将此间事迅速办理毕，即行赴宁。"①

△　由张謇担保，向日商三井洋行借银元三十万元，供组织临时政府之用。

"据三井公司职员谈称：该公司已同意向黄兴提供贷款三十万两，以为组织临时政府之经费，限期一个月内还清，不取抵押。昨日，张謇在本地表示愿出面担保，日内将在上海签订合同。"②

保证书云："兹因黄君克强为中华民国组织临时政府之费用，向贵行借用上海通行银元三十万元。约定自交款日起一个月归还，并无抵押物。如还期不如约，惟保证人是问。除息率及汇水由黄君另订条件外，特具此书。"③

△　赵尔丰被杀。

12月23日（十一月初四日）　获悉孙中山即将归国，推辞赴宁组织临时政府。

"黄先生本拟早日启程赴南京就职，并已商请张謇向上海日商三井洋行借款三十万元作到南京后军政费的开支。但在预定启程赴南京的先一天晚上，黄先生忽向我说，他明天不去南京了。我问何故不去。黄先生说：'顷接孙中山先生来电，他已启程回国，不久可到上海。孙先生是同盟会的总理，他未回国时我可代表同

---

①　上海《民立报》1911年12月23日。
②　《铃木驻南京领事致内田外务大臣电》（1911年12月21日），载《日本外交文书选译》第190、191页。
③　《南通张季直先生传记》，载《辛亥革命》（八）第51页。

盟会；现在他已在回国途中，我若不等他到沪，抢先一步到南京就职，将使他感到不快，并使党内同志发生猜疑。太平天国起初节节胜利，发展很快，但因几个领袖互争权利，终至失败。我们要引为鉴戒。肯自我牺牲的人才能从事革命。革命同志最要紧的是团结一致，才有力量打击敌人。要团结一致，就必须不计较个人的权利，互相推让。'我听了黄先生这一番话，感到他的人格伟大，感到他对革命事业的忠诚纯洁，深为佩服。"①

△　致函沪军都督陈其美，请缉拿清方侦探张翼辉。

函云："兹有前清端方之侦探张翼辉（闻害党人甚多），号侠琴，系四川合江人，来沪希图扰乱。闻本日午后一、二时在蜀商公所开会。请饬干员前往拿获监禁，待讯为要。"②

12月25日（十一月初六日）　署名中国同盟会代表致函孙中山、胡汉民："特派时功玖、田桐两君前来接待，以表同人敬意。"③

△　孙中山返国抵沪，与陈其美等前往吴淞欢迎。

"孙先生偕美将郝门李夫妇同行，又有日本同志随孙先生来华者六人，又有中国人随孙先生来者十人，其姓名如下：胡汉民、谢良牧、李晓生、黄子荫、陈琴舫、朱本富、余森郎、朱卓文、陆文辉、黄菊生。孙先生登岸，即由黄宗仰先生招待，至哈同花园午膳后，由伍外交总长邀至宅第互商要政。黄元帅及胡都督汉民、汪精卫君

---

①　李书城：《辛亥前后黄克强先生的革命活动》，载《辛亥革命回忆录》第1集第196、197页。

②　《黄克强先生书翰墨迹》第269页。□端方（1861—1911），字午桥，号匋斋，满洲正白旗人。清末历任陕西、湖北巡抚，署湖广总督。后调湖南、江苏巡抚，任两江总督。1911年为川汉铁路大臣，率军入川镇压保路运动，在途中为起义新军所杀。

③　原件藏上海图书馆。

同往。"①

12月26日（十一月初七日）　赴孙中山寓邸出席同盟会干部会议，商讨组织临时政府方案。

"国内同志以（孙）先生既归，乃共谋建立政府，举先生为总统。……遂开最高干部会议于先生寓邸，讨论总统制与内阁制之取舍。先生谓：'内阁制乃平时不使元首当政治之冲，故以总理对国会负责，断非此非常时代所宜。吾人不能对于唯一置信推举之人，而复设防制之法度。余亦不肯徇诸人之意见，自居于神圣赘疣，以误革命之大计。'时列席者，为余与精卫、克强、英士、钝初、静江、君武、觉生等。静江率先对曰：'善！先生而外，无第二人能为此言者，吾等惟有遵先生之意而行耳。'众皆翕然。"②

"总理回沪以后，各方咸来候教，有日不暇给之势。黄克强、陈英士两先生，尤昕夕不离。十一月初七日，假哈同花园公宴总理。宋钝初自宁赴会。席次，克强与英士、钝初密商，举总理为大总统，分途向各代表示意，计已成。晚间复集总理寓所，会商政府组织方案。宋钝初主张内阁制，总理力持不可。克强劝钝初取消提议，未决。"③

△　与程德全、陈其美、伍廷芳联名复电黎元洪，修改停战条款。

电云："尊拟四条，甚为妥协。惟第一款须全数退出武胜关以北句，似应改为退至黄河以北，不准调兵过此界。务祈酌裁。"④

12月27日（十一月初八日）　与宋教仁赴南京，向各省代表会提议，政府组织取总统制。

---

① 上海《民立报》1911年12月26日。
② 《胡汉民自传》，载《革命文献》第3辑第56页。
③ 居正：《梅川日记》。
④ 据观渡庐：《共和关键录》。

是日，黄兴与宋教仁等专车赴宁，驻丁家花园。晚赴江苏咨议局各省代表会，提议三事：一、改用阳历；二、改为中华民国纪元；三、政府组织取总统制。经众讨论，一、二两事并为一案，全体赞成。总统制与内阁制，宋教仁仍主内阁制，经黄兴剀切说明提案理由后，多数赞成总统制。并决定临时政府组织大纲及隔日选举临时大总统。①

12月29日（十一月初十日） 在同盟会本部欢迎孙中山大会上发表演说，表示："今日尚非欢乐之时，他日民军占据黄龙，再当与诸君痛饮耳。"

"昨日午后三时起，由中国同盟会本部发起，在黄浦滩汇中旅馆，开欢迎孙中山先生大会。……宴阑，黄君克强起，谓据目下和议情形观之，满洲命运已将告终，然战备不可少忽，以备进攻；况建设事业尤极繁难，愿我会员共勉之。要之，今日尚非欢乐之时，他日民军占据黄龙，再当与诸君痛饮耳。"②

△ 被各省代表会议推举为临时大总统候选人。

是日，各省代表会议用无记名投票法选举临时大总统，"由议长汤尔和主席。监选员刘之洁（是日监选员，原定程德全，徐绍桢二人，因风闻是日有人在会场投掷炸弹，故均于初九日逃避赴沪），监视先开推举票，揭示被推为临时大总统候补者三人如左：孙文、黎元洪、黄兴。"旋投票选举，每省一票，到会代表十七省，共计十七票。投票结果，孙中山以十六票当选为临时大总统。③

12月31日（十一月十二日） 赴南京，向各省代表会议提议

---

① 《居觉生先生全集》下册第530页。
② 上海《民立报》1911年12月30日。
③ 刘星楠：《辛亥各省代表会议同志》，载《辛亥革命回忆录》第6集第252页。

"改用阳历，以中华民国纪元"，经讨论后，全体赞成。①

"副元帅黄兴，已于十二月三十一日上午九时乘火车到达本地；临时大总统孙逸仙，预定于明一月一日到达本地。"②

△　致电各省都督及于右任，请公布改用阳历，并以中华民国纪元。

致各省都督电云："今（十二）日参议院决议改用阳历，并以中华民国纪元，明日即为中华民国元年正月一日。请公布。"③

致于电云："今日由参议会决议，以明日为中华民国元年正月一日，孙大总统来宁发表临时政府之组织。"④

12月　调光复军黎天才部援鄂。

"武昌势孤，益危急，黄兴至上海，趣联军西援，皆指调黎天才军，推李燮和为援鄂总司令，升天才为统制，张联升、由犹龙为协统。天才所部军才五营，乃抽调各军营军之有枪械者，合为步兵四标，炮兵一营，机关炮兵一队，率以行。"⑤

---

① 刘星楠：《辛亥各省代表会议日志》，载《辛亥革命回忆录》第6集第253页。

② 《铃木驻南京领事致内田外务大臣电》，见《日本外交文书》第195页。

③ 《中华民国新文牍汇编》卷3。

④ 香港《自由人》第448期，1955年6月18日出刊。于右任时任上海《民立报》主笔。

⑤ 《光复军志》第22页。

1912年（民国元年　壬子）38岁

1月1日　出席临时大总统孙中山就职典礼。

孙中山"午前八时由上海出发，午后二时抵下关。由江宁铁道入城，于旧督署侧下车，群众于万声欢呼之中，拥入督署，即以督署为总统府。少憩，各省代表纷至，报告选举经过，请即就职，以是日为中华民国元年一月一日。由克强、英士令陆海军代表及同志若干人，略事布置，请总统出，鼓乐大作，就职如仪。革命草创之初，直率简朴，不带丝毫官气，于此可见一斑。"①

1月2日　致电伍廷芳等，请严词诘责清方退兵。

电云："汉口、汉阳及各处之清兵尚未退出，且闻有增兵借债之议，其不守信约已显。日内连接我各处民军急电，均愤激欲战。清兵如此不保其名誉，恐终不免冲突。乞严词诘责唐代表，要求即行退兵。"②

1月3日　由孙大总统任命为临时政府陆军总长。

居正说："按照临时政府组织大纲，各部长由总理提出，须得代表会之同意。……当日初提黄兴陆军，黄钟英海军，王宠惠外交，宋教仁内务，陈锦涛财政，伍廷芳司法，汤寿潜交通，张謇实业，章炳麟教育。代表中有一派反对宋教仁与王宠惠及章炳麟者，又

---

① 居正：《辛亥札记》。
② 据观渡庐：《共和关键录》。

有以伍廷芳改外交者，争持不决。继由克强与总统商，以钝初主张初组政府，须全用革命党，不用旧官僚，理由很充足。但在今日情势之下，新旧交替，而代表会又坚持反对钝初长内务，计不如部长取名，次长取实，改为程德全长内务，蔡元培长教育，秩庸与亮畴对调。总统曰：'内、教两部，依兄议。外交问题我欲直接，秩老长者，诸多不便，故用亮畴，可以随时指示，我意甚决。商之代表会，外交、司法勿变更。'克强复出席代表谈话会，以所改名单及总统意告之，众无异议。乃移开正式会，按照提出名单，投同意票，一致通过，而政府成立矣。克强以湖北首义，而政府中无一人参与，啧有烦言。乃示意代表会选举黎元洪为副总统以慰之。"①

胡汉民说："先生以余为总统府秘书长，各部之组织，则采纳克强意见。……部长只陆军、外交、教育为同盟会党员；余则清末大官，新同情于革命者也。惟次长悉为党员。内务初提钝初，以其尝主内阁制，并欲自为总理，故参议院不予通过（初，由各省代表会行参议院职权，阁员须得其同意，著为约法，其后因之），而改用程德全。程以清江苏巡抚于南京未破时树义旗反正者。克强推荐张謇或熊希龄长财政，先生不可，曰：'财政不能授他人，我知澜生②不敢有异同，且曾为清廷订币制，借款于国际，有信用。'于是用陈。亮畴③以资格不足，欲辞。先生曰：'吾人正当破除所谓官僚资格，外交问题，吾自决之，勿怯也。'然张、汤仅一度就职，与参列各部会议，即出住上海租界。程因于租界卧病。伍以议和代表不能

---

① 居正：《辛亥札记》。
② 陈锦涛，字澜生。
③ 王宠惠（1881—1958），字亮畴，广东东莞人。早年毕业于北洋大学法科。1901年留学日本，与秦力山等刊行《国民报》，任英文部撰述。次年赴美国，入耶鲁大学，得法学博士。辛亥广东光复后加入同盟会。临时政府北迁后，改任司法总长。国民党政府成立后，历任司法部长、外交部长和行政院代理院长等职。

管部务。陈日经营借款，亦当居租界。故五部悉由次长代理。部长之负责者，黄、王、蔡耳。时战事未已，中央行政不及于各省，各部亦备员而已；独克强兼参谋总长，军事全权集于一身，虽无内阁之名，实各部之领袖也。"①

临时政府各部总次长名单如下②：

陆军总长	黄　兴	次长	蒋作宾
海军总长	黄钟瑛	次长	汤芗铭
外交总长	王宠惠	次长	魏宸组
内务总长	程德全	次长	居　正
财政总长	陈锦涛	次长	王鸿猷
司法总长	伍廷芳	次长	吕志伊
教育总长	蔡元培	次长	景耀月
实业总长	张　謇	次长	马君武
交通总长	汤寿潜	次长	于右任

1月4日　致电沪军都督陈其美，商调黄郛至陆军部任职。

电云："敝部成立，拟请尊处参谋长黄君膺白为参事官。如蒙允可，即请转致为幸。"③

1月5日　出席孙大总统召集的临时政府首次国务会议。④

△　陈其美复电黄兴，黄郛"深资倚赖，万难割爱"。⑤

1月6日　复函张謇，告以财政困难情况。

函云："援滦兵可即日出发，惟苦于无饷无械，不能多派。接

---

①　《胡汉民自传》。

②　中国第二历史档案馆藏：《南京临时政府内阁简任员名单》〔国史馆档案〕（卅四）。又见上海《民立报》1912年1月5日。

③⑤　上海《申报》1912年1月7日。

④　上海《天铎报》1912年1月8日。

济滦饷亦不可少，当力筹之，并望公有以助我。目下财政部初立，陈公虽去上海，恐外款非即日可能到手也。**遣军舰去烟台与援滦同一事，以海军以烟台为根据地也。**派人去天津之说，亦是要事，刻惟苦无款耳。"①

△　会见临淮总司令林述庆，商议北伐计划。

先年南京光复后，黄兴商请镇江都督林述庆改任临淮总司令，率部北伐。只因军需困难，不能克日出发，乃分驻临淮、清江一带待命。是日，林先谒见孙大总统，请求裁撤临淮总司令职，并呈北伐计划。孙大总统嘱与黄兴商讨。林认为临淮总司令无实际任务，不如裁撤，黄兴坚持不允，慰勉有加。林述庆留南京三日，遂返镇江。②

王时泽说："黄克强先生任大元帅时，曾问我徐③、林④孰优？我答以林未见过，不知其详，只觉得他的举动有碍联军的团结；与徐共处多日，见其每餐饮酒时，必举杯呼'大总统、大元帅万岁'，其尊敬领袖之忱胜于我辈。克强先生当时对我说：徐的这种举动是官僚作风，他的参加革命是被迫的；林虽性躁，欠含蓄，但是忠实的同志等语。"⑤

1月7日　通电各省着重训练现有军队，不得再招新兵。

电文中说："光复各省，招兵多无限制，饷械缺乏，甚非持久之道。本部职掌全国军政，有统筹全局之任，亟应确定限制。为此通电，请贵都督严饬所属各军，就现有军队精加训练，不得再招新

---

①　载《南通张季直先生传记》，录自《辛亥革命》（八）第52、53页。陈公，指财政总长陈锦涛。

②　林述庆：《江左用兵记》。

③　徐，指徐绍桢，时任江浙联军总司令。

④　林，指林述庆，时任镇江都督。

⑤　王时泽：《接洽上海海军反正和组织海军陆战队会攻南京回忆》载《辛亥革命回忆录》第4集第53页。

兵。"①

1月9日　陆军部正式成立,筹划北伐。

是日,陆军部启用关防,正式成立。部址设于原督练公所内。旋即确定北伐计划,其进行方略为:以湘鄂为第一军,由京汉路前进;在宁之各省北伐军为第二军,向津浦路前进,与第一军会合于开封、郑州间;淮扬为第三军,烟台为第四军,向山东前进,会于济南、秦皇岛;合关外之兵为第五军,山陕为第六军,向北京前进。第一、二、三、四军既达第一目标后,再与五、六军会合,共扑清廷。②

　△　由孙大总统任命兼临时政府参谋总长。

　△　致电陈其美,促海军总长黄钟瑛③来宁就职,部署一切。

电云:"政府新立,各部急须组织。目下他部均有端绪,惟海军部因总长未到,不能开办。祈就近请黄君钟瑛立即专车来宁,以便部署一切。事关大局,无任切祷。"④

　△　各省代表会议"公推马君武、陶凤集二君质问陆军部作战计划如何。"⑤

1月10日　马君武向各省代表会议报告:"陆军部作战计划已定,拟分五路进兵,如和局破裂,即行宣战。"⑥

　△　中华银行董事会成立,被举为副总董。

1月11日　任命李燮和为光复军北伐总司令。

---

① 上海《民立报》1912年1月9日。
② 南京《临时政府公报》第2号。
③ 黄钟英(1868—1912),字赞侯,福建闽县(今闽侯)人。早年先后入福州船政学堂及刘公岛枪炮学堂学习。毕业后任飞鹰、镜清等舰管带。1911年任海筹巡洋舰管带,旋升海军临时舰队司令。武昌起义后,在九江举兵反正。不久出任海军副司令。南京临时政府成立,任海军总长。卸职后在上海病逝。
④ 上海《民立报》1912年1月10日。
⑤⑥ 刘星楠:《辛亥各省代表会议日志》,载《辛亥革命回忆录》第6集第255页。

"元年一月十一日，授李燮和为光复军北伐总司令，设司令部于江宁城中韬园。……出发之日，忽奉陆军部令，以清帝退位，毋庸进军。"①

△　致电伍廷芳，希即电袁世凯"转饬倪嗣冲，不得肆行抢掠，致生灵涂炭。"②

1月13日　偕胡鄂公往谒孙大总统，为言南来请款事。

胡鄂公说："正月十三日，予至南京，偕陆军总长黄兴谒大总统于总统府，为言南来请款事。大总统接阅予所具节略，曰：沪军都督陈其美，昨晚来电，亦谓北方革命，现在亟宜推动，不可有所瞻顾，所言甚是。旋顾予与兴曰：此二十万元即由陆军部拨付，他日若有急需，可再来电汇寄。北方革命运动，固重于目前一切也。兴与予唯唯称是而退。"③

1月14日　与孙大总统联名致电伍廷芳，规定议和日期。

电云："上海议和代表伍廷芳鉴：请公便宜行事，议定日期，以十四日为期。孙文、黄兴叩。"④

△　张謇致函黄兴，告以需更借债百万，附和章炳麟"销去党名"说。

函云："约略各处所要求及公所汲汲待用，非于所筹偿还三十万借项外，更借一百万不可，……此不得不告公者。总之，军事非亟统一不可，而统一最要之前提，则章太炎所主张销去党名为第一。此须公与中山先生早计之，由孙先生与公正式宣布，一则可融章太炎之见，一则可示天下以公诚，一则可免海陆军、行政上无数

---

①　《光复军志》第24、31页．
②　据观渡庐：《共和关键录》．
③　胡鄂公：《辛亥革命北方实录》．
④　观渡庐：《共和关键录》．

之障碍。愿公熟思之。"①

"一九二三年，中山先生在广州任大元帅，对国民党员发表演说，讲到辛亥武昌起义后，他由巴黎到达上海，本党同志及绅商学各界，甚而至于一般老官僚，都一齐来欢迎他。其中有一个官僚极为郑重地对人说：'好极了！现在革命军起，革命党消灭了！'当时一般官僚最怕的就是革命，故造出'革命军起，革命党消'这八个字，去抵制革命党，而革命党人不明白他们的用意，也随声附和之。中山先生在演说中没有点出这个官僚的姓名，实际上他指的就是张容。"②

1月16日　祭奠徐锡麟烈士，并送挽联。是日，徐锡麟烈士灵柩由皖过宁赴沪。下午，黄兴亲往下关车站祭奠，并送挽联。联云：

"登百尺楼看大好河山，天若有情，应设四方思猛士；

留一抔土以争光日月，人谁不死，独将千古让先生。"③

1月17日　致电沪督陈其美，陶成章被刺，"请照会法领事根缉严究，以慰死友。并设法保护章太炎君。"④

黄炎培说："有深知此中秘密的告我：'陈其美嘱蒋介石行刺陶焕卿，蒋雇光复会叛徒王竹卿执行。焕卿以为竹卿是自己的人，请他入室，就被刺死。光复会终于又刺杀了王竹卿。'陶焕卿是写在我所收藏同盟会会员名单上的。"⑤

①　载《南通张季直先生传记》，录自《辛亥革命》（八）第52、53页。
②　黄一欧：《辛亥革命杂忆》，载《辛亥革命回忆录》第7集第144页。
③　据《今古对联集锦》。"人谁不死"句，安庆大观亭旁的徐锡麟纪念楼上悬挂的黄兴挽联作"人谁无死"。
④　上海《民立报》1912年1月20日。
⑤　黄炎培：《八十年来》第59页。

△　张謇致函黄兴，辞"江苏两淮盐政总理"。

函云："盐事，由旧则蹈九幽之黷，改新则当八面之冲。非兵力不足以维持，非财力不足以提挈。……某虽有此志，而惧左右是事者不足与并进。徒发一端，无益大计。且旧政府本以是属财政，陈君年富力强，当可兼任。"①

△　复函王树谷，自由党推举为副主裁，"以现任行政职务，未便兼任"，辞拒不受。②

1月18日　署名陆军部颁行《维持地方治安临时军律》。

临时军律计十二条："一、任意掳掠者枪毙；二、强奸妇女者枪毙；三、焚杀良民者枪毙；四、无长官命令，窃取名义，擅封民屋财产者枪毙；五、硬搬良民箱笼及银钱者枪毙；六、勒索强买者论情抵罪；七、私斗杀伤人者论情抵罪；八、私入良民家宅者罚；九、行窃者罚；十、赌博者罚；十一、纵酒行凶者罚；十二、有类似以上滋扰情形者，均酌量罚办。③

△　致电伍廷芳，反对清方所提议和条款。

电云："议和愈出愈奇，殊为可笑！第一条仍保持大清皇帝之名称及'世世相称'字样，可谓无耻之极。第二条'仍居宫禁'，是与未退位无异。第一、第二，为我军人之绝对的反对。第五条实属无理，不可轻诺。俟我民国政府可优容之。"④

△　谭延闿复电黄兴，商以湘矿抵借债款问题。

南京临时政府成立之初，军政费用极端困难，黄兴电商湖南都

---

①　《张謇函稿》第二十七册。　按：1911年12月，张謇被公推为江苏两淮盐政总理，于南京设立总务部任事。陈君，指临时政府财政总长陈锦涛。
②　上海《民立报》1912年1月17日。王树谷为自由党赴宁代表。
③　南京《临时政府公报》第7号。
④　据观渡庐：《共和关键录》。

督谭延闿，拟以湘省锑矿经售权向美商抵借债款一千万元。是日，谭延闿复电黄兴，"官只一锑矿，余皆商办，非宽以时日，不能集议。"①黄又复电称，"此刻但祈允以经售权，抵借契约即可成立。…商民事不尽悉，乞恳挚劝告，以期于成"。②旋以国人反对抵借外债，遂中止此议。

1月20日　致电伍廷芳，"张勋日由徐州增兵至宿州，大有破坏和议之势。请严诘袁勒令退兵。"③

△　复电江北都督蒋雁行，温语慰留。

电云："江北屏蔽，实仗长才。刻以积劳，致政躬不豫，方深廑念。万祈力疾视事，勉为其难。非敢为不情之责备，实以江北关系重要，非公不足资镇慑也。公矢志报国，乞仍留驻。"④

1月22日　致电盛宣怀，"承允助力民国，由汉冶萍公司担借日金五百万元，归民国政府借用。"特请三井洋行"商订条约，即日签押交银。"⑤

△　致电伍廷芳，山东登、黄独立后，清军围攻黄县，"实系有背和议条约，应请急电阻止。"⑥

1月23日　致函孙中山，介绍日人岛田经一，请赐接见。

函云："岛田经一君系旧同志，此次于购武器一层已有头绪，只待款事有着落，即可决定。兹带三井一函，想系关于盛借款事，于岛田无关也。请赐接见为幸。"⑦

---

① 据《湖南矿业总会档案》。
② 据《湖南矿业总会档案》。
③ 据观渡庐：《共和关键录》。
④ 上海《天铎报》1912年1月24日。
⑤ 《辛亥革命前后（盛宣怀档案资料选辑之一）》第233、234页。
⑥ 据观渡庐：《共和关键录》。
⑦ 黄彦、李伯新：《孙中山藏档选编》第189、190页。

1月24日　盛宣怀致电黄兴，日商"不愿担借，要求合办。何君天炯来函，华日合办政府已许可，而贵电无'合办'字样。……究竟民政府主意如何？"①

1月25日　致电盛宣怀，限即日办妥借款手续。

电云："前电谅悉。至今未得确切回答，必执事不诚心赞助民国。兹已电授全权于三井洋行直接与执事交涉，请勿观望，即日将借款办妥，庶公私两益；否则，民国政府对于执事之财产将发没收命令也。其早图之。盼复。"②

1月26日　与钮永建联名致电陈其美、黄郛，请黄出任大本营兵站局长。

电云："和议破裂，战事方始，后方接济，乃全军命脉所关。现拟设大本营兵站局，请黄郛君为局长，已请大总统发委任状，祈即来宁接洽开办。"③

△　同盟会员彭家珍炸伤宗社党头子良弼，越二日死。彭亦重伤牺牲。

1月27日　致电黄郛，"战机紧迫，兵站急需设立，望公速即首途。"④

△　复电伍廷芳，张勋"昨又分兵由王庄、宿州、固镇向临淮、蚌埠、怀远、涡阳四路进兵，殊属蔑视公法。乞向袁内阁严加诘责阻止。"⑤

1月28日　与孙中山、蔡元培等出席临时参议院成立会，发表

---

① 《辛亥革命前后（盛宣怀档案资料选辑之一）》第234页。
② 《辛亥革命前后（盛宣怀档案资料选辑之一）》第235页。
③ 上海《民立报》1912年1月29日。
④ 上海《时报》1912年1月29日。
⑤ 据观渡庐：《共和关键录》。

演说，并论时局。

"陆军总长黄克强君昨在参议院会场与各参议员谈论时局。黄君云：现在北军汉人中只有张怀芝、张勋二人主张君主政体，然前日二张特派亲信人来宁陈述实情，均愿反正，暗中协助我军。以是观之，虽有少数满亲贵从中阻挠，毋足过虑。但须筹足军饷，合力进行，大局不难平定云。"①

△　以陆军部名义咨复南京卫戍总督徐绍桢，同意解散女子北伐队（原名女子国民军）。②

△　固镇光复，致电粤军司令官姚雨平祝捷。

电云："闻贵军获胜，足以壮军心，寒敌胆。愿再接再厉，一扫虏氛，枭张贼之首以为民军吐气。后方接济，本部尽力筹备，请传语各将士同心戮力为祷。"③

△　通电各省都督，告以民军占领固镇，"北兵死伤无数"，"现已追过浍河"。④

1月29日　盛宣怀复电黄兴，"已派李维格与彼⑤直接妥议，即赴东京签押。请即转陈孙总统"。⑥

按：南京临时政府虽成立，而府库空虚，财政面临竭源局面，军队日有哗变之虞。整军北伐，在在需款，罗掘俱穷。日本垄断财团乘机以借款为钓饵，诱使民国政府同意汉冶萍公司改为中日合办。盛宣怀时任汉冶萍公司总理，逃亡日本后，即与日方就中日合办事密谋策划，妄想在日本帝国主义的庇护下摆脱自己的困境。目睹民

---

① 上海《申报》1912年1月30日。
② 《中华民国大事记》，1912年1月刊本。
③ 上海《时报》1912年1月31日。
④ 上海《民立报》1912年1月30日。
⑤ 指日本三井洋行。
⑥ 《辛亥革命前后（盛宣怀档案资料选辑之一）》第239页。

国政府需款孔亟，更想乘机由合办取得借款，向民国政府"输诚投效"，保住自己的产业。经过一番紧张的幕后活动，南京临时政府和盛宣怀分别在南京和神户同三井和正金财团，签订了两个性质相同的汉冶萍中日合办草约。草约规定以汉冶萍归中日合办，集股三千万元，中日各半，由公司转借五百万元与民国政府。消息传出，举国哗然。汉冶萍股东亦群起反对，鄂籍参议员反对尤烈。孙中山、黄兴立刻意识到事态的严重性，咨文参议院，毅然废除草约，并正告盛宣怀不得以任何借口继续搞"合办"。

△　致电伍廷芳，"北军违约，进逼潼关多日。陕军乞援之电，急如星火。……请严重交涉，俾北军早日退出"。①

1月30日　致电段祺瑞，②请传告各军"撤回抵抗民军之兵力"，"同逼满酋退位"。

电云："足下不忍大局之危，一旦翻然舍其旧而新是谋，共和底定，指日可待，豪俊举动，自非寻常可及，敬佩无量。惟潼关、山东、山西、淮颍等处，犹有北军误会宗旨，互动干戈。现在南北既已一致，此等举动，无异同室操戈，徒贻讥笑。……足下于各军多有师友之谊，务请即日传告，撤回抵抗民军之兵力，各率所部，直捣北京，同逼满酋退位，俾父老早日安枕。"③

△　致电沪督陈其美转北面招讨使谭人凤，"烟台为北伐军水师根据地，关系重大。"请速统兵前往，"以维大局"。④

---

① 据观渡庐：《共和关键录》。

② 段祺瑞（1865—1936），字芝泉，安徽合肥人。北洋武备学堂毕业后，由李鸿章派赴德国习军事。1896年初由袁世凯调天津小站新建陆军，任炮队统带兼随营学堂监督。1909年调充第六镇统制，次年调任江北提督。辛亥武昌起义后，袁世凯派署湖广总督，并任第一军军统兼领湖北前线各军。1912年袁世凯任总统后，充陆军总长，次年代理国务总理，镇压"二次革命"。1924年任临时执政。

③ 据观渡庐：《共和关键录》。

④ 上海《民立报》1912年2月2日。

△　与陆军部次长蒋作宾呈文孙中山，请核准委任陆军部各局职员一百零一人。①

2月1日　致电伍廷芳，诘责倪嗣冲、张勋违约挑衅。

电云："固镇一战，实系张寇先我挑衅。徐、颖两州，原在民军势力范围之内。倪嗣冲诱败我师，近复进攻颖上。此等举动，殊不足为和平之证据。……淮北父老子弟痛心疾首于倪、张残暴者已非一日，倘仍执迷不悟，此间断不能与段军统一律看待，置两处生灵于不顾也。希即转电袁内阁饬张、倪退兵。至要，至要。"②

△　以陆军部名义复电谭延闿、程潜，促程率部来宁。

电云："现段祺瑞已联合各军将统，要求虏政府速行退位。惟张勋极力反对，意欲抗拒。若能乘此机会，擒斩张贼，则大局可定。宁军力尚单薄，难资战守。盼颂公急来，相机策应，以速成功"。③

△　外蒙古库伦活佛哲布尊丹巴宣告"独立"。

2月2日　复电谭延闿，程潜统军队来宁，饷粮当归中央政府担任。"④

△　复电湘桂联军总司令沈秉堃，"已代达大总统，允许取消司令一职，请俟桂副督王芝祥到后再行交代"。⑤

△　以陆军部名义通知各省都督及各军司令，严禁私自滥招新兵，借故募饷。

通知中称："查近来以个人名义呈请招募或径自招募者，仍不

①　呈文所附《陆军部职员名单》，见《临时政府公报》第46号(1912年3月23日出版)。
②　据观渡庐：《共和关键录》。
③　据中国第二历史档案馆藏《南京临时政府档案》。　程潜，字颂云。时任湖南新军独立第十二旅旅长。
④⑤　据中国第二历史档案馆藏《南京临时政府档案》。

乏人。查其究竟，甚至自称军官名号，联络痞棍，借词筹饷，扰害地方，殊悖本部整饬军队之本旨。兹特重行申禁，务请各饬所属原有军队，严加训练。如有呈请招募者，一概不准。"①

2月3日　由孙大总统任命兼大本营兵站总监。②

按：3月底，又奉孙大总统令："大本营着即取消，所有兵站业务，统归参谋本部兼理。"③

2月4日　与孙大总统联名通电，痛斥张勋、倪嗣冲等攻击民军。

张勋、倪嗣冲等率部盘踞徐皖一带，不时攻击民军。是日，黄兴与孙中山联名致电议和代表伍廷芳，请其转致袁世凯，痛斥张、倪等罪行，严正表明临时政府绝不妥协迁就的强硬态度。电文指出："如果赞成共和，彼此自系友军，自应联兵北上，共逼清帝退位，早图底定。若以言词表赞成，而于事实为抵抗，无论是否误会民军宗旨，而在民军方面，不能不认为反对共和之仇敌，将与天下共诛之。"④

△　发出布告：来往文件应称现职名陆军部总长。

布告略称："自各省代表谋组临时政府，举兴为大元帅，兴以德薄能鲜，固辞不受。乃改举鄂都督黎为大元帅而兴副之，兴复未敢受职。……现时各省军队以及各团体或个人，似尚未尽悉。文、函、电、禀，或称大元帅，或称副元帅，参差不齐，举皆失实。……用再明白布告，兴现任陆军部总长之职，来往文件，应称今职。所有已取消之大元帅、副元帅名目，自不得更相沿用。"⑤

①　南京《临时政府公报》第7号。
②　南京《临时政府公报》第7号。
③　南京《临时政府公报》第52号。
④　上海《民立报》1912年2月7日。
⑤　南京《临时政府公报》第7号。

△　致电江西都督马毓宝，"驻宁各军不下数万人"，请"拨济食米二十万石，速运来宁，以充军食。"①

△　致电伍廷芳，责令张勋辞却伪职，表明心迹。

电云："张勋既列名赞成共和，自应与民军联师北伐。对于清廷一方面，尤应速将提督及两江诸伪职辞却不受，以表心迹。烦由贵处嘱屈代表转电前途，令其速办见复为要。"②

△　与孙中山联名复电伍廷芳，袁世凯"再请停战一星期"，"应无庸议"。

电中有云："现在南北各军同赞共和，原无再起战争之理。惟清帝尚未退位，袁内阁主张共和，为二三顽迷者所箝制，是以民军亟图北上，速定大局。清廷意欲停战，惟有早日退位。否则迁延不决，徒滋祸害，恐惹起种种难题，民军岂能终止进行？顷已通电张勋、倪嗣冲、朱家宝、升允征求意见，如果赞成共和，彼此均系友军，自应联兵北上，共逼清帝退位，早图底定。若迁延顾虑，作无谓之抵抗，无论是否误会民军宗旨，而在民军方面，不能不视为反对共和之蟊贼，将与天下共同诛之。质而言之，时局至此，已非停战问题，乃在南北合力一致，联师北上，以实力定大局。……停战一节，应无庸议。"③

2月6日　与次长钮永建联名通电各省都督，中华民国参谋部现已成立，由大总统颁发印信。④

---

①　上海《时报》1912年2月4日。
②　据观渡庐：《共和关键录》。张勋于1911年8月任江南提督。武昌起义后，盘据徐州，被清政府任为江苏巡抚兼署两江总督、南洋大臣。
③　上海《民立报》1912年2月7日。
④　上海《时报》1912年2月7日。

△　蔡锷致电孙中山、黄兴，举荐蒋方震①任军职。

电云："缔造伊始，军事方殷，折冲樽俎之才，相需尤急，苟有所知，不敢壅闻。蒋方震君留学东西洋十余年，品行、学术、经验、资望为东西洋留学生冠，亟应罗致，以餍海内之望。闻蒋已由奉返浙，如畀以参谋部总长或他项军事重要职务，必能挈领提纲，措置裕如。"②

2月7日　复电伍廷芳，"速电袁内阁，饬张、倪退出徐、颖"。③

2月8日　致电伍廷芳，希即转电袁世凯，张勋"如果赞成共和，自应联师北上，何为久占徐州？"④

△　谭人凤致电孙中山、黄兴，反对保留清帝尊号。认为：逊位之后尊号仍存，"貌袭文明，实伏乱源"。⑤

2月9日　以陆军部名义通饬各部队，严禁军人冶游聚赌，破坏纪律。

通令略称："在京各军队，竟有恃强闹娼、聚赌、酗酒，及无故荷枪结队，嬉游街市，致与恶少痞徒无从辨别者，放纵卑劣，莫此为甚。……自此以后，惟有严密查拿，按律惩办，以肃军纪。"⑥

2月10日　致电湘督谭延闿、桂督陆荣廷，商取消湘桂联军番号问题。

电云："湘桂联军总司令刻由沈幼岚先生提议取消。兹拟就

---

① 蒋方震（1882—1938），字百里，浙江海宁人。清末被选派留学日本，入成城学校习军事，继入陆军士官学校第三期，与蔡锷同学。归国后赴东北，应赵尔巽之邀任督练公所参议。后赴德国习军事，回国后在禁卫军中任管带。辛亥革命后，任浙江都督府总参议、保定军官学校校长、吴佩孚部总参谋长等职。国民党统治时期，任军委会高等顾问、陆军大学代理校长。
② 据《天南电光集》。
③ 据观渡庐：《共和关键录》。张、倪，指张勋、倪嗣冲。
④ 据观渡庐：《共和关键录》。
⑤ 南京《临时政府公报》第13号。谭人凤时任北面招讨使，驻上海。
⑥ 南京《临时政府公报》第13号。

袁华选、赵恒惕、程子楷、陈裕时四君原有之军队编为一师，隶属于中央政府。诸君志同道合，必能联为一气，练成劲旅。"①

2月11日　与蒋作宾、钮永建、柏文蔚、姚雨平等联名致电冯国璋、段祺瑞、姜桂题，呼吁联合一致，巩固共和。

在停战议和期间，北洋军将领段祺瑞等向北军各路统兵官发出通电，谓南北军界由分而合，感情未必尽洽，武力之最健全者在北方军队。是日，由黄兴领衔发出通电，严词驳斥之。电云：

"同是中国人，有何南北之分？即以南北军论，目今南军中北人极多，南人悉推诚相待，毫无疑忌。矧南北军人现正联合一致，赞同共和，函电交驰，欢言无间，同袍握手，退逊咸钦。何谓南北军界由分而合，感情未必尽洽耶？……至谓武力之最健全者在北方军队一节，目下南北携手，不忍以同种相残，诚不知谁健谁弱？然兴等愚见，以为能驱除异族，占胜敌国，乃可谓武力之健。若为虎作伥，自残同种，如昔日湘淮诸军之所为，则虽战必胜，攻必取，仍不可称武力之健。欧美伟人评论具在，非兴等一二人之私言也。"②

△　致电伍廷芳，重申和议应注意事项。

电云："一、今南北协议之唯一目的，实欲早定共和大局。然欲定大局，必速下逊位明文。欲迫促清廷逊位，必南北军队连续北上，以武力胁制之。欲南北军队连续北上，则张（勋）、倪（嗣冲）二君应率所部军队离开徐、颍，以为南方军队之先导，业经屡次声明。今二君不但未能出此，且于徐、颍以南地区逐次抗拒，或行攻击，或行进占，实与协议之目的相背。……二、今南北军队既已全体赞成共和，则〔双〕方已毫无间隙，仍复兄弟之旧。除对于清廷

---

①　南京《临时政府公报》第16号。
②　南京《临时政府公报》第15号。

共谋胁迫外，绝不致再有冲突之事，今后即应全体一律休战。若犹有一处仍然继续战斗者，即是与此旨相背。"①

△　复电谭人凤，告以"正竭力筹画战备，以为后盾。……一旦战机再开，乞援我为幸。"②

2月12日　致电黎元洪及各省都督，"今与诸公约：嗣后倘有假公名以遂私图者，共摒弃之。我等仍当力求振作，互相规箴，毋使满清末造之积习再见于今日。"③

△　致电伍廷芳，"诸城既已自行光复，即应认为民军占领地面。"请电袁世凯转饬鲁抚停止进兵。④

△　致电伍廷芳，袁世凯用重兵压晋境，民军力薄难支。希即"严饬令在山西之军队撤退，以免再有冲突。"⑤

△　清宣统帝溥仪宣布退位。

2月13日　致电伍廷芳，"现在清帝退位诏已下，请速电袁慰庭先生转饬各军一律停战，毋再自相滋扰。"⑥

△　致电各省都督、各军政分府及各军司令，勉以保持统一政权，服从命令，维持秩序。

电文中称："今后共和建设，南北一家，无诈无虞，共成大业。我军人等念前功之不易，思来日之大难，保统一之政权，服统一之命令，维秩序而保名誉，实为无上之天职。愿与同人共守斯旨。"⑦

2月14日　与孙中山一道极力反对参议院关于定都北京的决

---

① 上海《民立报》1912年2月14日.
② 上海《民立报》1912年2月13日.
③ 上海《民立报》1912年2月14日.
④ 据观渡庐：《共和关键录》.
⑤ 据观渡庐：《共和共键录》.
⑥ 据观渡庐：《共和关键录》.
⑦ 上海《民立报》1912年2月15日.

议。次日复议，决定临时政府仍设南京。

先日，孙中山向临时参议院辞临时大总统职，荐袁世凯为临时大总统。辞职咨文所附三条件之一为"临时政府地点设于南京，为各省代表所议定，不能更改。"因章炳麟、宋教仁等均反对建都南京，参议员多受其影响。是日，参议院讨论临时政府设置地点问题，同盟会员中如李肇甫亦强调迁都北京之必要。经过激烈辩论，竟以多数票通过临时政府设于北京。孙中山、黄兴闻讯震怒，急召参议员中同盟会员李肇甫、黄复生等严责不应为袁氏张目。黄兴尤怒不可遏，两手插入军服口袋中，踱来踱去。李、黄等以交回复议为请，黄兴遽曰："政府决不为此委屈之手续，议院自动翻案，尽于今日；否则吾将派宪兵入院，缚所有同盟会员去！"①次日复议时，卒以十九票对八票之多数，决定临时政府仍设南京。②

章炳麟自述："袁世凯被选为临时大总统，南京政府将解，以袁氏难制，欲令迁都江宁以困之。余谓江宁僻不足以控制外藩，清命虽黜，其遗孽尚在，北军未必无恩旧主者；重以蒙古东三省之援，死灰将复燃，赖袁氏镇制使不起耳！一日南迁，复辟之祸作矣。克强闻之愤甚，与予辩难。"③

吴玉章回忆说："本来在参议院中，革命党人占据多数，是完全可以根据孙中山先生的意见通过建都南京，反对迁都北京的。但十四日开会的时候，革命党人李肇甫，却到台上去大放厥词，说了一通迁都北京的必要；参议员中原来就有不少人对袁的不愿南

①　邓家彦：《由同盟会说到南京政府》，载《中国一周》（1954年10月11日出刊）。

②　二十七票中，十九票主都南京，六票主北京，二票主武昌。直隶、奉天、江苏、云南、陕西、山西六省，始终主北京。

③　章炳麟：《自定年谱》。

下表示同情,而李又善辞令,他这么一说,赞成迁都北京的人便成了多数。孙中山先生和黄兴知道这件事情以后,非常生气,当天晚上把李肇甫叫来大骂了一顿,并限次日中午十二时以前必须复议改正过来。十五日晨,秘书处把总统提请复议的咨文作好后,需要总统盖印,而总统已动身祭明孝陵去了。我急着去找黄兴,他也正在穿军装,准备起身到明孝陵去。我请他延缓时间,他说:'过了十二点如果还没有把决议改正过来,我就派兵来!'说完就走了。这怎么办呢? 只好找胡汉民去。好容易才把他找到,拿来了钥匙,开了总统的抽屉,取出他的图章盖了印,把咨文发了出去。同时,并通知所有的革命党人,必须按照孙中山先生的意见投票。经过我们一天紧张的努力,当日召开的参议院会议终于把十四日的决议纠正过来了。"①

"孙文之辞职,与参议院约,临时政府仍在南京。议员谷钟秀、李肇甫等,谓政府地点为全国人心所系,前经各省代表指定南京,因大江以北尚为清有。今情势既异,自应因时制宜,仍在北京,以期统驭全国。经院议可决。大总统孙文咨交复议,陆军总长黄兴以兵临议院,警卫森严,参议院遂复可决临时政府仍在南京。"②

2月15日　陪同孙中山谒明孝陵。

是日,孙中山率临时政府文武官员谒明孝陵,以清帝退位,民国统一祭告明太祖。

"定都南京之议,参议院不同意,谓不足以控制东北。盖太炎、钝初反对最力,……先生遂召集院中同志黄复生、李伯申、邓家彦等为详言其得失,则皆唯唯。依参议院法,须政府再交院议,始能推翻原案。邓、黄等以是请,克强遽曰:'政府决不为此委曲之手

---

① 吴玉章(永珊):《辛亥革命》第150、151页。
② 尚秉和:《辛壬春秋》,载《辛亥革命》(八)第551页。

续，议院自动的翻案，尽于今日；否则吾将以宪兵入院，缚所有同盟会员去。'是日，适祭明孝陵，遂请先生俱上马出府。余称病不从行，而就府中草文书，交院再议；一面飞骑白先生。适先生祭陵归，此事已解决，先生不予罪也。"①

"清晨，文武百官在总统府集合，黄总长趋前，启请大总统登舆，参军御马。胡秘书长（汉民）陪乘，黄总长则紧随乘舆之后，以次乘车骑马，经明故宫，出朝阳门，夹道欢呼，声震屋瓦，循四方城陵前御道，抵拱桥下车。大总统齐齐步入，至前殿更衣少息后，穿内殿，进甬道，上高陵，乐声大作，海陆军大炮齐鸣。行礼如仪之后，大总统述明太祖之丰功伟烈，勖勉同志。指点陵殿之倾圮处，以时修建。"②

2月中旬　复电江苏都督庄蕴宽及李书城，临时政府地点宜设在南京。

电云："此次民国成立，合南北军民一致而成，袁公之功，自不可没。惟清帝退位尚在北京，南方各军多数反对优待条件。袁公虽与清廷脱离关系，尚与清帝共处一城。民国政府移就北京，有民军受降之嫌，军队必大鼓噪。且临时政府既立，万不能瞬息取消。清帝既退其统治权，统一政府未成立以前，当仍在南京，临时政府自应受之于政府所在地，更无移政府而送其接受之理。自和局既定，袁公心迹已大著，万众倾心，移节南来，感情易惬，于袁与清帝关系断绝，尤足见白于军民各界，而杜悠悠之口。……种种研究，临时政府地点，必以南京为适宜。""鄙意所以决北京必须迁徙者，实逆计民国前途外交、军事两大问题而生。外交上之收国权，

---

① 《胡汉民自传》。
② 《居觉生先生全集》下册第540页。

可由迁都而发生，前已言之。若以军事论，则北京今日万非建都之地。盖今日之所谓军事，为与世界各国争衡之军事。则军事之布置，当为御外之计。首都在北京，根本动摇，一有他虞，迁移亦难为计。此非可一一明言，谋国者不可不为全国计久远也。"①

黄兴于复电中并谓："章太炎先生之函，与《民立报》上所论略同，所云谋政治之统一，谋经济之发展，谋兵权之统一等条，多非纯粹之建都问题"，而章氏却发出《驳黄兴主张南都电》，说："袁公已被选为大总统，大总统之所在，而百僚连袂归之，此自事理宜然，何投降之可能。""袁公既被举为临时大总统，则名实自归之矣，何必移统一政府于金陵，然后为接收耶？""袁公已被举为民国大总统，徒以与清帝同城，谓之关系未断，是断绝不断绝之分，不在名位权实，而在地点。然则临时政府所遣使人往迎袁公者，一入蓟门，亦即与清帝复生关系耶？②"章炳麟在建都问题上，支持了袁世凯建都北京的主张。

2月18日　复电江北联军总司令孙岳等，"临时政府刻经参议院议决，仍然设在南京。"③

△　孙中山派蔡元培、宋教仁等赴北京迎袁世凯南下就职。

2月19日　致电黎元洪及各省都督："现战事已将告终，民政应设专员，军政应筹统一，军政分府多属无用。"希各省"将所属军政分府分别裁撤，以一事权。"④

△　致电伍廷芳、汪精卫、陈炯明，请即劝阻香惠两军北伐。

电云："顷广东香惠两军来电，大不满意于新总统，并云决意

①　上海《民立报》1912年2月24日。
②　原载《太炎最近文录》，转引自《章太炎年谱长编》第389、390页。
③　上海《申报》1912年2月23日。
④　南京《临时政府公报》第24号。

北伐，等语。如此，于大局实有关碍。……此事必系一二无识者所为，诸公均粤人，请即飞电劝阻，祷切盼切。"①

2月20日　以陆军部名义通告各省都督，"迅将前清忠义各祠，分别改建为大汉忠烈祠。汇集各该省尽忠民国死事诸烈士入祀其中。"② 随后又通告各省，将前清湘、楚、淮军昭忠各祠改建为大汉忠烈祠，"一以慰烈士在天之灵，一以褫汉奸死后之魄。"③

△　孙中山复函章炳麟，为黄兴辩诬。

函云："临时政府地点，鄙见亦与克兄同。谓军人本无执见，而克诳人以言，殊非事实，近者已为共见。而粤东争电，至今未已，其强横之辞，文已一概裁抑之。……文与克兄交处固久，先生亦素知其为人。此次执持过坚，然迥非出于私意。以先生之明，犹谓克欲谋总理，冤枉如此，谁与为辩。则不知清帝未宣布退位之前，季新、少川以曾私约，克仍掌陆军或参谋，而克拒之曰，奈何仍以是污我。文屡与言，亦期期不可。展堂等自爱其乡，欲求克归粤，一镇民军，亦不允。其厌事如此，乌有为总理之心事，更安有为求总理而变乱大计，强无为有如来书所云者。文于国事，只知有役务，不知有权位，故于进退之际，行其当然，不假勉强。以此自信，亦信克兄，盖是非不久自见。愿先生毋过操刻酷之论，尔时当谅文为不谬，与非强为克辩护也。"④

2月21日　蔡锷致电黄兴，愿以滇省援川之师拨归中央候调遣。

电云："滇省北伐援川各军队，久经训练，纪律严明，各将领亦

---

① 据观渡庐：《共和关键录》。
② 南京《临时政府公报》第20号。
③ 南京《临时政府公报》第22号。
④ 《辛亥革命七十周年——文史资料纪念专辑》第68、69页。

有学术经验。此次援蜀平匪，所向有功，若以之留备中央，必资得力。拟饬令悉归部下，听候调遣。尊意如何？即请电复。"①

2月23日　以陆军部名义致电各省都督及各军司令官，查询"军队中有无意大利人名疼其萨和尔皑者"，希电复陆军部。②

2月25日　为培养军队基层干部，以陆军部名义出示招考入伍生队新生。

陆军部成立未及两月，"为注重军事起见，特创办入伍生队，专收中学毕业之志愿为军人者，授以完全军事教育，卒业后升入军官学校。"③是日起，在南京江宁府入伍生队开始报名。

△　领衔发起组织陆军将校联合会，被举为会长。

先是，黄兴与蒋作宾、李书城、仇亮等一百七十四人发起组织陆军将校联合会，其发起传单指出："国家多难，武事为先，欲谋辅助进行之方，必借集思广益之力。是以纠合同志，创设陆军将校联合会，结成一大团体，互相研究箴勉，铸成中华伟大之军人，以共济时艰。"④是日，在南京三牌楼第一舞台举行成立大会，到陆军部及驻宁各军将校数百人，通过组织章程，选举黄兴为会长，陈蔚为副会长。⑤

△　通电各报馆为蒋方震辩诬。

电云："阅昨日报，有电称蒋方震君为汉奸一节，殊为失实。现在南北统一，人人尽力民国，断未有甘心向虏者。前有小怨，亦在所不咎，请登报声明，以彰公道。"⑥

---

①　《蔡锷集》第169页。
②　上海《民立报》1912年2月24日。
③　南京《临时政府公报》第23号。
④　南京《临时政府公报》第22号。
⑤　上海《民立报》1912年2月26日。
⑥　上海《申报》1912年2月27日。

2月27日　致电沪军都督陈其美，请打消辞意。电文指出："万望以大局为重，辅助中央，筹画善后一切。"①

△　与汤化龙等联名发出启事，拟在沪举行吴禄贞烈士追悼大会。

《启事》略谓："故燕晋大都督吴公绶卿，讳禄贞，于阴历去岁九月十七日子时被旗兵刺于石家庄正太车站，副官周斡丞维桢、参谋张华飞世膺死之。请君为国捐躯，情形至为惨酷。遗骸暴露，薄海同悲。顷吴公遗族捧公遗像自津门来沪，凡我同人，尤深哀感。兹拟于三月十四号即旧历正月二十六日在张园开会追悼。"②

2月28日　谭人凤就沪督陈其美去留问题致电孙中山、黄兴。

△　北京政府与日国银行团成立二百万借款协定。

2月29日　袁世凯在北京制造兵变，作为拒绝南下就职的借口。3月10日，袁在北京就任临时大总统。

2月　与孙中山等联名发出通启，订期举行江皖烈士追悼会。③

△　致函日本元老井上馨和山县有朋，④希望日本能率先承认中华民国的成立。

函云："民国政府初立，兴以薄德，忝受陆军总长之职，任重道远，良用惴惴。民国主旨在革新政治，开中国之新运，以确（保）东亚之和平。贵国士者念唇齿之相依，鼓舆论以相助。寸心铭感，

---

①　上海《民立报》1912年3月1日。

②　上海《时报》1912年2月27日。

③　《江苏革命博物馆月刊》第1卷第5期。

④　井上馨（1835—1915），日本长州（今山口县）藩士出身。早年与伊藤博文等留学英国，归国后参与倒幕运动。1885年任伊藤内阁外务大臣，1892年任第二次伊藤内阁内务大臣，1898年任第三次伊藤内阁大藏大臣，致力于发展纺织业和铁道事业。后来以元老身份主宰财政界，成为近代日本财阀特别是三井财阀的总后台。

各有同情。尤望先生于民国成立之初，鼎力提倡，俾得速邀各国之承认。大局平定，得以从容布置，奠我国基，我全体国民受惠实多矣。敬托何君天炯代陈一切，希维亮察。"①

　　△　致山县有朋函云："迩者民国义军，光复省分过中原之半。新政府成立，兴以薄德忝任陆军部总长之职，军事旁午，久不奉候，深用歉然！顾念新国建造之基虽已树立，前途辽远，来日方长。幸荷贵国诸大君子，推同文同种之爱，自民军起义以后，提倡奖借，不遗馀力，以至于今。感激之情，匪可言喻！先生为国中巨擘，泰山北斗，物望素崇，登高一呼，其应自捷。以鼎力扶助民国，早邀各国之承认。大局一定，可以维持东亚之和平。民国之福，亦东亚之本也。引领东望，祷与祝，并敬托何君天炯面达一切。幸惟鉴察。"②

　　3月1日　出席南京各界追悼先烈大会，并致悼词。

　　黄兴以陆军部名义于上月二十六日通告各省都督，订于三月一日在南京小营演武厅举行追悼先烈大会。是日，追悼大会隆重举行，孙中山亲临主持，黄兴于祭典中致词。略谓：中华民国已成立，皆诸烈士之奋勇牺牲所得。尚祈诸君子努力共和事业，以副死者之期望。③

　　△　复电江西都督马毓宝，拟设军医学校一节，已饬军医局妥拟章程，可即照章办理。①

　　3月3日　中国同盟会本部于南京召开会员大会，宣布"巩固中华民国，实行民生主义"之宗旨及新政纲九条，举孙中山为总

────────

① 〔日〕彭泽周：《黄克强先生给日本井上馨的一封信》，载《大陆杂志》第39卷第11期（1969年）。
② 〔日〕彭泽周：《试评黄克强先生的史料及其研究观点》，载《国外辛亥革命史研究动态》第4辑第88、89页。
③ 《中华民国新文牍》卷3第7页。
④ 南京《临时政府公报》第29号。

理，黄兴、黎元洪为协理。①

中国同盟会本部职员一览②

执行部

总理：孙　文

协理：黄　兴　黎元洪

总务部

主任干事：汪兆铭

干事：田　桐　吕志伊　冯自由　吴永珊　石　瑛　孙润宇　魏宸祖　周仲良　郑　权　邓家彦　张辅汉　刘星楠　钟震川　于德坤

交际部

主任干事：张　继

干事：尹　骞　史　青　熊传第　胡国梁　洪承典　马君武　仇　亮　梁　龙　刘揆一　陈承泽

政事部

主任干事：宋教仁

干事：范光启　平　刚　林　森　王正廷　钱树芬　文　群　熊成章　刘　彦　张大义　凌　毅　赵世钰　仇　鳌　殷汝骊

理财部

主任干事：居　正

干事：曾鲁光　马伯援　王黻炜　方　潜　章　梓　沈缦云　高　鲁

文事部

主任干事：李肇甫

---

① 《中国国民党史稿》第1册第81、82页。
② 黄彦、李伯新编：《孙中山藏档选编》第384—386页。

干事：任鸿隽　景耀月　熊传第①　彭素明
　　评议部

议长：张耀曾

副议长：田　桐

议员：（皖）常恒芳　方　潜　龚维鑫

　　　（赣）邓文辉　黄榕鸥　文　群　彭素明

　　　（黔）平　刚　胡肇安　于德坤　周仲良

　　　（蜀）吴永珊　黄复生　熊成章　任鸿隽

　　　（鄂）田　桐　张绍良　杨照离　何世匡

　　　（滇）吕志伊　张耀曾　张大义　黄嘉梁

　　　（闽）陈承泽　林　森

　　　（湘）萧翼鲲　仇　鳌　刘　彦　彭邦栋

　　　（林）刘　崛　邓家彦　曾　彦　刘月清

　　　（直）王芝祥

　　　（鲁）刘星楠　彭占元　刘冠三　谢洪焘

　　　（浙）王正廷　楼聿新

　　　（豫）曹昭文　王靖方

　　　（苏）赵正平　黄　奎　朱时源　陈南阳

　　　（晋）景耀月

　　　（陕）徐郎西　赵世钰

　　　（粤）胡汉民　金　章　林直勉

　　　（南洋）吴世荣

　　　（美国）卢仲博

　　　（加拿大）冯自由

---

①　熊传第已列名交际部，此处不知是兼职还是赘录。

3月4日 复电蔡元培、钮永建、汪精卫等,告已派军队分道北上,早定大局。①

3月5日 复电蔡元培、汪精卫、钮永建告派兵护送南京政府诸人北上,须有袁世凯明电。②

3月6日 通电各省都督,禁止在沪私购军械,一经查获,"除将军械充公应照私运军火例惩办,以儆效尤。"③

△ 署名参谋总长致电各省都督,"京、津秩序确已恢复,临时政府不日可望成立,援师缓发。"④

北京兵变发生,延及津、保一带,黄兴署名陆军总长电请各省出师弹压。袁世凯以"各国联军在京,恐滋误会"拒之。又密令各地心腹通电反对袁南下就职。迎袁专使蔡元培等鉴于形势危迫,电请南京方面从长计议,勿轻动干戈。是日,黄兴通电各省缓发援师。三月七日,南京临时参议院通过"袁大总统允其在北京就职"等六项办法。袁世凯遂于三月十日在北京就职。

3月7日 致电请东三省总督赵尔巽⑤,请饬属保持现状,共维大局。

电云:"前闻我公赞同共和,东南人心,靡不感佩。惟据蓝都督来电,我公部下'仍多违反行动,双方对抗,险象毕呈',等语。查关外逼处强邻,动辄牵制,与内地情形迥不相同,内讧朝生,外患夕至。我公素持国家主义,亦必不忍见此。……务恳通饬三省部属,

---

① ② 原件藏广东中山县孙中山先生故居纪念馆,复印件本谱编者藏.
③ 《中华民国临时政府新法令》.
④ 上海《时报》1912年3月9日.
⑤ 赵尔巽(1844—1927),号次珊,汉军正蓝旗人。同治进士。历任皖、陕、甘等省按察使,布政使,护理山西巡抚、湖南巡抚、湖广总督、四川总督。1911年改任东三省总督。辛亥革命后,任奉天都督、清史馆总裁。1925年任善后会议议长、临时参政院议长。

保持现状，对待一切，总期和平，勿令再启纷扰，民国幸甚。"①

△复电关外都督蓝天蔚，"北方人心未靖，警报迭传。"希"传檄各路，剀切劝导，谨守秩序，免贻口实。"②

△致电清山东巡抚张广建，③保持现状，勿启纷争。

电云："兹接山东临时议会及各处来电，执事'忽逮代表，有意破坏'等语，不胜惊异。我辈起义目的，但期改造政治，并非攘夺权利，此心可白于天下。……幸勿误会，致启争端。务恳通饬所属，保持现状，对待一切，务期和平。现在北方未靖，警报迭传，若鲁省再启纷争，大局何堪设想？"④

3月10日　通电各省都督及各军司令官，转饬所属部队遵循临时参议院决议，允许袁世凯在北京受职，"俾与全国人民乐享幸福。"⑤

3月上旬　复函江北第二军参谋长衰祖成，申述同盟会名称仍应保留，不能取消。

函中有云："方今帝政虽倒，民国未固，本党尚多遗憾，必期克竟全功。既无解散之理由，复无取消之办法。……昨经宣布政纲，刊登报纸，愿执事留意披览，无待赘述。"⑥

△　以陆军部名义呈报孙大总统批准：拨南京太平门外玄武湖端方私建之房屋一所，作为杨卓林、郑子瑜二烈士祠，各给恤银

---

①　上海《民立报》1912年3月20日。
②　上海《民立报》1912年3月20日。
③　张广建，字勋伯，安徽合肥人。清末入淮军为军佐，积功保举知县，累升布政使。辛亥革命期间，袁世凯命署理山东巡抚。辛亥革命后，历任顺天府尹、西北筹边使、甘肃都督兼民政长，成为袁世凯控制西北的干将。袁死后，投靠皖系军阀。
④　上海《民立报》1912年3月20日。
⑤　《中华民国新文献》卷3第8页。
⑥　上海《民立报》1912年3月14日。

一千两。附祀吴樾、熊成基、杨笃生、陈天华烈士，并给照恤银。①

3月11日　致电袁世凯，劝勿添招新兵。

袁世凯当选临时大总统后，于北京制造"兵变"，拒绝南下受职，复拟添招新兵三十营，扩充实力。是日，黄兴致电劝阻，请以南兵北调。

电文中说："兵兴以来，公私交困。南京现有各军，已苦难以安插，岂容再行增兵？且新募之兵，训练、装备种种困难，又不适急用。现在正议南军北调，尤不必多此一举，转滋歧误。鄙意与其添募新兵，不如移南方业经编成之军填扎北省，在南方可节饷需，在北方得资保卫。且一令调发，旬日可至，尤为便捷。"②

3月13日　署名参谋部致电各省都督，"现正计划全国测量办法"，希速汇报"陆军测绘学生已未毕业人数、履历、成绩及测绘图书仪器名称数目。"③

△　袁世凯任唐绍仪为国务院总理，赴南京办理临时政府接交事宜。

3月14日　出席在上海张园举行的吴禄贞烈士追悼大会，并致送挽联。

吴禄贞，字绥卿，湖北云梦县人。曾留学日本习陆军，参加兴中会。1903年冬应黄兴之邀到长沙，加入华兴会。历任清廷练兵处军学司训练科马队监督、延吉边务督办和新军第六镇统制。辛亥武昌首义后，赴滦州密约蓝天蔚、张绍曾等举兵反清，又回石家庄与山

---

① 南京《临时政府公报》第30号。　杨卓林，字公仆，一名恢，湖南醴陵人。清末留学日本，入铁道学校，经黄兴介绍加入同盟会，归国后谋刺端方，事泄被捕。1907年2月就义于南京。郑子瑜，湖南长沙人，同为端所害，同死于南京。

② 上海《民立报》1912年3月13日。

③ 南京《临时政府公报》第53号。

西民军联系，策划北方新军起义。11月6日深夜在石家庄车站遭袁世凯暗害，遇刺身死。是日，在上海张园举行追悼大会，素车白马，备极哀荣。会前，黄兴以陆军部名义呈报孙大总统批准：吴禄贞照大将军例赐一时恤金一千五百元，遗族每年恤金八百元。①并致送挽联云：

"李北平之将略，韩侍中之边功，大厦正资材，公缓须臾，万里早空胡马迹；

罗斯伯其激昂，来君叔其惨烈，二难同赴义，我悲后死，九原莫负故人心。"②

3月15日　与孙大总统联署，任命宾步程为金陵机器局局长。

宾步程说："辛亥鼎革后，先生任南京陆军部部长，奉中山先生命，登报觅余担任上海兵工厂长。因久未至，委陈君去焉。追余闻讯至南京，改委金陵兵工厂长。其委状系孙大总统与先生署名。"③

△　通电各省都督及各军师旅长申明军纪。指出"军人遵守国家之纪律，服从长官之命令，乃为当然义务"，"维持社会，保卫国家，为军人固有之天职。"④

3月17日稍前　与胡汉民、宋教仁等九十七人呈请设立国史院，经孙大总统咨交参议院审议。

原呈略称："今我中华聿新，民国前自甲午而后，明识远见之

---

①　南京《临时政府公报》第31号。
②　据黄一欧：《辛亥革命杂忆》；又见《申报》1912年3月15日。
③　宾步程：《黄克强先生逝世纪念》，载《艺庐言论集》次编第304页。宾步程，字敏陔，湖南东安人。清末留学德国，任留德学生会会长。1905年夏，在柏林结识孙中山，加入革命组织。
④　上海《民立报》1912年3月18日。

士，怵于国之不可以见辱，而政体之不可以不改变也，于是奔走呼
号，潜移默运垂二十年。兹者，民国确立，以前之艰巨挫折，起蹶兴
颠，循环倚伏，不可纪极。若非详加调查，笔之于书，著为信史，何
以彰前烈而诏方来，正史裁而坚国本。为此，连同众意，合词呈请
大总统速设国史院，遴员董理，克日将我民国成立始末，调查详彻，
撰辑中华民国建国史，颁示海内，以垂法戒，而巩邦基。"①

3月17日　署名陆军部通电各省都督，报编军队序列。

电云："现今军队林立，名目繁多，亟宜编定序列，以谋统一。除
已经本部编列之二十一师外，其余各省军队未经编列者，应请贵都
督转饬各军从速造册报部，以便按次编入，另颁关防，营长以上由
本部加给委任状。"②

△　致谕陆军部军衡司，发给林逢春医药费。

谕云："充北军机关（枪队）排长林逢春，在汉口因愤北军惨
酷无人理，自欲反正不得，遂拔手枪自击。为兵士所救，误中左腿。
在红十字医院诊治，将左腿割断，今就沪配足。其如何议恤，以示
鼓励之处，即议定为要。"③

林逢春3月21日领状："实领得陆军部发给医药费大洋壹仟元
整。所具领属实。"④

3月18日　与陈锦涛、蔡元培、王芝祥、徐绍桢、熊希龄、胡汉民
等联名通电，发起组织拓殖协会。

电云："民生主义以拓地垦荒殖产兴业为目前切要之务。吾
国西北土旷人稀，而东南人满为患，农无田而可耕，兵无法而退伍，
民生坐困，而工商业亦因以不振。同人深概〔慨〕民国前途极为

---

①　南京《临时政府公报》第41号（1912年3月17日）。
②　据中国第二历史档案馆藏《南京临时政府档案》。
③④　据中国第二历史档案馆藏《南京临时政府档案》。

危险，特集同志创设拓殖协会，思有以苏民困，维国本。……"①

是日，拓殖协开成立大会于南京中正街悦宾楼，选举黄兴为会长。② 拓殖学校校址设南京城内四条巷前李公祠，分蒙文、藏文两科，三年毕业，派往蒙、藏两处任事。入校学生限中学毕业以上或具有同等学历，年在十八岁以上者。"二次革命"失败后，为袁世凯勒令停办。③

3月21日　陆军部总长办公室遭枪击，副官陈鲁受伤殒命。

"弟任前陆军部时所居之楼，有一飞弹破窗而入，戕我副官。事后详查，确系猎者流弹，并无谋刺情事。平生屡濒危殆，幸荷天全。"④

△　致电袁世凯，请饬令保定陆军预备大学堂暂缓开学。

电云："近闻上海《民立报》登载保定陆军预备大学堂告白一通云，该堂准阳历四月五号开学。……该堂应归中央参谋部管辖。今南北政府既已消灭，统一机关组织未成，该堂尚无所统属，若竟贸然开学，于法理似乎不合。且该堂学员因效力民军供职边远者甚多，纵使即能开学，亦须宽假时日，方能召集齐全。愚见拟请就近饬令该堂暂缓开学，俟统一机关成立，再由中央参谋部计画续办，最为周妥。"⑤

3月22日　以陆军部名义申请孙大总统将"故员陈鲁按照左都尉阵亡例，给予一次恤金八百元，遗族抚恤金每年四百五十

①　上海《申报》1912年3月21日，拓殖协会名称，后改垦殖协会。
②　上海《民立报》1912年3月20日。
③　拓殖学校招生广告，见上海《民立报》。
④　黄兴：《复伍平一书》（1912年4月20日）。
⑤　南京《临时政府公报》第50号。

元。"①

3月23日　与蔡元培、宋教仁、刘揆一等发起组织中华民族大同会，被举为总理。

黄兴等以"民国初建，五族涣散，联络感情，化除畛域，共谋统一，同护国权"，②实为当务之急，先于本月19日发起"中华民族大同会"。是日，在南京门帘桥事务所开成立大会，选举黄兴为总理，刘揆一为协理，下设教育、实业、编译、调查四部，各举干事二人。③3月31日，孙大总统批准立案。④

△　孙大总统令知黄兴：陆军部副官陈鲁请恤事，"应即照准"。⑤

△　段祺瑞电黄兴，陆军预备大学堂"北籍各生纷纷回堂，故订期开学，温习旧课，免其无所事事。……实非正式开学。"⑥

3月25日　署名参谋部致电各省都督，统理全国测量事业。

通电略称："全国测量事业，现经本部设立专局，统筹办理，以归画一。所有各省业经举办之测量界事业，暂仍其旧。其未办各省，应即由本部统理，毋庸另行举办。"随后，又通电各省，告以"全国三角测量，先从沿边、沿海着手，地形测图及制图两项，先分显要、重要地点次第进行，概由中央派员办理。"⑦

3月27日　署名参谋部总长致电各报馆，奉令撤销大本营，兵站局未尽事宜，由参谋部暂行兼管。⑧

----

① 据中国第二历史档案馆藏《南京临时政府档案》。
② 上海《民立报》1912年3月26日。
③ 上海《民立报》1912年3月27日。
④ 南京《临时政府公报》第56号。
⑤ 据中国第二历史档案馆藏《南京临时政府档案》。
⑥ 南京《临时政府公报》第50号。
⑦ 南京《临时政府公报》第53号。
⑧ 上海《时报》1912年3月28日。

3月28日　致电陈其美转庄蕴宽，"苏 州 兵 讧，①请 速 为 镇压。"②

3月29日　由袁世凯任命为参谋总长，统辖两江一带军队。旋于4月1日辞不受职。

袁世凯提名各部总长时，南方将领及社会团体纷电袁氏，要求留任黄兴为陆军总长。但袁命其嫡系段祺瑞担任，又慑于南方民气不可悔，于是日任命黄兴为参谋总长，统辖两江一带军队。③袁令发表后，黄兴复电力辞。并于致段祺瑞等电中郑重表示："两江一带军队，维持整理刻不容缓。兴纵怀归隐之志，断不敢置经手未完事宜于不顾，以负我军界同胞。已商请唐总理妥定办法，务使南方各军队布置得宜，各安 其 所。"④

3月30日　与蔡元培联名介绍唐绍仪加入中国同盟会，孙中山主盟。

袁世凯任命唐绍仪为内阁总理，到南京组织新阁，办理临时政府交接事宜。唐于二十九日列席临时参议院，提出袁所定各 部 总长名单，征求同意。⑤次日，南京临时政府公宴唐于总统府。席间，蔡元培致词欢迎，并请其加入同盟会，实行同盟会政纲政策。黄兴亦起立敦劝，全体鼓掌赞成。居正即离席取来同盟会入会志愿书，

① 1912年3月27日晚间，江苏都督庄蕴宽赴沪未归，苏州驻军四十六标兵士因在阊门外观剧肇衅，发生兵变。旋即敉平。
② 上海《申报》1912年3月30日。
③ 命令全文如下："任命黄兴为参谋总长。此令。""两江一带，军队众多，事体繁重。参谋总长黄兴，威望卓著，情形熟悉。特任命统辖布置。现值建设肇始，时艰孔殷，该总长素顾大局，务当力为其难，为国民前途谋幸福，本大总统有 厚 望焉。此令。"（载上海《申报》1912年4月1日）
④ 《黄留守书牍》卷上。
⑤ 参议院投票结果，除交通总长梁如浩未获半数以上同意票应予保留外，其余九部总长均获通过。

唐思考移时，签字认可。黄、蔡签名作介绍人，孙中山签字主盟，唐绍仪起立宣誓。①

3月31日　南京驻军各军将开陆军维持会，议决黄兴以总参谋长加元帅衔，陆军部归其管辖，并电呈北京政府请黄兴暂留南京镇摄东南各省。②

3月　以陆军部名义发布通谕，告诫军官学校学生及入伍生应服从军纪。"以后遇有聚众要挟反抗长官之事，无论学生人数之多寡，凡预事者，一律开除惩办，决不姑宽。"③

△　与汪精卫、宋教仁、张继等呈请褒扬刘道一，以旌义烈而慰忠魂。④旋经孙大总统批准，"援照给恤杨烈士卓林例，优给刘道一恤金一千元，并附祀大汉忠烈祠。"⑤

△　撰联哀悼黄花岗七十二烈士。

"七十二义士英鉴：

七十二健儿，酣战春云湛碧血；

四百兆国子，愁看秋雨湿黄花。

中华民国元年三月。黄兴拜题。"⑥

4月1日　孙中山到临时参议院解临时大总统职。

△　由袁世凯任命"为南京留守，仍统辖南洋各军。"黄兴表示："因南方军队尚待整理，故暂任斯职，俟办理就绪，即当归田。"⑦

① 居正：《梅川日记》。
② 上海《时报》1912年4月20日。
③ 南京《临时政府公报》第52号。
④ 上海《民立报》1912年4月19日。
⑤ 南京《临时政府公报》第54号。
⑥ 《黄克强先生书翰墨迹》第346页。
⑦ 《黄留守书牍》卷上。

"先时此间各部军官以袁既为大总统，陆军总长非黄兴不可，请唐（绍仪）转告袁氏，袁不同意。再三电商，袁总不允，唐对黄甚抱歉。又因南京兵多，故以留守职请黄担任。黄不允，唐力劝黄，黄云，如令我就留守职，公须入同盟会，且以王芝祥督直，我方担任。唐慨然允入同盟会，并说王督直一节，在总理权内，等到京后与总统商定发表。"①

"南京临时政府撤销以后，设立南京留守府，办理政府机关的结束事项和接收管理驻宁的军队。黄先生被任命为留守府的留守，我为总参议。府内设政务、军务两厅，以马良（相伯）为政务厅厅长，张孝准为军务厅厅长，陈嘉会为秘书长，……黄先生经常在上海同各方面会商国事，他的留守职务由我代行。"②

4月3日　复电华侨联合会，表彰黄文荣急公好义"慨捐银千元，并拟回原籍鼓吹提倡，国民捐，动员民力维持民国财政的爱国热诚，钦佩无量。"③

△　袁世凯通电各省都督，照准黄兴启用"南京留守统辖南方各军之关防。"④

4月4日　致电各省都督，通告委任李燮和充长江上下游总司令。

电云："前清于湘、鄂、皖、赣、宁、苏、浙七省沿江方面，设立长江水师提督，藉资镇压，而保治安，立法颇善。自武昌起义，各省独立，用人行政，各自为谋，长江水师之制遂破。今日南北统一，共和

---

① 耿毅：《辛亥广西援鄂回忆录》，载《辛亥革命资料》第484页。
② 李书城：《辛亥前后黄克强先生的革命活动》，载《辛亥革命回忆录》第1集第202页。据历史资料记载，作者当时的职务为总参谋。
③ 上海《民立报》1912年4月20日。
④ 上海《时报》1912年4月5日。

告成，亟宜规复前制，以消隐患，而固国防。业经本部商同海军部长呈请前孙大总统，委任前光复军总司令李燮和充长江上下游总司令在案。……凡属湖南、湖北、江西、安徽、江南、江苏各水师，总归李总司令节制。"①

4月6日　复函南京巡警总监吴忠信，请"仍屈就原职，勿过事谦退"。②

△　致电各省都督、各部总长，告就南京留守职。

电云："留守一职，专为维持南方现时军队起见，原系暂设。兴此心尚存，亦诚恐遽将经手未完事件均置不顾，或于大局转致违碍，负我同胞。惟有暂鞿将去之身，勉随诸公之后，藉效棉力。俟布置略定，仍当归息林泉，以遂初志。"③

△　致电袁世凯，告南京留守府组织成立，启用关防，文曰："中华民国南京留守统辖南方各军之关防"。④

△　发布公启，声明留守府"一切设施，概从简约。……用人行政，务求实际。从前乾修诸名目，理应一律铲除。"⑤

4月7日　黄兴发表南京留守府职员名单。

△　复函陈虹奎等，述为南京莫愁湖题额意见。

陈虹奎、张仲衡等致书黄兴，请改莫愁湖匾额，拟题为"一湖千古两中山"。是日，黄兴复函赞成。

函云："前明徐中山驱除胡元，功业炳耀；湘乡曾氏戕同媚异，得罪国民。……中山先生首倡大义，克尽全功，民国奠定，长揖归田，让德高风，允足增湖山之色。其与徐中山后先辉映，都人士皆

①　上海《申报》1912年4月15日。
②　《黄克强先生书翰墨迹》第255页。
③④　上海《民立报》1912年4月12日。
⑤　《黄留守书牍》卷上第2页。

津津道之。若得管领名湖，洵属千秋韵事。诸君拟以湖楼匾额更易标题，借申景仰。诸君既提倡于先，鄙人谨赞成于后。六朝金粉，万顷烟波，固非名流莫属也。①

△　往下关迎送孙中山。

孙中山辞临时大总统职后，于4月3日离南京赴上海。是日，应黎元洪之邀，偕廖仲恺、胡汉民等由上海乘车抵下关，登联鲸兵舰赴武汉。黄兴亲往下关迎送。②

4月8日　捐助女子参政同盟会经费洋一万元，"劝其多设学校，培成完全人才。"③

4月9日　由宁赴沪，与唐绍仪商洽要公。④

△　通令南方各省停办陆军小学。

4月11日　驻宁赣军邓文辉部哗变，抢掠商户。旋经留守府派兵救平。

是夜，驻宁赣军第十四旅邓文辉部在南京城内哗变，劫掠白门桥、太平桥一带商户。经李书城商请王芝祥派队弹压，未致蔓延。

"当时最感困难的问题是南京拥有十余万人的军队，军费没有来源。……我不得已，只得把南京军队的伙食从干饭改为稀粥。以后连稀粥也不能维持了，乃将南京城的小火车向上海日商抵借二十万元，暂维现状。某夜，江西军俞应麓所部突然哗变，在南京城内肆行抢劫。经请广西军王芝祥军长派队弹压，到天晓才

---

①　上海《天铎报》1912年4月8日。　徐达，明初功臣。初为郭子兴部将，后归朱元璋。从朱元璋征略四方，军律严明，闾井晏然。累官中书右丞相，卒后追封中山王。

②　上海《申报》1912年4月8日。

③　黄兴1912年4月12日致袁世凯电。

④　上海《申报》1912年4月9日。

平定。除由军法处将罪据确凿的犯兵予以惩处外，其余均遣送回籍。经过这次兵变，我才认识到有兵无饷的危险。①

"革命党人也大概竭力想给本族争光，所以兵队倒不大抢掠。南京的土匪小有劫掠，黄兴先生便勃然大怒，枪毙了许多，后来因为知道土匪是不怕枪毙而怕枭首的，就从死尸上割下头来，草绳络住了挂在树上。从此也不再有什么变故了，……"②

△ 致电孙中山，报告大通军政府都督黎宗岳前拥兵自重，拒不裁撤，经柏文蔚军长率水陆军开赴大通，"可望和平解决"。③

4月12日 拂晓，由沪返宁，入城巡视。发布安民告示。

告示说："昨夜匪徒滋扰，今晨一律剿平。已筹善后办法，居民安心勿惊。"④

4月13日 致电各省都督、各军师长、各报馆，报告兵变善后情形。

电云："兴昨已发布戒严令，现仍饬各军警极力防范，加以镇抚。定于明日将该两团兵妥送回赣省遣散。惟是白门桥、太平桥一带商民被劫者不下数十家，哀此无辜，突遭惨乱，已分饬南京府知事、巡警局会同切实查报，以便酌量抚恤，免其失所。"⑤

4月14日 就兵变事致呈袁世凯引咎辞职。

"兴于初九夜赴沪，与唐总理商议要事。十一夜专车回宁，至已天明，始知匪徒勾结江西军队暴动之事。随即入城巡视，幸赖各军队竭力弹压，未致蔓延。然实由兴德薄能鲜，镇抚无方，致有此

① 李书城：《辛亥前后黄克强先生的革命活动》，载《辛亥革命回忆录》第1集第202页。
② 鲁迅：《杂忆》，载《坟》第184页。作者曾任南京临时政府教育部部员。
③ 黄彦、李伯新编：《孙中山藏档选编》第585页。
④ 上海《民立报》1912年4月14日。
⑤ 上海《民立报》1912年4月15日。

乱。留守任重，决非所胜，务乞另选贤能，俾免倾覆。并严加处罚，以谢国民。”①

△　袁世凯颁布《南京留守条例》。

“条例”虽规定南京留守“直隶大总统，有维持整理南方各军及南京地面之责”，然经济权归于北京财政部，人事权操之江苏都督，各方牵制，一筹莫展。②

△　章炳麟于致黄侃函中讥议黄兴。

是日，《大共和日报》载章氏函中有云：“昨闻述黄克强语云：章太炎反对同盟会，同盟会人欲暗杀焉，以其所反对者，乃国利民福也，赖我抑止之耳。……克强丛怨已深，兵在其颈，当自求全躯之术，毋汲汲为他人忧也。”③

△　以留守名义出示，查禁南京军界所组之“大公党”（该党虚列黄兴为赞助人），限即日解散④。

4月16日　致电甘肃临时都督黄钺⑤，“共和告成，南北统一”，请遵照袁世凯令，“取消独立，同保治安”⑥。

4月17日　致电上海《民立报》转章士钊，“既经湘省政务会议推为议员，殊堪庆幸。……即希从速北行，以慰众望。”⑦

① 上海《申报》1912年4月18日。
② 《南京留守条例》全文见《中华民国临时政府新法令》第14册。
③ 《太炎最近文录》。
④ 《东方杂志》第8卷第12号。
⑤ 黄钺（1869—1943），字幼蘅，湖南宁乡人。早岁投军于左宗棠部，抗击帝俄有功，任新疆阿克苏总兵提督，袭二等男爵。中日甲午战争以后，倾向革命，1906年在上海结识革命同志，参加同盟会。1912年3月11日在秦州起义，宣布独立，任甘肃临时军政府都督。兰州旧势力首领赵维熙告袁世凯，诬黄钺起义为争权夺利，破坏共和。袁遂指责黄钺“擅拥甲兵，有害共和”“动摇国体”，下令取消其独立。
⑥ 据黄钺：《陇右光复记》。
⑦ 上海《民立报》1912年4月19日。　按：湘督谭延闿致电黄兴，谓“经政务会议博采舆论，决定承认刘彦、彭允彝、欧阳振声、覃振、章士钊为中央参议院议员，俟将来正式选举成立时再议改选。”黄因电章，促速北上。

4月17日稍后　复电黎元洪，赞同军民分治。

电云："尊意拟将军务、民政划界分权，诚为至论。民政为平时行政最要部分，泰西各国近甚注意，所以保持安宁，增进幸福，国家生存，端赖乎此。……务当早日分厘，期与各国一致，庶几军民安帖，分道进行。"①

4月20日　复函美洲华侨、同盟会员伍平一，陈述近况。略谓："辞陆军总长之职，实有不得已之苦衷。……政府北移，留都军队林立，整理一切，颇费周章。"②

4月25日　介绍沈秉堃、王人文③加入同盟会。

南京同盟会支部致各报馆电云："王君人文、沈君秉坤〔堃〕望重德高，久为政治家之泰斗。已于本月二十五日入同盟会，系黄君兴、王君芝祥介绍。"④

△　电请国务院变更统一购械之通令。

国务院通令各省："现在南北统一，所有各省购运军械，应由中央政府收回，承认给价，以归划一。"北京政府此举，目的在削弱南方民党实力。是日，黄兴复电国务院，请变更前令。指出："凡在中央政府未成立以前，各省所购军械，无论已未到关，凡持有本府护照者，应请税司一律免税放行。"⑤

△　列名发起程德全组织之政见商榷会："政见无不同者，合

---

①　上海《申报》1912年4月25日。
②　据王纯根辑：《伍平一先生珍藏先烈黄克强、陈英士两公遗墨》。
③　王人文（1863—1941），字采臣，云南大理人。清光绪进士。曾任贵州、广西等省知县知府，广东按察使、陕西布政使、四川布政使、护理四川总督、川滇边务大臣。辛亥革命后，任参议院议员，与温宗尧等在上海组织国民公党，拥岑春煊为名誉总理。1912年8月国民党在北京成立，被选为理事。
④　上海《申报》1912年4月27日。
⑤　《中华民国临时政府新法令》第11册第46页。

之为一；其有异者，相期互进于善。"①

4月26日　与熊希龄会商解决财政问题。南京留守政府成立时，所需经费，曾造具预算，咨请财政部筹解。财政总长熊希龄靳而不与，函电催促，置若罔闻。是日，袁世凯始派熊希龄来宁，会商解决。熊至宁后，虽面允由上海捷成洋行借款项下，拨交现银、钞票各百万元，但实际并未拨足，南京财政危机仍难解除。②袁世凯于留守府正当开支，诸多窒碍，暗中却以大批金钱收买民党。据柏文蔚自述，当其驻军浦口时，袁派其亲信章聿骏送来交通银行支票一百万元，给其作私人应用及老亲生活费用。当被婉言谢绝。③

△　函聘沈秉堃、王人文为留守府高等顾问。④

"闻留守取消之令，旦暮将下，克强萧然解职，果能无觖望否？……王采臣、沈幼兰习于吏事，善察物情，而皆为彼股肱，能建谋议，此可为长太息者。"⑤

"参政院果能建设，必将特虚左位，以待二君，庶几耆秀归心，不为敌用。"⑥

4月29日　发布通电，倡议劝募国民捐，减少对外借债。

通电略称："深念权借外债，原属万不得已。若恃为唯一方法，而其危险将至债额日高，债息日多，债权日重，抵押从此日穷，监督财政之举，且应时以起。……夫国家者，吾人民之国家，与其将来殉债而致亡，无宁此时毁家而纾难；况家未至毁而可以救国

---

① 上海《民立报》1912年4月25日。原题作"融和党见之一策"。另据同日上海《时报》所载，该会发起人当有黎元洪、唐绍仪、伍廷芳、汪兆铭、王人文、蔡元培、宋教仁、于右任、赵凤昌、熊希龄。
② 据留守府总参谋李书城致熊希龄电，载《黄留守书牍》卷上。
③ 柏文蔚：《五十年经历》，载《近代史资料》1979年第3期。
④ 致沈函见《黄克强先生书翰墨迹》第260、261页。
⑤⑥ 1912年6月，章炳麟上袁世凯书，载《民国经世文编》正编。

不亡,亦何惮为不而? 则唯有劝募国民捐, 以 减少外债 之输入乎!"①

"熊希龄就任财政总长,即在上海借比利时款三百万元。 袁（世凯）闻借款容易,立令熊活动大大借款。黄兴反对,主张举办国民捐。袁云南方富庶可以倡办,北方贫瘠不能不借外债。即请黄筹办国民捐为发留守府所辖军队的粮饷。黄由于自己所出主张,只好进行,可是应者很少,军饷无法维持。"②

△　发布通电,赞同黎元洪主张解散军界统一会。指出"现在统一政府已经成立,凡关军政、军令之事,自有政府机关统 筹一切。"③

"这个军界统一会是袁世凯教段祺瑞主办的,专为牢笼 羁縻当时各省的若干革命头目和军界有力人物而设的,工作人员 还是原军咨府的一般人,会址设在煤碴胡同前清的贵胄学堂,招待之优诚所罕见。"④

4月30日　致电孙中山、胡汉民等,请赞成提倡国民捐。

电中云:"此间自赣兵乱后,加意防范,秩序已较前安宁。现正着手减兵,以节国用。惟饷项各款,亏欠至千万元之谱,坐困无策,焦灼万状。昨晚通电提倡国民捐,仍欲行前方略,以救国危,谅达台览,乞先生有以赞成之。"⑤

4月　以陆军将校联合会名义领衔致电袁世凯、段祺瑞及北洋各将领,建议同时取消北京军界统一会及南京将校联合会,"另设

①　上海《民立报》1912年5月2日。
②　耿毅:《辛亥广西援鄂回忆录》,载《辛亥革命资料》第484页。
③　上海《天铎报》1912年5月1日。
④　郭敬恩:《辛亥革命在浙江》,载《辛亥革命回忆录》第4集第125页。
⑤　黄彦、李伯新约:《孙中山藏档选编》第208页。

偕行社，以为将校联络感情、交换知识之所，名实相副，事权合一。"①

△　致电各省都督征集史料，编纂战史。

电云："此次革命战争，亟应编成战史，以昭来叶。已于本留守府内设立编纂机关，以便就近征集史料，调查战况。定名为中华民国革命战史编纂局，仍用前临时政府参谋部编纂战史人员，藉资熟手。嗣后凡关于此次战争事实之文件，希即直接送付该局为盼。"②

△　致电浙江都督蒋尊簋，委任王金发为南京留守府顾问官，"希转饬其来宁到差，以资臂助。"③

5月3日　致谕驻守各师长严加限制所属军队，"对于各女校不得擅入，以重军纪，而保名誉。"④

5月6日　复电上海制造局兵工学校师生，嘉其赞助国民捐。"⑤

5月7日　复电上海贵州路角夏廷桢，嘉其赞助国民捐，"慨捐二百元首为之倡"。⑥

△　致电袁世凯、唐绍仪等，催促设立稽勋局。

电文略谓："前者孙大总统曾（咨）交参议院设立稽勋局。……现在统一政府成立，斯局之设，不容再缓。况南方军队如林，正从事整理、归并、遣散，措手维艰。将来军官士兵半多退职，若不急筹抚慰，则对死者不足以慰英灵，对于生者不足以昭激劝，人怀观望，危险实深。务恳提交参议院迅将前案议决，即日开办，于

---

①　原件藏中国第二历史档案馆。
②　上海《申报》1912年4月25日。
③　据湖南省社会科学院古代近代史抄件。
④　上海《申报》1912年5月4日。
⑤　上海《天铎报》1912年5月8日。
⑥　上海《民立报》1912年5月10日。

国家前途,裨益匪浅。"①

冯自由说:"民元五月,余以孙前大总统及黄前陆军总长克强之推荐,受任为临时稽勋局局长。在职十五月,至民二七月下旬为袁世凯逮捕系狱而止。此十五月间,经本局及各省分局之剀切调查,对于海内外革命党人之大小事迹,搜罗征集,极为详尽。不幸中途为亡清帝制余孽所破坏,未克贯彻崇德报功养生恤死之大业,至为憾事!"②

5月8日　致电孙中山,恳请登高一呼,"迅即通电全国人民及各处华侨,竭力劝导"国民捐。

电中云:"艳电提倡国民捐,实万不得已之举。中央政府连日商议借款,外人竟要挟甚巨,决难承认。而举办政务,整理军队,需款浩繁,非奔走呼号于国民之前,劝其捐助,以救危迫,万无幸理。国务院复电报表同情,拟提交参议院议决。上海各处不贪〔?〕亦多赞成,有已经捐款者。惟事体重大,关系存亡,须请我公登高一呼,方能四处响应。敬恳迅即通电全国人民及各处华侨,竭力劝导,使共晓然大义,踊跃输将。庶几内固国本,外拒狡谋。"③

5月8—9日　南京留守府举行筹募国民捐会议,积极认捐,以为倡导。

与会者有留守府职员及驻宁各军将领,讨论劝募国民捐案。议决除呈请大总统咨交参议院通过颁行全国一致进行外,并自捐薪俸(按成数扣除)以为军界倡导。各军官慷慨陈词,至有痛哭流涕者。最后通过:"将军级各员捐全月薪俸,都尉阶级各员捐三分之二,军校阶级各员捐二分之一,司书捐月薪三分一,充作国民

①　原件藏中国第二历史档案馆.

②　冯自由:《革命逸史》自序,载《革命逸史》初集.

③　黄彦、李伯新编:《孙中山藏档选编》第208页.

捐。"并通电全国，指出"借款棘手，时局危迫，非急倡国民捐，不足以资挽救。"①

△　复电中华民国协济会，嘉奖该会"续办爱国自愿捐，补助国债"的爱国之举。②

5月10日　发布通电，呼吁禁烟。

电文中说："鸦片流毒，垂及百年，弱种瘠国，实其媒介。岁耗千万，超过吾国之岁入。稍有国家思想者，久已深恶痛绝。……兴之愚见，一面请中央政府速与英人磋商改约，缩短限期；一面速订禁烟特别刑律，处分必严，限期必短。但并禁吸实行，鸦片贸易自然衰落。禁种一事，开明之地尚易服从，僻隐之区动生抵抗，则非儆以武力，不克竟此全功。"③

5月上旬　复电财政总长熊希龄，请取消借款条约。

电云："公对银行团要求，既甚愤懑，又云取消极易，应请立即取消。……万乞毁约，并速照前电发布命令，通告全国，实行不兑换券及颁布国民捐章程，以图自救。"④

5月11日　致电袁世凯、唐绍仪，请将现时统兵将补授实官，明定官俸、职俸，以利裁兵。

电称："当兹建设方殷，万事待举，此后国家岁入，断难养此多数兵额；欲求补救之策，舍裁减军队外，别无他法。……请将现时统兵各将士，一律补授实官，明定官俸、职俸，使不在职之军官，亦得相当之官俸。则衣食既有所资，必不肯拥挟兵符，转怀戒惧。如是，裁兵之事，收效必速。一转瞬间，巨额之兵饷，一变而为少数之

---

①　上海《民立报》1912年5月11日。

②　上海《申报》1912年5月11日。中华民国协济会致黄兴电载《申报》1912年5月9日。

③　《黄留守书牍》卷下。

④　《黄留守书牍》卷上。

官俸。此中得失，不难立判。"①

△ 复电扬州第二军军长徐宝山、镇江顾忠深师长、宁波社会公益促进会，嘉其赞助国民捐。②

△ 致电第二军军长徐宝山，"沭阳土匪甚炽，……希派十一师米旅长即率一旅前往沭阳、海州一带驻扎，藉资镇抚。"③

5月12日 南京军界成立同袍社，被举为社长。

南京各军官佐为谋团结起见，特于是日成立同袍社，公推黄兴为社长，第三军军长王芝祥为副社长。师长陈懋修、朱先志分任庶务部、义助部主任，留守府总参谋李书城为编纂部主任。④

△ 致唐绍仪、熊希龄告急电。

电云："此间经济又已告罄，千万罗掘，敷衍至今。日来奇窘之状，几于不敢告人。不但各军积欠饷项无从发给，即目前伙食已无术支持，告急之声，不绝于耳。似此情形，一两日内必有绝大险象。务恳无论如何，请由尊处火速电知中国银行，立拨百万元以救眉急。"⑤

5月13日 致电袁世凯请撤销南京留守职。电文缕述南方各军整理情况及裁遣归并计划后，陈述请求销职心情说："今兹所请，非敢自图暇逸，实为国家制度计。统一政府既经成立，断不可于南京一隅，长留此特立之机关，以破坏国家统一之制，致令南北人士互相猜疑，外患内忧因以乘隙而起，甚非兴爱国之本心

① 原件藏中国第二历史档案馆。
② 上海《民立报》1912年5月17日。
③ 据中国第二历史档案馆藏《南京临时政府档案》。同日致电江北都督蒋雁行，内容同。
④ 上海《民立报》1912年5月13日。
⑤ 据《熊秉三先生政书》甲编。

也。"① 对此，袁世凯表面上仍故作挽留，实则蓄意裁撤，随后命陆军部次长蒋作宾专为此事来宁。时同盟会内部对于黄兴自请销职，颇有不以为然者，谭人凤因此亲赴南京，面告黄兴："阁员去职后，所恃以保障共和者，君一人而已。何忍放弃责任，博功成身退之虚名？②

△　就所谓南北陆军经理团事复电袁世凯。

电云："军人干涉中央任免各部员之权，③ 殊属妄诞。况且私团名义干涉政治，尤为无理。所谓南北陆军经理团，不知何人何时所组织，尚未查明。如此间果有此团，即当严行取缔，勿令干犯法纪也。"④

5月14日　致留守府参谋处谕："陆军第三十二团团长何遂，朦混擅招被裁兵士⑤，先行撤差，遗缺由旅长赵恒惕兼理。"⑥

5月15日　致咨第三军军长王芝祥，何遂"朦混擅招被裁兵士，着即撤差，以儆效尤。遗缺仰十六旅旅长赵恒惕暂行兼理。"⑦ 18日，王芝祥复呈黄兴，何遂遵于本月十九日交卸，赵恒惕即于是日接任兼理团长事务。⑧

△　再次致电唐绍仪、熊希龄告急。

电云："此间军队伙食已数日不能发给，今日有数处竟日仅

①　《黄留守书牍》卷下。
②　谭人凤：《石叟牌词叙录》，载《近代史资料》1956年第3期第62页。
③　指袁世凯授意北方军界反对任命黄兴推荐的王芝祥为直隶都督。
④　据中国第二历史档案馆藏《南京临时政府档案》。
⑤　何遂原任第八师三十二团团长。据其自述：第八师成立后，兵员不足，"黄兴派刘建藩和我到湖南去招兵。……我们刚刚把三千湖南兵运回南京，又有一批从西藏遣散回来的队伍，约有一营人，我们也全部收下。这样一来，引起了其他一些军队的极大不满，纷纷向我攻击，说我擅自招兵，闹得很厉害。黄兴无法，只得下令把我撤差了。"（何遂：《辛亥革命亲历纪实》，载《辛亥革命回忆录》第1集第490页。）
⑥⑦⑧　据中国第二历史档案馆藏《南京临时政府档案》。

一粥，每日索饷者门为之塞。危险情形，日逼一日。……兴德薄能
鲜，支持至今，实已才尽力竭。此后东南大局如有变乱，则兴不能负
此责任，合先呈明。"①

△　复电沪军光复军总司令李徵五，嘉其募集国民捐。

屯云："近日政府商借外债，枝节横生，非得国民踊跃输捐，何
以善后？诸君实力提倡，一呼而集款七千元，足征爱国热忱，无任
钦佩。"②

△　出席南京各界举行黄花岗之役死难烈士追悼大会，并发
表演说。

追悼大会在第一舞台举行，到会群众三千余人。黄兴在会上
报告黄花岗之役发难经过，高度赞扬七十二烈士视死如归的牺牲
精神。他说："七十二烈士虽死，其价值亦无量矣。且烈士之死义，
其主义更有足钦者，则以纯粹的义务心，牺牲生命，而无一毫的权
利思想存于胸中。其中如林觉民先生，科学程度极其高深，当未发
动之先，即寄绝命书与其夫人。又告同人云：'吾辈此举，事必败，
身必死，然吾辈死事之日，距光复期必不远矣。'其眼光之远大，就
义之从容，有如此者。又，喻君培伦最富于爱国思想，前在天津与
汪精卫、黄复生诸人苦心经营，谋炸载沣，后因事机失败，炸弹为警
兵搜去，不遂所志。来港后，日夜与李君荫生复制炸弹，不稍休息。
此役所用之炸弹，多出其手制者。……总之，此次死义诸烈士，皆
吾党之翘楚，民国之栋梁。其品格之高尚，行谊之磊落，爱国之血
诚，殉难之慷慨，兴亦不克言其万一。"③

---

① 据《熊秉三先生政书》（甲编）.
② 上海《时报》1912年5月17日.
③ 《革命文献丛刊》第5期.

黄兴演说毕，"继由马相伯先生登台演说，亦慷慨激昂。"①

5月16日　南京成立国民捐总会，推孙中山为总理，黄兴为协理。

孙中山时在广州，总会去电报告成立经过，请允任该会总理。孙随即复电同意。②自总会成立后，各地征募活动积极展开。沪督陈其美署名发出征募国民捐启事③，并致电黄兴，报告上海征募国民捐办法，请予备案。④

5月17日　发布通电，揭露"张勋在兖州一带强占车辆，肆行招募，已陆续增至一万余人。"吁请"速饬解散，严加处罚"。⑤

△　复函某部营长王兆銮，嘉其"督同兵士，慨捐月薪合集一千四百余元，具见爱国热心，输将踊跃。"⑥

△　复函陆军辎重兵第十营全体官佐，嘉其认缴国民捐五百一十一元正。⑦

△　复电嘉定民政长许苏民，嘉其以身作则，"慨捐四个月俸共五百元充国民捐。"⑧

△　复电熊希龄，"此间待款万分迫切。……乞速拨大宗接济，俾敝处得以按日实行所定裁兵计划。"⑨

---

① 上海《申报》1912年5月17日。　马相伯（1840—1939），字良，江苏丹阳人。1862年入上海徐家汇天主教耶稣会小修院，1870年得神学博士，经教会授职为神甫。以后历任上海徐家汇公学校长、清驻日公使馆参赞、驻神户领事。创办震旦学院、复旦公学。1909年被选为江苏咨议局议员。辛亥革命后，历任北京大学代理校长、政治会议和约法会议议员，参政院参政。九一八事变后积极参加抗日救亡活动，并加入了中国民权保障同盟。抗日战争爆发后，被任为国民党政府委员。时任南京留守府政务厅长。

② 《国父全集》第1册第163页。

③ 上海《民立报》1912年5月18日。

④ 上海《民立报》1912年5月22日。

⑤⑥⑦ 上海《民立报》1912年5月17日。见报件未载时日。

⑧ 上海《时报》1912年5月21日。

⑨ 据《熊秉三先生政书》甲编。

5月18日 致电袁世凯等，请"迅赐取消留守府，立予解职"。①

5月上中旬 复电苏军司令刘之洁、吉林都督陈昭常、天津国民捐联合会等，嘉其赞助国民捐。②

△ 复函柳达、王柳生等，嘉其赞助国民捐。③

△ 批复曾天飞、达彩康等，嘉其宣讲，鼓吹国民捐。④

△ 通电表彰第二师师长朱先志、第五师师长刘毅自愿取消师部，"牺牲权利，拯救危亡"。⑤

5月21日 致电各报馆，通告袁世凯已委任冯自由为临时稽勋局长，"自后恤赏事宜，应请径向该局呈请办理。"⑥

5月22日 致电袁世凯、唐绍仪、蔡元培，申明礼教，强调法治。

电云："民国初建，百端待理。立政必先正名，治国首重饬纪。我中华开化最古，孝弟忠信礼义廉耻夙为立国之要素，即为法治之精神。以忠言之，尽职之谓忠，非奴事一人之谓忠。古人所称上思利民，以死报国是也。以孝言之，立身之谓孝，非独亲其亲之谓孝。……是以政治革命、家庭革命诸学说，原为改良政教起见，初非有悖于忠孝之大原。惟比来学子每多误会共和，议论驰于极端，真理因之隐晦。循是以往，将见背父离母认为自由，逾法蔑纪视为平等，政令不行，伦理荡尽。家且不存，国于何有？应请通令全国各学校教师申明此义，毋使邪说横行，致令神明胄裔误入歧趋，渐至纲纪荡然，毫无秩序，破坏公理，妄起私心，人惟权利之争，国有涣

---

① 上海《时报》1912年5月18日。见报件未载时日。

②③ 据《黄留守书牍》。收入《书牍》时未载日期。

④ 据《黄留守书牍》。按：黄兴于1912年5月25日致袁世凯等电中云："艳电提议国民捐……旬日以来，南省输捐极为踊跃，北省应者亦多"。故系于此。

⑤ 北京《政府公报》第28号。

⑥ 上海《民立报》1912年5月21日。见报件未载时日。

散之势。"①

△　通电表彰第二十六师师长杜淮川、第十旅旅长袁华选"顾念大局，牺牲权利"，自愿取消师部、旅部，归并军队。②

5月23日　蒋作宾奉袁世凯命抵南京，与黄兴晤谈。

5月24日　发布通电，反对北京政府借款和由外人经营的海关、银行监督开支。

因蒋作宾来宁，得悉熊希龄秉承袁世凯意旨，与银行团秘密签订《监视开支暂时垫款章程》，凡发给军饷及遣散军队费用，均须由海关税务司或银行核计员会同签押，丧权辱国，莫此为甚。特致电北京政府、参议院及各省都督、议会等，表示坚决反对。略称：

"此种章程，匪独监督财政，并直接监督军队。军队为国防之命脉，今竟允外人干涉至此，无异束手待毙。……吾辈一息尚存，心犹未死，誓不承认。熊希龄身负重任，竟敢违法专断，先行签约，悍然不顾。此而可忍，孰不可忍？闻章程已提交参议院核议，祈痛加驳斥，责令毁约。一面请由大总统提交参议院议决，发行不兑换券，以救目前之急。并实行国民捐，以为后盾。南方人心异常愤激，皆愿自输膏血以救危亡。望大总统及参议院诸公，毅然决然，立即施行，勿怀疑惧。"③

△　发布通电，重申：发行"不兑换券，为救目前危急之必要办法，同时实行国民捐所收之款，即可作为不兑换券预备金。"④

△　致电北京政府及各省，陈述创设国民银行及银公司办法。电文中说："今欲使国家与吾民有两利而无一害，除亟办国民

---

①　《黄克强先生荣哀录》。
②　中国第二历史档案馆藏《南京临时政府档案》。
③　《黄留守书牍》卷上。
④　上海《民立报》1912年5月26日。

捐外，宜再由各省自行集合人民资本，以组织国民银行。并由国民银行协力组织一国民银公司，国家如有急需，国民银公司得与政府直接交涉，酌量需款多寡，转向国民银行告贷。凡中央政府所承认六国合同内监督抵押各条件，悉收回于国民银行之手，款自我出，权自我操，大信既昭，财力益厚。平时则藏富民间，有急则贷与国用。乘此机会，以扩张民权，实行监督政府，较之乞怜外人，丧权辱国者，其安危相较，奚啻天壤。"①

5月25日　致电袁世凯及国务院等，陈述募集国民捐办法。

电中有云："现在借款一事愈出愈奇，名为磋商，实甘愚弄，财政军政均受监督，国权丧尽，生命随之。故睹此次垫款合同及监视开支章程而不痛心疾首者，非人也。于此而欲救亡，舍亟募国民捐以为后盾，决无幸理。……如果办理得法，非特不难凑集巨款，实足增长国民爱国心。"②

5月26日　袁世凯复电黄兴，国民捐"大致用累进法而税其所得，斟酌颇为完备"，"已交国务院核明提议"。③

△　致电上海政见商榷会，赞成"消除党争，共谋国是"，并派秘书杨德邻代表到会，希与接洽。④

△　在留守府特别会议上发言，谈取消留守及发行不兑换券问题。

"留守本是赘疣。北京政府既已成立，南方又有留守，不知者以为有碍统一，反对者且谓我拥兵自固，不肯解散，以私其位置，以致北京各报攻击不已。今宜示人以袒〔坦〕白，方足以调和南北

---

①　上海《民立报》1912年5月27日。
②　上海《民立报》1912年5月27日。
③　上海《民立报》1912年5月30日。
④　上海《民立报》1912年5月27日。

之意见。且留守虽取消，而各军队仍可解散者解散，归部者归部，分隶都督者分隶都督，必不致别生事端。故此事以取消为是。现在三百万之外款，熊总长已擅自签约；此约不独失财政权，且失军政权。……据我之意，若发行不（兑）换券，任何多数之款，均可卒得。即以国民捐为不（兑）换票〔券〕之基本金，并于各省设立银行。非此不能济急。我之请取消留守，欲以诚意感动北京政府，庶国民捐与不（兑）换券皆可实行，云云。"①

5月27日　蔡锷致电黄兴，劝勿引退。

电云："留守亟思引退，古义高风，足以廉顽立懦，无任钦佩。然锷窃有说：夫引退理由，不外功成身退，见难而退二义。留守之引退，揆诸第一义乎？则此次革命功成应分三段，一破坏，二收拾，三建设；破坏易，收拾难，建设尤难。今仅完成第一段功夫，尚有第二、三段之难事在其后，功尚未成，身何能退。揆诸第二义乎？则吾辈今日所处地位，内政之丛脞，外祸之逼人，财政之支绌，险象杂陈，危机四迫，加以金人媒孽其间，横生谤议，睹此种种，直求迷死之为愈。惟自我发难，沧海横流，中途遇风，我独返棹，非惟不勇，抑亦不仁。"②

5月29日　复电熊希龄，重申借款"条件损失主权甚巨"，请将借约毁销。③

△　致电要塞总司令吴忠信，"希先来宁接收，再行调养。"④

5月31日　复电上海政见商榷会，同意担任该会主任。⑤

---

① 上海《申报》1912年5月28日。
② 上海《申报》1912年5月31日。
③ 《黄留守书牍》卷上。
④ 上海《民立报》1912年5月30日。
⑤ 上海《民立报》1912年6月1日。

5月　致函各省都督，详陈筹设国民银行之理由，请"大力提倡，赐衔发起，并克期设立（股）收股处，俾得早观厥成。"①

△　致电袁世凯等，呈报对江苏常州军政分府司令长赵乐群枪毙常州中学堂监学陈大复一案组织军法会审经过。

电文末称."赵乐群滥用威权，擅杀无辜，粟养龄帮助实行，草菅人命，均应认为枪毙陈大复案中之正犯。查律载杀人者死，该犯赵乐群、粟养龄二名，侧身军府，睢眦杀人情形，尤为可恶。亟应按律严办，以昭法纪，而雪沉冤。……请将兴办理此案情形，宣布全国，使知以私意杀人，虽职官亦与平民同科，庶各地滥杀之风可以渐止，人民乃得受法律上之保障，于保护国民权之中，寓尊重国家法权之意。"②

6月1日　袁世凯发布命令，准黄兴辞南京留守职，"所有南京留守机关，候程德全到宁接收后，准即取消。"③

张一麐说："项城初无意取消黄克强南京留守。陈二庵初与项城结合，欲立功自见，且谓革命党均听从彼意。乃勾结克强老友张昉，二庵乡亲也。及冯华甫婿陈之骥，时充南京师长，来往津沪。克强及其左右，朝事均倚赖二庵。二庵遂以克强愿取消南京留守之言告项城。对克强方面，则劝其暂辞留守，项城必不忍，办事更顺手。不意克强电辞，项城即嘉奖允许。留守府人员乃公电二庵骂其卖友。张昉由二庵荐充农商次长。此取消留守府本末也。"④

章太炎《上大总统书》："闻留守取消之令，旦暮将下，克强萧然解职，果能无觖望否？""同盟会人材乏绝，清流不归，常见

---

① 《黄克强先生荣哀录》。

② 北京《政府公报》（1912年6月）。此案办理结果：赵乐群枪毙，粟养龄判以无期徒刑。次年12月28日，袁世凯特赦粟，免其执行。

③ 上海《申报》1912年6月3日。

④ 张一麐在南京与刘成禺谈话纪录，载《洪宪纪事诗》卷1第51页。

消于舆论，今欲得此一部，振刷旧污，人望所归，势能复振，此不力争而以心竞，其患转深，然非克强所能及也。王采丞、沈幼兰习于吏事，善察物情，而皆为彼股肱，能建谋议，此可谓长太息者。""参政院果能建设，必将特虚左位，以待二君，庶几耆秀归心，不为敌用"。①

　　△　与谭延闿联名致电袁世凯，前甘肃临时都督黄钺，秦州反正有功，"兰州既认共和，即行解职"。请援胡瑛等例给予勋位，以示鼓励。"②

　　电云："前甘肃临时都督黄钺，于去年十一月以前清勋爵统甘肃骁锐军，出防秦州。……旋甘军陷岐山，黄见事急，未待援军，即行反正。……兴等先以陕屡电告急，势必不支。……于是兴由南京，延闿由湖南各专③高云麟、罗韬④等潜赴秦州，促黄反正，以维大局。旋得复书，历陈前情，始悉黄之艰苦计划已有定谋，共和告成，实与有力。查在秦反正之日，地方安谧，所行便民政策，人民至今感戴。嗣遵大总统电令，于兰州既认共和，即行解职，其无权利思想又可概见。兴等既悉实情，未便缄默，可否援照胡瑛、林述庆、徐宝山、陈其美诸君于取消后，仍给予勋位之例，以示鼓励。"⑤

　　△　致电袁世凯，"兴准于本月六日解职"，请电令程德全"克日来宁接收"。⑥

---

① 《民国经世文编》正编《内政》五，上海经世文社石印本，1914年出版。
② 据黄钺：《陇右光复记》。
③ 此处疑脱一"派"字。
④ 高云麟，陕西米脂人。受黄兴派遣，于1912年4月22日到秦州（天水）；罗韬，湖南人。受谭延闿派遣，与廖凯南等八人于1912年4月6日抵西安，同月22日到秦州。
⑤ 湖南省社会科学院编《黄兴集》第213页。
⑥ 中国第二历史档案馆藏《江苏都督及督署职员任免有关文电》。

△ 致电程德全，"兴准于本月六日停止办公，实行解职，即日离宁。务请先来，以便接洽。"①

6月4日　为周维桢烈士遗像题词。

词曰："干臣与兴同学日本，别将十载，各以事奔走革命，不获相聚。去岁八月，武昌义师起，兴以九月七日抵鄂，与贼搏战。干臣则与吴君禄贞、张君华飞等谋回攻北京。事为汉贼所觉，阴戕之于石家庄，时九月十六日夜也。三君者既死，不克直捣黄龙，而南方各义师遂逾奋，不旬日下名城以十数，清廷胆落，遂逊位，乃建立民国，而径跻于共和。三君子之英灵，亦可以稍慰矣。"②

6月5日　复电山西都督阎锡山，"贵都督拟于六月初十日为吴君禄贞、张君世膺、周君维桢立铜像，并开追悼会"，"特派周君维桢之弟宗泽来晋代表微忱"。③

△ 通电公布南京留守府财政收支实况及反对借款原因。

电中有云："迭次电请熊总长拨款，并密告窘迫之状，自属实情。当时并不知借款条件损失主权，迨蒋次长抵宁，始悉借款条件危险。兴天良未泯，不忍坐视国亡，故发电争拒。而熊总长以为借款之忍辱签字，均系兴请款急切所迫，宣布本府密电，以图洗刷一身，而将中国财政奇窘情形，尽情发露，令外人愈有所要挟，不知所存何心，竟忍出此？且此次借款，所谓南方百五十万，均由该总长交沪中国银行收回军用钞票之用，并未拨充南方军饷一文。该总长借款时，以南京催款急迫为词，而南京并未实得此款之用。"④

6月5日　章炳麟刊布《论国民捐之弊》，攻击黄兴。

---

① 上海《时报》1912年6月6日。
② 《黄克强先生全集》第606页。
③ 《黄留守书牍》。
④ 上海《民立报》1912年6月8日。

黄兴在条陈国民捐办法中指出："政学军商各界及各工厂之职工等，除以资产计算纳捐外，应按照其月俸多寡，分别纳捐十分之一二，以三个月为限"。章氏对此，著文反对，在《论国民捐之弊》中说："国民捐不期于勒迫，而勒迫必自之生；制迫不期于永远借债，而永远借债必由之起。吾愿深思远虑之士，审察源流，无为虚言所饵焉。"①6月30日，北京政府通令禁止勒派国民捐。

6月6日　致电实业部及湘、赣、皖、沪、宁都督，渔业统一党未经核准立案，且有党员违法贩卖枪械，已勒令即日解散。②

6月7日　设宴款待到宁游历之日本贵族柳泽伯爵、前田男爵等十三人。③

6月8日　致电临时稽勋局长冯自由，南京勋绩调查会"实难兼顾，故未敢过问。现兴交待在即"，请派人前来承办④。

6月9日　右手食指为电扇所伤。

"南京特派员函云：初九日下午，洪承点有屏条四幅系求留守真笔者，留守是日遂为书之。方竟，因至电扇旁取物，不意电扇盘本已动摇，留守右手适触根盘，电扇砰然坠落。其铁片（即扇骨）削下，而留守之指乃去其半。留守右手幸存三指，今则余大小两指而已。指伤后，急延医诊治，一昼夜方稍瘥。"⑤

6月10日　致电教育总长蔡元培，陈述新教科书编纂原则。主张小学应废读经，用国语教授。

电云："初小学读本应用国语教授。小学废止读经，良由儿童

---

① 《太炎最近文录》。
② 上海《申报》1912年6月8日。
③ 上海《申报》1912年6月10日。
④ 北京《政府公报》（1912年6月）。
⑥ 《黄留守又断一指》，载上海《民立报》1912年6月14日。

不能领受。以古文为读本，其弊相等。国民教育原重应用，以至短之期限，期其了解《尔雅》之文辞，势必不能。况既教事物，兼授文义、文法，又与普通讲话不出一致，数层隔阂，领受实难。若用国语教授，但多识字，口所欲言，笔即能述。及义务期满，虽不再入学，亦能写通常之信札，便利实多。"①

　　△　"昨夜偶伤右手食指，谨以左手代书。"复函赵凤昌，述解决国内财政困难意见。

　　函云："各省分借小款办法，前数日已电达中央。来示所云，允为至论。兴以为此时国内欲骤集多数现金，虽非易易，然除分借小款外，仍可速发不兑换券，以资接济。一面劝募国民捐作为预备金，于经济上实无恐慌，并由各省筹设国民银行及银公司，以维持政府永久岁费，于完全筹划，亦甚稳固。况各省协助中央，湘、蜀已首先倡办，若由大总统下一命令，他省亦必不甘居人后，则现时过渡，更无危险矣。"②

　　6月上旬　复电熊希龄，催促毁约，发不兑换券，行国民捐。

　　电云："此次约由公订，必由公毁，毁约非借约比，与参议院无关。公前电曾以此自任，乃屡电催促，并未经明白回示一词，惟沾沾向参议院纠缠，以延时日。而发不兑换券，行国民捐两事，则有排难。此间困苦万状，毫不念及。……万乞毁约，并速照前电发布命令，通告全国，实行不兑换券及颁布国民捐章程，以图自救"。③

　　△　致电袁世凯，"留守府机关蒙允取消已多日矣，程都督允来而不来"，"请催令程都督速来接收"。④

　　①　北京《政府公报》（1912年6月）。
　　②　《赵凤昌藏札》第109册，载《辛亥革命在上海史料选辑》第1086、1087页。
　　③　上海《时报》1912年6月9日。
　　④　《黄留守书牍》。

6月12日　就审讯邓文辉等经过申报袁世凯核备。

申文略称："查赣军第十四旅旅长邓文辉、二十七团团长董福开、二十八团团长张惟圣等，身为将校，督促乖方，依律论罪，实无可逭。……经于五月二十五日令知第三师师长陈懋修为审判长，本府军法局长陈登山为司法官，第二十旅旅长田应昭为审判官，组织临时军法会审，在府中开庭，详细研讯。兹据报称，业于五月二十九日审理终结。……查邓文辉、董福开、张惟圣三员，事前既毫无觉察，临时又疏于防范，以致全旅哗变，扰害地方。现在各省军队林立，设统兵官长人人不负责任，将来贻患，何堪设想。若照该审判长等所拟，仅予撤差停委，殊不足以振军纪，而昭平允。亟应一并革除军籍，以儆顽懦。"①

△　谭人凤致电袁世凯，请收回撤销黄兴南京留守成命，或改委为江苏都督。

6月10—14日间　在报端发表公启，呼吁维持南京贫儿教养院。

启事末称："余右手受伤，未能握管，特用左笔亲缮咨文，咨准程雪楼都督允拨公款每月三千元，为该院常年费。如虑不敷，仍可增拨数百元。鄙人接准来咨，无任忻忭。则此后数百孤雏，不患无教养之资，将来教养成立，庶不负鄙人区区之苦心。"②

黄一欧说："一九一二年元月上旬，姚雨平的广东北伐军沿津浦线北进，与清军张勋、倪嗣冲部交锋，三战三捷，一举占领徐州。二月间，南北议和告成，先君下令北伐军改为讨虏军，从徐州班师

---

① 中国第二历史档案馆藏《北京政府陆军部档案》。按：宁垣赣军前次肇乱后，黄兴随令该旅长邓文辉等率部开回江西，妥善解散。按即电咨赣督李烈钧将邓文辉等先后解送到宁，听候军法会审。

② 《黄留守书牍》卷下。

回南京。姚雨平部从前线回来时，带回幼童两百多人，他们多是在战火激烈中跟父母失散的，有的是军官们准备退伍回家，出点钱买来作养子的。先君得知真相后，通知姚雨平把全部幼童交给陆军部，由陆军部副官处选定民房临时收容，随后又要先继母组织教养，使他们幼有所长。因此，成立了南京贫儿教养院。"①

"先继母的爱国主义精神是值得敬佩的，可举一事为证：一九三一年，她因南京贫儿教养院收养名额增加，在在需款，经济困窘，特地赴美向华侨募捐。结果捐到了一笔为数不大的款项，适逢"九·一八"事变发生，在全国范围内掀起了抗日救国的高潮。她爱国心切，立即把这笔捐款汇给了前线抗日将士，作为劳军之资。"②

6月13日　赠送留守府职员每人孙中山和黄兴小照各一张，以为临别之纪念。③

6月14日　交卸留守职务，发布解职通电、告将士书及解职布告。

通电略称："自临时政府北迁，此间军队林立，亟待整理，大总统特设留守机关，以资镇慑。此时兴以将去之身，强被任命。就职以来，深恐抚绥失宜，贻误大局，夙夜祇惧，如履春冰。幸赖各军将士深明大义，诚信相孚，得免重咎。自四月至今，与署内各员极力筹备整理方法，依次实行。约计宁垣军队，现已裁撤者，数逾三分之一，其存余各军队亦均商定办法，按期分别裁并。……兹于本月十四日已将一切经手事件交代妥贴。此后机关既已付托后人，务

---

①　黄一欧：《辛亥革命杂忆》，载《辛亥革命回忆录》第7集第159页。
②　黄一欧：《辛亥前后杂忆》，湖南省政协文史资料研究委员会藏稿。
③　上海《申报》1912年6月14日。

望各勿猜嫌，同舟共济。"①

告将士书略称："兴自今之后，所殷殷期望于诸君子者有三，曰爱国，曰保民，曰服从军纪。攘权夺利，逞威黩武，谓之国贼；恃众暴寡，倚强凌弱，谓之民蠹；违法蔑纪，倒行逆施，谓之乱军。有一于此，国亡无日。我赤心爱国之军人，当断不忍出此。兴身虽去位，心不忘国，尚期互相勉励，永保治安，以竟全勋，而保荣誉。"②

布告略称："民军起义，实首南方各省。南北统一后，议设留守，不过因时制宜。而北方物议沸腾，或疑与政府对峙；或谓机关不一，易兆分离。兹幸南方各军整理已有端倪，若不及早取消，不独有碍行政统一，且使南北猜疑益深，实非民国前途之福。"③

△　卸职事毕，搭沪宁路车赴沪卜居。抵沪后，寓同孚路二十一号。

6月18日　民立报发表社论《论黄留守》。

"黄留守昨解职来沪，中外人士多倒屣迎之，而悠悠之口，颇复飞短流长。语云：'德修谤兴，道高毁来'，其公之谓矣。……黄兴本一书生，以战术绝人誉之，此诚阿附之言；然其能以死报国，义勇盖天下，则神人之所共信。黄兴本一武夫（此与书生之谊并行不悖），于政情法理，研求或不深，至迩时所发政见，诚不必尽餍人意，即记者持论，亦恒有立于反对之地位者；至其心地之光明磊落，其不失为一明道之君子，记者梦寐之间，未或疑之。"④

6月21日　和俄国外交官沃兹涅先斯基谈话，分析国内形势。

黄兴说："从革命成功之日起，在共和派里面，就是说在政府、军队和行政机关的现有成员当中，混进了异己者，甚至是新制度的

————————

① ②　《黄留守书牍》卷下.
③　　《黄兴书牍》卷下.
④　　上海《民立报》1912年6月18日社论. 作者章士钊.

敌对分子。我个人认为，可能当我感觉到革命组织内部不够统一和团结时，这个问题就存在了。这些人以为是时候了，可以慢慢地、小心地把国家机器转向，使我们走回头路，打着共和国的旗号恢复旧制度，照旧专横地、不受监督地任用某些人，照样卖国。起初仿佛出乎意外地振作起来的中国整个国家生活，在最近两个月内就悄悄地掩旗息鼓了。今后怎么办？如何以自己的力量来挽救祖国？对这样普通的问题有人不去理会，而忽然对伟大的民族提出这样一些问题：官员要穿什么样的服装？如何用欧洲的借款来给官员支付薪俸？"①

6月23日　　出席上海各界欢迎大会，发表政见。

先日，孙中山自广州抵沪。是日下午，上海各界假张园举行欢迎孙中山、黄兴大会。孙中山因事不克赴会，由黄兴代表。自由党主裁李怀霜致欢迎词后，黄兴即席答词称：

"今日虽已推倒满清政府，而障碍之物尚多，且现在各国尚未正式承认我民国。目前最要问题，即是财政与内阁两问题。政府既拟借外债，不顾后患，但是稍有知识者无不知外债之可畏，且外国资本团体即欲因此监督我财政。……组织内阁，当政见洽和者方可福国家。以今日之现象观之，非政见相争，实以党名相争，前途非常危险。而今后之内阁若不速为解决，我知非驴非马将继续出现。民国之危，甚于累卵。"②

6月30日　　出席中国同盟会上海支部夏季常会，发表演说。

时到会员五百余人，请孙中山、黄兴莅会致词。孙中山因事不克出席，委托黄兴代表到会，发表演说。略谓：

---

①　据俄国外交档案，中国案卷第357号第71—76页，转引自E·A·贝诺夫：《1911—1913年的中国革命》。

②　上海《民立报》1912年6月24日。

　　"民生主义，孙先生曾屡次演说，惟外间尚未明晰。以世界大势观之，社会革命岌岌不可终日。吾人此次革命，即根据社会革命而来。民生主义繁博广大，而要之则平均地权。反而言之，即是土地国有。土地是不能增加的，而生齿日繁，土地私有则难于供给。……吾党从前纯带一种破坏性质，以后当纯带一种建设性质。欲言建设，当得人才；欲得人才，当兴教育。故本党能从教育一方面着手，是绝好方法。"①

　　6月　应姚雨平之请，撰《粤军死事碑记》。

　　碑文有云："元年二月，南北正议和停战，而张勋思乘机掩袭，警报叠至。姚军长雨平躬率粤军子弟，力当前敌。方其两军对垒，炮震肉飞，积骸成山，血流成渠。我军以少数之兵，当悍鸷之贼，奋臂坚拒，竟使彼军遗尸山积，余孽雾散，追奔逐北且百数十里，东南全局赖以安枕，何其壮也。……今国家方开战史局，功绩将著于信史，不复备述。粗述死事者之惨，使来者怵然起敬。"②

　　7月1日　复函同盟会美洲葛仑埠分会会长郑占南，解释辞职原因。

　　函中有云："鄙人频年奔走，赖诸同志力，幸得划除专制。然政治尚未更新，舆论已甚形复杂。前之辞总长，今之辞留守，实为调和南北、破除猜疑起见，并非畏难而卸责也。"③

　　7月6日　与陈其美等联名介绍曾"投身民军，于枪烟弹雨之中扶伤救死"之日医吉住庆二郎在沪开业。④

　　————————

　　①　上海《太平洋报》1912年7月1日。
　　②　《黄克强先生荣哀录》。
　　③　《黄克强先生书翰墨迹》第263页。黄兴辞南京留守后，外间频繁询问，郑占南前因飞弹事远道电问，兹复来书相询。
　　④　上海《民立报》1912年7月6日。吉住庆二郎时在上海法租界西城河浜93号设立吉住医院。

7月12日　　湖南法政大学电《民立报》转黄兴，聘其为该大学名誉总理。①

7月14日　　列名发起"五族国民合进会"。②

7月15日　　南京国民捐总会代理干事长张光曦来沪请示孙中山、黄兴，商定即以国民捐收入，组织国民银行，设总机关于上海。③

7月19日　　因袁世凯命蒋作宾来沪邀往北京，复函婉却谓："前因风扇伤手，疮痕未愈，近复脚气发痛，跬步维艰"，须俟痊可后北上。④

7月20日　　南京同盟会支部开夏季大会，黄兴因脚痛未能应邀莅会，特电致歉忱。⑤

7月22日　　就中华民国铁道协会副会长职。中华民国铁道协会为原南京临时政府交通部发起组织，于7月17日开成立大会，选举孙中山、黄兴为正副会长。是日，假上海味莼园举行正副会长就职典礼，孙中山演讲筑路与借债问题。⑥

7月30日　　在旅沪湖南同乡会欢迎会上致谢词，强调发展实业。谢词中称：

"国家者积人而成，人人有应尽之责，各视其能力以为担负，非可强任，亦非可放弃。兴以为吾国人今后当各存责任心，有责任心，则纯以国家为前提，而私见自泯。且所谓责任者，其途甚宽。除政治方面外，尤以实业为发展国力之母，可共同为之，而无诈无

①　上海《民立报》1912年7月12日。
②　上海《民立报》1912年7月20日。
③　上海《民立报》1912年7月15日。
④　上海《民立报》1912年7月19日。
⑤　上海《民立报》1912年7月22日。
⑥　《国父年谱初稿》（上）第335页。

虞者也。……吾国人苟能各视其能力，发奋经营实业，父老兄弟互相劝勉，则国家之繁荣，亦实可计日而待。"①

7月　在接见俄国外交官时发表谈话，再次分析国内形势。

黄兴说："……不要这些外国借款，我们也过得去。因为，这些借款会使中国受外国银行家的束缚。在他们的眼里，我们不过是永远供人驱使的牛马。

"只要你们靠金钱来奴役我们，你们自己迟早将会把千百万群众教育过来，到时，他们就会把每个外国人都看作是粗暴的剥削者、高利贷者，这些人在金融方面的霸道行为，比异族统治还要难于忍受。我不愿预言，更怕成为预言家。但是，你们伙同那些只顾发财的目光短浅的银行家，你们把钱借给我们，那就是要酝酿第二次更可怕的义和团起义。到那时，可不要抱怨政府恶意煽动老百姓。"②

夏　为友人书七绝一首。诗云：

"冯夷击鼓走夷门，铜马西来风雨昏。此地信陵曾养士，祇今谁解救王孙。"③

8月2日　就北上问题与孙中山联名致电袁世凯。

孙中山自辞卸临时大总统后，遨游汉、粤，旋返上海。黄兴卸南京留守职后，亦返沪卜居。其间，袁世凯函电交驰，邀请孙、黄北上晤谈。是日，与孙中山联名电袁布谢。

电云："国基新创，缔造艰难。我公雄略伟划，夙深景仰。久欲一亲謦咳，以慰私衷。拟缓数日，即同北上。承过爱派员及轮，

---

①　上海《民立报》1912年7月31日。
②　据俄国外交档案，中国案卷第357号。
③　原件藏上海市文物管理委员会。

愧不敢当。谨此布谢。"①

8月3日　袁世凯复电孙中山、黄兴，"闻（汪）精卫先生现亦在沪，务希邀同北来"。②

8月4日　致电北京政府财政部，汇报前在南京留守任内领发公债票情况③。

8月8日　致电谭人凤，促速返湘布置粤汉铁路湘段事宜。④

8月14日　与孙中山联名致电同盟会各支部，征求对于同盟会改组为国民党的意见。

民国成立后，同盟会内部日趋复杂，组织涣散。章炳麟创立中华民国联合会，孙武另组民社，均依附黎元洪。黎等又组共和党，仰承于袁世凯。政党林立，标新立异。宋教仁力主联合统一共和党、国民共进会、国民公党、共和实进会等为一大政党，以与共和党相抗衡。提出定名国民党，以"巩固共和，实行平民政治"为宗旨，拟定党纲五条：保持政治统一，发展地方自治，励行种族同化，采用民生政策，保持国际平和。孙中山、黄兴表示同意。8月13日，北京同盟会本部开全体职员、评议员联合会，通过合并条件。并电告孙、黄。次日，孙、黄联名致电同盟会各支部，"务求同意，以便正式发表。"⑤

8月15日　与柏文蔚等联名发出在扬州举行熊成基烈士追悼会预告。⑥

8月17日　复函慰勉前甘肃临时都督黄钺。

---

①② 上海《申报》1912年8月13日。

③ 上海《民立报》1912年8月7日。

④ 上海《民立报》1912年8月8日。谭人凤于1912年6月22日就任粤汉铁路公司督办，时在武昌。

⑤⑥ 上海《民立报》1912年8月15日。

函云："半年以来，我公维持甘事，煞费苦心，明眼人自有高论。悠悠之口，初何损于日月之光，望勿介怀为要。……兴因袁总统屡派人邀请晤谈，明日便北行，约住旬日，即当南返。"①

△　袁世凯下令枪杀前湖北都督府军务部副部长张振武、将校团团长方维。

8月18日　获悉袁世凯杀害张振武、方维，中止北行，并电袁诘责。

袁世凯邀请孙中山、黄兴去北京，孙、黄束装待发。8月15日张、方事件发生后，同盟会人竞相劝阻，孙中山力持以诚信待人，"无论如何，不能失信于袁"，但同意黄兴缓行，遂定"孙行黄止"之议。是日，孙自沪启程北上，黄致电于袁，严词责问。

电云："南中闻张振武枪毙，颇深骇怪。今得电传步军统领衙门宣告之罪状，系揭载黎副总统原电。所怙权结党、桀骜自恣、飞扬跋扈等，似皆为言行不谨之罪；与破坏共和、图谋不轨之说，词意不能针对。全电归结之语，注重于"爱既不能，忍又不可"八字。但张振武不能受爱与受忍之处，出于黎副总统一二人之意乎？抑于共和国法律上有不能爱之、不可忍之之判断乎？未见司法裁判，颇难释此疑问。乞更明白宣布，以解群惑，共和幸甚。"②

8月19日　袁世凯复电黄兴，为杀害张振武狡辩，谓"原案颠末，已电黎副总统明白宣布矣。……仍祈即日启行"。③

8月20日　再次致电袁世凯，谴责杀害张、方之罪。

电云："凡有法律之国，无论何级长官，均不能于法外擅为生杀。今不经裁判，竟将创造共和有功之人立予枪毙，人权国法，破

---

① 据黄钺《陇右光复记》。按：黄钺卸职离秦，曾至南京一行。时已回湘。
② 上海《民立报》1912年8月19日。
③ 上海《民立报》1912年8月21日。

坏俱尽。"①

8月21日　致电北京《民主报》，告以因故展期北上，请转达京津各报及各界同胞。②

8月21—27日　因病赴西湖疗养。小住一周，仍返沪寓。③

8月24日　孙中山应袁世凯邀到达北京。

8月25日　国民党正式成立于北京，孙中山到会祝贺。黄兴被推举为理事。④

是日，国民党假北京湖广会馆举行成立大会，孙中山莅会致词。会上，推举孙中山、黄兴、宋教仁等九人为理事；胡汉民、柏文蔚、李烈钧、蒋翊武等二十九人为参议。至9月3日，复由黄兴、宋教仁等七理事函推孙中山为理事长。旋由孙中山委托宋教仁代理理事长。

8月27日　致电袁世凯，诘责捏词构陷阴谋。

时袁系亲信，捏词诽谤，谓张振武被执时，搜得一书，系与黄兴者，内云托杀黎元洪事，已布置周妥。报纸播弄谣言，谓张振武谋乱，黄兴实与同谋，故不敢来京。于是，再次电袁称：

"张案鄂、京尚未尽情宣布，……今京沪忽拟议及兴，若不将张案明白宣布，则此案终属暗昧，无以释中外之疑。务请大总统勿徇勿隐，彻底查办。如兴果与张案有涉，甘受法庭裁判。如或由小人从中诬捏人罪，亦请按反坐律究办，庶几全国人民皆得受治于法律之下。"⑤

---

① 上海《民立报》1912年8月21日。
② 上海《中华民报》1912年8月23日。
③ 1912年8月27日黄兴致袁世凯电："因病赴西湖疗养，今晚返沪。"
④ 据1912年9月4日《长沙日报》载，国民党成立大会当选理事九人票数：孙中山1130票，黄兴1079票，宋教仁919票，……贡桑诺尔布384票。
⑤ 上海《民立报》1912年8月28日。

8月29日　程德全致电袁世凯，为黄兴辩诬。

电中要求"严密查办究竟有无此项书函？如有此项书函，亟须究出伪造之人，**按法重惩**，以谢黄君，而解中外之惑。至黄君行径，窃所力保，设有溢词，情甘俱坐。"①

△　袁世凯电邀黄兴进京。

8月30日　于右任、姚雨平、胡瑛等致电袁世凯，为黄兴辩诬。要求"彻查严究，以杜群小肆恶之渐，借免国本倾覆之危。"②

8月　为铁道协会《铁道杂志》撰序。

序文指出："今者共和成立，欲苏民困，厚国力，舍实业莫由。然不速建铁道，则实业决难发展。盖实业犹人身血液，铁道则其脉络。脉络滞塞，血液不贯注，自然之理也。本会有见于此，爰于研究进行之余，发行杂志，以唤醒国人均有铁道观念为主旨。……先以铁道为救亡之策，急起直追，以步先进诸国后尘，则实业庶几兴勃也乎！"③

9月1日　致电陈嘉会，告以"拟北上，务请即日由汉赴京，以践前约。"④

9月初　孙中山致电黄兴，告以在北京与袁世凯会谈，对袁"绝无可疑之余地"。敦促黄兴进京，以消除北方之意见，实现南北"统一"。⑤

9月5日　致函章士钊，促与程德全加入国民党。

---

① 上海《申报》1912年9月1日。
② 北京《政府公报》1912年9月6日。
③ 《黄克强先生荣哀录》。
④ 《长沙日报》1912年9月4日。
⑤ 上海《民立报》1912年9月6日。

函云："雪老入党事，盼从中怂恿之。右任尤盼我兄加入。不尽欲宣。"①

△　与蔡元培等联名发出9月8日在张园开熊成基、白雅雨、王汉、刘敬庵四烈士追悼大会通告。②

△　自上海启程赴北京。

黄兴接孙中山来电后，为顾全大局起见，决定进京一行。是日，乘新铭轮北上。随行者有陈其美、李书城、张孝准、何成濬等十余人。袁世凯特派总统府顾问张仲华到沪迎接。

9月7日　被袁世凯授为陆军上将。③

同日授为陆军上将者，尚有黎元洪、段祺瑞二人。时黄兴适在北上途中，袁氏此举盖有所为。

△　抵烟台。9月8日在烟台各社团联合召开的欢迎大会上发表演说。

黄兴说："共和虽经宣布，而南北意见往往不免有隔阂之处，故兄弟首将留守取消，表示南北统一的诚意，以释天下人之疑念。……到京后，定当调和一切，使我同胞无所隔阂，和衷共济，以巩固民国基础。况日来满蒙风云日益危急，兄弟阋墙，外御其侮，诚今日之要务。"④

9月9日　抵天津。

"黄君克强于本月九号午后六时抵津埠，直隶官界自都督以次均在招商码头迎迓，学界、商界、军界及各团体或持旗，或排队往迎者，鱼贯不绝。船抵码头时，万岁之声雷动。黄君下船，谦光可抑。而外人之往观者，亦群举冠致敬。后与北京往迎之国务员刘

---

① 原件藏上海图书馆。
② 上海《民立报》1912年9月5日。
③ 原令云："黄兴授为陆军上将。此令。"见上海《申报》1912年9月9日。
④ 上海《民立报》1912年9月12日。

揆一、范源濂等寒暄数语，即乘车北行至英租界直隶官场所预备之行馆利顺德饭店。入馆后，对于欢迎人员一一接见，皆出以至诚恳之语。以故得见颜色者，群出相告曰：此乃英雄本色也。是晚十二时顷，宾客始散。随员中之重要者为张孝准、李书城两君。前沪都督陈其美同来。"①

△　孙中山接受袁世凯任命，督办全国铁路。

△　接见全国铁路协会②代表章锡和等。

谈话中指出："既有一铁道协会，何以又有一铁路协会？二者之间仅异一字。……现在铁道事业诚为我国最要之举，两会中均有人才，不如合并为一。"③

9月10日　赴广东会馆出席天津国民党支部欢迎会，发表演说。

演说中指出："此次革命，系全国四百兆人之发于良心，应于时势，故能收此全功。但改革以后，建设甚难。现在全国秩序尚未恢复，吾人亦不能副全国人民之希望，最为惭愧。兄弟对于现在进行，以化除党见，统一精神为第一要义。谚有云：南北一家，兄弟一堂。虽二十二行省，虽蒙古、西藏，通是兄弟一堂也。此时虽在理想时代，将来必见之实行耳。"④

△　赴河北公园出席天津十八团体欢迎会，发表演说。

演说中指出："现在破坏已终，建设伊始。我同胞对于国家事业，应视世界之趋势，同心协力，一致进行。中国前途全赖工商业

---

① 上海《申报》1912年9月16日。
② 全国铁路协会系北京政府交通部所组织，梁士诒、叶恭绰任正副会长。1912年8月，孙中山到达北京。9月5日，该会举行欢迎会，推孙中山为名誉会长。
③ 《长沙日报》北京通讯1912年9月21日。
④ 上海《民立报》1912年9月17日。

之发达，而工商业必以农林为前矛。兄弟此后愿随诸君从事实业，以巩固国家根本。"①

9月11日 抵北京，受到各界群众的热烈欢迎。

"皇宫附近的街道上都布满了岗哨，蒙古骑兵伫立在车站外面的露天广场上，卫队沿着月台排列成行，迎候列车。……月台上站满了不计其数的中国人，也有少数外国人，他们都渴望一睹'中国革命之拿破仑'的丰采。远处喷着浓烟，最后，列车在站上停下来了。乐队高奏国歌。人人拥向车厢门口去欢迎黄兴。他步出车厢，站在四十个人组成的贴身卫队中间，……黄兴中等身材，外表刚毅倔强，宽肩膀，体格强健有力，面貌丰腴，蓄黑艳。他没有穿军装，着大礼服，戴礼帽。同朋友们握手之后，由那些被特许进入车站的人们陪同，黄兴走向出口。清廷为德国亲王的预定访问而购置的一辆四轮大马车，在车站外面等候。当黄兴在队列中间走过时，士兵们举枪致敬。走到马车跟前，他停了下来，向聚集在车站外面露天广场上的群众发表了简短演说。"②

△ 午后五时，与陈其美往总统府会见袁世凯。

"大总统出见，行鞠躬握手礼，畅谈一时许。黄君谓非陆军出身，辞上将职位。大总统未允，并盛赞其历年之功绩。当晚在总统府留宴。……黄、陈出后，大总统谓人曰：黄克强人甚笃实，陈士英人甚明敏，均为今日难得之才，云云。而黄克强亦语人曰：大总统实为今日第一人物，深致倾服。"③

△ 晚间，与孙中山出席前清皇族欢迎会，在答词中指出：

---

① 《长沙日报》北京通讯1912年9月21日。

② 一位法籍目击者的记述，转引自〔美〕薛君度：《黄兴与中国革命》中译本第141、142页。

③ 上海《申报》1912年9月18日。

"专制政体不足以独立于地球之上，非建设共和，无以保我五族同胞。"①

9月12日　出席旅京善化同乡会欢迎会，自述革命历史。

"昔在日京将往南洋，同县留学诸君开会欢送，是时亦刘（耕石）君为会长。俯仰今昔，感慨系之。兴在长沙与刘霖生、徐佛苏共谋起事。会事失败，死者数人，逃至上海，与杨笃生、杨皙子组织爱国协社。会万福华刺王之春案起，兴及同志多被捕，赖江西巡抚夏时电致工部局，同获放，遂至日本，思结合革命团体。适孙中山自美洲来日京，因日人宫崎寅藏介绍相见，谈论极合，始立同盟会，用文字鼓吹，一面着手运动军队。陆军学生回国带兵者日多，南军中已伏有势力，兴遂谋起事，镇南关略为试验。后钦廉官民因捐交斗，郭人漳电询，遂往访之。留其营中三月，鼓吹革命，后又别去。前年（按：应为去年，即1911年）广州之役，原定正月，于时，长沙则焦达峰，武昌则居正、孙武，上海则陈英士，布置略定。会购械愆期，乃于三月二十九日午后起事，同志千馀人分作数部，兴率百二十人攻督署。事败，同志死者七十二人，葬于黄花岗。兴及赵声逃至香港，谋再举。去岁，武汉事已破获，名册尽失，乃于八月十九起义，推举黎君为都督。越数日，兴始至汉，与清军鏖战。其时，各省已先后响应。汉阳之失，兴主张严守武昌，另调粤兵，而日本参谋某甲主张弃武昌，世或以此议咎兴，传闻之误也。兴至上海时，两方已有和议，曾具电致汪精卫，略谓难可自我发，功不必自我成，遂有今日共和之局侥幸成功。兴虽著奔走微劳，而战事实多败北。但天下无难事，惟'坚忍'二字为成功之要诀。"②

---

① 上海《民立报》1912年9月19日.
② 上海《申报》1912年9月28日.

9月13日　往访北京政府工商总长刘揆一,次长向瑞琨,"询问财政意见,并谓借款若以条件之严酷及他种之障碍,绝对不认。"①

△　致电谭延闿、王芝祥,告以应邀抵京,与袁世凯晤谈两次,"均情意欣洽"。②

△　与宋教仁、范源濂、刘揆一联名致电谭延闿,赞许湘军退伍军士"共矢血诚,力顾大局"。③

9月14日　出席北京报界欢迎会,发表演说。

演说中指出:"此次改革政体,虽由五大旅行动一致,实赖报界鼓吹之力。……试想武汉起义,固是军界之力,然非报界之鼓吹不能成。彼时各省报同一鼓吹,故军人始发生起义,推源索本,仍为报力。兴本学校教员,因阅报始输入革命思想,故对于报界鼓吹效果,敢代五族感谢。"④

△　与袁世凯晤谈,讨论库伦"独立"后的外蒙形势及征蒙问题。

报载:"黄克强谒袁总统,谈及征蒙问题。黄（兴）陈意见四条:（一）速建征蒙军用铁路,（二）电饬陕甘东三都督分道进兵;（三）由中央派精兵分前中后三队直往;（四）军队宜维持地方,保护外人,以杜俄人藉口干涉。袁总统极然之。"⑤

9月15日　出席蒙藏统一政治改良会欢迎会,揭露"英、俄两国日思利用蒙、藏","我蒙、藏同胞万不可受其运动"。⑥

---

① 上海《申报》1912年9月19日。
② 《长沙日报》1912年9月15日。
③ 《长沙日报》1912年9月16日。
④ 上海《中华民报》1912年9月20日。
⑤ 上海《民立报》1912年9月16日。
⑥ 上海《民立报》1912年9月21日。

△　出席国民党本部欢迎会，发表演说。

是日下午，北京国民党本部在湖广会馆集会，欢迎孙中山、黄兴及贡桑诺尔布、陈其美等。黄兴在演说中强调国民党须重道德心，责任心。他说：

"第一，重道德心。一党有一党之道德，道德不完，则希望即不能达。权利心重，义务心即消亡于不觉。……第二，重责任心。此后民国建设，手续甚繁，凡我党员，均应共负责任，照党纲所定次序办法，人人尽力之所为，以巩固中国，即以巩固政党，乃不失政党之本义。"①

△　在北京女界欢迎会上发表演说，阐述妇女解放问题。略谓：

"此次共和成立，并非武力造成，亦并非男子造成，即女界同胞，亦有一部分尽力于革命事业者。兄弟亲临战阵，眼见女同胞躬执干戈，恢复祖国，是女子虽受专制之毒，却能与男子一德一心，演出此一段光荣历史。兄弟对于女界同胞有绝大希望。盖世界进化，人类平等。现在欧美女子教育非常发达，惟中国甚不发达，就是专制压住了。当此时机，最为一绝好机会。中国人数四百兆，女界占二百兆，先要达到教育平等目的，然后可达政治平等目的，即女子参政。"②

△　出席北京回教俱进会欢迎会，强调"五族弟兄同心同德，大家负起责任来，方能巩固共和，得享自由幸福。"③

△　复函袁世凯，再次辞谢上将。表示：患难旧侣，多遭惨毙；

①　上海《民立报》1912年9月21日.
②　上海《民立报》1912年9月21日.
③　上海《民立报》1912年9月21日.

独膺上赏，只增凄痛。"①

9月16日　出席旅京湖南同乡会欢迎会，发表演说。略谓：

"中国革命，湖南最先。戊戌之役，有谭嗣同；庚子之役，有唐才常。其后有马福益、禹之谟诸君子。萍醴之役，广州之役，我湖南死事者，不知凡几。又如陈天华、杨笃生、姚洪业诸君子，忧时愤世，蹈海而死；所死之情形虽异，所死之目的则无不同。兄弟继诸先烈后奔走革命，心实无他，破坏黑暗专制，跻我五族同胞于平等之地位而已。"②

△　晚，出席在中山行馆召开的国民党重要干部和议员茶话会。

报载："国民党理事孙中山、黄克强、吴景濂、宋教仁、贡桑诺尔布及各部主任干事及在院议员，于十六晚七时在中山行馆开茶话会，讨论该党财政及今次陆徵祥辞职后内阁改组问题。……一致谓宜对政府取稳健态度，与袁总统提携，南北猜疑自然消灭，外人观瞻当然一变，承认民国及借债问题自易着手。……众决以赵秉钧继陆后任，并公举黄克强晤袁总统代达该党所主张"。③

△　发布通电，请以十月十日为国庆纪念日。

电云："数十年来，仁人志士应世界之潮流，牺牲生命，亟谋改革，屡起屡仆，屡仆屡起。至去岁八月十九日时机成熟，武昌义旗一举，全国赴助，竟告成功。推原民国成立之基，当以是日为民国一大纪念日。……伏乞公等届期一律举行，并希派员莅鄂，以襄盛典。"④

---

① 原函附录《袁大总统书牍汇编》卷三.
② 上海《民立报》1912年9月22日.
③ 上海《民立报》1912年9月19日.
④ 《长沙日报》1912年9月20日.

9月17日　出席共和党欢迎会，发表演说。略谓：

"贵党与敝党本无嫌隙，而**两党党纲渐相接近**，将来携手同行，共谋福利，彼此均以国家为前提，尚有何事不可商榷。盖讨论政见与党派毫无关系，即同党人亦往往有因政见之不同而生差异者。且党员意见不贵苟同。政治本无绝对之美观，政见即有商量之余地。如贵党以为是、敝党以为非者，一经平心讨论，贵党所主张果属可行，则敝党必牺牲党见而赞同之；……彼此均以国家为前提，只求真理。"①

共和党宴请黄兴、陈其美，章炳麟又公开发表《却与黄、陈同宴书》，肆意攻击。其中有云：

"昨者见招，令与黄兴、陈其美同食。……中山行迹，不无瑕疵，然而金陵秕政，皆黄兴迫胁为之，非出自中山腹中。……若黄兴者，招募无赖，遍处金陵，兵无伍两，供饷巨亿，身虽辞职，而江南脂膏，自此垂尽。"②

△　与杨度相晤，劝其加入国民党。

是日，袁世凯在总统府设宴饯送孙中山，特邀黄兴及杨度作陪。"杨度与黄克强相见于总统府。二人本系旧交，握手言欢，畅谈时事。黄邀杨入国民党，意极诚恳。杨答：我数年前本主张君主立宪，去冬为国家大计，牺牲党见，改换宗旨，赞助共和，即并将我一身信望尽付牺牲。政治活动，必赖信望为先，然后效用始大。如某信望丧失，不宜再入政界。拟以后投身社会事业，以报国家，云云。黄极力解释，谓：立宪亦为改革政治。而去岁共和告成，由于我二人在上海秘密会议之定局。北方一切，全由公一人担任计划，

---

①　上海《民立报》1912年9月24日。
②　《大共和日报》1912年9月19日。

其功甚大。我党中人知者甚多，方共仰望，何丧失信望。杨云，人贵有自知之明，未必遂如公言耳。……大总统坚欲杨度出山相助，黄克强极力赞成。杨言与以机关职务决不敢任，惟大总统与克强若以个人交情与之谋议国事，则当知无不言，言无不尽云。"①

9月18日　赴总统府，与袁世凯、贡桑乐亭等共筹蒙事要政。

商讨中，"黄先生则主张二策：（一）蒙地僻处穹远，风气隔阂，速先建筑铁路，以资文明之运输；（二）各旗盟长免其恶劣，任其贤达，号令必行，恩信必孚，蒙事平静，若运诸掌。"②

△　出席旅京湖南女界欢迎会，发表演说。指出："湖南地方物产丰富，湖南女子教育宜注重于实业教育。"③

△　在北京社会党欢迎会上发表演说，提倡土地国有。

黄兴说："劳动家每因资本家之虐待，常有冲突之事，将来社会革命在所不免。……提倡土地国有，使多数国民皆无空乏之虑。盖一国之土地有限，人民则生生不穷。土地为生财之源，应供一般人民受用。然财产倘为少数人所垄断，则必如欧美之资本家，实足为社会上之恶。必须财产归公，不使少数人垄断。"④

△　在北京西北协进会欢迎会上发表演说，宣传铁道政策。

演说中称："铁路为交通利器，蒙藏以道路不通，致滋疑惑。例如成都至拉萨旅行，至半年之久，并非七、八、九三个月不能通行。西北进行之障碍，交通上实一大原因。故铁道政策实为今日必要之图也。"⑤

9月19日　在北京万国改良会欢迎会上发表演说，鼓吹改良数千年相传之风俗习惯。

---

① 上海《申报》1912年9月21日。
②③④ 上海《民立报》1912年9月25日。
⑤ 上海《民立报》1912年9月25日。

演说中谓："吾国现在社会上宜改良之点处处皆是，惟以数千年相传之风俗习惯，积重难返。今贵会不辞劳瘁，提倡改良，曷胜欣盼。惟以郿见所及，则宜从社会心理上着手，俾造成一种极好社会，以保世界和平。"①

△　出席邮政协会与中国实业共进会联合举行的欢迎会。

报载：两会"假湖南会馆开欢迎会，首由梁士诒致颂词，次樊君报告今日欢迎是特别欢迎意，并举黄（兴）为两会会长。次黄先生演说。其对于邮政一方面，略谓：吾国尚未加入邮政协会，实缘各省机关不能灵动之故云云。其对于实业一方面，则主张依赖外资，惟不生产的外资则须力为拒绝云。演毕，合全体会员摄影。"②

△　致函临时稽勋局局长冯自由，请对汉阳作战伤亡学生章燮、季亮、詹蒙、王卓四人，"照章分别奖恤，以资激劝。"③

9月中旬　致函谭延闿，请选派留学生出国深造。

函云："民国初建，人才缺乏，急宜选择宏毅之士，资送东西各国留学，储为国用。数月来，各省已次第派遣，尤以粤省人数为多。诚以革命以来，我青年学子皆联袂弃学，牺牲一己，以图民国之成立。其热心毅力，殊堪钦佩。今民国已成，其建功立业者国家皆有稽勋之典，独我不求权利，不求荣誉之志士，犹令其废时失学，甚非奖掖后进，论功赏酬之道。素仰我公矢教育人才之宏愿，当必有以筹谋之者。"④

"辛亥革命后，黄克强先生致函谭延闿，请其选派留学生出国深造。在黄先生敦促下，湖南陆续选送留学生出国。到一九一三年底止，留日学生达四百七十名，西洋留学生共一百一十一名，计

①②　上海《民立报》1912年9月26日。
③　《黄克强先生书翰墨迹》第265页。
④　《长沙日报》1912年9月24日。

美国六十五名，英国二十九名，德国十名，法国四名，比利时三名。我是一九一二年赴日留学的，初去时月领官费三十元，后调整为三十六元，勉可维持个人生活。"①

△ 致函谭延闿，"现留学美洲者有汤松、连彝、刘世滋三君，皆系自费。……望补助学费，以宏造就。"②

9月21日 出席袁世凯宴会，在答词中说："现在国基初立，建设之事甚多"，"凡中华民国之人民，无论在政界，在社会，须出真实爱国心"，"使中华民国与各国立于平等之地位，维持世界之真正和平。"③

△ 出席北京国民捐欢迎会，在演说中追述发起国民捐动机。黄兴说："兄弟之发起国民捐，在使人人脑筋中受刺激，而有国家思想，……何言乎国民捐为发起人爱国思想？盖一国犹广厦，以全国合资造成此厦，使知此厦为国民造成，其爱国之心不难激发。前各省有反对此捐，仅系少数无识者，而一般爱国国民对于此捐之有责任心，与兄弟所见略同。"④

△ 在北京五族共和联合会欢迎会上发表演说，末称："协力同心，共跻大同，是兄弟今日对于一般同胞之最大希望。"⑤

9月22日 在北京军警联合欢迎会上致答词说："此后深愿我警界同袍保持国内秩序，军界同袍发扬国威，以御外侮，使对内对外，划然不复相紊。"⑥

△ 在北京民主党欢迎会上致答词，指出："国事非常危急，应

① 李裕：《辛亥时期的片断回忆》，湖南省政协文史资料委员会藏稿.
② 《长沙日报》1912年9月24日.
③ 上海《民立报》1912年9月23日.
④ 上海《民立报》1912年9月28日.
⑤ 上海《民立报》1912年9月28日.
⑥ 上海《民立报》1912年9月29日.

合全国人才于一党之中，而为一致之进行”，“同盟会今方改为国民党，深望民主党合一炉而冶。”①

　　△　出席北京青年会欢迎会，在答词中指出：“民国初成，事业繁重。赖有青年的国民，然后能造成青年的国家，造成青年的世界。”②

　　△　在北京铁道协会欢迎会上发表演说，主张实行孙中山的铁道政策。

　　演词中称：“民国经济之发达，全恃铁道。现在政府所发表之铁道政策，即是中山先生之铁道政策。中山先生之铁道政策非自今日始，数年以前已有十分之研究。……兄弟此来，避政界而趋实业界。盖铁道修成，必有以供养铁道者，而后铁道乃能充实。故兄弟专注重于矿业。盖矿业者，铁道之滋养料也。愿诸君努力进行，使中山先生之政策得以速成，是所希望。”③

　　9月23日　出席北京正乐育化会欢迎会，发表演说。

　　演说末称：“民国起义时，上海伶界同胞亲身犯阵，最称奋勇，可知伶界之中亦不乏豪杰之士。今共和告成，凡属人民一律平等，从前轻视伶界之界线从此破除。诸君仿欧美之成规，尽鼓吹之能力，普社会之文明，为我伶界维新之开幕。古谚云：‘移风易俗，莫善于乐。’鄙人于诸君有无穷之希望焉。”④

　　9月24日　偕宋教仁、谭人凤、陈其美往北京万牲园公祭彭家珍等四烈士。⑤

<hr />

　　①　上海《民立报》1912年9月30日。
　　②③　上海《民立报》1912年9月29日。
　　④　上海《民立报》1912年9月29日。　按：北京正乐育化会，是辛亥革命后北京戏剧界成立的一种新组织，取代了过去梨园行的“精忠庙”。谭鑫培任会长。
　　⑤　据《建国月刊》第4卷第1期卷首插图。按：四烈士为炸良弼殉难之彭家珍，炸袁世凯遇难之张先培、黄之萌、杨禹昌。

9月25日　袁世凯通电宣布"与孙、黄二先生讨论后，并征得黎副总统同意，决定八大政纲。"

"孙中山、黄克强两先生先后莅京，过从欢洽，从容讨论，殆无虚日。因协定内政大纲八条，质诸国务院诸公，亦翕然无间。乃以电询武昌黎副总统，征其同意。旋得复电，深表赞成。其大纲八条如左：一、立国取统一制度；二、主持是非善恶之真公道，以正民俗；三、暂时收束武备，先储备海陆军人才；四、开放门户，输入外资，兴办铁路矿山，建置钢铁工厂，以厚民生；五、提倡资助国民实业，先着手于农林工商；六、军事、外交、财政、司法、交通，皆取中央集权主义，其余斟酌各省情形，兼采地方分权主义；七、迅速整理财政；八、竭力调和党见，维持秩序，为承认之根本。"①

"袁世凯对孙、黄两先生不仅招待极为隆重，而且态度也表现得很谦恭，表示他一定要遵照孙、黄两先生的政见次第付诸实施。孙、黄两先生对袁世凯也表示信任。孙先生在袁世凯召宴的筵席上说：'让袁总统作总统十年，练兵百万，我经营铁路建设，把铁路线延长至二万里，民国即可富强'云云。袁又发表了八大政纲，谓系他与孙、黄、黎共同协商决定的。"②

9月26日　以先年九月在香港作和谭人凤七律一首书赠陈家鼎。③

落款称："武昌革命前二周，和谭公石屏论兵事作。偶录为汉

---

① 上海《民立报》1912年10月1日。
② 李书城：《辛亥前后黄克强先生的革命活动》，载《辛亥革命回忆录》第1集第204、205页。
③ 陈家鼎，字汉元，湖南宁乡人。华兴会会员。留学日本东京早稻田大学，参加同盟会。为《洞庭波》杂志撰述。后辍学归国，在上海设立阜丰棉絮运输公司，为革命筹措经费，兼事联络工作。旋与禹之谟在长沙北门湘利乾商栈等设同盟会机关，是为湖南最早的同盟会组织。辛亥革命后，"二次革命"期间，被袁世凯杀害。

元同志弟正之。时民国元年九月，距纪念节前三日。黄兴。印。"①

9月28日　接见日本正金银行代表小田切。

报载："六国银行团中正金代表小田切访黄克强，询催偿南京政府期内所借日款手续。黄答以政府财政现仍困难，刻正商议借款，未定时，暂难偿还，请展期。小田切已允。"②

9月29日　接见法国驻华公使康地。

康地后来说："黄先生为中国四千年特色之人物，为亚洲开一革命成功最速之先声。敝国当日若有如黄先生其人者，何至革命至三次之多，演成流血漂杵之惨状！敝国将来译读中华民国革命史料，无不想望英风而崇拜不已。"③

9月30日　偕陈英士往拜葡、荷、英、美、日、俄、西班牙七国驻华公使。④

9月　为陈翼龙⑤书联。联云："建设共和新事业；划除世界最强权。"⑥

秋　为黄一欧题字"笃实"。

"一九一二年秋，我由湖南都督府资送赴美留学，出国前夕，先君特意为我书写"笃实"两字的一块横披。近七十年来，我一直是作为家训看待的。先君遗墨诸多散失，唯有"笃实"随我转

① 据影印件，原件藏上海博物馆。
② 上海《民立报》1912年9月30日。
③ 上海《民立报》1912年10月5日。
④ 上海《民立报》1912年10月2日。
⑤ 陈翼龙（1886—1913），字意农，湖北罗田人。1909年任上海《神州日报》主笔，结识宋教仁。经宋介绍赴日本，与孙中山、黄兴相识，加入同盟会。辛亥革命时，江亢虎在上海组织中国社会党，陈签名入党，任苏州支部主任干事。1912年到北京，组织社会党总部，任总干事。1913年8月6日，被袁世凯杀害。
⑥ 《黄克强先生书翰墨迹》第352页。

徙流离，至今仍在身边。"笃实"的含义是什么，先君当时未作详细的解释。我体会是指的待人接物处世，要谦虚谨慎，笃实厚重。"①

10月1日 致函临时稽勋局局长冯自由，转送安徽韦廷选在汉阳战役中中弹阵亡有关材料，"恳即按章叙录，以慰忠魂。"②

△ 偕陈英士往拜德、法、比、奥、意、墨六国驻华公使。③

△ 赴总统府宴会，推荐宋教仁为驻日代表。

黄兴谓："宋（教仁）长于外交之才能，手腕灵敏，其主义甚平和，以宋使日定能胜任，且日中感情必将藉宋力愈接近亲密。惟必须多资宋金，使宋大展其手腕，在国际外交上活动运动承认民国。"④

10月3日 偕陈其美赴颐和园出席参谋部宴会。

10月4日 在北京六国饭店举行告别宴会，并即席致词。

黄兴、陈其美在六国饭店邀宴全体国务员、国民党籍议员及国民党本部各部负责人，以示惜别。黄兴即席致词，略谓：

"现在临时政府期限已迫，内政、外交诸多棘手。……本党惟一宗旨，原在扶助政府。然使政府与政党不相联属，扶助之责容有未尽。尝与袁总统一再熟商，请全体国务员加入国民党，袁总统极表赞成。后又商诸国务员，亦均表同情。今于濒行前夕，约各界诸君宴叙，并以代表本党欢迎新加入本党之国务员诸君。此次各国务员加入本党，实为维持民国前途起见，共济时艰，俾成强有力之

---

① 黄一欧：《辛亥前后杂忆》，湖南省政协文史资料研究委员会藏稿。
② 《黄克强书翰墨迹》第267页。
③ 上海《民立报》1912年10月2日。
④ 上海《民立报》1912年10月3日。

政府,各国早日承认。"①

"黄克强此次来京,……前日曾力劝教育总长范源濂君加入国民党,措词颇为激烈。略谓:此次鄙人北来,专为调和意见而来。尤以国务员一律加入国民党,为调和之先声,且符政党内阁之主张。此中鄙人深具苦心。现在各国务员均允加入,公如固执,将来破坏吾政策者,实君一人。吾不得已,惟有立离北京耳。范乃婉词却之。"②

"财政总长周学熙语人云:'财政总长地位为一时的,周学熙三字为永久的;因一时之地位强令永久之个人入党,昧良无耻,莫逾于此。'故对于黄兴强招入党之举,坚拒到底。"③

"闻周氏此次不入国民党原因,实以黄克强到京之始,对于各国务员均加称誉,而独谓财政总长为不得其人,并在大总统前加以诽语,故决意不加入。并谓家产足以自存,不恋政界,如不得政党同意,则辞职亦所情愿,云云。"④

△　为白逾桓⑤书联。联云:"立脚怕随流俗转;高怀犹有故人知。"⑥

10月初　致电各省都督、议会,告以垦殖协会拟先设垦殖银行,"务恳鼎力维持,筹款协助,俾能早观厥成。"⑦

---

①　上海《民立报》1912年10月6日。　按:黄兴谓"全体国务员加入国民党",实际并不尽然,周学熙、范源濂、朱启钤均始终未加入。周学熙时任财政总长,态度尤为强硬。

②　上海《申报》1912年10月3日。

③　上海《申报》1912年10月7日。

④　上海《申报》1912年10月14日。

⑤　白逾桓(1875—1934),字楚香,湖北天门人。黄兴在两湖书院求学时的同学。后留学日本,加入同盟会。辛亥革命后,当选为众议院议员,讨袁时曾任江苏宝山县知事。时在北京。

⑥　《黄克强欣逢旧雨》,载上海《民立报》1912年10月4日。

⑦　上海《民立报》1912年10月8日。

10月5日　上午,偕陈其美赴总统府辞行,面呈辞谢陆军上将函。中午,乘专车离京,下午抵天津。①

10月6日　出席天津日本人士欢迎会,发表演说。

演说中称:"贵国与敝国本唇齿之邦,……敝国之革命事业,原来效法贵国,自革命组织,以迄武汉起义创设民国,承贵国诸兄弟相指导相扶助之处甚多。敝国国民已夙深感激,尤望贵国诸兄弟始终教导之扶助之,此实为中日两国至大幸福,且为东亚保障平和之至大幸福。"②

10月8日　乘津浦路车离津南下。

10月9日　抵南京。③

10月10日　出席国民党宁支部欢迎大会,讲述革命历史。

是日为武昌首义周年纪念日,偕苏督程德全赴万寿宫致祭革命先烈。下午三时至第一舞台,出席国民党宁支部欢迎大会,发表演说,缕述同盟会革命历史,侧重广州之役与武昌起义经过。并推程德全为国民党宁支部部长。④

黄兴在演说中赞誉袁世凯,说:"兴至京时,觉有一绝大希望及一绝大乐观之事,为袁总统之苦心谋国是也。报纸有以拿破仑诋之者,殊为失当,且亦绝无之事。袁之为人,精神充足,政策亦非常真确。忠心谋国,反不见谅于人,此最足以灰办事者之心。然袁总统未曾因人言而遂有所踌躇也。其度量宽宏有如此。"⑤

△　向武昌起义一周年纪念会致祝词。

----

① 上海《申报》1912年10月13、14日。
② 上海《民立报》1912年10月13日。
③ 上海《申报》1912年10月12日。
④ 上海《民立报》1912年10月14日。
⑤ 上海《民立报》1912年10月15日。

"江汉汤汤，这似水流年，常记取八月十九，

风云郁郁，愿中华民国，继自今万岁千秋。"①

10月11日　袁世凯电告授与勋一位。复电辞拒不受。指出：
"民国肇造，烈士堪悲。国庆纪念，弥增感痛。兴历年奔走，幸保
余生。分所应为，何勋可纪？前辞上将，已述苦衷，今兹殊荣，更非
敢受。"②

△　与陈其美联名致电《民主报》，告以"由津浦铁路南旋，
今晨抵沪。"③

10月13日　复电耿觐文，告以"定十日内启程回湘。黎副总
统处久欲奉访，届时必过江畅叙一切。"④

△　复电四川临时省议会，"垦殖协会承允拨款相助，深纫公
谊。"⑤

10月14日　袁世凯就辞勋一位事复电黄兴，"万望勉抑高怀，
勿再辞谢。"⑥ 15日，再次电袁，务请"曲谅愚忱，收回成命。"⑦

10月15日　黎元洪致电黄兴，"特派黄君瑞祥、金君华祝、廖
君寿昌赴沪欢迎。"⑧

10月16日　复电黎元洪，"日内即当启程，务恳黄、金、廖三君
切勿远来，以免半途相左。"⑨

---

① 《黄克强先生全集》第633页。
② 《袁大总统书牍汇编》卷3。
③ 北京《民主报》1912年10月15日。
④ 上海《民立报》1912年10月15日。　耿觐文（1883—1957），字伯钊，湖北
安陆人。同盟会员。日本陆军士官学校第六期毕业。辛亥革命后，历任南京临时政府
陆军部二等顾问官兼总统府军事秘书、南京留守府参谋处长。国民党统治时期，历任
军事参议院参议，湖北省政府委员等职。解放后，任湖北省政协副主席。
⑤ 北京《民主报》1912年10月19日。
⑥ 《袁大总统书牍汇编》卷3。
⑦ 上海《民立报》1912年10月16日。
⑧⑨ 上海《民立报》1912年10月17日。

10月17日　致函北京国民党本部，陈述对蒙事之意见。

函云："伊国近来革命风潮，早有跃跃欲动、迫不及待之势。惟一二狡诈之政府中人，反利用此时机，故作种种繁难对外之行为，借为靖内之方针，以期两得其便。……据弟愚见，彼若一与我国用兵，国内立见瓦解动摇，不可收拾，必不能阻我征库（伦）为强硬之干涉。至实行进兵，则北兵素耐寒苦，而又习知边情，可即用为先锋，立赴前敌，南兵当即整备完毕，一俟阳和令转，便能长驱直进，以为后援。至人心饷项一层，现国民被其刺激，踊跃非常，自能源源筹划，继续接济，亦无庸过为疑虑。"①

10月18日　出席《民立报》创刊两周年纪念会，并致贺词。

贺词中说："《民立报》于破坏、建设两时代，均极尽力，所持言论、态度，尤各如分际。破坏时则激烈，建设时则稳健。此不独吾党所公认，即一般国民对于《民立报》，皆具一种敬之爱之之心理。"②

10月23日　自上海乘楚同舰启程返湘。③

10月25日　三十九岁初度，赋诗书怀。诗云：

"卅九年知四十非，大风歌好不如归。

惊人事业随流水，爱我园林想落晖。

入夜鱼龙都寂寂，故山猿鹤正依依。

苍茫独立无端感，时有清风振我衣。"④

10月26日　抵武昌。

---

① 上海《民立报》1912年10月18日。
② 上海《民立报》1912年10月19日。
③ 上海《申报》1912年11月1日。
④ 《黄克强先生书翰墨迹》第348页。1913年10月，黄兴在东京以此诗书赠萱野长知，落款云："壬子州九初度感怀，在楚同舰中作。今恰一年，书示萱野兄正。兴。""大风"句，亦作"大风歌罢不如归"。

"黄克强君于十月二十三日由沪乘楚 同兵 轮返湘，……二十六号上午十时即驶抵鄂垣。旋在平湖门外下碇。国民党鄂支部长石瑛君及各政团党员在江岸欢迎者不下千余人。黎副总统亦派杨时杰、程明超等代表接待。……当导入乙栈行台小憩，未几乘马车入城，诣都督府。黎公亲率军务司蔡济民司长并各上级军官暨军乐队降阶相迎。"①

黄兴在会见都督府人员时发表讲话，指出：

"回忆去年今日，鄙人督战阳夏，阵亡烈士横卧沙场，惨不忍睹，今日始见五色旗之飞扬。惟列强尚未正式承认，倘再经一次破坏，波兰、埃及岂可免耶？愿诸君同舟共济，以国利民福为前提，勿争权夺利，勿侵人利已。"②

△　下午，出席江汉大学欢迎会，发表演说。

"下午四时，黄君克强来校参观，并演说。黄君貌魁伟，须发蓬然，较在东时发扬多多。黄谓武昌将来为政治之中心点，并演说阳明知行合一之旨，谓个人生平得力，即在知则必行，虽冒万难，九死一生，在所不顾。最后谓项城可算革命同志，武昌起义以前，其子克定常通消息。人谓项城不可靠，实未深知革命之内情与历史之经过。其言若深有信于项城者。盖黄至北京，颇受项城优待，故有此语。"③

10月27日　往武昌烈士祠吊唁首义先烈。

△　致电山西都督阎锡山，吴禄贞等"四烈士殉难，至今已届期年，尚未安窀穸"，务恳"从速营葬，以慰英灵。"④

---

① 上海《申报》1912年11月1日。
② 上海《民立报》1912年11月1日。
③ 黄尊三：《三十年日记》。
④ 上海《时报》1912年11月5日。原电有"兴昨至鄂"语，当为廿九日发。

10月28日　在国民党鄂支部欢迎会上发表演说，阐述国民党党纲。末称：

"目今选举在即，党员须大家共负责任，多赴地方演说，使人人知共和之真精神，并知本党之精神所在，而后国人皆知本党之可恃，共表同情，以助成本党之所主张。譬之草野，本党当先走出一条平路，使后来不患迷途；譬之铁路，本党须先造出一条轨道，使多数国民齐上此轨道，而更使政府上此轨道。盖政党本来一方有指导人民、代表人民意思之责，一方有监督政府、维持政府之责。"①

△　下午，出席汉口二十六团体欢迎会，就市政建设问题发表演说。②

△　离鄂登舟返湘。③

10月30日　岳阳旅次，赋七绝一首。诗云：

"借得唐人诗一句，洞庭秋水远连天。中流自有擎天柱，明月多情照客船。"④

10月下旬　撰游赤壁联。联云：

"才子重文章，凭他二赋八诗，都争传苏东坡两游赤壁；

英雄造时势，待我三年五载，必艳称湖南客小住黄州。"⑤

10月31日　乘轮抵长沙，受到各界群众数万人的热烈欢迎。

长沙第一女师附属小学学生谱欢迎歌，词曰：

"凉秋时节黄花黄，大好英雄返故乡。一手缔造共和国，洞庭衡岳生荣光。"⑥

《民立报》驻湘记者报道："十月三十一日，黄克强先生抵

---

①②　上海《民立报》1912年11月3日．

③　黄兴1912年11月1日致岑春煊电，有"去月念八在鄂登舟"语．

④　《黄克强先生纪念集》第349页．

⑤　《黄克强先生全集》第639页．

⑥　上海《中华民报》1912年11月16日．

湘。午前八时，谭都督、王军统及各司长、军警商学会团人员齐集黄兴门（按：湖南各界为纪念先生开国勋绩，特改德润门为黄兴门，坡子街为黄兴街）外义渡码头迎船。当时观者如堵，不下七八万人。一时三十分，黄先生抵岸，舢板升炮二十一响以表欢迎，都督登船略叙寒暄数语，先生登岸，……与谭都督并辔入城，径赴行辕，休息片刻。各界欢迎先生者皆在教育会场等候，先生即往教育会场。首由仇君鳌略致欢迎词，三呼万岁，继由先生演说。略谓'余去湘已八年，今日承父老兄弟之欢迎，余心滋愧。但余尚有许多话与父老兄弟一谈，今日为时过迟，又地大不能听之明晰，余居湘尚久，俟异日徐徐谈论，今日道谢而已。"①

10月 为吴醒汉书联。联云：

"能争汉上为先著；

此复神州第一功。

录武昌起义前赠谭石屏旧句，赠厚载我兄正之。民国元年十月。黄兴。"②

△ 为林圭遗著题诗。诗云：

"江汉悲深记后先，神州光复倍凄然。

不知何处苌弘血，（君遗骸至今尚无觅处。）

只剩遗文是昔年。

民国元年十月。黄兴题。"③

---

① 上海《民立报》1912年11月15日。

② 《黄克强先生书翰墨迹》第350页。吴醒汉（1883—1938），字厚载，湖北黄陂人。清末充湖北新军第三十标排长，加入共进会。武昌起义后，任战时总司令部主任参谋，军政府军备司长，都督府参谋长等职。1917年护法军兴，任广州总统府参军，靖国军第三师师长等职。晚年任国民党党史编纂委员会编纂。

③ 据《悟庵先生成仁录》。 林圭（1875—1900），字述唐，号悟庵，湖南湘阴人。曾为湖南时务学堂学生，戊戌政变后留学日本。后随唐才常等返国，为自立军主要组织者之一。1900年7月28日在武昌就义。

11月1日　往大汉烈士祠致祭革命先烈。归途中访问粤汉铁路公司督办谭人凤及湖南实业司长杨荣。

祭文略谓："维我湖湘，义烈最多，民国设立，实为先河。戊庚以来，十余年载。前死后继，求胜于败。京汉两役，血肉横飞，奔走呼号，衡云为开。志士颠连，海外投荒，迄兴远逝，连为一贯。癸卯之春，辽祸方亟，乃倡义军，声同霹雳。后遭解散，备尝艰苦，湘士同归，重整旗鼓。甲辰之秋，豪侠云集，大举未成，戕我壮士。厥后诸贤，尚多惨死，爱国之心，死犹未已。去年武汉，正值危急，告湘响应，翕为得力。汉阳前驱，东南所瞻，我军死战，何止百千。赖兹碧血，以成民国，历史光荣，吾侪痛切。兴也无能，尚保残生，追念往事，涕泣纵横。湘沅依旧，烈士不还，唯有崇祠，万民所望。聊陈鲁酒，以表敬忱，云车风马，庶其来临。谨奠。"①

△　致电福建镇抚使岑春煊，林斯琛、陈景松两员"祈即饬承审诸人慎据法律秉公审判，以免外间误会，俾闽事早日和平了结。"②

11月2日　领衔与郭人漳、杨度等发起湖南五金矿业股份有限公司，以采炼湖南地方金属矿产。③

11月3日　在国民党湘支部欢迎会上发表演说，阐明党纲。

讲词中说："所谓大政党者，必党员均有责任心，以改造为精神，以促进为目的，以爱国为前提，其党德乃日高。一党必有党纲，党员必确守不移，乃能秩序井然，进行迅疾。本党党纲，其特别之点为民生主义，亦即国家社会主义。世界共和国家，以法、美为先河，今其社会皆嚣然不靖，是政治革命之后必须社会革命也。苟实

---

①　《长沙日报》1912年11月2日。
②　上海《时报》1912年11月20日。
③　《长沙日报》1912年11月2日。

行民生主义，则熔政治、社会于一炉而革之矣。"①

11月4日　出席湖南军警界在教育会召开的欢迎大会，发表演说，勉励军警两界"研求学问，为国保障。"

讲演中谓："记得去年武昌起义，独湖南首先响应，军警两界之功不少。此光复史中最可荣幸之事。不但为我全国国民所知，兄弟去年在汉阳时，美国领事曾送报给我看，载湖南反正情形甚详，并拍电告知本国，极言湖南反正之文明。所以兄弟说，不但为我国国民所知，即为外人亦很崇拜。……观今天军警两界，精神充足，且皆青年。有此资格，研求学问，为国保障，发挥湖南人特性，使留一光荣历史。"②

△　出席湖南圣公会召开的欢迎会，发表演说，谈宗教与革命的关系。

讲演中谓："民国成立，是由一般人民造成，非一二人所能做到。然人民能知脱离专制之痛苦，实由西欧宗教输入，而一般信徒朝朝暮暮以平等自由之学说，鼓吹不遗馀力。所以吾国社会恳一平等自由之目的，宗教家实为之导线。兄弟于宗教见闻素稔，深信此次革命，宗教家为原动力。此说从前无人道及。……兄弟此次革命，非仅无种界，并无国界。就现在而论，地有欧、美、亚之分，种有黄、白、黑之异，兄弟的革命目的与宗教同一宏旨，必使世界上无欧、美、亚国界之可言，无黄、白、黑种界之可分，而后吾人之目的乃达。"③

11月5日　出席湖南政界欢迎会，并发表演说，谈教育、实业及市政建设问题。

---

① 上海《民立报》1912年11月17日。
② 《长沙日报》1912年11月5日。
③ 《长沙日报》1912年11月6日。

其中指出："欲谋国家之发展，莫先于教育，自宜竭全力运筹，而以国家资财充其经费。……学以专而精，以久而成。增长年限，亦其要点。……湘本山国，视闽、粤诸省之出洋经商，每年收入税数十万者，诚有愧色。然他日铁路告成，握各省交通枢纽，商务繁盛，可操左券。惟拆毁（长沙）城垣，改良街道；辟北门为新埠，不容缓耳。又商业与工业相表里，宜于南门外迁去义冢，建造工场，而修天桥联水陆洲，岳麓山以为市场。"①

11月7日　出席共和党湖南支部召开的欢迎会，发表演说，主张"集合多数党为一党"，同心合力，巩固民国。

讲演中谓："现今建设之事纷繁，已不免有人才缺乏之慨。使政党太多，人才分布于各党，将来实行政党内阁，一党在朝，他党在野，人才之不足用，深可虑及。今各党之党纲与其政见大致相同，但使党员认定党纲，则无论何党，其精神所注，数党与一党无异，则何如萃全国之人才，合为一党，以共同救济今日之危局也。……若不能集合多数党为一党，则无论何党，其号召党员当以道德学问相结合，不当以势力权利相结合。对于他党尤当以道德学问相切磨、相辅助，不当以势力权利相夸耀、相凌铄。"②

△　出席湖南普通全体欢迎大会，演讲"共和"之精义在于全体人民有"共和国民"之精神，自治、自理、自谋幸福。并希望湖南发达教育、提倡实业，革除妇女裹足和迷信心理。③

△　出席旅湘湖北同乡会召开的欢迎会，主张"湘鄂相联，无分省界"，共图发展。④

11月8日　出席湖南学界召开的欢迎会，介绍自己学生时代的

---

① 《长沙日报》1912年11月7日。
② 《长沙日报》1912年11月8日。
③ 《长沙日报》1912年11月8日。
④ 《长沙日报》1912年11月9日。

志趣阅历,鼓吹极为发展湘省教育。

演讲中谓:"回忆兄弟初出湖南时,公立、私立之学校尚不过数处。此次归来,公私学校至一百三十馀所之多。而革命中之有功者犹复求学不倦,足见湖南教育界之进步。……造成民国者为教育,建设民国者亦为教育。不受教育,于个人尚难自立,况一国乎! 廿世纪之文明,为物质的,非有完全科学不能占世界优异之地位。今湖南学校林立,以后若更加扩充,则不独湖南之福,且民国之福也。"①

11月10日　出席湖南农工商界召开的欢迎会,发表演说,强调科学为"使农工商能发达之道。"

演讲中谓:"至于使农工商能发达之道,厥在于学。农有农学,工有工学,商有商学。苟能注意,富强可立俟也。湖南土地膏腴,农业极盛,矿产甲于全国,工值极为低廉。以湖南之资,从农工商上努力进行,自不难为民国模范。至其责任,匪他人属,今日在座诸君要将农工商各学问从根本上讲究,则此后不可限量矣。"②

△　往长沙黄泥塅新建秋女烈士祠致祭秋瑾。

11月上旬　致函谭延闿,辞谢将长沙小西门、坡子街改称黄兴门,黄兴街。

函云:"神州光复,众志所成。缔构艰难,先烈弥痛。兴虽力谋改革,屡与战争,实国民分所应为,亦绝无功可纪。今乃被此殊荣,表之通衢,……其为惭悚,岂有涯涘;名实未副,转滋咎戾。务恳我公收回前命,俾仍复旧名。"③

---

① 《长沙日报》1912年11月9日。
② 《长沙日报》1912年11月11日。
③ 上海《民立报》1912年12月20日。　按:黄兴离湘以后,劣绅叶德辉等率痞徒捣毁了"黄兴街"路牌,叶德辉还为此刊印了一册《光复坡子街记》。

11月11日　在长沙报界欢迎会上发表演说，指出："今日报界之天职，第一宜指导舆论，启牖国民；第二宜监督政府，时加督责。"①

△　出席国民捐湘支部，提倡国货会等十团体联合欢迎会，发表演说。

演说中谈到："兄弟在南京时，以政府借款条件失败，故发起国民捐。因民国改革之所需者，均系消耗经费，断不能借之外人，必须国民担负。……况从前人民与国家漠不相关，即此次建立共和，脑筋中全不知共和国为何物？故倡出捐款，使知民国为四万万人将与生命相关之钱造成，而后有国家观念。"②

△　为《长沙日报》题字："振聋发聩"。③

11月12日　出席长沙各机关团体联合召开的欢迎会，发表演说，强调普及教育，修建扩充北门市场和规划乡镇警察及地方自治。④

△　出席湖南烈士遗族召开的欢迎会，发表演说，勉励"烈士遗族互相亲爱、互相扶持，结合团体，组织事业。"

讲词中谓："人之生也，有肉体，有灵魂，诸烈士之死，死其肉体，而非死其灵魂。其肉体虽湮埋于土壤，其灵魂实超升于天国。况诸烈士之死，皆以学说上之竞争而死，以铸造共和而死，虽死犹生，虽死何辱！"⑤

△　在《长沙日报》刊登启事："……初归事繁，有时外出未及恭候，殊为歉仄。兹定每日午前九至十一时为会客时间，以便畅

---

① 《长沙日报》1912年11月12日。
②④ 《长沙日报》1912年11月13日。
③ 《长沙日报》1912年11月12日。
⑤ 《长沙日报》1912年11月14日。

叙情话。"①

11月13日　接见工商部查办汉冶萍公司委员余焕东②，谈话中强调开发矿业。

黄兴说："为现时计，惟从实业入手为第一之方法。而在湖南言实业，又以开矿为第一。……就现在湖南已出之矿而论，如水口山之黑砂，平江之金及各处之锑，应于现时计划清楚，应图若何之资，努力进行。而江华之锡矿属于大同公司者，尤予所注意，望湘人合力图资者也。"③

△　在周南女校欢迎会上发表演说，提倡男女平等。

讲词指出："将来建设事业重大，皆今日学生之责也。现在当注意者为男女平等一问题。夫男女不平等，不独中国为然，欧美各国亦复如是。揣世界潮流，知二十世纪中必不容有此。"④

△　出席明德学校举行的欢迎会，发表演说。

讲词中谓："当胡（子靖）先生创办此校时，其志愿恒欲与日本早稻田学校同一规模。但早稻田虽甚完善，然处于日本帝制之下，尚未能十分发展。而此校在民国有自由活泼之精神，又得诸讲师之教育及谭都督之辅助，将来之发达，当较早稻田而过之。"⑤

△　出席湖南商务总会召开的欢迎会，发表演说。

演讲中谓："欲谋商业之发达，当务其大者远者。兄弟意见，以为商务总会须将各资本家合并拢来经营实业。盖资本分散，不

---

① 《长沙日报》1912年11月12日。
② 余焕东，字松云，也作松筠，湖南龙阳（今汉寿）人。1904年留学日本东京弘文学院普通科，在留学生中发起组织新华会。旋入同盟会。辛亥革命后，曾任南京临时政府实业部矿务司司长、萍乡矿务局董事等。
③ 上海《民立报》1912年11月15日。
④ 《长沙日报》1912年11月14日。
⑤ 《长沙日报》1912年11月16日。

能大举，进步上恒呈阻碍。外人挟其雄厚之资，合力经营，独登垄断，以攘我利。我们即须自己团结组织公司，以图抵制。如湘中各属茶业，辰、沅木业，皆可集大公司经营者也。又现今输入之品，棉纱最占重要，湖南销行甚多，急宜设立公司纺造。湘中为产棉之地，能合资经营，不难抵制外货。"①

△　出席湖南光复同志会召开的欢迎会，勉励诸君"本此革命精神"，"趋重实业"。

讲词中谓："焦（达峰）、陈（作新）革命厥功甚伟，肉体虽去，精神常在，我辈但当为焦陈铸铜像表彰勋绩，使天下后世皆知焦、陈之为国捐躯，不必鳃鳃焉讲报复。而谋害焦、陈者，自然名誉日减，归于消灭。……今日开会在煤矿公司，可知诸君皆系功成身退，趋重实业，本此革命精神；从实业上做去。将来中华民国造成一个最富足最强盛的国家，兄弟对于诸君又有无穷之希望。"②

11月14日　杨度致电黄兴，提出以取消政党内阁为加入国民党条件。

黄兴离京前夕，曾怂恿杨度加入国民党，未即决定。后托胡瑛再与杨商，杨提出以取消政党内阁为入党条件。时杨方奔走袁世凯门下，欲借此联袁。胡瑛不敢擅专，杨遂径电黄兴，重申前说。电云："近日京中贵党干部诸君继续招邀，议及党略，度以为贵党以前之经过及以后之行动，皆不免于困难者，实为政党内阁四字所缚。虽云根据学理，然贵党从前对于项城尚未充分信用，含有防闲政策，亦事实之昭然。度意此后贵党对于民国、对于总统，宜求根本解决之方。若不信袁，则莫如去袁，而改举总统。度必劝隐，袁必乐从。若能信袁，则莫如助袁，而取消政党内阁之议，宣布全国，

---

①② 《长沙日报》1912年11月16日。

以求实际沟通，度方有可效力之处。若仍相挟相持，互生疑虑，实于国家大计有损，非上策也。"①

11月15日　在湘潭各界欢迎会上演讲，强调"今日最大事件，即为教育、实业两项。"②

△　出席湘潭共和党支部召开的欢迎会。③

△　在湘潭普通全体欢迎会上演讲改革贫富不平等问题。

讲词中谓："世界不平等之事极多，而最不平等者莫如贫富阶级。贫者为牛马，而富者为主人翁。此事非极谋改革以求平等不可。其主义为何？即国民党党纲上所标之民生主义是也。民生主义之精义非劫富济贫之谓，乃欲使富者不致垄断，而贫者则有资本是也。"④

△　在湘潭国民党支部欢迎会上演讲"党规"、"党德"、"党略"问题，认为就国民党现状言之，此三事最"宜注重"。⑤

11月17日　上午十时，借余焕东等乘专车赴萍乡调查煤矿。下午四时抵醴陵。

△　出席醴陵各界欢迎会，演讲中强调扩充实业，国民应有"责任心"和"道德心"。⑥

11月18日　参观醴陵磁业公司，出席醴陵磁业学校欢迎会。⑦

△　出席醴陵国民党欢迎会，再次演讲"党规"、"党德"、"党略"问题，并号召党员"以国家为前提，则应十分注意"国会选举。⑧

11月20日　出席安源煤矿公司及各团体欢迎会，发表演说，声

---

①　《民国经世文编》正编。
②③④⑤　《长沙日报》1912年11月21日。
⑥　《长沙日报》1912年11月20日。
⑦　《长沙日报》1912年11月21日。
⑧　《长沙日报》1912年11月22日。

明"今来此调查，无非欲知办事诸君之苦心毅力及欲联络各省以共图此矿之进行。"①

关于黄兴调查安源煤矿事，时人记载谓："华昌方兴，深恐克强经营锑矿，辟垣献江西萍乡尚株岭铁矿于克强，与克强为移兵工厂之计。于是，克强携广东矿师并日本矿学生余焕东先至安源，顺道至尚株岭勘矿。归长沙，与祖庵论移厂之法，其议遂定。克强之往安源也，沿途之人观者如堵。有叹为英雄者，有骂为草寇者，有向车头鸣爆仗者。先一日至渌江，驻瓷业公司。刘承烈②到厂招待，宾客数十人。看瓷窑并釉底花工厂。翌日午刻，乘车往安源，傍晚乃至。招待所设于公司楼上，晚餐用中国烧烤猪。克强笑曰：'动物中大约以此物为最蠢矣'。翌晨看横洞，先换工人衣服，乘火车约行五里，至挖煤处，道旁死尸狼藉，有长毛数寸者。出洞时，汗流浃背矣。又有直洞，一人系绳腰间坐铁床缒而下，至数十百丈，尤阴森可畏矣。安源开辟只三十年，昔时只有四户，今则有四万人。以每户八口平均之，亦当有五千户也。西餐精美，电灯鲜明，长沙无此繁盛也。又明日，自安源启程，寻旧路归，至萍乡午餐。"③

11月21日 上午九时抵达萍乡，即出席萍乡各界欢迎会，又出席旅萍湖南学生会等团体召开的欢迎会。下午由萍乡归湘抵株州。④

"一九一二年三、四月间，我又回到萍乡县立中学校（这时萍

① 《长沙日报》1912年11月23日。

② 刘承烈（1881—1952），字劭裹，湖南益阳人。同盟会员。日本早稻田大学毕业。清末化名李扬生，潜往豫、陕、晋省从事革命活动。辛亥革命后，任湖南实业司长。解放后，卜居北京，任政务院参事。

③ 朱德裳：《三十年见闻录》第3册。

④ 《长沙日报》1912年11月28、29日。

乡小学堂已改称为萍乡县立中学校，并由所谓新派人物主持）继续我的学业，……不久，革命伟人黄兴光临我们的县城。他认为丙午萍浏之役与他本人有密切关系，因此乘着回到湖南家乡之便，特地来凭吊这个首先发难的革命圣地。我们学校的全体师生曾开会欢迎他，县城里许多时髦人物都挤来参加，要一睹这位革命伟人的风采和亲聆他的革命谠论。他仪表堂堂，缺了两个手指，那是他从事革命的光荣标志。"①

"先生解职还乡，相与盘桓者匝月。中间因勘矿曾至萍乡、安源。吾萍黄戴生烈士遗族，携其幼弱踵门来谒，先生抚慰备至，视幼弱几欲泣下，为题'光照吴楚'一额以赠之。偶于山中逢猎者，亦与立谈，寻入其室，睹其郊野风光，似深愉悦。猎者呼数十猎犬至其前，先生如相马然，一望而知其优劣，因购一矫捷者返。"②

11月22日　复电杨度，解释政党内阁主张。

"政党内阁制度创始于英、法，各共和国均采用之。即君主立宪如日本，近亦倾向此制。盖欲使内阁得一大政党之扶助，与国会多数议员成一统系。……国民党主张此制，纯为救国起见，亦不能反于各国先例而轻为尝试。至来电以为与总统有妨，并指为不信任袁总统之证，于学理事实，均属误会。国民党于今日政府，专取维持主义。袁总统经营国事，不辞劳怨，兴在京亲见，实所钦服。公前与兴面谈，亦曾极力主张政党内阁。今忽变更前议，并别生枝

---

① 张国焘《我的回忆》第1册第27、28页。张国焘（1897—1979），又名特立、凯音，江西萍乡人。北京大学毕业。1921年参加中国共产党一大，被选为中央局组织主任。后被选为中共中央委员，历任中央工农民主政府副主席、红军总政治委员、西北局书记等职。1938年逃往武汉，背叛革命，投入国民党特务集团，被中共中央开除党籍。1949年冬寓居香港。此后移居加拿大多伦多。

② 伯夔：《同盟感旧录》。

节，恐非出自本心。望始终赞同，勿为浮言所动。"①

11月23日　复电胡瑛，告以"本党主张政党内阁，专为维持政府，使得负完全责任起见"，杨度误会，已复电说明。"请晤时再从旁解释。"②

11月28日　袁世凯任命黄兴督办汉粤川铁路事宜。

12月2日　致电袁世凯，督办汉粤川铁路事，须有专门人才，方能妥善筹画。……敬请收回成命，另简贤能。③次日，袁复电促请就任。

12月3日　湖南提倡国货会成立，推黄兴、谭延闿为名誉会长，龙璋为会长。

12月4日　致电袁世凯，允暂行接管汉粤川铁路，"为一时权宜之计"，并声明："俟调查明晰，改组机关，疏通意见，确定款项，可以大兴工作时，即行辞职。"④

12月8日　与谭延闿联名致电袁世凯、黎元洪等，提出整顿金融计划。

电云："近年国民生计日艰，国家财政日窘，有岌岌不可终日之势。其故实由我国金融机关未能整理，挽救之法若涉迂远，必迫不及待。再四思维，惟有赶办中央银行，利用推行币制机会，吸收现货，扩充保证准备范围，财政借此整理，实业立可振兴。"⑤

12月上旬　黄一欧抵东京，往访宫崎寅藏。⑥旋赴美留学，入哥伦比亚大学外交经济系。

---

①②　上海《民立报》1912年12月4日。
③　上海《民立报》1912年12月3日。
④　上海《民立报》1912年12月4日。
⑤　《长沙日报》1912年12月12日。
⑥　《宫崎滔天全集》第5卷第707页。

12月12日　与龙璋等二十九人发起成立中华汽船股份有限公司。该公司旨在反对洋商垄断湘汉航线，"收回外溢之利权，扩张自由之实业。"①

12月上半月　回凉塘省亲，小住数日。

"当时，乡亲们听到黄兴要回乡，便纷纷跑到离凉塘二十里路远的地方迎接。身材魁伟的黄兴，一下轿子就不断向前来迎接的乡亲热情招呼，一直步行到凉塘。在凉塘附近开了一个群众大会，黄兴在会上发表演说，号召同胞们团结奋斗，内惩国贼，外抗强敌。他在凉塘老家住了几天。黄兴自从这次省亲离乡后，再也没有回过凉塘了。"②

12月16日　离湘赴汉。

12月20日　为《民意报》周年纪念撰祝词。

"燕赵古称多慷慨悲歌之士，徒以直隶于专制之朝，为日过永，遂变其旧。去岁构和，横起阻力，有由来矣。《民意报》出版日，橥共和之旗帜，号召幽燕间豪俊，今日一论，明日一文，默化潜移，卒扫共和之障碍物，而得大多数之赞同。……后虽屡经危险，竟获无恙，殆天护吾民，故留此最正最确最平最允最高尚最完全之言论机关于惊涛骇浪中焉。"③

12月23日　孙中山电贺受任新职，并请接济国民党北京本部经费。

电云："闻兄接办粤汉，喜慰无已。弟所筹路策，现已订立条例，派人往京呈总统交参议院，俟通过后，再定行止。近得北京本部消息，存款将尽。弟处尚无从为力，望兄设法接济。"④

① 《长沙日报》1912年12月12日。
② 《黄兴故乡纪事》湖南人民广播电台1980年4月28日播出稿。
③ 《黄克强先生全集》第635页。
④ 《黄克强先生全集》第286页。

12月25日　复电孙中山，告暂行接管路事及无法筹措国民党经费。

电云："汉粤川铁路拟暂承乏。俟银行借款成功，各方意见调和，开工有期，即行退职。先生所订铁路条例，谅参议院必可通过。现沪筹办情形如何，尚望随时赐示。北京本部款尽，弟处亦无法筹措，仍请密电梁燕荪①再拨前款数万两接济。"②

12月27日　孙中山复电黄兴，已由梁士诒"向财政部转拨港款五万两，交国民党本部。"③

12月下旬　黎元洪挟私以军律治罪湖北船政局总理兼南湖屯垦督办黄祯祥，黄兴曾致电黎元洪，为黄祯祥请保说项。④

是年　与张继发起组织《世界报》，"以输入世界常识，指导共和政府，平均地权，主张人道为主旨。"⑤

---

①　梁士诒（1869—1933），号燕荪，广东三水人。光绪进士。1903年任北洋编书局总办。1907年任京汉、沪宁等五铁路提调和交通银行帮理。武昌起义后，署袁世凯内阁邮传部大臣。1912年3月袁世凯窃取临时大总统后，任总统府秘书长。旋任交通银行总经理，把持财政，广结党羽，成为交通系首领。

②　《黄克强先生全集》第285、286页。

③　《黄克强先生全集》第286页。

④　参见陶菊隐《北洋军阀统治时期史话》（一）第151页，注释②。

⑤　《〈世界报〉发起书》全文，见《孙中山藏档选编》第345—348页。

1913年（民国二年　癸丑）39岁

1月1日　在汉口就任汉粤川铁路督办。

△　作七律一首祝湖北《民国日报》。诗云：

"万家箫鼓又喧春,妇孺欢腾楚水滨。

伏腊敢忘周正朔,舆尸犹念汉军人。

飘零江海千波谲,检点湖山一磊新。

试取群言阅兴废,相期牖觉副天民。"①

1月2日　寄函次子一中,告以"元旦日接收粤汉铁路公所,拟办二三月即行告退,出洋游历。汝须发愤求学,将来好带汝出洋也。"②

1月4日　与谭延闿、程潜等三十四人发起成立洞庭制革股份有限公司,主要解决湘军之军用皮革制品问题。③

1月6日　与孙中山联名致电宋教仁等,赞同筹建民国国史馆,撰修中华民国史。④

△　致电《黄汉湘报》转长沙各报馆,表示"兹值新年,敬祝同志进步"之意。⑤

---

① 《黄克强先生荣哀录》。
② 原件藏湖南省博物馆。
③ 招股广告,载《长沙日报》1913年1月4日。
④ 时该馆正在北京开筹备会议。
⑥ 《长沙日报》1913年1月8日。

1月12日—13日　致函继母，告以正在辞汉粤川铁路督办及长沙捐屋与国民党湘支部事。

十二日函云："路事现正辞职，尚未得脱身；想日内总可定局，大约一礼拜后赴上海。……现住之卢宅，今已捐入国民党。此刻正当办选举之时，需用必急，恐支部同人不便催促，总以速速迁徙为妙。"

十三日函云："房子之事，万不可不搬。不可如野蛮人还迷信一切。淡如临产，当须时日，即检点家具，均可派人照料，自己可不必亲理，则不致过劳。……此事关系我之信用，如家人尚如此迷信，将来何以望社会之改良？此事请母亲勿坚执，以贻我羞也。"①

1月17日　宋教仁抵湖南，进行竞选活动。

1月19日　致函黄钟杰家属，寄迁葬费银一百元，并题墓碑。

函云："启者：兹鄙人邮寄洋银壹佰元，敬为载生烈士迁葬之资，已请国民党支部喻君相平转致，望即妥收是幸。"②

"黄兴曾为烈士墓碑挥毫题词。外联是：'一死结成新世界；万山罗拜此英魂。'中联是：'为祖国捐躯，倡义先声垂宇宙；择名山葬骨，稽勋旷典炳旗常。'外联匾是'黄烈士钟杰之墓'，内横匾额是'气壮山河'。"③

1月20日　中华民国铁道协会致电黄兴，劝勿辞职。指出："先生再一再辞职，则不特川粤两线无观成之日，而全国路界亦将永无改良之期。"④

1月23日　自汉口抵上海。

① 原件黄一中藏。
② 影印墨迹。载《文史通讯》1981年第2期。
③ 《"气壮山河"——略记黄钟杰烈士》，载《文史通讯》1981年第2期。
④ 上海《民立报》1913年1月24日。

黄兴以筹办汉粤川铁路诸多阻碍，难以进行，决定辞职赴沪居住，遂搭岳阳轮东下，于是日抵沪。

李书城说："（袁世凯）请黄先生担任粤汉铁路督办。黄先生想早日建成南北交通干线，促进南方的建设事业，亦允担任。黄先生离京后，派我同当时的交通总长朱启钤商量职权问题时，朱坚持督办应受交通部管辖，一切用人行政事项均须向部请示批准。黄先生认为与原议不符，知袁世凯实无诚意，遂决定辞职，在上海闲居。"①

1月26日　在国民党上海交通部欢迎会上发表演说，谈宪法问题。

是日，孙中山、王宠惠、马君武、居正等均到会。居正致欢迎词后，黄兴在演说中指出："现今最重大者，乃民国宪法问题。盖此后吾民国于事实上将演出何种政体，将来政治上之影响良恶如何，全视乎民国宪法如何始能断定。故民国宪法一问题，吾党万不能不出全力以研究之，务期以良好宪法树立民国之根本。"②

1月29日　袁世凯批准黄兴辞卸汉粤川铁路督办职务。

是日，袁世凯以临时大总统名义发布命令："汉粤川铁路督办黄兴迭次电陈因病辞职，应照准。此令。"③旋于2月3日任命岑春煊继任斯职。

2月6日　湖南都督谭延闿将黄兴牵头，有蔡锷、章士钊等十七人签名的《请将湖南矿务解交中央井口税之半，每年均拨交湖南明德大学为常年之补助呈文》，转递北京政府。是日，袁世凯将此

---

①　李书城：《辛亥前后黄克强先生的革命活动》，载《辛亥革命回忆录》第1集第205页。
②　上海《民立报》1913年1月28日。
③　上海《申报》1913年1月31日。

呈文批交财政、工商两部核议。

2月15日　款待宋教仁下榻本寓。

黄兴卸职抵沪后，在同孚路寓所静居。是日，宋教仁自湘抵沪，寄居黄宅。①

2月23日　幼女德华②生于长沙文星桥。

△　访徐绍桢谈时局问题。

是日，往牯岭路十七号访前南京卫戍总督徐绍桢，交换对时局意见。黄兴主张于国会成立后，应实行政党内阁。徐绍桢对此表示赞同。③

△　致函胡朴安，请为梁士诒"严尊"七十寿诞，"代作寿诗数章"。④

2月24日　孙毓筠电邀赴京商国事，未应。

是日，孙来电称："正式国会成立在即，谣言纷起，人心动摇。……匡扶之力，全恃我公。万恳即日力疾来京，主持一切。"⑤黄兴以袁世凯处事无诚意，拒不应孙之邀。

3月7日　宋教仁赴南京，发表演说，抨击袁世凯政权。⑥旋返沪，仍居黄兴寓所。

3月8日　致函王宠惠，讨论宪法。

---

① 上海《民立报》1913年2月17日。

② 黄德华，曾就读于长沙周南、益湘、福湘等女校，南京金陵女子文理学院附属高中毕业。南京金陵大学经济系毕业。时值南京沦陷，国难当头，积极创办刊物，宣传抗日救国。抗战胜利后，痛心国民党挑起内战，只身去美国纽约，任中文教员。不久，与旅美著名学者、马里兰大学政治系教授薛君度结婚。现已退休。据薛君度函及《长沙晚报》1984年11月15日高原、周石山：《访问黄兴幼女黄德华女士》。

③ 上海《民立报》1913年2月24日。

④ 原件藏上海图书馆。

⑤ 上海《民立报》1913年2月27日。

⑥ 上海《民立报》1913年3月11日。

函云："尊著《宪法刍议》虽未窥全豹，其绪论中'宪法非因一人而定，乃因一国而定；非因一时而定，乃因永久而定'，最为不刊之论。弟久欲撮斯义通电全国，使人人皆明公义，不敢自私，所谓宪法研究会之手段及各省都督之主张，可一扫而空之。"①

3月13日　与宋教仁等二十七人发起成立富国矿业股份有限公司，登报招股。

据招股简章开列，该公司"以开采湖南矿物，振兴矿业为目的"，"先行开采湖南境内各矿，择其尤优者，如郴州兴宁县大脚岭银矿山、江华县上五堡竹子尾宿锡矿山等处着手，俟有成效，再行扩张。"②

△与刘毅等致电谭延闿，请"尽法惩办"湘省"倡言三次革命"之徒。

电云："闻湘省近有无知之徒邪说惑众，倡言三次革命。此等举动，小之扰一省之治安，大之破坏民国之基础。务请彻查首要，尽法惩办，万勿稍徇情面，贻患养痈，以维国本而正人心。"③

3月20日　将遇刺后的宋教仁护送沪宁铁路医院急救，代拟致袁世凯电。

是晚，"宋君于十点半钟乘马车抵沪宁车站，送行者有黄君克强等若干人。先在议员接待室小憩。至十时四十分，由吴颂华君引导，与拓鲁生、黄克强、陈勤光、廖仲恺诸君（以上系按行次前后序列，宋君则在陈、廖二君之间）向车站出口处进行。甫至轧票处之旁，突于宋君背后闪出一人，出手枪连发三出。第一出中宋君

---

① 《黄克强先生书翰墨迹》第251页，原函未署年份，函末有"轮初昨午赴南京"语。《墨迹》考定为1912年（民国元年）3月8日所发，误。
② 《长沙日报》1913年3月15日。
③ 《长沙日报》1913年3月16日。

右胁，斜入腹部；第二出向黄君克强身边掠过，第三出从吴君颂华胯下而过，幸未伤人。"①

"黄克强、于右任、拓鲁生诸君将宋君扶上汽车送至医院后，即报警区立饬警探四出缉凶未获。因恐该凶手逃匿公共租界，由闸北巡警局移请英美总巡卜罗斯君通饬各捕房中西探捕，一体协缉。"②

宋教仁初入医院时，伤虽重而神智极为清醒。然自知将不起，该黄兴及诸故人照料其老母，不可使知变状。并授意黄兴代拟致袁世凯电。电云：

"仁自受教以来，即束发自爱，虽寡过之未获，从未结怨于私人。清政不良，起任改革，亦重人道，守公理，不敢有一毫权利之见存。今国本未固，民福不增，遽尔撒手，死有余恨。伏冀大总统开诚心，布公道，竭力保障民权，俾国家得确定不拔之宪法，则仁虽死之日，犹生之年。"③

△ 致电谭延闿及国民党湘支部，宋教仁"由沪赴京，上火车时被刺客枪击腰部，伤甚重，刺客逸。"④

3月21日 致电袁世凯及国务院、参议院，告以宋教仁在沪遇刺及延医剖治经过。末称："现神思昏炫，状甚危险。据医者云：若不炎热，方有希望。当此人心摇惑之际，而有如此凶徒不顾大局，戕贼人道，殊深浩叹。当场凶手窜逸，未及捕获。"⑤

△ 袁世凯以宋案凶手归黄兴。

---

① 上海《申报》1913年3月22日。
② 上海《申报》1613年3月22日。
③ 上海《民立报》1913年3月23日。
④ 《长沙日报》1913年3月26日。
⑤ 《长沙日报》1913年3月29日。

"宋案发，遁初遗电到府，吾方与袁会食，袁太息曰：'遁初可惜，早知如此，何必当初？'余瞥视电文，仅寥寥'开诚心，布公道，尊重宪法'十大字。余隐笑遁初受袁诳，至死不悟。食竟，起赴邻室，就当日事泛论之，惯例往往如是。袁着黑绒缎袍，长不过膝。案置精器，贮鹿茸片，且谈且检食。额多汗，时以毛巾揩拭。两目有光如电，时奔射人。语次，竟以宋案凶手归克强，执先一日同孚路黄寓议事，黄、宋争国务总理，两派大决裂为证。余大忿，不对而出。明日，余潜赴东站，独驰返沪。"①

3月22日 致电袁世凯及国务院、参议院，告以宋教仁"痛于今晨四时四十七分绝命。"②

是日凌晨四时许，宋教仁病势转危，双手冰凉，目睛仰翻。黄兴得讯后驰往医院。时宋已不能语，惟以目四瞩，周视故人，依依难舍。黄兴睹状心痛，附耳呼曰："钝初，你放心去吧!"宋遂气绝。众皆痛哭失声。下午三时，复往医院亲视宋氏遗体入殓，放声大哭。③

△ 致电谭延闿及国民党湘支部，宋教仁"痛于今晨四时四十七分绝命，请转电其家属。遗命绝勿告知老母。"④

△ 致电北京国民党本部陈家鼎、刘彦、彭允彝、欧阳振声，告以宋教仁绝命，"同事旧人，又弱一个，痛矣!"⑤

△ 致电国民党东京支部，宋教仁"于二十二日午前四时四

---

① 章士钊：《与黄克强相交始末》，载《辛亥革命回忆录》第2集第144页。
② 《黄克强先生全集》第290页。
③ 上海《申报》1913年3月23日。
④ 《长沙日报》1913年3月26日。
⑤ 《震旦》，1913年第3期。

十七分,因伤绝命于上海铁道医院。①

△　就宋教仁被刺一案,发表谈话。

谈话中谓:"吾知宋甚稔,决其并无私仇,故此事必系政治上关系,为反对其政见者出此毒手。有多人均执此说,至究为何人,吾人未敢断言也。……凶手是否欲杀我而误中宋,殊难悬断。第放枪处相离甚近,不应误认也。"②

△　与陈其美联名致函上海公共租界总巡捕卜罗斯,悬赏万元缉拿刺宋凶手。

函云:"此案发生虽在内地,难保该凶手不藏匿租界,应请执事严饬得力探捕,加意侦缉。如能拿获正凶,澈清全案,准备赏银一万元,以为酬劳。"③

"公共租界总巡捕房总巡为悬赏访拿事,照得于西历一千九百十三年三月二十日夜间,有人在沪宁铁路车站内开枪轰击宋教仁先生。因此,特悬重赏,仰诸色人等一体侦悉:如有人知凶手下落,报告本总巡,因而拿获判决者,即将此项赏银给付。此示。西历一千九百十三年三月二十二号。"④

△　与陈其美联名致函上海闸北警察局,请协缉刺宋凶手。

函云:"当时凶手在逃,已向公共租界总巡捕卜罗斯先生申明悬赏银一万元,如能拿获,澈清全案,即刻给银,决不食言。兹犯案之地,系贵局管辖,请为一体协拿,得正凶领赏。"⑤

"闸北巡警局长龚玉辉君昨日通令各区队云:本月念日夜,宋

---

① 《国民杂志》1913年第1号。
② 《长沙日报》1913年4月2日。
③ 据《宋渔父集》。
④ 《捕房之赏格》,载上海《申报》1913年3月23日。
⑤ 据《宋渔父集》。

先生教仁在车站被匪枪伤，业经通令严缉在案。此案关系重要，兹特悬赏洋一万元，通告严拿。……如有拿获此案正凶者，候解案讯实后，即将赏银如数照给，决不食言。"①

△　致电北京《民主报》主持人仇亮，详告宋教仁被刺殒命经过，请登诸报端。

电云："叠接都中诸友来电，殷殷垂问宋钝初先生受伤情状，刻值治丧忙迫，未及一一拟答，殊深歉仄。兹特详述如下，乞登报章，以慰哀感。……今晨四时四十七分气出不及，口呼：'我调和南北之苦心，世人不谅，死不瞑目矣！'竟尔绝命。呜呼！当此国势飘摇之际，而有如此奸徒，不顾大局，戕贼人道，行此暗杀手段，痛何如之？想诸君当亦同声一哭也。凶徒正在密探，尚未缉获。"②

△　致函赵凤昌，告以宋教仁"痛于今晨四时四十七分绝命。"③

3月23日　致电孙毓筠，告以宋教仁"已于昨晨绝命。凡我同人，无不悲痛。所虑杀机一发，不可收拾。"④

△　宋教仁灵柩由铁路医院移放湖南会馆，黄兴代表宋教仁家属向送殡各员道谢。

略谓："宋先生不幸遭此奇祸，今日蒙各界团体及本党党员劳步亲送，鄙人代表宋先生家属道谢。惟宋先生未竟事业，想诸同志极愿与闻，尚拟改日开追悼大会，届时仍望诸君到会共表哀悼之意。"⑤

3月25日　与孙中山等会商处理宋案办法，未获一致意见。

---

① 上海《申报》1913年3月23日。
② 上海《民立报》1913年3月23日。
③ 《近代史资料》1963年第2期。
④ 《震旦》1913年第3期。
⑤ 《新闻报》1913年3月24日。

孙中山获悉宋教仁遇刺身死，即偕宫崎寅藏等自日本乘轮归国，是日抵上海。当晚起，国民党人在黄兴寓所商讨对策，意见不一。有关诸人回忆如下：

孙中山说："癸丑之役，文主之最力，所以失败者，非袁氏兵力之强，实同党人心之涣散。犹忆钝初死后之五日，英士、觉生等在公寓所讨论国事及钝初刺死之由。公谓民国已经成立，法律非无效力，对此问题，宜持以冷静态度，而待正当之解决。时天仇在侧，力持不可。公非难之至再，以为南方武力不足恃，苟或发难，必致大局糜烂。文当时颇以公言为不然，公不之听。"①

李书城说："孙、黄两先生及在沪同志会商处理宋案的办法。大家都异常悲愤，主张从速宣布袁世凯谋杀宋教仁的罪状，举兵讨伐。当即商定由孙先生密电广东陈炯明，黄先生密电湖南谭延闿作出兵的准备，并派我同李根源、张孝准赴南京发动第八师准备出兵讨袁。但陈炯明、谭延闿都回电声述出兵困难，说他们内部不一致。实力还薄弱，不能在此时出兵。南京第八师的陈之骥、陈裕时、王孝缜、黄恺元等都说第八师兵士缺额尚多，……他们的结论也是：现在还不能出兵。我们回上海向孙、黄两先生报告南京情形后，黄先生鉴于掌握兵权的人既不肯在此时出兵讨袁，仅仅我们在上海几个赤手空拳的人空喊讨袁，是不济事的。他遂主张暂时不谈武力解决，只好采取法律解决的办法，要求赵秉钧到案受审。"②

周震鳞说："当时中山先生主张立即兴师讨袁。他认为宋案的发生，是袁世凯阴谋消灭国民党革命势力，以便帝制自为，全党同

---

① 孙中山：《致黄兴书》，载《孙中山选集》上卷第96页。英士，陈其美字；觉生，居正字；天仇，戴季陶字。

② 李书城：《辛亥前后黄克强先生的革命活动》，载《辛亥革命回忆录》第1集第206页。

志对此极为悲愤，必须乘机立即调集各省兵力，一致声罪致讨；并认为袁世凯就任正式大总统为时不久，对于各方面的阴谋布置还未妥贴，推翻较易，切不可贻误时机。克强先生则认为袁世凯帝制自为的逆迹尚未昭著，南方的革命军又甫经裁汰，必须加以整备才能作战，因而主张稍缓用兵，以观其变。各省领兵同志多同意黄的意见。"①

石陶钧说："宋案发生了，我应黄兴急召，赶赴上海密议讨袁，……适孙中山先生因有所避忌，也到黄家来住几天。我们在三楼相隔一壁，每到夜深，倾听先生的拿破仑战术及先生所以不重视陆军留学生的原因，以为士官生战术还赶不上陈其美战术。但是先生仍指望蔡锷能带云南兵出武汉，来参加讨袁。黄兴也主张急在南京发动，要把驻在南京的第八师作为先锋部队。我就担任接洽第八师的责任，却因所见各异，或事机参差，我往返宁沪间历三个月余，还没有得到一致的承认。"②

杨思义说："宋教仁为袁世凯所暗杀，国民党人欲为报仇，计划兴师讨袁。黄兴派曾任宝靖招抚使的谭心休至滇，约蔡松坡共起兵。松坡答曰：'民国初建，国基尚未巩固，当劝克强安静。袁势方张，此时未可轻动。'谭曰：'我等若再忍耐，袁贼必将做皇帝。'松坡冷笑曰：'他如胆敢称帝，我将在西南也做起皇帝来。'谭讶其言，逼问此是何说？松坡正色曰：'国体共和，载在约法。有人敢违约法，国人必起而共击之，我就是第一个不饶他的。现在袁贼逆迹未彰，师出无名，故我主张暂时忍耐，时机未到，劝公等万勿轻动。'谭闻其言，拂袖返沪，面报黄兴，并以此遍告同志。是时我亦在沪，

　　①　周震鳞：《关于黄兴、华兴会和辛亥革命后的孙黄关系》，载《辛亥革命回忆录》第1集第338页。
　　②　石陶钧：《六十年的我》。

曾亲闻其语。"①

　　章士钊说："上海计事，孙急而黄缓，盖深悉其军力及错综之情状而为之，非得如孙先生径情而直行也。计其时可用之兵力，湘粤均摧毁无余，已使两先生同为痛心，所剩者只区区南京第八师耳。此区区者，孙先遽欲歆动其营连长，戕杀师旅长，冒险以求一逞。夫未加遗一矢于敌人，先喋血于萧墙之内，此何等惊险前景！黄先生所为痛哭出师，谓身代先生以赴敌，留先生领大事者，真披肝沥血，万分情迫之言，可为知己道，而难求谅于后人者也。是时吾在两先生左右，孙先生急，而吾似较孙先生尤急。何以故？以吾挟一袁氏称帝之固定观念，而两先生俱无有也故。（按此段所引两先生之言，皆出两先生遗札。）"②

　　△　江苏都督程德全来访，商宋案缉凶问题。

　　"程都督到沪后，寓居卡德路九十七号，前日即至黄克强公馆会谈。在座者为孙中山、黄克强、黄复生、洪承点、陈贻范、陈锦涛、赵凤昌、陈英士、于右任。英士问程：'应桂馨（夔丞）之江苏巡查长，是否都督有委任状？'程答：'有的。'某君问：'何以委他？'程答：'这是内务部洪腑之，就是洪述祖所保荐……'"③

　　3月27日　致电总统府秘书长梁士诒，试探北京政府处理宋案办法。

　　电云："宋案连日经英廨审讯，闻发现证据颇多，外间疑团，实非无闻。兴以遁初已死，不可复救，而民国根基未固，美国又将承

①　杨思义：《蔡锷逸事》，湖南省政协文史资料研究委员会藏稿.
②　章士钊：《与黄克强相交始末》，载《辛亥革命回忆录》第2集第145页.
③　上海《民立报》1913年3月27日.

认，甚不愿此事传播扩大，使外交横生障碍。日来正为遁初谋置身后事宜，并思一面维持，而措词匪易，其苦更甚于死者。公有何法以解之？乞密示。"①

3月下旬　致函季雨霖、熊秉坤、蒋翊武等，由田桐携交，部署湖北讨袁军事。

函云："遁初惨遭狙击，经据凶手具吐实情，令人骇怒。大憝未除，必滋后患。吾党同志，务当振奋精神，重新努力。"②

△　促章士钊往说岑春煊，利用龙济光、陆荣廷举事。

"吾到沪，先谒克强，问军事部署状，克强气不振。余曰：'即败亦须为之，以袁且称帝，后世见责，将不任也。'克强意不谓然，谓袁专横诚有之，称帝却不敢。往见中山，语如前。中山喜吾主用兵，而同以吾诋袁为过当。余叹国民党军力爝矣，高论何益，即亦不辩。中山曰：'自苏慎初、张我权两师长被袁收买，粤如无人之境，非利用龙、陆，不足举事，君能往说岑春煊乎？'克强在旁，怂恿尤力。吾曰：'姑试为之。'"③

3月　为国民党上海交通部机关刊物《国民月刊》撰《出刊词》，阐述宪法要义。

文章说："吾国共和改造之初，风雨飘摇，根基未植，人民危惧，在在堪忧。吾党所负之责任，当十百倍于运动革命之时。集优秀之人民，为政治之讨论，民国前途达于何等之程度，一视吾党之能力若何。是国家对吾党所依赖者颇巨，而吾党对于国家所担负者甚重也。人之爱国，谁不如我？则凡隶籍中国者，应各有爱国之热心。……今者，正式国会成立在即，建设共和国家之第一著，首

---

①　《三水梁燕荪先生年谱》上册第131页。
②　郭寄生：《辛亥革命前后我的经历》，载《辛亥首义回忆录》第1辑第96页。
③　章士钊：《与黄克强相交始末》，载《辛亥革命回忆录》第2集第144页。

在制定宪法。宪法者，人民之保障，国家强弱之所系焉也。宪法而良，国家日臻于强盛；宪法不良，国家日即于危弱。吾党负建设之责任，至繁至巨，首应注意宪法，以固国家之基础。"①

△ 为彭家珍、张先培、黄之萌、杨汝昌四烈士碑文题词。

文曰："慷慨一击烈士死，庄严亿载民国生。今之孑遗者断指拔眼尚健在，愿无使国士一怒今而为此不情。宪民同志将归蜀，出手书四烈士碑文索题。呜呼！烈士死矣，国基不固，吾辈何归？知其心更苦也！"②春领衔创立明德大学于北京。

胡元倓请黄兴领衔呈准教育部，设明德大学于北京。赁干面胡同为校舍，聘章士钊任校长。转长沙本校专门部两班学生入京肄业，并招预科一班。一九一六年停办，后迁汉口复校。③

4月6日　致电袁世凯，请交涉提回宋案逃犯洪述祖。

电云："宋案关于洪述祖之证据甚多，未便宣布。洪系内务部秘书，既属逃官，应饬由外交部向胶督交涉提回。"④

4月12日　领衔创办之民国大学在北京开学。聘李根源为校董，彭允彝任校长。

是日，该校及附属中学举行开学典礼，学生共九百八十余名。李根源自述："受任民国大学校董。克强先生主办，聘余教军事学，讲中国军制与列国军制之比较。"⑤同年秋，该校与吴淞中国公学合并，更名北京私立中国公学大学部。

4月13日　因足疾未出席国民党追悼宋教仁大会。会前致送

---

① 《国民月刊》创刊号，1913年5月发行。
② 《黄克强先生书翰墨迹》第354—357页。
③ 《明德校史》。
④ 《黄克强先生全集》第293页。
⑤ 李根源：《雪生年录》卷2。

挽联。

是日,国民党上海交通部假静安寺路张氏味莼园为宋教仁开追悼大会。上午十时至十二时,为祭奠时间,下午二时至五时为演说时间。陆续到会群众约有二万余人。原定由黄兴主祭,因患足疾未到,改由陈其美代表主祭。继由汪洋宣读黄兴所撰祭文。文曰:

"先生非可死之人,今非先生可死之时,私党狙击非死先生之道,而竟车站一瞬遂殂元良乎?……自民国失先生,昔之戚然于边患者,今则撤守受降,回车集中矣;昔之与民同体者,今则鸣珂清跸,深居旧宫矣。呜呼,曾几何时,乃至于此! 国人闻之,已对此祸胎怆然泪下。矧一灵未泯,尚记先生临命遗恨之言乎?先生聪明,在天之灵,宜烛其奸。默度先生临此哀典,当必如曩日之晓著朗畅,慨懔诏吾,俾践吾侪与先生十年来平民政治之约,以巩共和。顾自先生之丧,良直君子,捐弃旧恶,以一进行。即令枭恶相济,造作祸难,秉吾忠贞,当可克之。"

下午,居正、徐血儿、吴永珊(玉章)、于右任、沈缦云、马君武、伍廷芳、黄郛等相继演说,极尽哀思。① 会前,黄兴致送挽联。联云:

"前年杀吴禄贞,去年杀张振武,今年又杀宋教仁;
你说是应桂馨,他说是洪述祖,我说确是袁世凯。"②

4月15日　林述庆被袁世凯毒杀殒命,撰联哀悼。

前镇江都督、光复南京有功之林述庆,被袁世凯聘为高等顾问,因病在北京某医院疗养,闻宋教仁案发,将离京南下。是月8日,袁使总统府秘书长梁士诒邀宴于将校俱乐部,预置毒药于酒

① 上海《民立报》1913年4月14日。
② 《黄克强先生荣哀录》。

中,林归家毒发,医治无效。是夜十二时身死。弥留时,七窍流血,遍身皆黑。27日,国民党上海交通部假张园举行林述庆追悼会,黄兴致送挽联云:

　　"风雨无情,落花满地惊春梦;

　　江山如故,何日重生此霸才。"①

　　4月18日　与程德全等至洋务局接收检察厅移解在应桂馨家抄出之刺宋案有关文件。②

　　4月24日　刺宋案正凶武士英在沪南陆军步兵第六十一团营仓内服毒自尽,偕黄郛前往察看。③

　　4月25日　在黄兴、陈其美敦促下,江苏都督程德全、民政长应德闳通电公布宋案主要证据四十四件。④

　　经月余之调查,是日,程、应联名将宋案主要证据致电袁世凯、参众两院、各省都督、民政长及各报馆。自26日起,各报将上述证据悉行公布,舆论大哗。

　　4月26日　宋案主要证据公布后,与孙中山联名通电,呼吁全国各界勇负"巩固民国,维持人道之责",对宋案"严究主名,同伸公愤"。⑤

　　△　致电袁世凯,就组织特别法庭审理宋案问题,严予诘责。

　　电中有云:"夫尊重法律,兴岂有异辞?惟宋案胡乃必外于普通法庭别求公判,其中大有不得已之苦衷,不可不辩。盖吾国司法

---

　　①　《黄克强先生全集》第640页。

　　②　上海《申报》1913年4月19日。

　　③　上海《申报》1913年4月25日。

　　④　程、应通电公布文证,见李剑农:《最近三十年中国政治史》第277—281页。

　　⑤　上海《民立报》1913年4月27日。

难言独立,北京之法院能否力脱政府之藩篱,主持公道,国中稍有常识者必且疑之。况此案词连政府,据昨日程督、应民政长报告证据之电文,国务院总理赵秉钧且为暗杀主谋之犯、法院既在政府藩篱之下,此案果上诉至于法院,能否望其加罪,政府无所阻挠,此更为一大疑问。……兴本不欲言,今为人道计,为大局计,万不敢默尔而息。宋案务请大总统独持英断,毋为所挠。"①

按:宋案主要证据搜获后,程德全即商诸黄兴、陈其美,拟在沪组织特别法庭,公开审理,并呈请袁世凯任命主任。袁作贼心虚,唆使总统府秘书长梁士诒、司法总长许世英出面阻挠,并以司法部名义于4月23日复电反对甚力。黄兴对此极为愤慨,除与孙中山联名通电外,复以个人名义电袁诘责,义正词严。随之,在沪国民党人径组特别法庭,并令上海地方检察厅票传宋案主谋犯赵秉钧到案受审。29日,赵复电该厅,拒绝到案。

△　通电反对袁世凯向五国银行团进行"善后大借款"。

电云:"闻政府向五国银行团议借英金二千五百万镑,将有成议。且政府志在必行,条约迁就,损失利权甚巨。俟国会开始议事,再行提交追认,云云。此外尚有小借款,政府随时自由商借,兹则并追认二字亦不语及。此中消息,殊属骇人听闻。夫借款必由参议院议决,载在约法。今国会承受参议院职权,关系全国命脉之举,不容彼先事置议,立国根本之谓何?今政府以追认为词,不知约法并无追认之条。"②

4月28日　袁世凯复电黄兴,为赵秉钧开脱罪责。

电云:"赵君与应直接之函,惟一月十四日致密码电一本,声

---

① 上海《民立报》1913年4月27日。
② 上海《民立报》1913年4月27日。

明有电直寄国务院，绝无可疑。如欲凭应、洪往来函电，遽指为主谋暗杀之要犯，实非法理之平。近一年来，凡谋二、三次革命者，无不假托伟人，若遽凭为嫁祸之媒，则人人自危，何待今日。"①

△　许世英致电黄兴，反对组织特别法庭审理宋案。

电云："特别法庭之组织，求之约法，约法中无此规定；求之法院编制法，法院编制法亦复无此规定。若迁就事实而特许之，是以命令变更法律矣。且先例一开，又直以命令代法律矣。如是者谓之违法。"②

△　周学熙致电黄兴，为借款案强调狡辩。

"财政总长周学熙复电黄兴，略谓：此次借款系履行前参议院议决未成之事，不为违法；且秘密报告条款，俟签字后再行正式咨照备案，陇秦、豫海借款即是先例。……欲加之罪，何患无辞？黄先生为手创民国元勋，一言为天下重，某奉职无状，惟有肉袒面缚，敬候斧钺而已，云云。"③

4月29日　再电袁世凯，拒绝来电所辩各节。

电云："赵君为大总统左右侍近之人，是否与宋案有关，终当诉之法官之判断。至尊电谓，近一年来，凡谋二、三次革命者，无不假托伟人。词近影射，兴殊不解。近来人心险恶，信如来电所云，乙罪发现，往往媒孽甲短，以图钳制。转移此种恶风，不得不惟我公是赖。要之，兴争特别法庭，实见北京法庭陷入行政盘涡之中，正当裁判，无由而得，不获已而有此主张。此于司法独立，实予以精神上之维持，以云摧抑，兴所不受。"④

---

①　《革命文献》第42、43合辑第141页。
②　同上，第142、143页。
③　上海《申报》1913年5月1日。
④　上海《民立报》1913年4月30日。

4月30日　工商总长刘揆一来沪致祭宋教仁，并走访孙中山、黄兴，解释宋案，不得要领。①

4月下旬　谭延闿复电黄兴，湘省暂缓招兵。

"湖南谭都督近日两接黄克强先生来电，力主筹练新军，须招足二旅，俾无事则勤加训练，有事则可捍御外侮。并荐举程君潜（现任军事厅长）充任旅长，以资得人，等因。谭都督即开政务会议，讨论良久，佥谓湘省财力，实有不逮。且招募易而遣散难，应请暂缓实行，云云。刻由都督据情电复黄先生，兼请指示方略矣。"②

4月　为张继谋参议院议长。

章士钊在《疏〈黄帝魂〉》中说："当民元世凯僭窃已成，反形呈露，溥泉密陈孙黄，非扑杀此獠，吾党无中兴之日，倘吾以北人而膺参议院议长之职，世凯以便于诱惑，或者喜与吾接。即不然，议长入府计事，无见拒理，吾不难乎揕其胸，为吾党了此残贼，从而四督举兵，天下指挥可定。孙黄壮其言，如计而行。不谓溥泉获居高位，而世凯木然不加礼接，溥泉亦无法强近其身。"③

5月1日　再电驳斥袁世凯政府虚词欺世，违法借款。

电云："国会初成，民意待白，政府乃悍然不顾，借口于经年之废案，在临时政府告终之期，当局挥金僇辱人民之际，暮夜之间，骤加人民以二万万五千万之负担。事前不与国会筹商，事后复避国会质问，聚为密谋，出乃规避，玩国民于股掌，视议会如寇仇，国政至此，体统安在？……倘以此激动民心，酿成巨变，责将谁负？"④

---

① 上海《民立报》1913年5月1日。
② 上海《申报》1913年4月28日。
③ 《辛亥革命回忆录》第1集第242页。
④ 上海《民立报》1913年5月2日。

5月4日 致函上海地方检察厅长陈崧生，询问审理刺宋案法庭地点。旋据函复，暂借市政厅为预审法庭，准于5日下午开讯。①

△ 三子一美生于上海同孚路。

5月6日 与孙中山联名电复万国改良会会长丁义华，盼其主持公理。

宋案证据公布后，舆论哗然。万国改良会会长、美国人丁义华，于3日以宋案、借款二事自北京致电孙中山、黄兴，极力袒护袁世凯，并影射孙、黄欲借此造成南北分裂，争权夺利。故孙、黄就来电中所恶意影射者据理辩驳，指出："金钱流毒，人心丧尽，当事者存颠倒黑白之心，旁观者以幸灾乐祸为事。"望其"研究真象，发为正论，使世界知有主持公理者在"。②

5月8日 赵秉钧抗传不到，致电上海地方检察厅，捏词诬陷。

宋案改由上海地方检察厅受理，依审判程序于6日票传主谋犯赵秉钧归案候审（赵以宋案主犯遭诟责，于5月1日称病辞职，袁世凯未准，令陆军总长段祺瑞暂代）。赵不惟抗传不到，且伪造证据，致电该厅，要求票传黄兴到案。赵电末谓："足见黄克强亦与应（夔丞）有关系，密与书信来往与银钱来往，孰轻孰重，彼此俱立于嫌疑地位。"质问："何以黄克强获免于诉追，而秉钧则必须质询？"③

5月11日 袁世凯借口破获"血光党"诬陷黄兴，掩饰宋案罪责。黄斥之为"邪说横行"。

是日，被袁世凯以巨金收买之天津女学生周予儆，至京畿军政执法处宪兵队"自首"，谓"一时受人之愚，投身黄兴所组织之暗

---

① 上海《申报》1913年5月5日。
② 上海《民立报》1913年5月12日。
③ 《中国国民党史稿》第1015页注三。

杀团，今特自首赎罪。"并称："暗杀团潜在京、津组织血光党，以图炸毙要人，为颠覆政府、引起暴动之计。"①北京袁系报纸复大肆诋毁。对此，黄兴表示："邪说横行，甚于洪水猛兽，今之谓也。但诬蔑我个人者不足惜，为害中华民国则大足惜。"②

5月13日　复电黎元洪，严正表明对宋案及借款问题之态度。

北京政府副总统黎元洪于9日致电黄兴及赣、皖、粤、湘四省都督，就宋案、借款二事为袁世凯开脱。内称："今日舍借款无救急之方，舍五国无现成之款"，宋案"由法庭主持办理，政府有无犯罪，司法独立，自有特权。"并吹捧袁世凯"为救时之英雄，决不逆潮流而犯名义"，劝黄兴等勿"市虎杯蛇，疑心暗鬼。"③是日，黄兴复电申辩。电文有云："借款适成于宋案发生之后，宋案适生于选举总统之前，市虎杯蛇，种种误会，皆由此起，诚如吾公之所云者。夫宋案如何办理，固当由法庭主持，惟以堂堂政府首受嫌疑，国民一言及此，则曰：此借题发挥也。借款不交国会议决，暮夜签押，国民一言及此，则又曰：此借题发挥也。……使天下之真是非皆为'借题发挥'四字所打消。"④

△　在袁世凯唆使下，北方各省都督通电诋毁黄兴、李烈钧、胡汉民。

宋案罪证公布，借款阴谋暴露，袁世凯不惜公开破裂，向国民党挑衅。是日，唆使陕督张凤翙、晋督阎锡山、直督冯国璋、奉督张锡銮、鲁督周自齐、豫督张镇芳、护陇督张炳华及提督马安良等联名通电，诋毁黄兴等"不惜名誉，不爱国家，谗言横行，甘为戎

---

① 1913年5月12日，北京报端多刊出周予儆"供词"。
② 《国民杂志》第1年第3号杂刊。
③ 上海《民立报》1913年5月14日。
④ 《独立周报》第14、15号合刊。

首。始以宋案牵诬政府,继以借款冀逞阴谋。"①

5月15日　被袁世凯借词撤销上将军衔。是日,袁世凯以黄兴"迭经辞职"为借口,著陆军部撤销其陆军上将军衔,并令"勿庸发给补官证书"。②

△　张作霖等通电诋毁黄兴。

是日,张作霖等发出通电,大骂黄兴:"倾陷政府,损害国体。……惟有本国民公意,负弩前驱,为我庄严灿烂之中华民国扫荡妖氛。"随后,河南护军使雷震春、毅军翼长赵倜等,又通电骂黄"争总统不成而捣乱"。③

5月17日　与旅沪各同乡会议,确定宋教仁遗骸安葬 沪 滨,并塑其铜像建立墓旁。

"先是湘省代表吴景鸿等与黄克强等电商,即 将（宋）先生遗骸归葬桃源,铜像即建于沪滨。现黄君与旅沪各同乡会议,金谓宋先生功在民国,实为民国公人,非一乡一族所得而私。至人安葬沪滨,其铜像即建立墓旁。……葬沪之议,在沪湘人多数赞成,惟宋先生家属尚未认可。"④

△　谢持被诬为"血光党"之"专管党中 财 政者",⑤遭袁世凯逮捕下狱。

谢持后来说:"民国二年被选为 参议 院议员。袁世凯之欲帝也,杀宋教仁而益著。黄复生与余欲去之,遂由沪挟炸药并黄克强先生三千元而往北京,同行者,同志而遁初之秘书 周 予 觉也。先是,北京有组织者十一人:黄复生、易惰愚、黄斗寅、赵铁桥、郑毓秀、庞叔向及周予觉、周予瑾、任某、熊某,余最后加入。至于 此 事

①②　原电藏中国第二历史档案馆。
③　转引自陶菊隐:《六君子传》第119页。张作霖时任驻奉天第二十七师师长。
④　上海《民立报》1913年5月18日。
⑤　上海《申报》1913年5月21日。

则有未知者。及予觉自首而余遂被逮，诬称'血光团'，此五月十七日事也。"①

5月20日　致函章士钊，嘱设法维持赣事。

函云："日来鄂对赣甚形逼迫，恐决裂在即。公等在彼，想必有善法以维持之。特请陶弟前来面陈一切，祈示之为幸。何日能归？盼极。岑、李、章诸公前请代致意。"②

5月21日　袁世凯恶语指诬孙中山、黄兴。

是日，袁世凯令梁士诒、段芝贵、曾彝进传语国民党人，谓"现在看透孙、黄，除捣乱外无本领。左又是捣乱，右又是捣乱。我受四万万人民付托之重，不能以四万万人之财产生命听人捣乱。……彼等若敢另行组织政府，我即敢举兵征伐之。"梁士诒嘱曾彝进以个人资格转告国民党人。袁谓："即说是袁慰亭说的，我当负责任。"③

5月29日　统一、民主、共和三党合并组成进步党，黎元洪为理事长，梁启超、张謇等为副理事长。

5月31日　北京地方检察厅据周予儆之诬供，移请上海会审公廨"审理"黄兴。

是日，该厅借口黄兴"组织暗杀团，谋炸要人"，将此"案"移上海地方检察厅，由上海交涉使陈贻范转饬会审公廨"审理"。公廨立出传票，发交捕房，派探往传。领事团以该案"既无切实证据，原告又不到沪质讯，与租界定章不符"，遂令总巡捕房将传票

---

① 谢持：《天风灞涛馆六十自述》第17、18页。
② 原件藏上海图书馆。未署年月。　按：1913年3月宋案发生后，孙中山、黄兴派章士钊赴鄂游说黎元洪。时岑春煊任汉粤川铁路督办，李仲仙、章炳麟亦在鄂。章炳麟于5月下旬离武汉返沪，6月15日在沪与汤国梨结婚，20日赴杭州；6月17日，袁世凯准岑春煊辞督办职，岑旋亦东下。陶弟，指章士钊之弟章士戮，字陶严。
③ 上海《时报》1913年5月24日。

退回公廨。①

6月2—3日　蔡元培由欧洲返抵上海，两次来访。

"访中山、克强于爱文义路百号"，"访中山、亮畴于五马路之铁路公司。午后，到克强处。"②

6月3日　全国商会联合会致函孙中山、黄兴、陈其美，请"通电各省，表明素志。其有谋为不轨者，一体严拿，尽法惩治。"③

6月8日　与孙中山、陈其美联名复函全国商会联合会，严正拒绝发布通电要求。

函云："共和时代与专制不同，人人当以国家为前提，即人人有拥护共和之责任，苟有立心不轨破坏共和者，众当弃之。断不宜姑息养奸，自贻伊戚。此固全国人心之所同然，抑亦鄙人等之素志也。至来函嘱通电各省及北京国民党本部一节，用意固佳，惟严诘奸宄，保卫治安，地方政府责无旁贷，谅无待鄙人等之谆嘱。国民党乃系政党，其政纲早经宣布，固已一致进行。此时大局稍定，若再以鄙人等一二人之意通电全国，恐转滋歧惑耳。"④

6月9日　上海租界会审公廨总巡捕房总巡卜罗斯（美国人），为北京检察厅以"血光党案"票传黄兴事，赴黄兴住宅，与之晤谈。

黄兴谓："北京既以栽诬手段对付于我，我本磊落无私，自当赴京追究主谋，以期水落石出。然据领事之意，必须按照租界章程，以原就被，我亦不可有伤租界定章。"并答应11日先赴会审公

---

①　上海《民立报》1913年6月6日。
②　高平叔：《蔡元培年谱》第31页。
③　原件藏苏州档案馆。
④　原件藏苏州档案馆。

廨候审。①

6月11日　往上海会审公廨候审对质。

上海会审公廨再出传票，传讯黄兴。"昨由英美总巡卜罗斯君特派五十号西探总目安姆斯特朗、二十七号西探目彭山同乘汽车，按照传单所注爱文义路一百号黄兴寓所往传去后，旋与黄兴并黄之代表右尼干帮办、费信惇律师各乘汽车到廨。先由该西探等上堂禀明传讯情形，当奉王襄诚会同英领康君宣布被控理由，谓被告曰：'案据京师检察厅移称，有已获之暗杀党刘士廷等供出，尔串同周予儆、王宝生等谋害政府重要人物，并在上海北四川路设立机关部情事，尔承认否？即由被告代表费信惇律师译称，被告一向在沪，并未他往，有见证可以到堂证明。惟查此案既无原告到堂，又无证据呈出，不能承认。应请将案注销。中西官得供，会商之下，谕黄暂退。候原告到案，并呈出证据，再行传讯。"②

6月12日　收到孙中山交款五万元，部署讨袁军事。③

按：宋案发生后，黄兴从当时实际情况出发，虽主循法律途径解决，实则未尝放弃以武力为最后解决之计划。上月，章士钊衔命赴鄂。是月，赣、粤、皖三省都督相继被免职，袁世凯杀机毕露。黄兴除在沪、宁两地有所部署外，并派宁调元、熊樾山赴鄂组织机关，④谭人凤回湘运动军队。⑤其从孙中山处取款，即为准备讨袁之军事费用。

---

①　上海《民立报》1913年6月10日。

②　上海《申报》1913年6月12日。

③　亲笔收据："收到孙中山先生银五万元。此据。黄兴经手。"载《黄克强先生书翰墨迹》第272页。此款用于运动吴淞炮台和肇和军舰起义，参见《辛亥革命回忆录》（二）第415页。

④　刘谦：《宁调元先生事略》，载《建国月刊》第3卷第2期。

⑤　谭人凤：《石叟牌词叙录》，载《近代史资料》1956年第3期第71页。

6月13日　检察厅呈复票传黄兴情形。

"黄克强因北京炸弹案牵涉，由京师检察总厅电沪饬传。十一日午间，公共公廨将黄传案讯问一过，经中西官会商，判黄在沪候质，俟移传原告代表来沪讯问等情，已志前报。兹悉公廨正会审官关炯之君，于此案会讯后，当将讯判情形函致通商交涉使，转由地方检察厅具复京厅核办。兹将蔡厅长呈复总厅原文探录如下，足见此案之一斑矣。

"敬呈者：窃查本年五月三十号奉到钧厅陷电，内开，法密，据京畿军政执法处兼管宪兵营解送内乱犯刘士廷、王宝善及本案自首犯周予觉、周予儆等来厅，据周予儆供，系血光党员曾到沪，由该党会长黄复生介绍，在北陕西路四川事务所见黄兴，教以在北京严密进行，将政府要人除灭，给银与黄复生，转给谢慧生充该党费等语。他犯所供略同。除黄复生等在逃，应行通缉外，黄兴对于此案有造意嫌疑，究竟是否主谋给款，非传案质明，不足以昭真实。查黄兴在沪，仰即票传，限一星期内抵京，赴厅质讯，等因。奉此。查黄兴住居租界，未便径传，当经缮具传票，函致驻沪通商交涉使，转商该管领事签字饬传。嗣因逾限未准复到。复经函催，并将办理情形先后电呈钧鉴各在案。兹于六月十二号，准交涉使函复，内开，顷据公共公廨关会审官函称，窃奉钧函，以准上海地方检察厅函，奉总检察厅电，据京畿军政执法处兼管宪兵营，解送内乱犯刘士廷等到厅讯，据供称，黄兴对于此案有造意嫌疑，饬即票传，限一星期内抵京赴厅质讯，等因。查黄兴住在租界，未便径传，备票函致转请签字往传，转饬照章办理，等因，并附传票一纸到厅，奉经加票函请领事照章签传。兹于六月十一号（即礼拜三）早堂传到，经王副会审官嘉熙会同英康副领事开庭质讯，后据被告代表佑尼干律师到庭辩称，照章须由原告代表到廨，并呈出证据，方能依照刑事诉讼按序进行,陪审之英领亦坚请照此办理。除谕令黄兴候质外,合将本日庭讯情由先行肃陈,仰祈鉴核转复,实为公便,等语。相应函转贵厅查照,等因。准此。理合具文呈复,仰祈钧厅鉴核,指令遵行。”①

6月15日　赴上海哈同公园参加章炳麟与汤国梨结婚礼。②

“章先生为革命先党,汤女士本为务本女塾第三班师范毕业生,现在神州女学任教务,……来宾极盛,……孙中山、黄克强、陈英士诸君皆先后至。……三时正,行结婚仪式,蔡孑民先生为证婚,查士瑞君为典仪,而介绍人则张伯纯、沈和甫两君也。”③

6月23日　致电谭延闿,请追查抵押常丰存米谣言。

电云:“顷闻湖南总银行致沪行电文曰:‘闻克强先生将常丰存米全数在沪抵押银两,是否属实?此事关系甚巨,总行危机全恃米款支持,务请速密电示,以释疑惧’,等语。……常丰存米主权在行,兴一平民,何能将其存米抵押?……应请都督追问总行闻自何人?有何凭据?彻底查究宣示,以杜诬蔑,而息谣风。”④

6月25日　章炳麟攻讦黄兴:“天下汹汹,党争如水火者,徒以尧卿⑤、克强二公故耳。前者鄂中变乱,闻克强实有嫌疑。”⑥

6月26日　宋教仁安葬上海闸北墓地。

是日上午八时,宋教仁灵柩由沪南湖南会馆发引,送葬者几达

---

① 上海《申报》1913年6月14日。
② 上海《民立报》1913年6月14日。
③ 上海《民立报》1913年6月16日。
④ 上海《民立报》1913年6月23日。
⑤ 孙武(1879—1939),字尧卿,湖北夏口人。湖北武备学堂毕业,历任湖南新军教练官、岳州威武营管带等职。后赴日本留学,参加共进会。回国后在武汉建立共进会组织,并加入同盟会。武昌起义后,任湖北军政府军务部长。次年一月组织民社,与同盟会分离,拥护黎元洪。
⑥ 章炳麟:《致伯中书六》,载《章太炎年谱长编》上册第439页。

万人，素车白马，备极哀荣。十二时安窆。谭人凤、居正、章炳麟等送葬，黄兴敬题铭旌。①

6月27日　致电广东陈炯明，请"接任都督，宣布独立讨袁。"②

6月　撰联书赠蔡锷："寄字远从千里外，论交深在十年前。"③

△　章炳麟对黄兴又肆攻击："天下汹汹，徒以黄克强、孙尧卿二公之反目耳，衅隙已成，弥缝无术。"④

7月1日　再电陈炯明："希即接任都督，宣布独立，联合讨袁，切勿再延。"⑤

7月3日　三电陈炯明，促速接任粤督。指出："再不接任都督，独立讨袁，党人将不能相谅。"⑥

7月12日　李烈钧在江西湖口宣布独立，举兵讨袁，二次革命爆发。

7月13日　接见南京第八师两旅长，允赴宁主持讨袁军事。

"南京第八师的两个旅长王孝缜、黄恺元⑦于七月十三日午后仓皇来沪，向黄先生密报说：朱卓文从上海携款二万元到南京运动第八师的几个营、连长，叫他们杀了师长、旅长后宣布独立，并请孙先生莅临南京主持讨袁军事。但未受运动的营、连长向

---

① 上海《申报》1913年6月27日。

② 抄件藏湖南省社会科学院历史研究所。按：袁世凯于6月14日免胡汉民广东都督兼民政长职，任陈炯明为广东都督。

③ 《黄克强先生书翰墨迹》第371页。下联落款为："民国二年夏六月，黄兴于申江。"蔡锷时任云南都督。

④ 章炳麟：《与上海国民党函》，载《章太炎年谱长编》上册第440页。

⑤⑥ 抄件藏湖南省哲学社会科学院历史研究所。在黄兴再三催促下，陈炯明于7月18日宣布广东独立，并通电讨袁。

⑦ 王孝缜、黄恺元，均系留日士官学校第五期学生，在东京加入同盟会，并加入了黄兴组织的"丈夫团"。

王、黄两人报告了这个消息，并主张先发制人，除掉这几个营、连长。……他们两人在向黄先生报告了如上经过以后，就对黄先生说，现在事已至此，虽准备未充分，也得树起讨袁的旗帜，请黄先生赴南京作讨袁军总司令，他们一致服从，但千万请孙先生不要在此混乱时期赴南京，须俟南京独立稳固后，再请孙先生去组织政府。"①

△　往见孙中山，商赴宁举兵讨袁。嘱王孝缜等回宁布置起义。

"黄先生见势已至此，遂应允他们的要求，决定次晨赴宁。他随即往见孙中山先生，说他自己愿赴南京举兵讨袁，请孙先生在初举义旗时暂勿赴南京，俟创立一个局面后再请孙先生前往主持；并谓南京独立后，须有上海方面的兵力、财力的支援，请孙先生在沪督促陈其美赶快占领上海。孙先生同意后，黄先生乃嘱王孝缜、黄恺元两人当夜赶回南京，布置起义。"②

7月14日　偕石陶钧等抵南京。召集军事会议，决定出兵计划。③

吴敬恒说："癸丑夏间一日清晚，共候南京来客于爱文义路黄宅，到者数十人。来客为福建少年王勇公"……彼自宁督冯国璋所来。冯军陈之骥者，约起事。王报告冯志改变，陈亦不可靠。众大哗。章行严即出其二次革命宣言书，克强先生纳书于袖，未及入室商量，即偕十余人共赴北火车站，即付宣言于在座记者，即刻传

于沪宁,而二次革命成。起义之勇,所谓剑及履及,当时流行语。"①

李书城说:"是晚即在李相府陈之骥住宅开军事会议,与会者有南京第一师师长章梓、第七师师长洪承点、第九师师长冷遹、第八师师长陈之骥等。会上决定出兵计划,各部分担任务如下:原驻江北的冷遹第九师,加上从第八师编成的一个混成团(团长刘建藩),共同配备在蚌埠铁路沿线,抵御冯国璋南下的军队;章梓、洪承点两师布置在淮扬一带,防守长江要塞,阻止张勋部前进。"②

7月15日　与苏督程德全会晤,被举为江苏讨袁军总司令,通电誓师讨袁。

"吾立伴黄先生往谒都督程雪楼。未入督院小花园门,已睹严装劲旅,擎枪密集于议政厅前,无虑数百人,枪托顿地,吼声远闻,其为威惕势禁状,绝非恒人之所愿见。于是,克强历阶而升,吾紧贴于旁,雁行齐进。雪楼自迎于门,口语不晰;克强大声为兵动未戢告罪,雪楼张口荷荷,仍不辨何语。罗佶子时为督署秘书长,亦前席,则相将入客室,四人嘿尔对坐。雪楼先发言:'袁世凯不法,天下之公愤,江苏何敢独异?吾意如苏州人盘辫子,先佯为不可胜,以待敌之可胜已耳。公骤起任事,得大解脱,幸甚幸甚。'克强向不善词令,称:'兴暂治军,余惟都督之命是听。'此外交换彼此情报,吐辞无多,饮茶一巡而退。"③

就职通电略称:"自宋案发生,继以私借外债,袁世凯之阴谋一旦尽露,国民骇痛,理有固然。……兴今承江苏程都督委为该省讨袁军总司令,视事之日,军心悉同,深悔待时留决之非,幸有急起

① 吴敬恒:《跋黄兴致徐宗汉书》,载《黄克强先生书翰墨迹》第279页。

② 李书城:《辛亥前后黄克强先生的革命活动》,载《辛亥革命回忆录》第1集第209页。

③ 章士钊:《与黄克强相交始末》,载《辛亥革命回忆录》第2集第146页。

直追之会，当即誓师北伐，殄此神奸。诸公保育共和，夙所倾服，望即协同声势，用集大成。兴一无能力，尚有心肝，此行如得死所，乃所尸祝。"①

誓师词略称："程都督内审舆情，外察大势，知非扫荡逆贼，不可以保全共和。爰徇众军士之请，委兴为江苏讨袁军总司令。兴德薄能鲜，义无可辞，乃率将士即日誓师，联合各省义军，奋旅北伐。但使民贼受首，国基大定，兴即退避贤路，与国民共享升平。尚冀我军士协力前驱，众志成城，伸同胞之义愤，去全国之公敌。"②

黄炎培回忆说："国民党既和袁世凯势成水火，中间陈其美最主张起兵北伐，看到程德全率民军打垮张勋，创议依前轨进行；而黄兴为人比较慎重，陈其美故意诬他受袁世凯贿，逼他说，你不是受袁贿，何不去南京劝程德全都督出兵，你不去说程，证明你受袁贿。黄兴急赴程德全前跪下，要求出兵讨袁，否则将不可为人。程德全说：袁世凯这样残杀，我自然同意讨袁的。但是出兵要饷要械，总而言之要钱。黄兴长途电话问上海陈其美，答称明天有两列车钞票运来。明天钞票运到，一检查，全是已经因接济民军而倒闭的信成银行的无用钞票（行长沈缦云因此被害于大连）。程德全对黄兴和大众说：讨袁我和诸君完全同意，不过把废票当军饷，军官和士兵拿了枪械向民间购食用品，老百姓苦死了。黄兴再请，叩首不已，程德全说：'这样害民的事，即使出兵，也不能打胜仗。诸君！害民事我决不做，我辞职。'随后上海来电话，黄兴就临时以江苏都督名义宣告组织革命军。这是一九一二年七月十五日我在场目

---

① 上海《民立报》1913年7月18日。
② 上海《民立报》1913年7月18日。

睹的事。"①

△　与苏督程德全、民政长应德闳联名发出讨袁通电。

通电末称："吾苏力护中央，凤顾大局，今政府自作昏愦，激怒军心，致使吾苏形势岌岌莫保，德全对于政府实不能负保安地方之责。兹准各师长之请，于本日宣布独立，并由兴受任江苏讨袁军总司令。安良除暴，本职所存；出师讨贼，惟力是视。至民事一方，仍由德闳照常部署。呜呼！国事至此，尚何观望？诸公保障共和，凤所倾仰，特此通告，敢希同情。"②

△　委任秦毓鎏为江苏讨袁军临时筹饷处处长。

"七月十五日陈之骥、章梓、洪承点、王允恭各师长要求都督程德全通电独立，程不敢不从。黄克强以无锡地当冲要，命毓鎏回锡策应，……遂以江苏讨袁军总司令名义委毓鎏为江苏讨袁军临时筹饷处处长。毓鎏因邑人力挽，乃以无锡为筹饷之根据，兼摄县政。"③

△　电令南京卫戍团进驻利国驿，抵御北军沿津浦线南下。

"黄兴既宣布讨袁，首先即电令驻徐的南京卫戍团团长吴浩，率部进驻利国驿，防御北军南下。吴奉电后，立即遵照电令，调集全团士兵率领了去驻防徐州北面津浦路沿线的利国驿，防止北军直冲南下，将津浦路轨拆去一段。"④

7月16日　任命章士钊为江苏讨袁军总司令部秘书长。⑤

△　召柏文蔚等在南京开军事会议，会间举岑春煊为各省讨

---

①　黄炎培：《八十年来》第63页。
②　上海《民立报》1913年7月18日。
③　冯自由：《革命逸史》初集第128页。
④　李葆璋：《孙大总统的近卫军始末记》，载《近代史资料》1961年第1号第528页。
⑤　中华民国史资料丛稿《大事记》第2辑第62页。

袁军大元帅。

岑春煊时辞粤汉铁路督办，居上海。18日，自上海抵南京，19日就大元帅职。22日，各省议会联合会开会，补行正式选举程序，一致公举岑春煊"为中华民国讨袁军大元帅，以资表率，而一事权。"①岑旋借李根源赴粤，图说服龙、陆并起讨袁②。

△　令驻南京之第一师第一部开赴宿迁，第八师一旅沿津浦路开赴徐州，配合第三师防堵袁军南下。

"第三师师长冷遹，与袁军第五师师长靳云鹏，于十六日上午八时起，在徐州府附近开始恶战。我军炮击甚有效力，各部队亦均奋勇异常，袁军死伤甚众。傍晚，我军乘胜渡河，力追袁军。战斗继续一昼夜，北军势已大挫。"③

△　署名江苏讨袁军总司令，出示禁止借端招兵募饷，并禁占用公产民房。"如有以上任意招摇，借端敲诈情弊"，"定即严惩不贷。"④

△　致电张勋，敦促"克期起义"讨袁。

电云："世凯不仅民国之大憝，且清室之贼臣，无论何人，皆得申讨。公久绾兵符，威重海内。现冷军已在徐州方面与袁军接仗，公苟率一旅之众，直捣济南，则袁贼丧胆，大局随定，国家再造即由我公矣。"⑤

△　与程德全联名致电吴淞要塞司令官姜国梁，"严密防范"

①　上海《民立报》1913年7月26日。
②　李根源：《雪生年录》。
③　《民国近时新闻摘要（民国二年八月三号）》，载《近代史资料》，1962年第1期第30页。
④　上海《民立报》1913年7月18日。
⑤　上海《民立报》1913年7月21日。

袁军。

电云："吴淞为江海门户，腹地存亡所系。……当此与国贼宣战之时，务祈严密防范，勿使有失。凡载有袁军之船舶，非有本府预先通告，概不准入口。有不从命者，即以强力抑制之。"①

△ 与程德全联名致电上海水警第二厅厅长李英石，请"妥为镇静"，并"维持防范"地方秩序，以免"匪人乘机滋生事端"，使"商民受害"。②

△ 程德全乘沪宁路夜车潜离南京。③

"程都督离宁时，新入都督府多人均力请勿去，借以维持大局。程答：'如欲维持大局，事前何勿与相商？君等用我出告示，发电报，所用已尽。我今家属已去，所以留我子于此者，使之收我尸耳。我必去，否则宁饮弹而死。'众人见无可挽留，乃请备专车以送。程勿欲，乃借应省长乘车赴沪。"④

7月17日 程德全向袁世凯输诚。嘱章士钊返沪诘责。

"一夜夜深，两人相对愁苦，克强谓吾：'程雪楼逃出围城，妄自通电，利害虽异，交谊何存？君何不到沪责之，加以禁制？'噫嘻！此克强不愿为张巡，而故放许远之托词，吾岂不知。翌日，禁泪告别，反奔沪渎。"⑤

△ 复电秦毓鎏，希"就地筹措"军饷，"移往前敌"。⑥

---

① 上海《民立报》1913年7月21日。美国梁，字文舟，贵州人。
② 上海《申报》1913年7月20日。
③ 上海《申报》1913年7月18日，第七版《本埠新闻》栏载：程德全"前晚（十六号）由宁乘沪宁夜车来沪"。
④ 上海《申报》1913年7月18日第二版。
⑤ 章士钊：《与克强相交始末》，载《辛亥革命回忆录》第2集第146、147页。程德全抵沪后，即发出通电，谓南京独立非其本意，已在沪设署办公。
⑥ 《秦效鲁先生革命事略》。

7月18日 致电李鼎新、陈视：江苏全省独立，制造局为军械重地，所有北来兵队应即调离该局，以免开衅。①

△ 致电李鼎新、郑汝成、陈楏等，促与袁世凯脱离关系。

电云："兴此次出师，惟倒袁一人，毫无地方之见。……诸公如爱真正和平，请即宣言与袁氏脱离关系，共扶危局；否则，将军队退出上海，免启衅端。"②

△ 致电浙江都督朱瑞、广西都督陆荣廷，敦促宣告独立。

电云："江苏宣告独立，军心一致，市厘不惊，士民称快。现徐州正在与袁军宣战获胜，江西亦屡破袁军，北方内讧，狡计已穷，铲除公敌，计日可待。……恃在昔日同仇之谊，用敢挥泪相告。公等眷念东南大局，必仍一致进行，民国前途，实利赖焉。"③

7月19日 署名江苏讨袁军总司令复电姜国梁："飞鹰舰蔑视台令，一击即破，临机应变，手段灵捷，实堪嘉尚。"④

△ 署名江苏讨袁军总司令照会轮船招商局：在沪购米二十万石，"希贵总局分配附轮，陆续运至南京下关卸载，以充军粮。"⑤

△ 致电欧阳武、李烈钧，重申讨袁宗旨。

电云："徐州方面已于十六日晨八时开战，酣斗终日，敌颇顽强。幸我军士气振作，奋死力斗，卒获大胜，计敌军死伤二千人左右。我军以北军亦属同袍，不加追击。此次我军目的，在驱逐误国

① 上海《民立报》1913年7月19日。李鼎新时任驻沪海军总司令，陈楏任上海制造局督理。

② 上海《民立报》1913年7月21日。

③ 上海《民立报》1913年7月21日。

④ 上海《民立报》1913年7月24日。

⑤ 《辛亥革命前后（盛宣怀档案资料选辑之一）》第294页。

殃民之袁氏，以救民国，非与北军为仇。贵省北军如能退出，或赞助讨袁，亦可视为友军，予以优待。"①

7月20日　派阎润苍、夏焕三②持函赴豫，联络白朗讨袁。

函云："自足下倡义鄂豫之间，所至风靡，豪客景从，志士响应，将来扫清中原，殄灭元凶，足下之丰功伟烈，可以不朽于后世。现在东南各省均已宣布独立，江西战胜袁军，五次告捷，苏军在徐州与袁军酣战，亦获胜利。现北有蒙警，苏赣又合力进攻，袁军以大兵分道南来，内地空虚，乘虚直捣，必获优胜。足下占领鄂豫之间，相机进攻，可以断彼后援，窥取豫州，若能多毁铁道，使彼进路阻碍，为功实匪浅鲜。抑有进者，此次兴师，专为讨袁，以谋吾民之幸福。足下饷械两无接济，刍粮所出，不能不稍取给于民间，然必义不苟取，师出以律，无伤地方恶感，使人人晓然于吾辈之举动，实有吊民伐罪之意，则士民乐服，响从者众，而大局可以挽回矣。现有阎润苍、夏焕三二君进谒台端，希予接见，俾资进行。"③

"鄂北豫南一带近被白狼（朗）扰乱，确实系黄兴主动。黄并派有逆党数人参预白匪军务，为之指挥筹划，所以中央派王天纵招抚竟不获效。而季雨霖之党在武汉黄治江运动土匪响应白匪，

---

①　上海《民立报》1913年7月21日。

②　阎润苍，名作霖，河南巩县人，河南陆军小学第四期毕业。夏焕三，即夏光明，河南息县人。河南陆军小学第五期毕业。1913年7月，一同入南京第三陆军预备学校；"二次革命"发生后，编入江苏讨袁军教导营。

③　影印墨迹，载开封《时事豫报》1913年8月5日第一版。同月20—21日《中华民国公报》、21日天津《大公报》上亦载此信，文字有脱误。据秦鼎新忆述，当年黄兴在南京派阎润苍、夏焕三、杨体锐、于广造、彭翼东、周景文六人携密信前往豫、陕联络嵩军统领刘镇华以及张凤翔、张全方、白朗等响应讨袁。时刘镇华依附袁世凯，镇压白朗起义军。阎润苍在洛阳见到刘镇华后，立即交出黄兴密信，遂被逮捕，并从他身上搜出了黄兴致白朗的密信。随即押解开封，被豫督张镇芳杀害。夏焕三被捕后，亦在开封就义。

已数次败露，获有白黄交通证据。设非鄂省防范严密，为祸曷堪设想。"①

△　致电招商局盛宣怀等："应发抒义愤，赞助民军。"不得遵袁世凯乱命，"树洋旗备运北军。"②

△　致电章驾时、朱熙，"上海新驻北军一团，……即希克期派兵协助沪军扫荡。"③

△　通电各友邦，重申讨袁军目的。

电云："今兹讨袁之军，其目的惟在保障共和，维持人道。因此而牺牲一切，亦所不惜。此次起义，并非新旧战争，更非南北决斗，除推翻欺陷我付托之民贼外，毫无自私自利之心。……自战事宣布后，北京政府已失宪法上效用，请列强告诫各资本团，勿再交付款项于北京政府。凡合同等在宣布独立之前与袁政府所订者，新政府成立仍当继续有效。惟在宣布独立之后所订合同借款等，无论如何，一概不能承认。"④

△　致电赴战地红十字会负责人沈仲礼，救护队出发，"已饬前敌军队，一体妥为保护。"⑤

△　接朱瑞通电，宣告浙江"中立"。内称："自今以往，但当一意保护我治安，不问其他。"⑥

7月22日　被袁世凯下令褫夺一切荣典、军职，并令缉捕。

---

①　《白朗起义军在湖北》，见《辛亥革命在湖北史料选辑》第724页。
②　《辛亥革命前后（盛宣怀档案资料选辑之一）》第295页。
③　上海《民立报》1913年7月21日。
④　上海《民立报》1913年7月28日。　按：1913年7月22日《民立报》载有该报记者21日自南京发出的"特约电"，"江苏讨袁军总司令黄兴，昨致上海各西报"，电文内容相同。
⑤　上海《民立报》1913年7月24日。
⑥　上海《民立报》1913年7月21日。

袁世凯令称：“黄兴、陈其美、柏文蔚逆迹已著，所有从前所颁荣典、军职，一律褫夺。其附逆之徒，该部查明，一律办理。此令。”①

袁世凯通缉令称：“前南京留守黄兴，自辞卸汉粤川铁路督办后，回沪就医。本月十二日忽赴南京第八师师部，煽惑军队，胁迫江苏都督程德全同谋作乱。程德全离宁赴沪，黄兴捏用江苏都督名义，出示叛立，自称讨袁军总司令。……著冯国璋、张勋迅行剿办叛兵，一面悬赏缉拿匪首。其胁从之徒有擒斩黄兴等以自赎者，亦与赏金；自拔来归者，勿究前罪。本大总统但问顺逆，不问党类。布告远迩，咸使闻知。此令。”②

7月23日 被上海工部局取消租界居留权。

袁世凯密遣蔡廷干运动外交团，不准革命党领袖人物在各地租界居留，并允报以“特别利益”。是日，上海工部局提出取消孙中山、黄兴、陈其美、岑春煊等人租界居留权。③

“《大陆报》主笔密拉君近至鄂省，谒见黎副总统。黎君明告密拉君曰：‘此次叛徒起事，毫无充足之理由。所以起事者，不过为少数人欲壑、一己之欲壑耳。……自北京政府成立宣告共和后，孙、黄二人设种种之计策倾倒袁世凯矣，……至于此次之变乱，必有外人从中援助叛徒，不然断不能成事。……南京临时政府之设，若辈饱入私囊者有三千万之多。政府与彼党始也待之以和，推之以诚，处之以忍，持之以坚。今至此最后忍无可忍之地步，不能不用激烈手段严惩破坏共和之叛党矣！至于各国租界，不当为叛党之保障，不然断不能起事如是之易。若列强苟能阻止叛党利用租

---

① 北京陆军部致浙江都督朱瑞电。原件藏中国第二历史档案馆。
② 北京《政府公报》第436号。
③ 上海《民立报》1913年7月24日。

界为酿成作乱之地，亦易事也。"①

7月24日 袁世凯匿名通电各军队，诬指黄兴"称兵谋叛"，"苟非明正典刑，不足惩警凶逆"。②

7月25日 鄂西讨袁军总司令刘铁致电黄兴、李烈钧，告以"各军响应，听候调遣。"③

△ 袁世凯致电黎元洪，"湘省独立，……惟程潜、程子楷、陈强、唐蟒等最为黄兴死党，余均尚可招致。"④

△ 致电五国银行团，告以此次大借款，讨袁军当继续承认，惟此后不得再行借款与袁氏。⑤

7月26日 与程德全等联名复电北京参、众两院，呼吁一致讨袁。

电云："此次战祸造于袁氏一人。……数月以来，袁氏蹂躏国会，摧残议员，利诱威吓，无所不至。诸公身受之痛苦，较之吾民为尤甚，吾军人为诸公忍之久矣。今日之役为吾民除暴，即为诸公除暴也。乃者义师所指，专讨袁氏一人，并无南北之见。袁氏若去，战祸自消。诸公忧念时局，欲图补救，正当解决之法，惟有令袁氏速退，惟诸公图之。"⑥

△ 致函徐宗汉，告以战局方酣，不必来宁相见。

函中有云："闻弟极欲来宁一见，此可不必。……弟能安心在

---

① 《黎元洪答〈大陆报〉记者问》，载《辛亥革命在湖北史料选辑》第687页。

② 《袁世凯政府电存》，载《近代史资料》，1963年第2期第60页。

③ 上海《民立报》1913年7月26日。刘铁系前第八师季雨霖部团长，所部皆季雨霖旧部。

④ 《袁世凯政府电存》，载《近代史资料》，1963年第2期第62页。

⑤ 《民立报》1913年7月26日。

⑥ 上海《民立报》1913年7月27日。本电列名者还有讨袁军师长洪承点、朱熙、冷遹、陈之骥。程德全时已潜离南京。

家保育儿辈（一欧、应生、鸿、强①等均在内），我极心感。弟所负之责任，即我之责任。我所应负之责任，因不能尽而遽于汝，汝能为我负之，使我能完全尽力于国家，即汝之责任，亦不仅为兴一人也。故敢以是相托。吾责至大至危至暂，汝责至细至久至难，然则汝之责任终艰巨于吾乎！人生如戏，不可认真。战局方酣，安能逆料？但恨为国民求真正之幸福，而目前之痛苦已不可除，安得国民均能知真正之幸福由极痛苦中来也。书至此，吾不欲言矣。"②

7月29日　讨袁战事失利，偕黄恺元乘日舰嵯峨离南京。

讨袁战事开始后，"南京方面，因为一部分军队被袁氏利用帝国主义的金钱所收买，发生内变，急令扼守临淮关之第八师返宁防守；而在徐州与袁军对垒的冷遹军，因后路空虚，退守临淮关"③，22日徐州失守，冯国璋、张勋率部南下；25日，江西湖口被袁军占领，李烈钧败退，"上海讨袁军久攻制造局不下。黄兴在南京饷械不支，声援复绝，面临三面受敌的危险。"④

"讨袁军参谋长黄恺元见南京形势危迫，深恐黄先生悲愤自杀，日夜守在黄先生左右，并极力劝请黄先生离宁赴沪。黄先生离宁时，师长陈之骥赶来送行，知黄先生身无一文，临时找卫队长凑集了银币七十元送交黄先生作旅费。黄先生坐日本停在下关的运煤船，与黄恺元同赴上海。"⑤

"在北洋军突然进攻的时候，……我军虽经布置，但所有主力

①　一欧，即黄一欧；应生，即徐宗汉前夫之侄李应生；鸿即李雄（女）；强即李强，均徐宗汉前夫子女。

②　《黄克强先生书翰墨迹》第274—276页。着重点是原有的。

③　李剑农：《最近三十年中国政治史》第294页。

④　《民国人物传》第1卷第41页。

⑤　李书城：《辛亥前后黄克强先生的革命活动》，载《辛亥革命回忆录》第1集第209、210页。

抵制冯、张两路大军毫无自信，不战先馁。在章、洪一路战况不明之际，蚌埠线上的败绩消息先已传来。为了统筹整个战局，便利指挥，派旅长黄开〔恺〕元护送黄兴赴沪。黄走后，南京随即陷入群龙无首状况，人心皇皇，一夕数惊。"①

7月30日　抵上海。

7月31日　乘日轮静冈丸离沪赴香港。

日本驻上海总领事有吉明致香港今井总领事电，"黄兴同黄恺元一起，于七月二十九日乘军舰嵯峨离开南京，三十日抵此地。今晨极为秘密地搭静冈丸赴贵地。孙（中山）突然中止去贵地。"②

李根源自述："孙、黄两先生命余随西林赴粤。……溥泉至自上海，云孙、黄分乘日本船来粤。竞存告以粤势朝夕难保，来不可能。余主仍请两先生来，到粤再作计较；万一广州不守，退出惠、潮，许崇智已在福建独立，可为犄角，不患终无办法。竞存仍有难色，不以余言为然。溥泉偕（马）君武、刘式南赴港阻孙、黄。"③

一位日本船员五十年后回忆说："因为当时悬赏通缉黄先生，既怕给香港政府海关官员查到，又怕移民的中国人贪赏而告密，因此想尽办法掩护他。专门侍候黄先生的，除上田氏外，还有一位佐藤的静冈人。为避免给海关官员发现，他们曾经把黄先生藏在冷冻蔬菜的大冰箱里；那时黄先生穿上大衣和披着毛毯进冰箱。而在通常，黄先生则住船上邮局专堆信件的大箱子，并完全与一般客人隔绝。佐藤氏专送饭给黄先生，上田氏有时候也帮忙；但上氏主要的工作是带黄先生到服务生专用的澡堂去洗澡，和在澡堂外

①　陈之骥：《参加二次革命的回忆》，载《辛亥革命回忆录》第6集第311页。
②　译自《中国革命党问题》第6卷。
③　李根源：《雪生年录》。

边守候黄先生。黄先生身躯魁伟，脸白，眼睛很大，大约四十岁，说一口流利的日本话。黄先生完全不喝酒，喜欢吃日本菜，而不喜欢西餐；更喜欢洗澡，一天最少要洗一次，多时要洗两次到三次。而且，连洗澡时也要把手枪放在身边。忘记带的时候，即喊上田氏去拿。在这次旅途上，黄先生一直在看轰动当时日本文坛的德富卢花的《不如归》。"①

△ 袁世凯勒令国民党将黄兴、陈其美、李烈钧、陈炯明、柏文蔚等"一律除名"。

《临时大总统命令》："政党行动，首重法律。近来赣、鄂、沪、宁凶徒构乱，逆首黄兴、陈其美、李烈钧、陈炯明、柏文蔚皆系国民党重要之人，其余从逆者亦多国民党党员。究竟该党是否通谋，抑仅黄、李等私人行动，态度未明，人言藉藉。现值戒严时代，着警备地域总司令传讯该党干部人员，如果不预逆谋，应限令三日内自行宣布，并将隶籍该党叛徒一律除名。政府自当照常保护。若其声言助乱或藉词搪塞，则是以政党名义为内乱机关，法律具在，决不能为该党假借也。此令。"②

△ 被袁世凯悬赏十万元通缉。

是日，江苏都督程德全、民政长应德闳奉袁世凯电令，悬赏缉拿黄兴、陈其美、李烈钧、柏文蔚、钮永建、黄郛、章梓、居正、刘福彪等人。言明获黄兴赏十万元，陈其美赏五万元，"不论生擒、击毙，一律受赏。"③新任上海镇守使郑汝成在通衢张贴中英文布告："大总统悬赏缉拿，黄兴，十万元；陈其美，五万元；黄郛，二万

---

① 陈鹏仁：《黄克强先生轶事》（记作者1967年在纽约与上田金作的谈话），载《政治评论》第19卷1期（1967年9月台北出版）。
② 上海《申报》1913年8月4日。
③ 上海《新闻报》1913年8月1日。

元；李书城，二万元。不论生死，一体给赏。"①

"南京，上海讨袁战事失利后，我还未打算离沪。有一天，我在上海电车上看见上海护军使的悬赏布告，写明缉拿黄兴、陈其美，各悬赏五万元，李书城、黄郛各二万元，且不论生死，一律给赏。我觉得不可再留在上海，遂同何成濬离沪赴日。"②

7月底－8月初　南京讨袁事败，作七律二首寄意。诗云：

"东南半壁锁吴中，顿失咽喉罪在躬。

不道兵粮资敌国，直将斧钺假奸雄。

党人此后无完卵，民贼从兹益恣凶。

正义未伸输一死，江流石转恨无穷。

诛奸未竟耻为俘，卷土重来共守孤。

岂意天心非战罪，奈何兵败见城屠。

妖氛煽焰怜焦土，小丑跳梁拥独夫。

自古金陵多浩劫，雨花台上好头颅。"③

8月2日　日政府阻止黄兴亡命日本。

日本牧野外务大臣致香港今井总领事急电："关于贵电五一及五二（号），贵官以帝国政府的训令告黄："当此之际，绝不允许来日，并劝他逃亡他地。"④

8月3日　晨，乘静冈丸抵香港。

△　国民党北京本部负责人吴景濂、王正廷前往警备司令部，

---

①　据影印件，载《黄膺白先生故旧感忆录》。

②　李书城：《辛亥前后黄克强先生的革命活动》，载《辛亥革命回忆录》第1集第211页。

③　《民国》杂志第1卷第6号。

④　《中国革命党问题》第6卷。

声明遵令将黄兴等五人开除出党。①

8月4日 晚，乘三井物产公司装煤船第四海运丸离港赴日本门司。

8月8日 日政府发布训令，要求孙中山、黄兴尽快离日赴美。

《关于孙文、黄兴抵神户后面示帝国政府不希望该二人居住日本立场之训令》："政府认为，与此次中国骚乱有关之领袖，此际潜来日本居住，鉴于国内外种种关系，于帝国不利，且正遵此方针处理。故孙逸仙抵达贵地后，在其未与他人接触产生种种麻烦之前，望贵官采取适当方法，将如下意旨作为政府意向恳切对孙面示，让其充分谅解我立场，尽快决定照原计划赴美。并注意设法不使其动摇该决心。对孙逸仙等现在之境遇深表同情。在其为等候渡美船只而在日逗留期间，我官宪当尽力保护其人身安全，故望放心。此时渡美最为适宜。如孙逸仙等人住在日本，中国人和日本人则必然结交关系，谋划于中国政局，必置孙逸仙等人欲回避而不能之境地，此已显而易见。政府为国内安宁及东洋和平，不得不加以干涉，乃至采取高压手段。因此，无论就帝国的情况而言，还是从孙逸仙的利害来看，此时居住日本，决非上策。务望孙逸仙等人充分理解此意，谅察帝国政府之立场，此时必须照原计划赴美，不可听信他人之言。另外，黄兴抵日后，可由孙逸仙将同样旨意转达之。并请贵官以适当方法告知其意，促其与孙照原计划一起渡美。关于将此事向孙逸仙及黄兴说明一事，若贵官认为可利用与孙相识的松方幸次郎，则可不妨照此办理。"②

8月9日 晨二时，抵门司前六连岛，在下关上岸。下午一时，

① 陶菊隐：《六君子传》第131页。
② 牧野外务大臣致兵库县服部知事电（1913年8月8日），译自《中国革命党同题》第6卷。

转移到下关市郊浜町，住在天野龟次郎的别墅。

"黄兴带领自称其亲属之陈应明，今晨拂晓前乘第四海运丸抵门司港，随即去下关市，到当地小户观澜阁憩息。该人身穿一件从本国旅店借来之极脏西服，未带任何其他什物，不难看出是从旅店逃出的。因此，三井物产公司门司分公司赠与一万日元，或海路、或陆路前往神户。倘走海路，则当乘嘉义丸或拖网渔船在兵库下船，准备同在当地上岸之孙逸仙会面后，前往东京。但三井分公司和黄兴本人慎重考虑之后，决定不去神户。同时以黄兴之名义，由三井门司分公司致电三井上海分公司。电文大意是，告上海唐月池，请陈叔良同志（据说是参谋）等人火速来下关。本人决定，待他们来下关后，一起赴美。等候地点为，下关市或小仓市花山旅馆，或在大分县某处。商议结果，选在下关市外浜町天野布庄的别墅，由三井分公司出面交涉结果，租借该别墅，并立即迁住进去。又，据黄兴本人所乘海运丸船长谈，该船从香港出发后，被一艘水雷艇追赶，颇危险，幸好平安无事。"①

上海英文《国民评论》周刊报道："在谣诼纷传之后，现在似乎可以肯定，黄兴化名今村长藏，自称为中国使馆的日籍秘书，乘坐驶往门司的'云海丸'轮船到达Mutsuri岛。那儿有一艘汽艇等着，把他秘密载往若松。他隐藏在一个名叫安村的商人家里，人们知道此人是同情黄兴的。"②

8月12日　下午，迁到山口县丰浦郡长府町小泽富雄处，筹划渡美之事。

---

① 日本福冈县知事南弘就黄兴来日事致外务大臣男爵牧野伸显的报告。译自《中国革命党问题》第6卷。

② 1913年8月16日出版第162页，转引自〔美〕薛君度：《黄兴与中国革命》中译本第252页。Mutsuri，当即指位于下关海面的六连岛（レツ岛）。

8月14日　午后二时半，香港英总督宣布：奉英政府训令，永远不准孙中山、黄兴、陈炯明、胡汉民、岑春煊到港。①

△　袁世凯致函卸任日公使，要求日政府将孙中山、黄兴驱逐出境。

"伊集院公使决定八月十五日归国，故本使通过坂西②向袁世凯转达伊集院公使的口信，说：若有何须向帝国政府转告之传话，可代为转达。同时解释道，孙、黄等的来日，从日中两国友好关系计，实非政府之所愿，故此，事前已电训各地有关领事，应断然阻止之。但他们仍秘密乘船渡日。对此，帝国政府虽颇感困惑，但既已来日，作为立宪国之通义，则不便强其离去。且孙、黄等人在日本民间之友人，多有怜其窘况，欲加庇护者。故其处置方法益加困难。但目下地方官宪正力劝其即速离日，其结果虽尚不得而知，但亦正在严加管束，即令暂时逗留在日，亦决不致将日本成为其再举之策源地。袁世凯亦通过坂西致函伊集院公使，希望他回国后向日本政府当局转达以下意旨：日本国政府为难之处当可推察，对日本国政府对其严加监督之举亦充分谅察。不过，此次叛乱之际，日本国军人原已有所干预，此事诸方报告均一致指出。在中国人中间，不幸都信以为真，非一二张布告所能打消。如今孙、黄又居住日本，中国人对日之疑惑则益加根深蒂固。这非但是中国之不幸，而且在今后日中共同事业方兴未艾之际，带来诸多危害。我政府当局根据日中提携精神，今后本想送留学生赴日，但有人反对说，

---

① 《中华民国史料丛稿·大事记》第2辑第81页。
② 坂西，即坂西利八郎（1870—1950），又名班志远。日本人。陆军士官学校第三期毕业。日俄战争期间来华，在京津一带从事间谍活动。袁世凯小站练兵时，他在袁幕下充军事顾问。辛亥革命后，长期任北洋政府军事顾问。日本陆军中所谓"中国通"，如土肥原贤二、板垣征四郎、本庄繁之流，均出其门下。

这样只会培养民国和平的扰乱分子。这并非本意，实出无奈。孙、黄即令不能将日本作为策源地，但只要他们留在日本，日中国民间误解的种子便不会全然除去，所以要设法令其离开日本。"①

8月15日　对日警察署长发表谈话。

"昨日黄兴对其逗留地之警察署长谈了如下内容：我在本国试演了一出大戏，终归失败，暂找一安全地安身，以观望本国形势。如有可乘风云之余地，决心全力以赴，以遂平生之志。然目前尚无此望，故准备暂时赴美。本拟在上海、香港等地取得赴美护照，但碍难到手。幸好近来赴任东京之本国公使寄以同情，我请该公使出面与日本外务省及美国驻日公使馆协商。若得允诺，将取得护照前往北美。结果如何，近日内便可知晓，我正在等待消息。我们来日后，由于官方的严密保护与诸位人士之同情，得以平安无事，不胜感激。待我启程赴美后，我的随行人员便立即回国，负责同本国的联系。"②

8月18日　山口县知事报告黄兴行踪。

"关于十五日电训一事，调查结果如下：为黄兴本次流亡日本竭力斡旋之河原林，现已查清。黄本人与中国方面之联系，向以河原林之手进行。黄本人之一举一动，均由河原林所左右，此事确实无误。黄兴唯恐长期逗留日本会给政府招来麻烦，故决定尽速赴美。船票已由美国驻上海领事以他人名义办妥，当于今明两日同行李一起随静冈丸送到门司。待行李到后，黄兴将离开本县赴横滨，然后乘船赴美。黄兴赴美之决心很坚定，似乎不会改变计划久

---

①　日本驻中国公使山座致牧野外务大臣电（1913年8月14日），译目《日本外交文书》1913年第2册第401页。

②　山口县知事马渊锐太郎致内务大臣原敬电，译自《中国革命党问题》第6卷。

居日本。故当此之际强劝其赴美反会惹其反感，乃至有改变决心之虞。故目前以暂不劝告为宜。"①

8月19日 山口县知事报告黄兴动静。

"如已呈报，三井物产公司对黄兴表示同情，正继续为黄斡旋。本公司向北京政府作过保证。如万一此事被发觉，这不仅关系本公司对北京政府的信用，而且也有碍于帝国的外交。虑及此，该公司职员河原林桎一郎当初就提出辞呈，作为个人责任来负责保护流亡之客，以免累及本公司。河原林对黄兴的动静作了如下谈话：一、美国对黄兴、孙逸仙等人深表好意。此次渡美，与美国某辛迪加等有关系，通过美驻上海领事的关照，以他人名义，领取赴美护照。二、在上海的宫崎滔天，通过河原林致黄兴密电称：'我目前卧病在床，起居不自由，不能面会。如眼下不是渡美时机，则务望暂留在日本。'宫崎劝其务必留在日本。但黄兴没有听从宫崎的劝告，回电说：'好意无言以谢。更不能面会，很遗憾。渡美决心已定，又相信渡美是为上策，故拟近日出发。'三、除通过河原林与在华同志联系外，孙〔黄〕当然没有同任何人来往，完全采取单独行动。因此，与传说救护流亡之客的国内的寺尾（亨）博士、佐佐木安五郎、头山满等也完全没有任何关系。报告如上。又，黄兴本拟乘火车去小郡，换乘下午七时十分下关发出之特快往东京。但乘火车恐有危险，故特提醒河原林，结果认为，还是乘船去更为安全，便改由海路上东京。"②

8月20日 晨二时，离开长府町外浦，四时搭静冈丸，十一时离

---

① 山口县知事马渊锐太郎致外务大臣牧野电（1913年8月18日），译自《中国革命党问题》第7卷。

② 山口县知事马渊锐太郎致外务大臣牧野的报告（1913年8月19日），译自《中国革命党问题》第7卷。

门司（此时化名为冈本久太郎）。①

8月21日 北京政府外交部就孙中山、黄兴等逗留日本事提交备忘录。

"八月二十一日，（中国）外交部派部员到本馆，提交了有关此事的备忘录：（节略）本国此次内乱，实由孙文、黄兴、胡汉民等煽惑主使，以致本国民商损失产业甚巨，即各国商务在长江流域者亦颇受影响。本国人民莫不痛心切齿于该乱党等。现闻孙文、黄兴、胡汉民等已赴贵国境内留寓，距本国一苇可航，难保不借为根据，再图倡乱。在贵国笃念邦交，自当有防范之法，但本国人民必多忧虑猜疑，恐生误会。应请贵大臣转达贵政府以东亚和平为念，务筹正当切实办法，以弭祸乱，而息猜疑，固不徒本国人民之幸也。并乞见复为荷。"②

△ 抵神户港。

8月22日 黄兴夫人和家属四人及随员四人乘春日丸抵门司。两名孩子和两名随员，上午十一时继续乘春日丸去横滨。黄夫人和其他家属、随员在下关上岸，晚七时乘火车赴东京。

8月25日 上午8时，乘静冈丸抵清水港，未上岸。午夜零时10分，离清水港赴横滨。

8月26日 抵横滨港。

8月27日 在神奈川县沿海上岸，乘火车到达东京。

"黄兴（化名冈本义一），八月四日由香港出发，八日到达马关。二十七日拂晓前，到达东京，住芝区高轮南町五十三番地。家

---

① 1913年8月28日神奈川县知事致外务大臣报告。《中国革命党问题》第7卷。
② 驻中国公使山座圆次郎致外务大臣牧野电（1913年8月25日），译自《日本外交文书》1913年第2册第413、414页。

族一部分同居。"①

"中国流亡客黄兴，秘密乘坐邮船公司轮船静冈丸，本月二十日从门司出发，经神户、四日市、清水港，于二十六日上午八时三十分到达横滨港。关于该人在横滨登陆及进京方法，古岛一雄议员及三井物产公司职员已从东京来本厅商妥。最佳方案是，在本船进港前，在港外较远的海面上换乘小蒸汽艇，从富冈海岸上陆，然后乘汽车进京。不过，本船是客船，进港时间又是在上午八时，故如在检疫人员到达之前停船，惹起一般乘客之注意，反而会有危险。所以，和船长商量之后，决定本船直接进港，一般乘客随即下船，而黄兴可躲进一房间，趁夜色换乘大舢板出防波堤，换乘小汽艇，在富冈海岸登陆。各自分担任务，以期万无一失。当日下午，天气骤变，顷刻狂风暴雨，故经港务监督准许，由技术熟练之船夫驾驶舢板和小蒸汽艇，于二十七日凌晨一时偷偷从船侧换乘大舢板，又在防波堤外换成小汽艇（预定在富冈海岸登陆，但由于浪大，登陆有困难，故改在长滨检疫所），向长滨检疫所开去，凌晨两点靠岸。登岸后，徒步穿过通往金泽街的山路，黄兴、三井物产公司职员石田秀二和本县一名警部共三人，乘坐候在该所的汽车，于凌晨两点四十分出发进京。汽车一路平安，到达隐蔽住地东京市芝区琴平町十三号信浓屋，在附近下车后，徒步进入该屋，此时晨四时四十分。报告如上。又，在静冈丸进港之前，东京各报通讯员等被派到水上警察署附近极力探听黄兴到达及登陆的消息。报社驻外地人员，也被派到沿岸各处探询。各报都登了一些揣摩臆测的报道。但登陆及进京路线等事，均严守秘密，到目前为止，决无任何泄露。"②

---

① 日本外务省外交史料馆藏外交文书《各国内政关系杂纂》第7卷，原件系警视厅致外务省，无标题及编号。

② 神奈川县知事々鸟久满次关于黄兴抵达并入京事致外务大臣牧野的报告（1913年8月28日），译自《中国革命党问题》第7卷。

8月27日　日本政府向山座公使发出答复北京政府之回训。

《日本政府就切实取缔孙文、黄兴等在日流亡者之意向答复中国政府一事之回训》："请作如下答复：帝国政府并不希望与此次中国内乱有关之流亡者来住日本，但对既来之而又不能离去者，正严加监视，不准其以我领土为据点策谋邻国动乱。帝国政府最不希望中国再次出现动乱，据此，在我国权保护下之地区，已命官宪尤为充分地实地取缔流亡者。对此，中国官民均可放心。亦请贵官察知此意。至于对彼等流亡者之处置办法，刻下正在研究，此点亦望贵官有所知悉。"①

8月　抵东京后，继续策划讨袁。在检讨二次革命失败原因时，与孙中山意见分歧。

章士钊说：程德全逃出南京，"不数日，克强求自杀不获，亦以得日人遮护，径航东京闻。南京讨袁总司令部，倏尔灰飞烟灭。吾徒革命党也，共和昙花一现，重履亡命之途，浑沌穷奇，亦何所谓！顾克强精神抖擞，仍复计划多端，期于振刷。……时则中山认为二次革命失败，由于党员不听命令，意指克强，刻责无已。而克强温温自克，不一校也。"②

石陶钧说："黄到南京，明知无成，却为孙、黄关系的内幕，不能不借此解嘲。八月，我们先后亡命到了倭地东京。黄兴约我进见中山先生，大被痛骂。其后，孙、黄裂痕显然。"③

李书城说："我们不久即同黄先生移住东京，国内参加讨袁失

---

①　牧野外务大臣致驻中国公使山座电，译自《日本外交文书》1913年第2册第415页。

②　章士钊：《与黄克强相交始末》，载《辛亥革命回忆录》第2集第147、148页。

③　石陶钧：《六十年的我》。

败的同志也陆续来到日本，大家交换意见，筹谋善后办法。……孙先生说，在南北议和时期，他愤袁氏狡诈，曾主张宁可开战，不可让步，但黄先生不赞成；以后他主张建都南京，要袁世凯南来就职，黄先生也不表示坚决支持；宋案发生后，他主张用武力解决，黄先生也不肯听；他欲再赴日本求援，黄先生又力阻其行；最后他本拟亲赴南京出师讨袁，黄先生忽自告奋勇，阻其前往，致招挫败，全局瓦解。"①

△　章炳麟继续诋毁黄兴。

章氏在《致伯中书十》中说："政治革命，名正言顺，但黄兴、陈其美非其人耳。今黄、陈已遁，天去其疾，而湘、蜀之师复起，项城虽欲黩武，势不能也。人心所反对者，袁与黄、陈，黄、陈去则一意恶袁，又可知也。"②

又在《致伯中书十二》中说："袁公近亦师法中山，属人致意，欲一相见，余以目疾辞之。大抵黄兴遁走，国党解散，此为中国之幸而袁氏之不幸也。（原注：无分谤之人，则民怨悉归，其不幸一。国党既散，暗杀党必蜂起，其不幸二。然政治改良或有可望。）"③

9月17日　宫崎寅藏来。"以后几乎连日往访孙、黄，调和两者之间的矛盾。"④

10月6日　致函章士钊，告代觅寓所。

函云："弟寓后有一室，租金月二十八元。押金两月份，颇幽静，惟嫌少狭，不知兄意合否？乞酌定。如可，弟即将押金交足，只

①　李书城：《辛亥前后黄克强先生的革命活动》，载《辛亥革命回忆录》第1集第211、212页。
②　转引自《章太炎年谱长编》上册第446页。
③　转引自《章太炎年谱长编》上册第447页。
④　《宫崎滔天全集》第5卷第708页。

候令夫人到来入居可也。"①

10月9日　复函章士钊,介见易象。

函云:"有易象君（号枚臣）来云,彼久欲为此书,弟即以此意告彼,彼欣然。因不识兄,欲与仇亦山同来晤兄,藉领教益。此君（纯然学者）前在北京报馆,文笔优秀,袁氏之近来恶行知之甚详,且与静仁至好（咏仪亦知之）,想可招之。如来,乞接谈为幸。"②

10月15日　与陈其美、钮永建、何海鸣、岑春煊被列为"宁沪之乱首魁",经袁世凯授意北京总检察厅下令通缉。③

11月1日　致函章士钊,告以近日行止。

函云:"箱根之行,本拟二三日内,因孔兄未到,尚须待数日。前月尾,欲稍筹助兄亦未获,想亦困迫。如未开销,请即告我,当为设法。"④

11月4日　袁世凯下令解散国民党,并诬黄兴等"据地称兵"。

袁世凯令称:"此次内乱,该国民党本部与该国民党国会议员潜相构煽,李烈钧、黄兴等乃敢于据地称兵"。"应饬北京警备地域司令官迅将该国民党京师本部立予解散",其他地区,"凡国民党所设机关,不拘为支部、分部、交通部及其他名称,凡现未解散者,限令到三日内一律勒令解散。"⑤

11月7日　致函萱野长知,邀共游热海。

函云:"近日脑热,本日偕林濑越诸君赴热海,藉以养病。兄有暇,万乞来游。住樋口ホテル,仍用冈本名。此行颇秘密。恐惹新闻之目,请勿告他人为幸。"⑥

---

①②④　原件藏上海图书馆。
③　《革命文献》第44辑第371页。
⑤　白蕉:《袁世凯与中华民国》第79—81页。
⑥　《黄克强先生书翰墨迹》第284页。

11月7—14日　偕日友往游热海、箱根。

11月12日　致函宫崎寅藏，赠绍酒。

函云："近日寒气侵人，想甚佳善。友人新由沪来，带有绍酒。特呈一瓶，以助清兴。另带二端，乞致粤样令嬢收用。"①

11月15日　致函章士钊，告由热海归东京。

函云："昨由热海转道箱根归京，殊有旧游之感。持上橘数十个，乞分致夫人、少君一味。"②

11月19日　复函宫崎寅藏，告以拟将家藏珍品出售济贫。

函云："弟现陷困境，筹款乏术，不获已，欲将家藏珍品及购入并友人赠品，一一提供爱者之赏鉴。现取到无多，俟到齐后，即请头山、犬养两翁绍介，断不使入俗者之眼，致污清品也。承注，极感。"③

12月27日　致函宫崎槌子，赠款济急。

函云："滔天先生抱恙，甚为悬念。又值岁末，债务必多。勉奉上贰百元，以济急用，即祈收用为幸。"④

12月29日　致函章士钊，告以杨昌济被害事不确。

函云："前次所闻华生被害之事，全属子虚。并杏生之母亲现尚在乡住，并不知有是事。可见楚人之多谣，亦有激而为是语也。兹特将华生复张君润农之函附上一阅，以慰惊心。"⑤

是年　题赠田尻七绝一首。诗云：

---

① 据黄兴故居纪念馆藏原函复印件。
② 原件藏上海图书馆。
③ 据黄兴故居纪念馆藏原函复印件。原件无年月，依信封邮件得知。
④ 据黄兴故居纪念馆藏原函复印件。
⑤ 原件藏上海图书馆。　杨昌济（1871—1920），原字华生，后改名怀中，湖南长沙人。清末入岳麓书院，后赴日本留学，结识黄兴。先后毕业于日本东京高等师范、帝国大学和苏格兰厄北淀大学。归国后，历任湖南高师、第一师范教员，北京大学教授。　杨德邻，字杏生。1913年任湖南财政司长，被汤芗铭杀害。

"雪平峰前云气开，池中隐约起风雷。何人戏取华阳剑，真割乖龙左耳来。"①

"我们访问了荒尾市沃水町日本著名文学家夏日漱石的故居。这所古朴的乡间住宅在辛亥革命时期已属当地邮政局长田尻先生所有。一九一三年'二次革命'失败以后，黄兴流亡日本，曾寄居田尻家数月。黄兴与田尻一家相处极为融洽，简直可以说是异国亲属。现在，老田尻早已死了，儿子和媳妇还健在。他们亲切地款待了我们，并且娓娓地追述当年黄兴蛰居天水的往事。邻近老农也闻讯赶来参加晤谈，他们都记得黄兴的音容笑貌。"②

---

① 黄乃藏影印件。
② 章开沅：《访日纪事——一首黄兴题赠日本友人的诗》，载《湖南日报》1982年3月17日。

1914年(民国三年　甲寅)40岁

1月10日　复函吴弱男,谢赠物。

函云:"手书并承赐小儿各物,一一拜领。谢谢。新年日肇,寒气未加,何日偕行兄来游,不胜延盼。"①

1月　资助李根源辑印《中华民国宪法史案》。

"小除夕游日光,在山中度岁。辑《中华民国宪法史案》成。克强先生出资千元,印二千册。"②

2月9日　复函刘承烈,诉经济苦状。

函云:"弟刻处困状,想兄洞烛(近沪债催逼如火,坐困于此,一筹莫展)。无论数百元之巨款不能筹得,即小数亦有不给之势。张君交际甚广,较之弟四面之支扯,必易为力。乞婉达苦状,不胜切切。"③

2月22日　宫崎槌子来访。致函宫崎寅藏,邀晤叙。

函云:"本日令夫人过访,简慢之至。闻贵体告痊可,能外出,至为欣慰。顷在南京之秋元海军少佐归国,不日再向福州出发。

---

①　原件藏上海图书馆。原函未署年份。"二次革命"失败后,黄兴亡命日本东京,1914年6月离日赴美。此书当为1914年在东京所发。　吴弱男,安徽庐江人。章士钊(行严)妻。清末留学日本,毕业于东京青山女学院。解放后,任上海市文史研究馆馆员。

②　李根源:《雪生年录》卷2。

③　原件藏中国社会科学院近代史研究所。

明日午后五时在寓一叙，乞驾临，藉慰离绪。秋元君亦急欲晤君也。"①

2月27日　致函宫崎寅藏，请介绍资本家投资矿业。

函云："忆前兄言有资本家有志欲投资于支那矿业，一时不得实业者，故骤无以应。今有同志某君，最得社会信（任），兹处袁氏暴政之下，恐其破坏其事业，欲得贵国资本家投少数之资，约十万即可，多亦好。俾得行其所志。昨已携有契据来此。一锑矿、一锡矿，皆大希望者。请即访前途，如可行，当为绍介。但此事某君请秘为之，不欲宣布，致惹起意外之阻力。如何？盼复。"②

2月28日　袁世凯下令解散各省议会。

2月　在东京创办浩然庐与政法学校，着重研究军事、政治，培养干部。

讨袁失败后，国民党人特别是中下级军官流亡到日本者颇多。黄兴为图尔后进取，着手培养干部。创办浩然庐于东京郊外大森，作研究军事场所，曾任军职之党人均在此肄业。③黄兴为浩然庐亲题匾额曰："汉贼不两立"，曰："大盗窃国，吾辈之责。"④又创办政法学校于东京神田区三丁目十番地，请日本著名法学博士寺尾亨任校长，先设政治、经济专修科，后增法律、日语两科，俾学生于"正科研究之余，复得熟悉日语之便。"⑤

"东京政法学校，是孙中山先生和先君商请日本法学家寺尾博士出面组织的，并得到犬养毅、头山满、宫崎寅藏等人的赞助。

---

① 据黄兴故居纪念馆藏原函复印件。
② 日本藤井昇三先生赠黎澍同志原函复印件，据黄兴故居纪念馆藏。
③ 《李烈钧自传》。
④ 李贻燕：《纪念黄克强先生》，载《西北文化日报》1939年10月31日。
⑤ 政法学校招生广告，载《民国》杂志第1卷第3号。

开学之日·孙先生亲临主持，先君也到场参加，并与李烈钧负责筹措了学校经费。这所学校办了相当长的时间，最初负责主持的是彭允彝，亡命党人到校听课的有两百多人。此外，以培养军事人材为宗旨而成立的大森浩然庐，由殷汝骊主持，其发起性质，学员成份及经费来源，与政法学校同。"①

△　与彭允彝等创立明明编译社。

彭允彝"入明德学堂师范科，识善化黄兴诸公。……袁世凯阴谋移国，宋公教仁见刺。公重赴日本，与黄公等立明明编译社、浩然庐、政法学校。"②

3月19日　复函刘承烈，商榷开办《民国》杂志。

函云："杂志款尚未到手，前途约四月底期。望兄担任开办，弟断不卸责也。当时本议兄担任开办之款，如能可设法，当即函知。"③

3月23日　致函刘承烈，谢赠画兰。

函云："昨承惠画兰，笔势开展，迥不犹人。玩观两日，觉章法微嫌欠清。盖画兰之难，在疏而不少，繁而不多，去其并行丛束之弊，则得其诀矣。妄论及此，他日欲效颦一二笔，未知何如耳。弟藏者搜尽，无一兰，殊恨恨。宜就日稍求善本临之，最易进步。④

3月24日　致函章士钊，促主编国民党机关刊物《民国》杂志，

----

① 黄一欧：《护国运动见闻杂忆》，湖南省政协文史资料研究委员会藏稿。彭允彝（1878—1943），字静仁，湖南湘潭人。长沙明德学堂师范科毕业。辛亥革命后，曾任众议院议员、北京政府教育总长。抗日战争时期，任国民参政会参政员。殷汝骊（1883—？），字铸夫，浙江永嘉人。曾任众议院议员、北京政府财政部次长。

② 李肖聃：《前教育部总长彭公墓志铭》。

③ 原件藏中国社会科学院近代史研究所。

④ 原件藏中国社会科学院近代史研究所。

进行反袁宣传。

函云："昨晚劭襄兄来云：杂志之事，昨日汉民兄等，仍要求兄主任其事，尚未得见承诺，殊为悬悬。弟思袁氏作恶已极，必不能久于其位，兄能于此刻出为收拾人心之举，亦不为早。兄前所谈，弟亦主张，两者之间，孰缓孰急，唯兄察之。"①

章士钊说："由此缄可得窥见数义：一、克强败后赴东，仍与孙派合作，至欲强拉一非同盟会之旧友，共创机关刊物。外传克强反孙，显系造谤。二、强吾主持杂志，倡议者为胡汉民，可见孙派自审势孤，谋党内外大团结，克强实为当时作合柱石。三、孙派中却有如夏重民者一类激烈分子。吾另办《甲寅》后，夏重民曾捣毁吾林町社址一次。倘真共营一报，后患宁复可言？"②

按：《民国》杂志后由胡汉民任总编辑，戴季陶、朱执信、田桐、杨沧白、李根源分任撰述。③章士钊则已另办《甲寅》杂志。

4月8日　致函萱野长知，请代询款事。

函云："顷阅新闻纸，中国兴业事，大约北方之股金已经交到。前件请即往一询，以弟偿债至急，且种种要件亦迫切需用也。多劳清神，殊深歉念，容面谢。"④

4月9日　复函刘承烈，告以"魏碑续到，并祈寻觅'甲寅'⑤二

---

① 　原件藏上海图书馆。
② 　章士钊：《与黄克强相交始末》，载《辛亥革命回忆录》第2集第147页。
③ 　李根源：《雪生年录》卷2。
④ 　《黄克强先生全集》第346页。　按：1913年2月，孙中山到日本考察期间，与三井物产董事山本条太郎等商议建立中国兴业公司。8月1日，公司正式成立，推孙中山为总裁，仓知铁吉为副总裁。资本额五百万元，中日各半。翌年，仓知铁吉到北京活动，改名为中日实业有限公司，杨士琦为总裁。原函未署年份，依内容推定为黄兴赴美前夕，托萱野长知办理退股事宜。
⑤ 　章士钊主编《甲寅》杂志。

字。"①

4月12日　致函刘承烈，附送书联。

函云："联书不好，送上笑正。印章已购来矣，尚有他好者，暇时来一阅。劭兄鉴。生涯一卷书主人启。"②

4月19日　致函宫崎寅藏，告黄一欧暂难东归。

函云："昨得沪上来信，一欧暂不能归，因兴亚有孕，本月中旬当可临产。夫人之梦，竟已中矣。照中国迷信家言，梦境皆是反意，若难产则是易产，想亦必如是也。承注，特报知。"③

4月29日　致函萱野长知，请偕徐申伯往兴亚公司办理退股手续，"免致拖延时日"。④

春暮　跋李根源藏米芾行书真迹。

文曰："米海岳书，规范古人，往往乱真。而赵吴兴欲补米数行，一再易之，终不相似，乃叹今人去古远矣。其后香光临米，又谓吴兴易学，米不易学，以此见书品高下。然海岳真迹，今日至不易见。此卷书杜陵诗十首，都三百九十三字。印泉光复滇时，得之于旧肆，盖⑤氏之遗物，至可宝玩。暇日出示，犹可见无垂不缩，无往不收之妙。因举两文敏语，愿与识者参之。"⑥

△　书七绝一首。诗云：

"微步轻盈不动尘，绣罗为莫锦为茵。

春风一曲清平调，十二楼头第几人？"⑦

①②　原件藏上海图书馆。
③　据黄兴故居纪念馆藏原函复印件。
④　《黄克强先生纪念集》第347页。
⑤　此处原缺三字。
⑥　李根源辑：《永昌府文征》"文录"第4册。
⑦　原件薛君度藏。

4月　迁居北丰岛郡高田村字巢鸭三六〇〇。①

5月5日　复函刘承烈，告以"手中无款"，"请稍俟数日后（大约五日内可有），当为设法，如何？"②

5月6日　复函宫崎寅藏，告继母等行踪。

函云："手示敬悉。家母等明日午前九时抵新桥（今夜六时三十八分由神户），直往住宅。承询，甚感。令夫人出迎，可不必也。"③

5月10日　章士钊主编《甲寅》杂志在日本东京创刊。

△　国民党机关刊物《民国》杂志创刊于日本。

5月15日　致函宫崎寅藏，邀其来晤。

函云："启者：有事奉商，乞明日午前移玉为幸。滔天先生鉴。冈本义一启。十五日。"④

5月17日　致函萱野长知，询退还兴业股金事："不知该项已有受主否？请即向前途询明，以刻需用甚急。"⑤

5月21日　复函宫崎寅藏，解释在东京建造房屋一事。

孙中山与黄兴在组党问题上发生争执期间，陈其美、戴季陶等就黄兴在东京建造住房一事散布谣言，大肆攻击。是日，黄兴于复日友函中有所解释。

函云："在今日亡命海外，何以家为？同志交谪，亦所甘受。然以弟不赞成中山之举动，以是相迫，不但非弟所乐闻，且甚为弟所鄙视。其手段之卑劣也，近日造谣、倾轧之机已露，颇不愿白于大雅之前，谨就此房屋事再为兄一陈之。弟从事革命来，久不知有家，九年相交，皆所目睹，非弟忍心而不顾也。实以弟眷在湘，前清政府

---

① 《宫崎滔天全集》第5卷第708页。
② 原件藏中国社会科学院近代史研究所。
③④ 据黄兴故居纪念馆藏原函复印件。
⑤ 《黄克强先生全集》第347页。

不甚注意，又有各亲友时相接济，是以弟得一身奔走国事，毫无挂碍。及第二次革命讨袁事起，谭组庵君特送弟眷往沪。其时适湘中独立取消，恐反对者一来，必遭鱼肉也。家母年将六十，身体多病，在沪暂居；近侦者屡窥，断不可久居。气候颇不相合，且房租日食甚贵，每月须百四、五十元方可度过。又一欧、兴亚、振华三儿在美学费取消，不能久留，欲一并来贵国就学，通计人口在十口内外。故前商之兄，欲在市外租一稍廉之屋，以为家母养息及小儿就学之便，至少时期约在五、六年。当时兄以为经济计，不如新造数间，五、六年后当可将原价售出，则此五、六年中所费租金甚少，是一俭约之一法。后得旧友之屋数间，地租不过六元六十钱。惟不敷住，不得不增造数间，此亦无甚秘密之处，可质天日鬼神而无愧者。至其代价，所造之价不过四千余元。前承头山翁及兄绍介，将字画售出，除偿旧债及旅费外，欲取之于此，更无庸讳饰者也。此等办法，弟当时亦明知外间必有一番攻击，然为经济计，弟亦不得不出此。以弟眷人口过多，且不敷住。在普通房租至少月须六、七元之谱。兹约计月费不及卅元，是较廉一半。同志中如能精核算，在势不得不久居此者，亦必自为计。即愤世在英伦海自沉如故友杨君笃生，临死犹遗其母三十磅金钱，遗弟百磅，后卒未寄到，为他友用去。此天性人情，非此不能成人。分羹之说，既不忍出；燕居之好，亦不敢为。从此誓漫游世界一周，以益我智识，愿以积极手段改革支那政治，发挥我所素抱之平等自由主义，以与蟊贼人道者战。不偏执，不苟同，此弟所自信，并敢以告兄者。知我罪我，用待将来。"①

5月29日　致函孙中山，对陈其美之挑拨离间有所申辩。

△　孙中山复函黄兴，历数宋案发生后不满于黄之种种情节，

○　日本藤井异三先生赠黎澍同志原函复印件。

表明要做"真党魁"。

函云："来示悉。所言英士以兄不入会致攻击，此是大错特错。盖兄之不入会，弟甚满足，以宋案发生之后，彼此主张已极端冲突；第二次失败后，兄仍不能见及弟所主张是合，兄所主张是错。何以言之？若兄当日能听弟言，宋案发表之日，立即动兵，则海军也，上海制造（局）也，上海也，九江也，犹未落袁氏之手。况此时动兵，大借款必无成功，则袁氏断不能收买议员，收买军队，收买报馆，以推翻舆论。此时之机，吾党有百胜之道，而兄见不及此。及借款已成，大事〔势〕已去，四都督已革，弟始运动第八师营长，欲冒险一发，以求死所，又为兄所阻，不成。此等情节，则弟所不满于兄之处也。及今图第三次，弟欲负完全责任，愿附从者，必当纯然听从弟之号令。今兄主张仍与弟不同，则不入会者宜也。此弟所以敬佩而满足者也。弟有所求于兄者，则望兄让我干此第三次之事，限以二年为期，过此犹不成，兄可继续出而任事，弟当让兄独办。如弟幸而成功，则请兄出而任政治之事。此时弟决意一到战场，以遂生平之志，以试生平之学。今在筹备之中，有一极要之事求兄解决者，则望……弟所望党人者，今后若仍承认弟为党魁者，必当完全服从党魁之命令。因第二次之失败，全在不听我之号令耳。所以，今后弟欲为真党魁，不欲为假党魁，庶几事权统一，中国尚有救药也。"①

宫崎寅藏、周震鳞等来访。

《黄兴之动静》（警视厅致外务省）乙秘第一〇二一号。大正三年五月三十日

"一、昨二十九日午前九时五分，本人派特使送信一件致孙逸仙。孙作一长函回答。

---

① 原件藏中国历史博物馆.

"午后一时五十分，宫崎虎藏来访，在客厅和本人面谈；展阅孙之回信，似作了什么商讨。宫崎氏于午后三时五分辞出。

"午后三时十五分，周震鳞来访，在客厅接见。谈话正进行中，三时二十分，李根源来访，加入会谈。四时二十五分，李书城来访；四〔五〕时八分，柏文蔚来访；六时二十分，陈方度来；八时七分，仇鳌、易象二人来访。他们相继一同加入会谈，似作了什么有关的协议。柏，八时三十分；周，八时四十五分；李书城，九时；仇、易二人，九时四十五分；陈（方度）、李（根源）二人，十时二十分：各人相继辞出。"①

△　复函刘承烈，告以灰心党事。

函云："手书诵悉。党事弟久灰心。近来尤极其诡谲之态。不德如弟，欲图挽救，转受毁伤，尚有何说！属思宕将来，既感且佩。恐人不我与，犹含沙蹑其后。请拭目以观，必有所悟也。"②

5月　为李根源曲石精庐石额题识。

文曰："曲石，印泉兄先德指挥公行遁处也。瞻望松楸，惓怀先泽，既取是以名其居；近以居东之年，又以是名其庐。去国之余，瞻临故乡，致其不忘欲返之怀也。为识之于此。丙〔甲〕寅夏五月，黄兴并书。"③

6月2日　复函孙中山，陈述整顿党务意见。曹亚伯、居正来访。

函云："接读复示，因来客众多，未即裁答，殊为歉念。今请露肝胆，披心腹，为先生最后一言之。宋案发生以来，弟即主以其制人之道，还制其人之身。先生由日归来，极为反对。即以用兵论，忆最初弟与先生曾分电湘粤两都督，要求其同意，当得其复电，皆

①　日本外务省外交史料馆所藏外交文书《各国内政关系杂纂》第11卷。
②　原件藏中国社会科学院近代史研究所。
③　李根源辑：《永昌府文征》"文录"第4册。

反复陈其不可。今当事者俱在，可复询及之也。后以激于感情，赣省先发，南京第八师为先生运动营长数人，势将破坏。先生欲赴南京之夕，来弟处相谈，弟即止先生不行。其实第八师两旅长非绝对不可，不过以上海难得，致受首尾攻击之故。且先生轻身陷阵，若八师先自相战斗，胜负尚不可知，不如保存全城之得计。故弟愿以身代先生赴南京，实重爱先生，欲留先生以任大事，此当时之实在情形也。南京事败，弟负责任，万恶所归，亦所甘受，先生之责，固所宜然。但弟自抵日以来，外察国势，内顾党情，鉴失败之主因，思方来之艰巨，以为此次乃正义为金钱权力一时所摧毁，非真正之失败。试翻中外之历史，推天演之公例，未有正义不伸者，是最后之胜利，终归吾党。今吾党既握有此胜算，若从根本上做去，本吾党素来所抱之主义发挥而光大之，不为小暴动以求急功，不作不近情言以骇流俗，披心剖腹，将前之所是者是之，非者非之，尽披露于国民之前，庶吾党之信用渐次可以恢复。又宜宽宏其量，受壤纳流，使异党之有爱国心者有所归向。夫然后合吾党坚毅不拔之士，学识优秀之才，历百变而不渝者，组织干部，计划久远，分道进行，事有不统一者未之有也。若徒以人为治，慕袁氏之所为，窃恐功未成而人已攻其后，况更以权利相号召者乎。数月来，弟之不能赞成先生者以此。今先生于弟之不入会以满足许我，虽对于前途为不幸，而于弟个人为幸已多，当不胜感激者也。惟先生欲弟让先生为第三次之革命，以二年为期，如过期不成，即让弟独办，等语。弟窃思以后革命，原求政治之改良，此乃个人之天职，非为一公司之权利可相让渡可能包办者比，以后请先生勿以此相要。弟如有机会，当尽我责任为之，可断言与先生之进行决无妨碍。"①

---

① 原件藏中国历史博物馆。系黄兴用日本美浓纸写的亲笔函稿，无落款及日期。

《黄兴之动静》（警视厅致外务省）乙秘第一〇四〇号。大正三年六月三日。

"一、昨二日午前十一时三十分，曹亚伯来访。会谈后，十一时五十分辞出。

"午后二时三十五分，居正来访。会谈后，三时三十分辞出。

"当日收、发信如后：

"一、发致孙文信一件，派特使送达。

"一、收到由横滨无名氏发来的信一件。"①

《孙文之动静》（警视厅致外务省）乙秘第一〇四一号。大正三年六月三日。

"……（昨二日）午后六时三十五分，黄兴派特使送信函一件到。"②

6月3日 孙中山复函黄兴，望其"静养两年"。

函云："长函诵悉，甚感盛情。然弟终以为欲建设一完善民国，非有弟之志，非行弟之法不可。兄所见既异，不肯附从，以再图第三次之革命，则弟甚望兄能静养两年，俾弟一试吾法。若兄分途并进，以行暗杀，则殊碍吾事也。盖吾甚利衰之生而扑之，如兄计划成功，衰死于旦夕，则吾之计划必坏。果尔，则弟从此亦不再闻国事矣。是兄不肯让弟以二年之时间，则弟只有于兄计划成功之日，让兄而已。此复。又，此后彼此可不谈公事，但私交上兄实为我良友，切勿以公事不投而间之也。幸甚。"③

△ 致函刘承烈，重申对党务态度。

函云："兴素性迂拙，主义所在，不敢变换手段以苟同。虽以人

---

① 日本外务省外交史料馆所藏外交文书《各国内政关系杂纂》第11卷．
② 日本外务省外交史料馆所藏外交文书《各国内政关系杂纂》第11卷．
③ 原件藏中国历史博物馆．

之如何毁伤，亦不稍为之动。……至于欲反对自己十余年所提倡之平等自由主义，而惜以权利相号召，效袁氏之所为，虽爱我如兄，兴亦不敢从兄之后。"①

按：孙中山与黄兴在组党问题上，意见虽有分歧，但为讨袁和民主革命而斗争，始终目标一致。彼此间矛盾激化，主要由于陈其美等人的挑拨离间。

"孙先生提出了改组国民党为中华革命党的意见。他把本党失败的原因归咎于党员不听他的话，并且认为黄先生应负更大的责任。……他主张改弦更张，把国民党改组为中华革命党，并且规定党员入党时要写誓约，打指印，以表明愿意牺牲一切，服从孙先生的命令。陈其美、戴天仇、杨沧白首先赞成，并邀约在日亡命的同志都一致参加。但一般首义有功的同志，尤其是首义时作过高级将领的同志，都认为这种写誓约、打指印的做法有失身份，不肯附和。孙先生仍然坚持一定要这样做。陈其美复到处奔走，要大家赞成，凡不赞成加入的同志他就大肆攻击。"②

"孙先生多次表示要请先君担任中华革命党的协理，他始终没有履行入党手续。在先君看来，无论维持国民党的名义或者另组新党，领袖非孙先生莫属。但是硬要在誓约上写明，这无异是服从一个人帮助一个人搞革命，硬要在誓约上打指印，这等于犯罪的人写供词一样，两者都违背平等自由精神。至于党员入党之后，都是共患难同生死的革命同志，应该一律看待，而不应有'首义党员'、'协助党员'、'普通党员'之分，更不应以所谓'元勋公

---

① 原件藏中国社会科学院近代史研究所。
② 李书城：《辛亥前后黄克强先生的革命活动》，载《辛亥革命回忆录》第1集第212页。

民'、'有功公民'、'先进公民'享有权利不同相号召。"①

6月上旬 为宫崎寅藏新居题字。

"弢 园 为滔天先生题。黄兴"。②

"当时黄先生深忧鄙人之健康，以为**市内嚣尘**，不宜养病，乃择**市外高田村闲静**之地，别筑一室，而使鄙人居之。由是，鄙人莳花种草，日与农夫为伍，遗弃世事，萧然尘外，**健康渐次恢复**，遂为强壮之人。"③

6月11日 致函宫崎寅藏，约晤叙。

函云："日内因来客甚多，又须料理各事，不能即回目白。如**执事**到东京，祈枉顾一叙。"④

6月12日 致函萱野长知，请协助索回字画。

函云："上海税关抢夺去之画，已问清带来之人，实属无理之极。闻贵国人同时被其扣留物件不少。兹已将电稿拟好，请用兄名及通信社住址发去。并请另电高木或森君，向其索回为要。奉上五十元，以备电费。"⑤

6月13日 复函宫崎寅藏，请商订船票。

函云："昨函悉。汽船公司廿七日之船，请为商定，共五人，均……

① 黄一欧：《护国运动见闻杂忆》，湖南省政协文史资料研究委员会藏稿。按：《中华革命党总章》："十一、凡于革命军未起义之前进党者，名为首义党员。凡于革命军起义之后，革命政府成立以前进党者，名为协助党员。凡于革命政府成立后进党者，名曰普通党员。十二、革命时期之内，首义党员，悉隶为元勋公民，得一切参政、执政之优先权利。协助党员，得隶为有功公民，能得选举及被选举权利。普通党员，得隶为先进公民，享有选举权利。十三、凡非党员，在革命时期之内，不得有公民资格。"（载《中国国民党史稿》第1册第162页）。

② 影印墨迹，载《宫崎滔天全集》第3卷卷首。宫崎寅藏新居在东京北丰岛郡高田村字巢鸭三六二六番地。

③ 《黄公出殡声中之宫崎演说辞》，载长沙《大公报》1917年4月15日。

④ 据黄兴故居纪念馆藏原函复印件。

⑤ 《黄克强先生全集》第346页。

等，能得一特别室更好。船资俟兴业之件交下，即送上，如何？" ①

6月16日　致函田桐，请取去字画。

函云："前兄尚留有祝世禄② 字在弟处，并徐天池③ 画（此画当时日友未来取）。弟因有他行，请来取，以免遗失"。④

6月17日　致函刘承烈，告以"各报所传，不知何因，多有以讹误记者。西行尚无款，期日不能定。" ⑤

6月22日　中华革命党在东京召开第一次大会，选举孙中山为总理。

6月26日　致函田桐，邀餐叙。

函云："弟将远适，特于明日（二十七）午刻备小酌恭请中山先生叙别（不谈国事）。乞届时驾临寄寓，藉慰离绪。" ⑥

△　宫崎寅藏、犬养毅、头山满、寺尾亨、副岛义一、古岛一雄、萱野长知来访。⑦

6月27日　在寓所宴请孙中山叙别。孙中山集古句书联相赠："安危他日终须仗；甘苦来时要共尝。" ⑧

6月28日　致函刘承烈，谢赠物。

函云："承赐绣屏，甚为感谢。日来忙迫异常，不获前来握手，祈鉴谅为幸。临行之先，尚盼一谈。" ⑨

△　在寓所宴请宫崎寅藏夫妇叙别。⑩

---

① 据黄兴故居纪念馆藏原函复印件。
② 祝世禄，明万历进士，名书法家。
③ 徐天池，即徐渭，晚号漘藤者人，明代画家。
④ 原件藏中国历史博物馆。
⑤ 原件藏中国社会科学院近代史研究所。
⑥ 原件藏中国历史博物馆。
⑦ 《宫崎滔天全集》第5卷第708、709页。
⑧ 原件藏中国革命博物馆。
⑨ 原件藏中国社会科学院近代史研究所。
⑩ 据黄兴故居纪念馆藏请柬复印件。

6月30日　由横滨乘轮赴美国，随行者秘书李书城、石陶钧。①

"孙先生两次来信，措词都比较激烈，主要是陈其美等别有用心地无中生有，造谣中伤，引起他对先君的误解。先君认为事情发展到这个程度，难望有转圜余地，不好再在东京呆下去了。于是，决心离日赴美，'静养'一个较长时期，便于孙先生发展他的抱负。"②

"黄先生以为长此在东京相持下去，恐同志之间意见日深，将自行削弱革命力量，给敌人以挑拨离间的机会，故决定离开日本，远适欧美，以便使孙先生得以行其所是，各不相妨。黄先生遂于1914年夏由日本乘轮先赴美国，并准备遇有机会再到欧洲游历。"③

7月初　太平洋舟中赋诗寄怀。诗云：

"口吞三峡水，足蹈万方云。

茫茫天地阔，何处著吾身？"④

7月8日　致函刘承烈，告以"明日午前十时可抵Honolulu⑤，海行甚安。"⑥

△　致函萱野长知，告以"海行甚平稳，同人如常。明日午前十时可抵Honolulu"。⑦

---

①　《宫崎滔天全集》第5卷第709页。黄兴离日时间，据其1914年7月8日自檀香山致刘承烈函称："弟等卅日午后由横滨启碇。"周震鳞《关于黄兴、华兴会和辛亥革命后的孙黄关系》作1914年春，刘揆一《黄兴传记》作2月，石陶钧《六十年的我》作8月，均误。

②　黄一欧：《护国运动见闻杂忆》，湖南省政协文史资料研究委员会藏稿。

③　李书城：《辛亥前后黄克强先生的革命活动》，载《辛亥革命回忆录》第1集第212页。

④　《黄克强先生全集》第628页。

⑤　Honolulu，火奴鲁鲁，通译檀香山。

⑥　原件藏中国社会科学院近代史研究所。

⑦　《黄克强先生全集》第308页。又见萱野长知：《中华民国革命秘笈》。

7月9日　抵檀香山。发表演说、谈话，宣传讨袁。

黄兴一行于是日上午抵檀香山，在当地自由戏院侨胞欢迎会上发表演说，强调讨袁之意义。指出与袁世凯并非私人间为敌，袁实为政治上之敌人。①同日接见美国新闻记者，发表谈话称："我们将奋斗到底，使中国成为一个实至名归的共和国，让人民享有美国公民同样充分的自由。目前中国的情况比满清统治时期更为险恶。民脂民膏被用来压制言论，雇用刺客，贿赂军队，以消灭那些反抗新暴政的人。为了自由，我们将奋斗到底。　此行目的不是筹款，而是要让世人了解中国目前的真实情况。本人直接奉孙先生之命向美国转达他的意见，我们认为美国公民必须知道真相。……"袁世凯花钱制造谎言，隐瞒其政府与中国现况的真相，几乎所有外国人在华设立的报纸和外国通讯员都有津贴，以致大家无法明了自由在我国被扼杀的情形。"②

7月15日　抵旧金山。发表谈话，揭露袁世凯有帝制自为的野心。

"抵埠时，已有美总统数电及公文通饬关吏，令其优待并妥加保护，故毫无阻碍，眼病，肠病均未检验，仅各索一照片即行上陆。……党员暗携武器，沿途警戒者百余人。"③

"袁世凯继孙逸仙为临时总统后，即有帝制自为的野心。他是利用虚伪的承诺骗取了今日的地位，他用所有的方法来标明重视共和，但却把自己形成绝对独裁的地位。袁世凯是绝对不会成功的。因为在有思想的中国人的脑海中，仍然充满了强烈的共和意识，对于袁世凯以及任何人想做皇帝，他们绝不会长久缄默不

---

① 邓家彦上孙中山书。
② 美国檀香山《太平洋商业广告人》1914年7月10日。
③ 《同行人报告书》，载《近代史资料》1962年第1期。

言。……袁世凯并不是一个'强人'，他仅是一个专制的、狂妄的、叛国的独裁者，他为了他自己及其戚友攫取权力与财富而无所不为。"①

△　出席美洲国民党支部"二次革命"纪念大会，发表演说，揭露袁氏罪恶。

"民国维持会②成立后两月，子超③先生自檀抵美，半月后黄克强、邓家彦、李书城诸君亦联翩由日本来。旅美华侨久耳克强将军大名，且黄族人众，在侨胞中首屈一指，故各埠本党同志及致公堂、黄江夏堂、黄云山公所各团体，纷纷开会欢迎，异常热烈。侨众报名入党者亦络绎不绝。"④

是日，黄兴在纪念大会上发表长篇演说，以当事者身份缕述"二次革命"始末，列举事实，指出"袁氏罪恶甚多，而其最甚者，可分作五类说之：一、弃灭人道；二、违背约法；三、破坏军纪；四、混乱财政；五、扰乱地方。"末谓："至后日袁氏如何作恶，实在不能预测。惟诸君奋起精神，驱此妖魔。此非国民党一部分之事，实为全国人民应为之事也。"⑤

△　为美洲旧金山国民党支部题字。

"国脉所系。美洲金山中国国民党支部诸兄正。黄兴。"⑥

7月16至22日间　在旧金山出席民国公会宴会，发表讨袁演

①　对美国英文《旧金山年报》记者的谈话，载《旧金山年报》1914年7月16日。

②　国民党美支部所设讨袁筹饷局定名"民国维持会"。

③　子超，林森字。子超离檀莅美之前，"民国维持会"已经组织成立，冯自由介绍林子超为会长。

④　冯自由：《革命逸史》第3集第372页。

⑤　《黄兴先生演说词汇编》。

⑥　《黄克强先生全集》第648页。

说。

演说末称："袁氏打消民党之目的既达，遂乘战胜之余威，行其愚民之毒计，解散国会，消灭自治，摧残教育，种种罪恶，无非欲促其帝业之成。……诸君须知：现世界尚可以帝制为治乎？我先烈流血断头，然后造成共和，宁忍坐视袁氏之推翻乎？吾知诸君必不尔尔。故望诸君同心合力，拥护共和，将袁氏驱除，中国前途，庶有豸耳。"①

7月18日　致明信片宫崎寅藏，告安全抵美。

"弟等于七月十五日安全抵岸，当即电告，想已接收矣。在东诸承关注，感谢无已。敝眷密尔，后多烦扰，尤为不安。现为各团体欢迎，困于酬应。容迟二、三日，再详告一切也。"②

7月22日　邀集国民党重要党员谈话，告以此行宗旨，并询筹饷事实。

"离桑港之前一日，曾邀本党重要党员，告以此行主义，并询问筹饷事实。据其答复，亦以'中华革命党党章为不然，因东京发动此事，并未通知干事人员。……'云云。克公告以不可失信，华侨所筹之款，不可滥用，应暂时保存，俟事机成熟时用之。"③

7月23日　移居避暑地太平洋森林。

"黄兴将军抵美时，在旧金山逗留并不久，即前往加州沿海的避暑地太平洋森林避暑。当地人民因有中国革命军大元帅的光临，感到十分荣幸和兴奋，特为将军举行一次极为热烈的欢迎会，表示崇仰和钦敬。"④

---

①　《黄兴先生演说词汇编》，原书未署时日。黄兴于7月15日抵旧金山，23日移居太平洋森林，故本次演说当在7月16—22日间。
②　据黄兴故居纪念馆藏复印件。
③　《同行人报告书》，载《近代史资料》，1962年第1期。
④　刘天铎：《黄兴将军游美回忆》，全国政协文史资料研究委员会藏稿。

7月26日　在屋仑华侨欢迎会上发表演说。指出："袁世凯所行暴政，尤甚于专制君主。"反袁革命，"应乎时"，"顺乎人"，势在必行。①

7月27日　致函刘承烈、刘文锦，告以旅途情况。

函云："本月九日午前抵檀岛，承国民党同志招待，欢晤半日，并导游各处。午后五时开船，于十五日抵桑港，当有国民党员及侨寓诸同胞在埠头相迓。连日赴各团体招待，颇蒙优遇。海外诸同胞热心国事，不以成败稍渝其志，殊深感悚。在桑港酬应九日，至二十三日始移居太平洋森林Pacific Grove，距桑港约百余英里。拟暂住月余，调查美国政治及地方自治状况，并拟请一名师来此讲授。俟略有所得，再赴美东游历。……吾人若于此时将袁氏罪状节节宣布，世界舆论犹有可挽回之一日。此间党情，于道腴兄函中另纸述之，兹不赘，倩往索观可也。石公②已移居东京否？所筹事若何？暇时乞详示一切。"③

周震鳞跋云："余与克公及石屏、劭襄诸人，于中华革命党、欧事研究会均未参加，日奔走于民党之大联合，准备进行倒袁。克公旅美，往来讨论极多。书中有'此间党情，于道腴兄函中另纸述之'，即详论中华革命党在美洲新树旗帜，强迫党部更名入党及筹款纠纷情形，兼容并包，苦心和解，并及集款不易，望余与石屏等往南洋筹划等事。惜此书在沪寓遗失，使克公爱国忠党尽情表见之作，不能传之于世，至可惜也。"④

△　致函萱野长知，告乡居情趣及此行任务。

---

① 《黄兴先生演说词汇编》。
② 石公，即谭人凤，号石屏。
③ 原件藏中国社会科学院近代史研究所。
④ 原件藏中国社会科学院近代史研究所。

函云："二十三日移居距桑港百余英里（火车约四句钟）之Pacific Grove,译言太平洋森林也。其地滨海,气候适宜,花草长春,林木茂荫,为美人之避暑地。暂租一矮屋,自炊自读。晨起,沿海滨崖石间取鲍鱼,拾蚌蛤,新鲜可口。此处有贵国商店二间,不足多取之于此,亦自得也。……袁世凯电阻美政府,令其留难,又袁氏所派驻美代表竭力运动,美政府皆置之不理。以此可见公道犹在人心。弟此行务将袁氏罪状节节宣布,使世界各国皆知袁氏当国一日,即乱国一日,欲保东亚之和平,非先去袁氏不可。"①

8月14日　孙中山致函美人戴瑞克（Deitriek）,请善待黄兴。

函云："黄将军不但为余之朋友与老同志,且于第一次革命前后,贡献最多。因之,余已命在美吾党同志予渠欢迎;如阁下遇及黄将军时,亦请出以同样态度善待之。"②

邓家彦说："余随克强先生渡美,总理亲笔致书美洲华侨同志,谓克强先生为吾党健者,革命元勋,理宜竭诚欢迎,云云。"③

8月15日　应旧金山共和俱乐部之邀,到会发表演说,题为《共和政体下的中国》。

"在演说中,他猛烈抨击袁世凯,并表示除非袁改变政策或有人取而代之,南方各省当再次发动革命。他即席声明:大多数中国人都极力赞成与外国尤其是美国建立密切关系。"④

8月18日　复函曹汤三,就所谓泄露孙中山外交密函事严正辟

---

① 《黄克强先生书翰墨迹》第288、289页。
② 美国史坦福大学胡佛研究所藏有孙中山致戴瑞克之英文函,中译件见《国史馆馆刊》第2卷第1号。
③ 邓家彦:《双十念黄克强先生》,载《黄克强先生纪念集》第97页。
④ 〔美〕薛君度:《黄兴与中国革命》,中译本第170页。

谣。

函中略云："顷接惠书，殊深骇怪。据云近得各处党员通告，并读中外各报登载弟所宣布中山先生之函。此事从何说起？党德败坏，竟至此极，殊可叹也。此事之有无，弟不必加辩，请足下函询中山先生，即知其真象。中山先生是否有此函件与日本当道，尚属疑问，袁贼阴险，派侦探离间吾辈，亦时时有之。即令有此函件，中山先生从未与兴阅过，兴又何从宣泄？此种卑鄙手段，稍有人格者不为；兴虽不德，自问生平未尝有此败行。……凡事平心察之，真象自见。望足下勿信浮言，幸甚。"①

8月24日 复明信片宫崎寅藏，告移居太平洋森林。

"函悉。欧洲战局大开，牵及贵国，玄黄混战，闻者寒心。识者谓为专制帝王之末幕，未始非确论也。东京情形若何？乞暇时详示一二，以慰远怀。弟现居太平洋森林处，气候适宜，差幸强健。约来月下旬赴东方游历。"②

8月29日 复函美东国民党员彭丕昕，告以"欢迎愧非敢承，……来月末当东行。"③

"从美国西部到东部，凡有华侨聚居的地方，黄先生都被邀去作了访问。各地华侨同胞除开会欢迎外，并拟筹集款项送给黄先生作革命活动的经费。黄先生每到一处，除了说明旅外侨胞历来帮助革命，贡献很大，向他们表示感谢之外，并详述袁世凯背叛民国的事实，鼓励华侨继续奋斗，共同打倒袁世凯。他并嘱华侨同胞

---

① 《黄克强先生全集》第311页。按：孙中山于1914年5月11日写信给日本首相大隈重信（1838—1922），答应让日本在中国享有广泛的特权，作为日本援助反袁斗争的交换条件。这封信是在大隈死后，在他的文件中发现的。参阅王芸生：《六十年中国与日本》第6卷第34—38页。

② 据黄兴故居纪念馆藏复印件。

③ 《黄克强先生全集》第311页。

将筹集的款项直接汇寄东京交孙先生支配，声明他自己这次是来美暂居，不需要侨胞资助。他每与侨胞谈及孙先生时，都表示很尊敬孙先生，从未讲及他自己与孙先生在党的改组问题上的意见分歧，因为他惟恐因此使侨胞热爱祖国的情绪受到影响。"①

8月 为黄振华题字。

"学而时习之。　甲寅八月，书付振华吾女。　父兴。"②

9月3日 复函李根源、彭允彝、殷汝骊、冷遹、林虎、程潜，承认为欧事研究会会员。

函云："奉读来函，知公等设立欧事研究会，本爱国之精神，抒救时之良策，主旨宏大，规画周详。其着手办法，尤能祛除党见，取人材集中主义，毋任钦仰。又承决议认弟为本会会员，责任所在，弟何敢推辞？惟材识疏浅，无裨大局，深自愧悚耳。弟抵美以来，欧战旋起，影响所及，东亚随之。群狼臻远，猛虎当门，是更可惧。公等先虑，持以稳慎，尤所感佩。尚望蓄远势毋妞于目前，计全局毋激于一部。袁氏自失外款，本不足倒，惟在吾人一致进行，庶预备方有所着。想公等必能圆满图之。"③

李根源自述："欧事严重，集同人讨论，定名曰欧事研究会。与会者黄兴、李烈钧、熊克武、程潜、钮永建、陈炯明、邹鲁、徐傅霖、陈独秀、李书城、张孝准、沈钧儒、谷钟秀、张耀曾、杨永泰。"④

按：李根源列黄兴于与会者之首位，实则欧事研究会成立时，黄已远适美国，事后才认可。据章士钊《欧事研究会拾遗》⑤及其他

---

① 李书城：《辛亥前后黄克强先生的革命活动》，载《辛亥革命回忆录》第1集第213页。

② 原件藏苏州市博物馆。

③ 《黄克强先生全集》第312页。

④ 李根源：《雪生年录》。

⑤ 章士钊：《欧事研究会拾遗》，全国政协文史资料研究委员会藏稿。

资料记载，欧事研究会成员尚有章士钊、覃振、欧阳骏声、刘式南、李执中、程子楷、陈强、钟才宏、胡瑛、章梓、刘建藩、赵正平、龚振鹏、耿毅、李肇甫、但懋辛、余际唐、彭程万、李明扬、杨源濬等。覃振先入会而后入中华革命党，并任湖南支部长。

9月11日 袁世凯任命熊希龄为内各部总长，进步党称为"名流内阁"组成。

9月12日 复函谭人凤、白逾桓、刘文锦、柏文蔚、刘承烈、周震鳞，赞同促进党内团结，一致讨袁。

函云："接八月十八日手示，敬悉公等苦心热忱，大谋进行，无任感佩。其办法以维持固有之党势入手，既与中山无所冲突，且有事时得予以助力，实为正大稳健之至。现在所谓革命党，其弊在不能统一。公等著意在此，将来救国目的必可达到。望公等持以毅力，不患事之无成也。……当此国家危急存亡之际，望公等以大度处事（以调融各方面为主）。著著踏实进行，或至袁贼坐困之时，可能收群策之益。不则各自为阵，不相关连，事必无济也。兴刻在美，当极力为各方面之调和，并一面揭开袁贼之黑幕，渐图挽回外人之议论，使表同情于吾党。"①

9月16日 致明信片宫崎寅藏，告以"本月十九号离加州东行，候抵定再告。"

9月中旬 与黄振华对坐赏月，赋诗抒怀。

诗云："天上有明月，万里游子心。清华愈皎洁，相对倍思亲。"②

"这首诗是先父克强先生一九一四年在美国时作的，过去没有发表过。今年八月，经宫崎蕗苳（先父至友宫崎滔天的孙女）

---

① 原件藏中国社会科学院近代史研究所。
② 北京《团结报》1984年10月13日。

帮助，一中兄嫂和我们夫妇访问日本时，与从台湾来的振华大姊相会。这首诗是她当时亲口念给我们听，我才知道的。一九一四年，先父从日本赴美，揭露袁逆罪行，策划反袁斗争。那时大姊正在美国学习，曾赶到旧金山迎接父亲，随侍左右，帮他做一些收发信件和翻译电报之类的工作。她说，父亲作这首诗的时间在他抵美以后两个月，即一九一四年九月中旬。那时她和父亲旅居孟特里。有一天晚上，皓月当空，父女两人对坐庭中，父亲见景生情，想起袁世凯残酷统治下的祖国人民，想起逃到海外过着流亡生活的同志和亲属，心情很不平静，顺口吟诵了这首诗。"①

9月19日　　启程前往纽约。在洛杉矶访候荷马李夫人。

"政治逃难者黄兴将军，带着随员李书城、石陶钧、徐申伯等在太平洋森林避暑，今天离开此地前往纽约城。在途中将参观东部的大城市。中国将军的女儿黄小姐，跟随她的父亲愉快地度过了暑假。他们还要去游览罗斯安其尼斯、芝加哥，可能还会到其他的地方去。黄兴将军的最终目的地是到华盛顿城。他是被邀请去那里与威尔逊总统商谈关于中国目前的政治形势问题的。他的女儿将返回纽约学校。"②

黄兴抵洛杉矶后，停留三月，除出席华侨及国民党人欢迎会外，并往访荷马·李夫人（Mrs·Homer Lea），在荷马·李将军之墓园献花。③

9月27日　　致函萱野长知，说明去纽约之主要任务乃在阻止袁世凯代表在美借款。④

----

① 黄乃：《先父克强先生佚诗一首》，载北京《团结报》1984年10月13日。
② 《太平洋森林新闻》1914年9月19日。
③ 旧金山《中国少年晨报》1914年9月23日。
④ 《黄克强先生书翰墨迹》第116页。

9月29日　抵芝加哥。力阻袁世凯借款，谈与孙中山关系。

时袁世凯所派代表陈锦涛、蔡序东等正与美国银行界接洽借款事，孙中山曾电黄兴设法阻止，美东同志亦函电促驾。是日抵芝加哥，寓国会旅馆。①就阻袁借款事与梅培商谈。在谈话中，梅对中华革命党章程问题亦有意见，黄兴嘱其致函孙中山再作考虑。并表示："吾非反对孙先生，吾实要求孙先生耳。吾重之爱之，然后有今日之要求。吾知党人亦莫不仰重孙先生，尊之为吾党首领，但为此不妥之章程，未免有些意见不合处。……章程拟稿时，孙先生曾分给一份参看，吾指其不合处要求修改，孙先生当时力允，对胡汉民先生亦然。后不果改，勉强施行，吾料确非孙先生之本意。望能与先生函商一切；若有效，不但克强一人感激，吾知党中多数健全分子亦当引为庆幸。"②

9月30日　美国人林百克来访。希望撰写传记，请提供材料。

"林百克后来回忆说：'这以后不久，我就收到黄寄来的一个大包裹。我打开它的时候，非常激动，手有点发抖。我想，那里面装着一位英勇的将军的生活历史资料。我小心翼翼地把包裹打开，像朝圣的信徒展读圣书一样。'他发现里面只是一份用打字机打成的很长的文件，吁请美国朝野支持中国的民主政体，反对袁世凯篡国，无一字涉及黄兴个人的勋业和生活。"③

9月　"黄兴在美中华会馆怒毁大总统像"。

"民三年夏秋间袁世凯生辰，驻旧金山总领事及中华会馆、中华商会各董事群聚中华会馆举行庆祝盛典，有国民党员香山人杨

---

①　《芝加哥先驱报》1914年9月30日，见〔美〕薛君度：《黄兴与中国革命》中译本.

②　梅培上孙中山书，1914年10月5日.

③　〔美〕薛君度：《黄兴与中国革命》中译本第170、171页.

忠汉者，乘会众热闹时，闯入大堂，愤然将所挂袁世凯肖像除去，以足毁之。列席者大骇，纷然作鸟兽散。事后上海各报载驻美访员专电，有'黄兴在美中华会馆怒毁大总统像'等语。实则黄克强先生游旧金山时，并未涉足中华会馆，且是时已离该地数月，与毁袁像事绝无关系。是可见旅美同志厌恶袁世凯之一斑。"①

10月2日　抵纽约。初寓亚斯都旅馆，后迁百老汇九十四街邦他旅馆。②接见中国留美学生。

黄一欧说："先君到纽约后，除出席当地华侨及国民党支部的欢迎集会外，还由我们兄妹陪同，参观了华人聚居的唐人街、黑人和犹太人杂居的贫民窟、哥伦比亚大学和纽约大学，以及中央公园、历史博物馆、动物园、纽约时报馆等处。并在旅舍陆续接见了中国留美学生张奚若、黎照寰、任鸿隽、蒋梦麟、严庄、陈文俊、刘天铎、谌湛溪、陈嘉勋等多人。"③

10月3日　接见《纽约时报》记者，说明来美任务。

是日，《纽约时报》记者来访，叩以此次访美之任务，黄兴答复说："外间传说我到美国来是为了筹款发动第三次革命，……但我并没有提及筹款问题，我的目的也不在此。我的目的是研究这个伟大的共和国的制度，这是我国的爱国志士希望本国政府取法的。同时，我将竭尽绵薄，使中美两国人民更加亲善。……你们可以确信，袁世凯垮台的日子已经临近了，人民梦寐以求和力图建立的共和政体行将建立。"④

---

① 冯自由：《革命逸史》第3集第377页。
② 《纽约时报》1914年10月4日。转引自〔美〕薛君度：《黄兴与中国革命》中译本.
③ 黄一欧：《护国运动见闻杂忆》，湖南省政协文史资料研究委员会藏稿。
④ 引自〔美〕薛君度：《黄兴与中国革命》中译本第171页。原载《纽约时报》1914年10月4日。

10月6日　袁世凯派数千军警包围国会，强迫国会选举他为正式总统。

10月8日　复函留美学生某君，述时事。

函云："此行因急于来此，在芝城仅勾留两日，不克趋教，甚为惭歉！乞代致鄙意于诸兄，如将来得缘，再图把晤。欧洲战云弥满〔漫〕，东亚亦陷入旋〔漩〕涡，强权张天，人道绝灭。旅中百感，无任神驰。"①

11月4日　袁世凯下令解散国民党，并取消国民党籍的国会议员。

11月6日　致函邓家彦，告以拟赴华盛顿，以阻止美方借款予袁政府。

函中云："弟拟不日赴华府，以现闻银行团尚待政府之赞否，如此时能向政府及议会运动，不表同意，则银行团立消。其说或为拖延之计，亦不可知。总之尽人力做去为是。"②

11月10日　复函宫崎寅藏，探询日本政府态度。

函云："欧洲战乱，扰及亚东，贵邦仗义兴师，得收青岛③，均势局面或有变迁。贵政府态度，得似〔视〕海陆两部。前以得青岛后，于吾人可与便利，不知能实践否？乞为一探，速示方针。

"美人虽深同情于共和，然以异种族之故，终难协洽，且此次对于贵邦，诸多疑惑，表面上似无所可否，而黄祸之论，政客、学者中已成为流行名词。吾人若不早图巩固，将来以虚名受实祸，忧时之士，当不坐此。（近袁氏要好于美，已派员来运动，主张中、俄、美三国同盟，美人中多赞成之。此策乃袁氏利己主义，非真心爱国

---

① 《黄克强先生书翰墨迹》第292页．
② 《民国杂志》第6号．
③ 1914年11月7日，日军占领青岛．

也。）隈阁①无识无才，殊难语及，能倒之派，或可与图。请速谋之，详示方略 为 幸。"②

11月上旬　在留学生中辟谣，宣传反袁到底。

"一九一四年十一月上旬，《纽约时报》报道："汪精卫、蔡元培、章士钊三人与孙中山约，勿起三次革命，又与袁政府为 和 平协商，订立'爱国公约'。袁克定从中促成，政府已解党禁，赦 南方各省之二次革命诸将领。这个消息发表后，一部分留学生信 以 为真，认为袁政府从此翻然觉悟，祖国动荡不安的局面可 望 和 平 了结。先君这时在纽约，曾向来访的留美学生张亦农等发表谈话，郑重说明外电所传汪、蔡、章诸人出面调停和平协商事，全属 子 虚。袁世凯实无意和平解决，民党方面也决不会含糊了事，定要反袁到底，不达目的不罢休。希望留学界不要轻信谣言，松懈斗 志，予 敌人以可乘之机。"③

"读《纽约时报》，见汪精卫、蔡子民、章行严三君与孙 中 山约，勿起三次革命。乃与袁政府为和平协商，名之曰'爱国 协 约'，袁克定助之。政府 已 解 党 禁，赦南中诸 省 之二 次 革命诸首领。……张亦农来书，谓闻之黄克强，云前所传汪蔡诸人调停和平协商事，皆属子虚。政府实无意和平了解〔结〕，民党亦无意含糊了事也。果尔，则吾之乐观又成虚望矣。（十一月十一日记）"④

11月11日　致函萱野长知，谴责日政府袒袁 政 策。

函云："欧洲战期刻未能了，青岛已落。贵政府对于均势局面主张若何？隈阁与袁氏亲交，只顾目前小利，于黄种前 途 毫 不 思

---

① 隈阁，指日本大隈重信内阁。
② 据宫崎蓉冬赠黄兴故居纪念馆原函复印件。
③ 黄一欧：《护国运动见闻杂忆》，湖南省政协文史资料研究委员会藏稿。
④ 《胡适留学日记》第453、454页。

及。识微瞩远，是在民党诸君，不知足下等已谋及否？暇时乞详示方针为幸。"①

11月24日　《纽约时报》发表黄兴委托哥伦比亚大学比尔德教授所撰声明，驳斥纽约大学远东研究部主任甄克斯之谰言。

黄兴说："我读了我的朋友甄克斯博士对我个人所作的不正当的抨击的文字，深感遗憾和失望。仅在两周之前，他报道了一项传闻，大意说，孙博士和我将被袁世凯邀请回国，协助中国革新工作。我当时就予以否认。如今，甄克斯博士对我的否认又作了还击，说我是无论敌友都不予信赖并加以唾弃的叛贼。博士这种显然前后矛盾之词，一定会使明智的人士感到难堪。"

在同一声明中，黄兴指出：古德诺"迄今还受雇于袁世凯"，"很难想象，他在研究中国政治方面，会有公正无私的见解。"②

△　复函邓家彦，商讨鼓吹反袁舆论及阻止美方对袁政府贷款事。

函云："比儿博士云，欲召集报馆之记者，俾弟亲为一场之演说，使听者有所感动。此意甚好，不知几日可以办到。兄晤比儿博士时，可一探之。此舆论一方面也。议员一方面，已托美友竭力运动之，当可得多少阻力。至银行一方面，本不能接头，无从设法，此刻除舆论之外，似无好办法。或金山方面用国民代表名义，云得国民代表通告，如有借款事，国民不承认等情，电告美政府及议会，虽不生何等效力，亦可使资本家疑惑，不敢投资。"③

11月下旬　移居费城近郊之米地亚（Media），继续从事讨

---

① 《黄克强先生书翰墨迹》第294、295页。
② 〔美〕薛君度：《黄兴与中国革命》，中译本第172页。
③ 南京《中央日报》，1935年11月12日。　比儿博士，即比尔德教授。原函未署年月，依内容推定。

袁宣传。

"后转纽约，想赴欧洲观战不行。冬间，始得闲静的村居于密第埃，在费城与华府之间。有事大抵是宣传，无事大抵是研究。"①

"米地亚邻近费城，有电车、汽车可于二十分钟左右抵达。南往远些即是美京华盛顿，东往即是世界著名的城市纽约。克强先生初到美东，留住纽约月余，厌其繁杂，移驻华盛顿一周，深感就诊不便。到了费城，他觉得城内及郊区，尤其是区界的米地亚，都十分简洁，遂定居之。"②

12月11日　致函宫崎寅藏，再次抨击日政府亲袁政策。

函中有云："欧儿等归，想已面呈一切矣。贵国政府于陷落青岛后，所执方针何若？乞为示知。限阁能稳立否？政国两党健斗，必倾阁无宜〔疑〕。木堂先生于增师案所表示之言论，甚得根据，可卜国民之同情，望努力为幸。贵国政府方针（指亲袁言）倒执，于敝国之改革，颇生障碍，即影响于将来东亚之前途。想执事必能注目及此，有以挽回于其中也。"③

----

①　石陶钧：《六十年的我》。
②　黎照寰：《黄克强游美休养见闻》，湖南省政协文史资料研究委员会藏稿。
③　据黄兴故居纪念馆藏原函复印件。原件未署双方真名和年份。依内容推断为1914年自美国发。

1915年(民国四年 乙卯)41岁

1月18日 日本驻华公使日置益代表日政府向袁世凯提出无理要求二十一条。5月7日,提出最后通谍,限四十八小时内,就"二十一条"修正案作出答复。

1月29日 致函章士钊,催寄文稿及资料,编印反袁宣传品。

函云:"尊撰能于三月初付来,至好。因弟所租之房至三月底满期,以款事之故,此时或他行亦未可知(西美友人屡约至彼处)。现与房主人商量,欲延长一月,为印刷校对之预备,尚未得确复。无论如何,务请赶速于三月初旬付邮。至祷。日来商量款事颇有进步,如能成功,诸事可办。……又,关于国内财政事,可指摘政府之处,请随时将材料寄我。或能笔记其要点更好。"①

章士钊跋云:"黄克强生活于中华民国之日月,不足五年。此五年中,吾两人札遗无间。凡吾所存克强手迹,除转徙流失者外,犹得二十余通,然大抵略记事项之短简,不甚重要。独民国四年彼在美洲寄吾东京两札,一言财政,一言政务,虽短略一如畴昔,而以桑榆景迫,去绝笔一间。而又时际反袁,言涉实质大事。……一月二十九者,乃民国四年一月二十九也。克强急待吾为草一财政论文,此当然为宣传之用。至所谓筹款,据李小垣言(小垣,湖北李书城字,彼始终偕克强游美),克强携旧字画若干件,售得美金数

---

① 据影印件。原件藏上海市文物管理委员会。

万元。计克强一行在美期间，始终与华侨无一交涉。”①

　　2月4日　陈其美函邀归国，未应。

　　陈其美是日自东京致函黄兴，胪举党人昔日反对孙中山、有负于孙中山者五。函末希望黄兴“克日命驾言旋，共肩艰巨”。②黄兴不应。

　　2月14日　在纽约与留美学生胡适、张亦农等相晤。

　　“在中西楼餐时，亦农、敬斋忽起立招呼外来数客，其一人乃黄克强元帅也。亦农介绍余与相见。克强颇胖，微有髭，面色黧黑，语作湘音。余前次来此，颇思访之，闻其南游而止。今日不意之中遇之，不可谓非幸事。”③

　　2月25日　与陈炯明、柏文蔚、钮永建、李烈钧等联名发表通电，斥责袁世凯专制独裁，表明对内对外态度。

　　电文中说：“兴等随国人后与闻政事，当局者每借口大权未一，强饰其非，此中是非，无取辩说。但今日之失政，何与于昨日之争权？兴等蔽罪以去，则新治宜呈矣，胡乃诋排异己，甲乙无择，生心害政，益益有加。至今空尸共和之名，有过专制之实，一语反诘，真象立明。年来内政荒芜，纲纪坠地，国情愈恶，民困愈滋。一言蔽之，只知有私，不知有国。权氛所至，自非易女为男、易男为女，此外盖无不能。又辄借词内乱未已，政力不专，其为欺谩，尤不待问。窃论外交受逼，虽有时势因缘，而政治组织不良，乃其最易取侮之道。盖一人政治，近世已经绝迹，非其不能，实乃未可。良以社会之质，善于一人，团体之力，厚于分子。此种政治通义，背之不祥。今吾国不见国家，不见国民，而惟见一人。宜乎他国以全国之

---

　　①　作于1961年前后。抄件藏湖南省政协文史资料研究委员会。
　　②　原件现存薛君度处。
　　③　《胡适留学日记》第557、558页。

力，仅为束缚驰骤一人之计，而若行所无事也。夫只知媚外，亦有穷时；专务欺民，何异自杀？吾国经此惩创，实乃迷梦猛醒发愤独立之秋，曰存曰亡，惟视民气。兴等流离在外，无力回天，遇有大事，与吾徒有关者，亦惟谨守绳墨，使不危及邦家而已。虽怀子卿‘不蒙明察’之冤，犹守亭林‘匹夫有责’之志。”①

按：电文发出后，引起一部分原国民党人的反对，如东京《民国》杂志曾以“投降”、“屈膝”相责难。实则当时有此主张者，非自此电始。是年二月十一日，林虎、熊克武、程潜、张孝准、耿毅等十一人，联合发表公电，提出“吾人第一主见，乃先国家而后政治，先政治而后党派”之说。②在美洲的冯自由、林森、谢英伯、钟荣光等，皆与欧事研究会毫无关系者，亦联合致电孙中山，请示“可否暂停国内革命运动，实行一致御侮，免为国人借口”等语。③在当时对外反侵略、对内反专制，既有联系又有区别的复杂情况下，黄兴与其他人一样，以国家民族利益为重，呼吁一致御侮，救亡图存，是完全可以理解的。

3月　孙中山致函黄兴，责问“二次革命”失败原因，敦促早日归国。

函云：“癸丑之役，文主之最力，所以失败者，非袁氏兵力之强，实同党人心之涣散。犹忆钝初死后之五日，英士、觉生等在公寓所讨论国事及钝初刺死之由。公谓民国已经成立，法律非无效力，对此问题，宜持以冷静态度，而待正当之解决。时天仇在侧，力

①　《胡适留学日记》第617、618页。
②　《正谊》杂志第1卷第7号。
③　《革命文献》第5辑。

持不可。公非难之至再，以为南方武力不足恃，苟或发难，必致大局糜烂。文当时颇以公言为不然，公之不听。……二十年间，文与公奔走海外，流离播迁，同气之应，匪伊朝夕。癸丑之不利，非战之罪也。且世之所谓英雄者，不以挫抑而灰心，不以失败而退怯；广州萍醴几经危难，以公未尝一变厥志者，岂必至今日而反退缩不前乎？中国当此外患侵逼、内政紊乱之秋，正我辈奋戈饮弹、碎肉喋血之时。公革命之健者，正宜同心一致，乘时以起；若公以徘徊为知机，以观望为识时，以缓进为稳健，以万全为商榷，则文虽至愚，不知其可。临纸神驰，祈公即日言旋，慎勿以文为孟浪而菲薄之，斯则革命前途之幸也。"①

春　钮永建来访，促回国谋党内团结。

钮永建说："民四春间，以帝制渐露，由英伦道美洲，特访克强于费城，有所计划。克强以民党分裂，宜速筹和解，嘱永建急回国图挽救。并赠美金三百，促之行。翌日，永建遂首途过纽约桑港，迭与林子超、冯自由商党内调和事。

"永建遂于十月十日离东京回国。十五日抵沪，则同人已先群集，拟就江浙起兵，破袁氏逆谋，属永建任其事。永建以袁势方张，力主由滇先发，桂次之，江浙又次之；如再无效，则以近畿同志从中起。同人然之。永建即乘原轮之香港，遂至南宁说桂中诸当局出师，并陈下粤出湘之计。议既定，乃回香港。时方十一月初，李君印泉、蔡君松坡、李君协和、熊君锦帆先后至，闻之甚喜。松坡、协和、锦帆赴滇，永建亦回沪，于舟中作书至费城报告克强。屈

---

　　①　《孙中山选集》上卷第96、97页。原书标"一九一四年三月"，误。是时黄兴尚在东京。

指计之，当在克强发此信①前也。既而诸计划均克实行，袁氏帝制竟以失败。"②

5月9日　袁世凯接受丧权辱国的"二十一条"修正案。

5月中下旬　复函孙中山，主张党人卧薪尝胆，不要孟浪从事反袁。

函云："兴西来，两奉英士君手翰并一读先生书，慷慨沉郁，令人悲痛。唯前因后果言之酸鼻，兴之不幸，亦本党之不幸也。

先生与英士诸君于三次革命兼程并进，所以爱祖国、爱同胞者，备极周至。兴非下愚，岂无同情？然英雄之举事也，当先图利害之如何，顺逆之如何，强弱之如何，众寡之如何。袁氏执政，诸多专擅，凡属同志无不扼腕。政治上之革命无非欲促进社会之幸福。起视同胞疮痍遍体，回顾本党元气凋残。癸丑以后，飘摇异邦者若干人，逋逃海外者若干人，以兴所见，丘墼之填，陈蔡之厄，比比然也。石屏师自东来，为言同志之沦落于长崎、横滨诸埠多至数千，甚有为东人执贱役、司奔走，以求一日之温饱者，兴闻而痛之。乃先生与英士诸君犹谆谆以革命相劝，并谓同志大半在东，正可利用，岂使之冻馁者不足，复将驱之炮火中耶！此兴之期期以为不可者也。

或谓中日交涉未解决，吾侪正可藉此以谋革命，振臂一呼，援者立至，苟能乘时勃起，必能收疾风扫叶之效。此言似焉而实非。我同志既以爱国为标帜，以革命相揭橥，无论借他国以颠覆宗邦，为世界所窃笑，而千秋万岁后，又将以先生为何如人也？兴非忘情于革命者，不过有时势之不同，今昔之各异。当壬癸之际，本党之

①　信，指1915年12月21日黄兴致张謇、汤寿潜、唐绍仪、伍廷芳、庄蕴宽、赵凤昌等函。信由庄保存，并装帧成卷。题跋者有庄蕴宽、赵凤昌、唐肯、李书城、张一麐、蔡元培、马良、钮永建等。

②　钮永建：《黄兴信函并题跋》，载《近代史资料》1983年第3期。

声威若何，权力若何，然举宁湘粤之众，犹不能抗少数之北军，岂民党兵力之不逮耶，亦以民心之向背为之转移耳。今日既无稳固之根据，又无雄厚之财力，乃必欲以求一逞，恐必有覆辙折足之虞。兴与先生奔走二十馀年，金兰之契，非比他人。先生苟有所图，兴无不竭力相随，唯必欲乘隙急进，则兴之私心窃为不然。英士贤达，襄赞辅翼，必能为同志谋实益，为祖国建远谟。顾锻炼需时，要非一蹴所能几也，卧薪尝胆，待之十年，兴与先生必有殉国之一日。若不此之审，孟浪从事，则效果何如，兴不敢言。朱浮复彭通书曰：凡举事毋为亲厚者所痛，而为见仇者所快。愿先生与英士诸君再三诵之。"①

5月21日　与陈炯明、李烈钧、柏文蔚、钮永建、林虎、熊克武、冷遹、张孝准、耿毅、程潜、李根源等联名通电，斥责袁世凯丧权辱国，接受"二十一条"修正案。

电文指出："往者交涉方起，谣诼纷腾。舆论责问党人一致对外，俾政府专其心志，尽力折冲。兴等去国以还，于国政夙已心腐，徒以时机迫切，不暇引嫌，亦遂电约同人，表裸索志。乃当此举国听命、内讧尽熄之时，政府膺四亿同胞付托之重，一味屈让，罔识其他，条约既成，国命以绝。……今兹结果，实由吾国自始无死拒之心，而当局尤有不能死拒之势。"②

8月23日　筹安会宣告成立，推杨度、孙毓筠为正副会长。

9月　国民党美洲支部在旧金山开恳亲大会，被举为名誉会长。

"趁旧金山举行巴拿马大运河落成博览会之便，召集全美各

---

① 　《申报》1915年5月23日。
② 　全文见《最近之国耻》，1915年刊本；又见《申报》1915年5月30日。

埠国民党恳亲大会，……推举黄克强、钮惕生两先生为大会名誉正副会长，开会期定在秋季九月某日至某日，即以其中一日为国民党员游览博览会场之专日。……及大会期届，全美各分部派来代表陆续到达，会中外人之耳目为之一新。"①

秋　接蔡锷将赴西南发难密信，命黄一欧回国参加倒袁运动。

"九月底，松坡先生专人送来一封密信给先君。这封信长达十七页，其中谈到当时国内形势以及袁世凯阴谋称帝的种种活动，并提出他自己准备秘密出走和在西南发难的计划，征求先君的意见。先君接信之后，经过仔细研究分析，断定袁世凯必然要实现他的称帝野心，讨袁的时机已经成熟；凭借松坡先生辛亥前后在云南积蓄的革命力量，以及他与进步党及一部分国民党人的密切关系，云南发难是较有把握的。于是，一面计划在美筹款讨袁，作经济上的支援；一面嘱我立即动身回日本，以便与各方面保持密切联系。临行时，先君交我两封信：一致孙先生，谈到袁世凯必将称帝，三次革命的发难时机已届成熟，如有所命，极愿效力；一致东京的张孝准，略告松坡先生来信情况及需要考虑解决的问题，嘱其速与松坡先生密取联系，相助进行。"②

△　张继自法国来美，命石陶钧偕行返国，参加倒袁工作。

石陶钧回忆说："（民国）四年秋，我就离开了密第埃，漫游美国南部各州后，在三藩市参观世界博览会。同时，国内的帝制筹安会也非常刺耳。张继从法国来，黄兴要我与张一同回国，参加全国一致的倒袁工作。我们十一月回到倭京。"③

张继自述："欧事研究会多克强旧属。计划讨袁，云南之发动

①　冯自由：《革命逸史》第3集第379、380页。
②　黄一欧：《护国运动见闻杂忆》，湖南省政协文史资料研究委员会藏稿。
③　石陶钧：《六十年的我》。

最有力。余对于中华革命党与欧事研究会不立界限，凡讨袁行动，尽力助之。行严辅岑西林到倭筹款，余助之；总理命余之事，亦莫不为力，总期倒袁收效，同志团结耳。"①

10月18日　复函石陶钧，预言"袁氏作帝必矣"。

函云："东京来电，虽如是云云，恐实行尚有滞碍。若彼等能有决心，则又易易。事之翻复，所谓'支那式'是也。我亦如兄所云，但愿皇天佑我大中华平民，从此作光明血路，是或一道。弟行动亦视事之成行如何。兄到东一观，即可得其究竟。如事机至好，一电即可逐袁（沪来函有一电逐袁之语），则弟拟在美洲多吸共和空气，于愿足矣，又奚攘臂为？总之，袁氏作帝必矣，能否如东京来电之成行，尚是疑问。"②

10月21日　复函李雄、李强，嘱以"专心读书"。

函云："雄、强两儿如吻：前接来函，我以病余，未即答汝，甚为怅念。闻汝等学课均好，来函文句清顺，字体韶秀可爱，若能再加工学去，将来雄儿定可得女学士头衔无疑。强儿亦当如阿姊之用功，则自然有进境。美弟现长得甚好，日日要写信与哥姊，英语亦学几句，齿音清楚，旨意亦明，又是汝等之难弟矣。阿奶身体颇好，毋念，专心读书为嘱。即问进步！父字。"③

11月26日　致函张孝准，部署讨袁策略。

张孝准时在东京。其时国内讨袁事急，在在需款。黄兴"叠向各方面筹措，迄未有得"，只得将仅存之少许旅费汇归。并告

---

①　张继：《回忆录》，载《国史馆馆刊》第1卷第2号。

②　原件藏湖南省社会科学院历史研究所。

③　《黄克强先生书翰墨迹》第281、282页。函中"雄"为李雄，字若鸿，女，"强"为其弟李强，字应强，均徐宗汉前夫子女，时在东京。原函未署年份，函末有"阿奶身体颇好"句，阿奶指徐宗汉，1915年由黄一欧护送赴美。据此，当系1915年所发。《墨迹》考订为1914年，误。

"一有所得,当即电汇,以应急需"。函中具体部署讨袁策略,谓:
"一、发难须急,缓则狡猿用他种手段,去其反对之势力后,更难着手。一、发难不必择地,即印兄所主张之滇、粤均可,因割据一、二省,响应必起,猿贼财政,即生缺陷,此可制猿之死命(此节于致行严兄函详之,请一阅)。一、广设暗杀机关,造起种种恐慌,此节兄等已实行。惟须连发,不论大小强弱(小弱者更易为力)。昨郑汝成一击,最快人心者也。北方更须注意,其赞成帝制各机关,破灭之,亦有效。一、冯某未尽可靠,当有先防之之心。若能得彼部下之同情,即急起拥戴之,彼亦无所逃。然须知彼非如程德全之易与,更须防如程德全之反复。一、陆氏一武夫,以部下激发之自易。以大势观之,此间或可先发(滇能先发亦好,此处可以一电脱离中央,自成独立民国)。一、外交绝不必先有所顾虑,以起与不起,利害均相等,惟须尽力图之。日本近日真意如何,能探得否?可要一欧探问宫崎,即由宫崎详函与我为要。"①

黄一欧说:"先君要我向宫崎寅藏探问日本外交动向,他曾多次往访日本外务省亚洲局长藤田,并将所得情报密告先君。藤田是宫崎夫人前田槌子的亲戚,常来宫崎家走动。因此,宫崎又介绍我到藤田家里去谈过多次(因不是正式的外交人员,不便往外务省走访)。藤田表示的态度很好,愿对反袁运动暗中予以支持。"②

11月　蔡锷秘密抵日本。在黄兴所派石陶钧、张孝准的掩护下,绕道前往云南。

"蔡锷密派殷承瓛来,说他不久将过倭地赴云南,但请设法避去倭新闻记者与袁探的耳目。我与张孝准、杨源濬等届时在门司

---

①　原件藏湖南省社会科学院历史研究所。函中"印兄"即李根源,字印泉。"冯某"指冯国璋。"陆氏"即陆荣廷。"宫崎"即宫崎寅藏。

②　黄一欧:《护国运动见闻杂忆》,湖南省政协文史资料研究委员会藏稿。

'山东丸'船上迎着蔡锷，设法满足了此项要求。他便安全通过倭地，经香港、安南达到目的地。"①

"松坡先生这次出走，是经过他与张孝准周密设计的。他一到日本，就写信给袁世凯，说明已经东渡就医，只以临行仓促，未及叩谒聆训。措词非常恭顺，使袁看不出破绽。同时将随身带来的重要证件和勋章都交给张孝准保存，并预先写好几封信，都是寄给和袁世凯最亲近的高级军官的，报告在日游山玩水的行踪，托张旅行日本几个地方，每到一地就投寄一封，表示他仍在日本各地游历。其实，在到神户的当晚，松坡先生就上了另一艘日本轮船，经过上海，南下香港、河内，秘密直奔云南去了。"②

"蔡将军之渡日，张君迎之于长崎。蔡将军实自门司上陆，潜居神户。后由神户上船，经沪赴港。其实情至今世人尚不多知。之所以保全秘密者，皆张君计划周密之所致。"③

12月5日　中华革命党在上海策动肇和军舰起义，旋即失败。

12月12日　袁世凯称帝。31日下令改明年为"洪宪元年"。

12月14日　致电美国驻华公使，表示反对帝制到底。

电云："袁世凯废共和，行帝制，中国必立起革命，声讨其罪。此时吾定返中国，再执干戈，随革命军同事疆场，竭尽吾最后之气力，驱逐国贼，另举贤能，保全国民，使吾国人得共享自由共和政体之益。中国五千年来，至今乃得改为共和政体，国民始得享自由幸福，吾国民断不能坐视袁氏任意复行帝制。"④

---

①　石陶钧：《六十年的我》。
②　黄一欧：《护国运动见闻杂忆》，湖南省政协文史资料研究委员会藏稿。
③　《张孝准日记出版预告》，长沙《大公报》1917年5月4日。
④　据《中华民国公报》，1915年12月15日；又见《护国军纪事》第1期。此电洞时分送各国驻华公使及北京、上海两西报。

12月16日　复函张承櫄①，慰勉返国讨袁。

张承櫄时在华盛顿，奉召返国讨袁，于离美前夕致函黄兴告别，遂复函慰勉之。

函云："袁贼窃国称帝，识者早知。肇和之变，仅一小舰，将见义军突起，除虣独夫，指顾间耳。足下悲愤所积，投笔以起，正得其时。何日首途，望为示之。海外奔驰，不获走送，行看握手中原也。"②

12月17日　李烈钧自南洋抵昆明，与唐继尧密谋策划倒袁事宜。

李烈钧未入滇前，居新加坡。黄兴在美，与之函电往返，尝促其回国起兵讨袁，自任筹款之责。是日，秘密抵昆明。③

12月18日　致函国内友好，述平生誓愿及讨袁措施。

函云："袁逆谋叛民国，四载于兹。内虐人民，外媚强敌，威权所在，公理无存，横暴奸邪，祸我邦国，抑何酷也！弟德薄能鲜，负咎滋多。虽平生誓愿牺牲一切，贡于国家，而事与愿违，动辄贻误。究其所在，盖与海内贤豪素少接洽，不免于孤陋浅躁。至今思之，惭悚无已。兹幸袁贼狡谋已露，忧时爱国之士皆齐其心志，并其智力，奔走于一途，此诚国家之福，而尤弟所夙昔祝望者也。……弟虽报国之志有进无已，然去国既远，一时不能即归以从公等之后，亦不愿以覆悚之躬再误国事。关于此间筹款等事，弟能力所及者，当尽力图之，冀为公等之助。华侨筹款已经发起，当嘱其随集随

---

①　张承櫄，字蓬生，湖北枝江人。清末肄业上海中国公学，与于右任有师生之谊，由于介绍得识陈其美。辛亥上海光复，任敢死队长。1912年赴美留学。归国后先后任职于盐务署、审计部，曾充审计部湖北分处长、国大代表。
②　《黄克强先生书翰墨迹》第299页。
③　据《李烈钧自传》。

汇。弟已电致北京外交团，表示人民 反对帝制到底之意；北京、上海两西报，亦同时分电。现拟有一书，分致某〔美〕政府及议会并各实业家，恳其好意扶助吾国之共和。其他内地将军等，视其尚可与言者，亦致书劝诱，冀消其恶感，为公等后援。"①

12月21日　致函张謇、汤寿潜、唐绍仪、赵凤昌、伍 廷芳、庄蕴宽，揭露袁世凯称帝必败，重申讨袁决心。

函云："违教以来，瞬经两载，不意国事变乱至此，良可慨叹！弟自惟孤陋浅躁，贻误滋多，一身失败，殊不足惜。去国以还，苟安缄默，不欲有言。今兹共和废绝，国脉将危，泣血椎心，哀何能已！先生等负国人之重望，往时缔造共和，殚尽心力，中复维持国体，委曲求全。今岂能掉心任运，坐视而不一 顾乎？彼袁 逆自谓权谋诡诈，可以欺盖一世，殊不知怨毒所积，终有勃 发 之一日。虽以法国拿破仑之雄才大略，自窃帝位，力削民权，然不久即归于共和，身流孤岛。墨西哥的亚士之阴鸷险狠，任总统三十年，不敢公 然称帝，最后亦为国民所驱逐，客死异邦。今袁 逆 之功业，远不及拿破仑，至谋叛作乱，激怒人民，又突过于的亚士，其败亡可翘首 待。夫大乱之作，不有多数维系国家人物居中而 指导 之，将一发而不可收拾。法兰西之恐怖时代，墨西哥之扰乱漩涡，诚可痛也。弟念国家多难，午夜彷徨，不知所措。非有乘时微利之心，闻乱而色喜，亦非敢再试图冒进，更误国政。所以哀恳于诸先生等之前者，亦不外世乱思君子之意。贤者不出，大难终不可平，国之存亡，系于今日。海天西望，涕泪随倾，激切之情，不能自禁，诸希谅察为幸。"②

庄蕴宽题跋云："此民国四年十二月克强亡命 美洲 以报纸作

---

①　《护国军纪事》第1期.
②　《赵凤昌藏札》第67册，北京图书馆藏.

书寄沪者。五年三月，惜阴甫由海上转邮到来。时洪宪潮流最亟，余置之怀袖，未敢示人"。"此缄以报纸反面作书，想见其颠沛情形。语意真挚，读之泫然。"①

李书城题跋云："克公作此书时，正避居美洲黄府之迷的亚村。当时作书十余通，此其一也。对于老成挚友，则情辞恳切，其致袁氏宿将者，则多以利害动之。时在外闻同盟故友赞成袁氏称帝，极愤恚，然谓予曰：'季直、思缄诸先生，海内人望，必不附逆，故当以书励之。'"②

12月22日　致函陆荣廷，敦促兴师讨袁。

函云："袁逆谋叛民国，公然称帝，不忠、不信、不仁、不义，人民痛恨，外邦非议，内援外助，俱已断绝，此其自亡之日也。……今日海内贤豪竭智并力，以正义讨昏暴，以人民公意诛独夫，义正言顺。内治国内之人心，外博世界之同情，事之成功，不难逆睹。望足下节丧明之痛，兴讨贼之师，发扬奋迅，激励国民之气，无使时机坐失，贼势日张，则国家之福，亦足下之所赐也。"③

12月25日　唐继尧致电黄兴，告以云南宣布独立，誓师讨袁。

电云："侠公到滇，藉详伟划，至为钦佩。滇南军民，慨国基之阽危，义愤填胸，已于本月二十五日由尧率领全国健儿，宣布讨逆，勉为前驱。……国人景仰高山，已非一日。尚祈大展伟抱，宣扬正义，共和前途，实利赖之。"④

"蔡松坡之入滇起义，乃黄克强所极力疏通。蔡在滇声望甚高，唐继尧敬而惮之，蔡不敢轻入。克强在美，设机关于日本马关，为美国、北京、昆明三处转信，筹商一切。向唐疏通：蔡只借滇军讨

---

①②　《黄兴信函并题跋》，载《近代史资料》1983年第3期.
③　　《黄克强先生书翰墨迹》第301—303页.
④　　《护国军纪事》第1期.　函中"侠公"即李烈钧，字协和，又字侠黄.

袁，不为都督，不留滇，到即率兵出发。蔡逃出京至马关，即转沪停半小时南下，随行者仅参谋长石醉六（陶钧）一人也。"①

12月26日 在《费城新闻》发表长函，驳斥外人为袁世凯辩护之论据，表白中国人民讨袁到底之决心，呼吁美国朝野赞助中国人民的共和事业。②

长函末称："今更进论袁世凯最近之宣言。考去年十一月念二日纽约《独立报》载袁氏致美民之书，其中有云：'余信中国苟为帝制，其对付内乱之弱与外患同。矧当兹世界开明，君政已无相伴之道，中华帝制之不可复活，亦犹诸美国耳。'及其窃政之谋已抵成熟，彼又言：'为总统抑为皇帝，均视民意依归。'今袁氏对于世界，固谓四万万华人一致推戴，因而诞膺大宝矣。甚矣，袁世凯之诈伪也！

"道路修阻，恐诸君闻见未周，或不知袁氏狡狯之真相，用略述前事，以为论据。中国国会自正式举袁为总统之后，袁即于民国二年十一月四日勒令解散，省议会则于三年二月五日解散，其下之地方自治议会亦同时解散。顾欲继续其欺人手段，袁于是有参政院之设，派其亲信傀儡尽充议员。中国全国之立法机关扫地以尽。可知所谓由四万万华人，于合众国等面积之广区，以短促时间选出代表，选举投票等事，不特纯属儿戏，抑亦势有所不可也。又何怪著名素以袒袁为主义之上海《字林西报》，亦复不能忍此欺伪，而为警告之辞耶？其言曰：'使戏剧之终局，而果与事实相符也，吾知中外人士多欲坐观其成，且咸预备剧幕一垂，大为袁世凯氏喝采。然苟幕复一幕，其终剧不外出于幻想一途，是又岂观剧家之本领

---

① 《陈嘉会日记》1937年1月13日条。
② 全文译载《护国军纪事》第2期，题作《辨奸论》。

耶？若今之所谓命令、国民会议劝进袁等项，全属一派伪词，吾不知其中果有佳处否也。倘必强吾人以观此虚幻无稽之剧，平平淡淡迄于收场，则吾敢为袁世凯进一警告，彼之终剧行将受阻而致一倒采也。"①

"除此而外，如仆非恐以渎亵见罪，则更当以筹安会如何设立，与如何运动袁世凯为帝之详情，备陈于诸君子之前矣。复查该会设立已久之后，袁尚发出命令，通告全国，信誓旦旦，谓忠于共和，并且自承应守其严正之职务，消灭一切君政运动。同时又经访员等手，以虚伪之书致诸美民，竭力否认。一面则筹备种种诈伪方法，步武拿翁，已死之帝制遂复活于袁世凯之手。至各省劝进之如何由政府授意，选举票之如何伪造，均不难和盘托出。第袁氏罪恶，虽罄南山之竹，难以尽书；饶燕许之笔，莫能穷相。约举数事，其余可以类推，无事哓哓为矣。

"今举棋已定，称帝者早有决心。现在问题，即袁世凯是否自信称帝之后能增加权力，为中国谋长久之利益耳。假使酝酿多年，耗费财力之节节阴谋，不外破坏共和，揽持权柄，以遂其个人私欲，则帝制运动与夫称帝之事，惟招世界之诋诮耳。试观袁世凯致美人之书所云：'中国苟复帝制，其对付内乱之弱与外患同。中国帝制之不可复活，亦犹诸美国耳。'可知袁氏断无意于称帝，而后勉自激励，实心为国，以期驾乎昔日之所为。抑味其书词，袁世凯已不啻自承为害国之叛贼，而称帝之热，无非欲餍其揽权之私与无厌之欲而已！且以理测之，帝制下之政治，断不能较昔日为佳，且必较昔日为甚。何则？自爱之士固不甘身事权奸，彼之委身袁氏者，必其自陷于死地者也。袁世凯逆行之第一步，即为君主立宪。然

---

① 见上海英文《字林西报》（The North Daily News）1915年10月20日社评《喜剧抑闹剧？》。（Daily）

以理论之，焉有行君主立宪制度而袁能得较大之权者？在昔彼之政敌，均翩然去国，任其自由。而袁乃蹂躏宪法，蔑视民意，借五国巨债，以破坏民国。迨妄用公款，私割国土，卖统治之权，以乞怜外国，而人不加阻挠，袁于是益肆无忌惮，凡爱国志士敢于申讨其罪者，辄戮辱暗杀之，其惨无天日，求诸中国数千年历史中未见其匹。顾袁犹以为未足也。推其意，固非君主立宪之谓，亦谓将欲行使一无上之权，虽世界魔王所不敢冒者，彼亦卒欲得之。要之，暴君虐政者，乃袁之目的。将来之袁家帝业，总不外贪劣苟残，其腐败所至，当百倍于满清末叶。考诸古史，推之将来，中国专制帝王未有能支持到底者。以今日如是之腐败，爱国志士宁能自安缄默耶？清季帝政，吾人亦既同心协力以推倒之，袁之当讨，更何待论？

　　"吾因是代表吾国四万万同胞，敬求伟大共和国之代表，予吾人以道义上之协助。回忆美国独立之际，法人曾助美以争回自由，建设民主，美民至今犹食其赐。吾知恋爱民主主义之诸公，迫于公义所在，今日亦当能力援东方之共和国民，扫去前此之贪污恶浊，养成来日之进步自由。俾数载而后，世界得睹一少年再造之中华民国，脱离战争革命而开放异彩也。"①

---

　①　据《护国军纪事》第2期。

1916年(民国五年　丙辰)42岁

1月4日　复函彭丕昕,说明在美从事讨袁运动,暂难归国。

函云:"蔡君松坡赴滇首难,邻省响应。昨接电云:东南各省亦相约保滇。除彼独夫,为期当不在远。兴义当归国,效力战场。惟今欧战方酣,不暇顾及东亚。能为我助以抵制日人之侵入者,厥为美国,势不得不暂留此,以与美政界接洽,或为将来财政之一助。蔡君军事优长,亦负众望,指挥如意,所可断言。且自袁贼乱国以来,一般士夫以权利相尚,即民党之铮铮者亦侈言之,恶德相沿,成为习气。若不改革,国必大乱,不可底止。兴屡与国人相勖,见义而不谋利,明道而不计功。兴所以不急急求归者,亦在此也。又目前经济奇绌,不能成行。缘发难前,将所有旅费并罗贷他款(不偿还不能动身)以汇归也。①

按:云南起义后,黄兴除在美加紧反袁宣传、办理交涉与筹款外,于国内讨袁运动之进行亦殷切关注,多所策划。刘揆一时在天津创办《公民日报》,反对帝制,黄兴命其联合居正、孙岳、耿毅、吴大洲等"图谋直鲁革命,以响应南方。"②又命谭人凤、周震鳞等"赴南洋筹饷",支援西南义举。③张孝准在东京与日本朝野进行各项交涉,亦多承黄兴旨意谨慎为之。

---

① 黄《克强先生书翰墨迹》第305、306页。
② 刘揆一:《黄兴传记》,载《辛亥革命》(四)第311页。
③ 周震鳞再跋《黄克强手札》,载《近代史资料》1962年第1期。

3月22日　袁世凯下令撤销帝制，仍称大总统。

4月上旬　迁居纽约，准备回国讨袁。

国内讨袁诸将领纷纷来电告以军事进展情况，"护国军总司令蔡锷，则以一己之任重力弱，屡嘱何成濬电促公归。"① 从米地亚迁居纽约西一一五街四〇四号寓所。《纽约时报》记者多次来访。②

4月15日　致电唐绍仪等，重申反袁到底。

是日，黄兴自纽约致电唐绍仪、伍廷芳、张謇、温宗尧、梁启超、汤化龙、谭延闿、钮永建、柏文蔚、范源濂等，指出："不去袁逆，国难无已！望力阻调停，免贻后累。"③

4月22日　自旧金山启航赴日本。④

本月中旬，黄兴由纽约赴旧金山。是日，自旧金山登轮西航。过檀香山时，当地日本记者来访，询及中国时局，告以："除非袁世凯下台，讨袁行动决不中止。"并否认与孙中山有任何分歧。⑤

4月24日　孙中山电邀黄兴到沪相会。

袁世凯撤销帝制，仍任大总统。蔡锷等致电北京政府，促袁宣告退位。滇、黔、桂、粤四省都督唐继尧、刘显世等，联名发表宣言，斥袁"犯谋叛大罪"。讨袁局势掀起高潮，孙中山决意离日回国，主持讨袁事宜。是日，致电在檀香山之吴铁城，嘱其转告黄兴，"直乘原船到沪相会。"⑥

4月24日—5月8日　横渡太平洋。舟中赋诗志感：

---

① 刘揆一：《黄兴传记》，载《辛亥革命》（四）第311页。
② 〔美〕薛君度：《黄兴与中国革命》中译本第179页。
③ 《黄克强先生全集》第327、328页。
④ 旧金山《少年中国晨报》1916年4月23日。
⑤ 旧金山《少年中国晨报》1916年5月14日，见〔美〕薛君度：《黄兴与中国革命》中译本。
⑥ 《国父全集》第3册第260页。

太平洋上一孤舟，饱载民权与自由。

愧我旅中无长物，好风吹送返神州。

不尽苍茫感，舟行东海东。

干戈满天地，何处托吾躬？①

4月27日　孙中山由日本启程返国，5月1日抵上海。

5月9日　孙中山在上海发表第二次讨袁宣言。

△　抵日本。

"当全国讨袁形势重新高涨的时候，国内同志及一些日本朋友都电催黄先生回国。黄先生遂于一九一六年五月由美国乘轮回到日本。轮船甫进入神户港内，尚未靠岸，头山满、宫崎寅藏、萱野长知等即乘小轮迎接黄先生先行上岸，寻赴东京。"②

△　致电袁世凯，促速悔罪引退。

电云："国人未尝负公，公实负国。公生平以权谋奸诈愚弄一世，以此骗取总统，以此攘窃帝位。然卒以此败，岂非天哉！共和创造之初，公誓与国人竭诚拥护共和，故吾党欣然以总统让公。未几，公握大权，乃用武力破坏共和，阴谋帝政。法律不足以制公之凶恶，余始于癸丑之秋，兴师问罪，公于是时复申前誓，力保共和。人民为公所欺，希望和平甚殷，余不忍拂人民之意，故中道罢兵。公此后遂以为人民易欺，更无忌惮，帝制之谋，竟成事实。人民内困，强邻外侵，公之不恤，于国势险恶之时，乘欧战正酣之际，悍然为一身一家之谋，而竟以此激全国人民之怒。人民愤公之欺诈，誓死拥护共和，一隅轰起，全国响应。公知大势已去，始下令取消帝政，不

---

① 据黄一欧抄件。

② 李书城：《辛亥前后黄克强先生的革命活动》，载《辛亥革命回忆录》第1集第215页。

得为皇帝，犹冀为总统，公之厚颜无耻，毋乃太甚！公之反复无信，已至再三，人民不复为公所愚。人民既一再以剑血拥护共和，断不肯复戴一背畔共和、主张帝政之元恶为总统。公虽善于变化，不拘泥名分，然由欲望未满之皇帝，化身为总统，在公为降尊，在国为奇辱，在世界为笑柄。公如负固不即行引退，人民必将诉最后之武力，正公一人畔国之罪。公以一人而敌全国，岂非至愚？牺牲无数生命，以争个人之公职，岂非至酷？今者独立之声，遍于全国，兵精械足，士气振奋。而公众叛亲离，左右皆敌，公纵不知爱国为何义，亦当知所以保身保家之道。若见机早退，犹得略息人民之怒，稍留去后之思；不然，怨毒郁结，何所不泄。势机切迫，稍纵即逝，望速抉择，无贻后悔。"①

5月12日　通电全国各界，呼吁一致讨袁。

电云："袁氏僭逆，毁法祸国。滇、黔倡义，桂、粤、两浙继起，其他各省亦多仗义执言，迫令退位。神州有人，国犹可立。友邦倾动，民意或苏。惟是元凶势穷，意仍负固，不除祸本，终是养痈。痛苦已深，何堪再误？历读护国军政府宣言，根据约法，解决国纷，力秉公诚，无任钦仰。此次讨逆，出于全国人心，理无党派意见，更无南北区域之可言。今既谊切同仇，务希协力策进，贯彻主张，速去凶顽，共趋正轨。兴居美两载，今新返东邻。虽驽骞无能，而报国之志犹昔，愿随国人后竭诚罄力，扶翼共和，勉尽义务，不居权位。"②

△　复电钮永建、柏文蔚、冷遹、耿毅、谭延闿、谷钟秀、殷汝骊、欧阳振声等，告以"此时宜速并力驱袁，依约法解决大局。"③

---

①　《黄克强先生书翰墨迹》第308—310页。
②　《黄克强先生全集》第329页。
③　《民国日报》1916年5月25日。

5月15日　致电在沪国会议员，重申讨袁主张。

电云："癸丑之役，正义未申，神圣不可侵犯之立法机关，竟被暴力蹂躏，国危民痛，袁逆习其可欺，窃国称帝。滇、黔、桂、粤、两浙仗义致讨，公等主持正论，以为后盾，民意始彰。国贼势穷，尚思负固。望速设法驱除，根据约法解决一切，早定国基。兴甫由美抵东，仍当尽匹夫之责，竭诚相助共和。"①

△　电告唐继尧、陆荣廷、吕公望、陈炯明等，愿为讨袁"尽匹夫之责"。

致唐继尧、刘显世、蔡锷等电云："袁逆谋叛，公等首揭义旗，为国讨贼，兵威所至，群凶震慑，义声传播，遐迩风从。国犹有人，友邦钦重，神州再造，端在于兹。惟袁尚负固，养虎堪忧，全赖毅力坚持，贯彻主旨，速除元恶，早奠国基，使事机不至再误。兴羁迟海外，愧悚殊深，顷由美抵日，自尽匹夫之责，相助于万一，特达愚衷，统希谅鉴。"②

致广西都督陆荣廷等电云："袁氏叛国，公等崛起讨贼，西回滇黔，东解粤纷，义军益振，贼势愈穷，中外改观，成败立判。惟袁尚负固，全赖猛厉进行，从速驱除，根据约法，早奠邦基。兴羁迟海外，忧悚时深，顷由美抵东，惟力尽匹夫之责，图补助国事于万一。即希谅鉴。"③

致浙江都督吕公望④等电云："袁逆首乱，诸公力持正义，声

---

①　《民国日报》1916年5月15日。
②③　《民意报》1916年5月23日。
④　吕公望，字戴之，浙江永康人。北洋速成武备学堂毕业。曾充浙江新军八十二标督队官。辛亥革命时，任浙军总司令朱瑞的参谋长，从攻南京。后任浙军旅长、师长、嘉湖镇守使。护国战争爆发后，在浙江宣布独立，起兵讨袁。1916年5月被推为浙江都督。

罪致讨，砥柱东南，宣扬民意，深谋荩画，无任钦驰。惟贼仍负固，隐患方长，望诸公贯彻主张，廓清祸本，依据约法，巩固国基。兴初抵东，政情隔阂，望时有开示，以策愚蒙。微力所及，倘于护国军有所补助，当竭诚以图。谨布悃忱，尚希亮察。"①

致惠州粤军总司令陈炯明等电云："兄等苦心经营，竭力奋斗，军威所至，群凶震慑，极为钦感。但巩固共和，至非易事，前途发展，尚赖荩筹。弟九号抵东，冀尽匹夫之责，补助进行一切。希见教为幸。"②

5月17日　致函唐绍仪、张謇、程德全、伍廷芳、汤寿潜、赵凤昌，请逼迫袁世凯早日退位。

函云："袁氏谋叛，帝制自为。去冬以前，国民蜷伏于淫威之下，莫敢或动。公等以海内硕望，翘然高迈，不受尘污。袁虽百计招致，而去之愈远，正义所存，中外倾动，自此民意稍申矣。滇、黔起义，桂、粤、两浙继起，护国军声势愈振，逆势益穷，大局解决，当在不远。但袁尚负嵎，乱犹未已，全赖公等合力主持，逼令早行退位。"③

5月18日　陈其美在上海被袁世凯派人刺死。

△　致函莫伯恒，促策动浙事。

函云："弟抵美时，接铸夫、静仁两兄来函，知兄与文庆、百吹诸兄对于浙事早有计划，竟能于孤危之中独树义帜，东南半壁赖以转旋，而内部更如此团结。兄等之苦心调护，无任钦佩。现逆焰虽衰，祸源未尽，为根本计，甚愿浙为云南第二，速补充实力，为东南诸同志之指导。闻烈武、铁生两兄皆有此计划，望兄速有以提倡策

①② 《民意报》1916年5月23日．
③ 《赵凤昌藏札》第67册，北京图书馆藏．

进之。弟能力所及，决不敢有所推诿。"①

　　△ 致函黄郛，请争取海军起义。

函云："浙省既团结巩固，对外自可发展，东南半壁非恃以奠定之不可。函盼补充实力，以全力先收复海军，庶声威可振。于输运械事一项，尤关紧要，已另函致戴之、文庆、伯恒各兄，请为特别注意。我兄深谋远识，当早计及。此事关系至巨，海军若来，衰势可去其一半，于外人视线，更可改观。……浙中款械事，运隆兄已竭力与日磋商，当可有获。弟能力可及，自当尽量援助。"②

　　△ 致函赵凤昌，告以何成濬"于宁、皖、赣、鄂均有布置，而于鄂事尤有把握。……尚望大力一为援手，俾得进行"。③

5月19日 致函居正，询山东讨袁战况。

函云："兄等于群贼之中奋勇苦战，敬佩殊深。近日战况如何，尤为悬念。萱君④电：他党并起，有如乱麻。我兄度量恢宏，才识超越，知必有以驾驭而统一之。惟昨晚得一恶电，英士兄在沪突遭暗杀，旧同志之健者又弱一个，悲痛何堪！我兄闻之，其凄惨又何如！尚望暂抑哀情，仗义杀贼，悬逆首于国门，以慰诸先烈之灵。兴虽衰废，当竭力所能及，以图补助。"⑤

5月20日 致电孙中山，对陈其美遇刺殒命，表示吊唁。

电云："惊闻英士兄为奸人所戕，旧同志健者又弱一个，极为惨痛。共和未固，遽失长城，我公哀念可知。仍望接厉进行，同慰先烈。"⑥

---

① 载《近代史资料》1962年第1期，原件藏中国社会科学院近代研究所。
② 《黄克强先生全集》第330、331页。
③ 《赵凤昌藏札》第67册，北京图书馆藏。
④ 萱君，指萱野长知。时在山东讨袁军中相助进行。
⑤ 《黄克强先生书翰墨迹》第313、314页。
⑥ 《陈英士先生纪念全集》。

△　孙中山致函黄兴，详告最近国情，并托借款购买军械。

孙中山在长函中综述袁世凯"尚有负隅恋栈之志"，冯国璋在南京"态度始终暧昧"，以及西南、东南各方面讨袁局势以后，指出：

"大局殊未易定其归宿。欲求达共和之目的，倒袁为必经之路，而吾人达到与否，视倒袁经过之事实如何。若民党势力只如目前，即侥幸以何等妥协了局，则必比前此之南北议和为更不逮。已往将来，中国问题实为新旧之争。换言之，则为民党与官僚派之争。其争孰胜，即为国家治乱所系；孰胜孰败，则视彼此之团结如何。……然武力之发展，此时尤不容缓。统观全局，独山东方面有可为之基础，且可即时布置。合觉生与吴大洲等兵力，有二千余枪，已占领潍县、周村等处，进战退守，均有依据。……弟经以借购军械之事，与青木①、松井商量，伊亦赞可。惟此事重大，外交上须有种种之手续。此时兄尚在日本，惟兄足以助成此举。并拟以兄与弟二人名义，提出请求，须得同意认可。吾人积多时之公忿，无所发舒，固急欲一当袁氏，而与南方相联并进，亦惟此着最为有力。机局紧急，袁系方张，民党无不相提携之理。况兄与弟有十余年最深关系之历史，未尝一日相迕之感情，弟信兄爱我助我，无殊曩日。此事成否，关系全局如上云云，望兄以全力图之。事有把握，仍企来沪一行，共商进行各事。"②

△　唐继尧等复电黄兴，表示竭诚欢迎。

黄兴抵日后，曾于5月15日致电唐继尧等，表示愿为反袁斗争

---

①　青木，即青木宣纯（1859—1924），日本陆军中将。陆军士官学校毕业，留学比利时。时任驻沪武官。日本军界有数之"中国通"，长期在中国活动。退职后，曾任北洋军政府军事顾问。

②　原件藏中国历史博物馆。

相助进行。是日，唐继尧、岑春煊、梁启超、刘显世、陆荣廷、龙济光、吕公望、蔡锷、李烈钧、陈炳焜联名复电黄兴，竭诚欢迎指导。电云："奉删电，知我公抵日，欢跃逾恒。尧等碌碌庸才，勉起讨贼。正忧绠短，适逢公归。愿承不遗，俯赐教言。公首倡共和，富有方略，各国情势，考察复殷。将来内政外交，诸赖指导。大局所系，唯公图之。"①

5月21日　孙中山致电黄兴，告将赴鲁，来沪宜缓。

电云："承电存问，甚感。英士被袁探戕害，捕凶数人。前日正代电请兄来数日密谈，适有此变，来宜缓。文决赴鲁。前，文急需武器，在东时，曾与参部商及，已有眉目。青木亦赞助。但文既离东，不能向参部、外省直接达意，盼兄代述。如有障碍，请临机破除，事当有成。"②

5月22日　复电孙中山，商在日购械事。

电云："械事请亲电参部，并要青木再电商当局，以便此间易于交涉。"③

自孙中山函电交驰，以借款购军械事相托后，黄兴在东京多方奔走，频繁电商，力助其成。是月，27日电询："械事已电日当局否？"28日电云："今晚往商，如何？再复。"31日电告："款二十万，武器若干，嘱汉民请青木再电归，尤可望成功。"④

5月25日　复电林虎、李根源等，赞同护国军入湘、赣讨袁。

电云："正寄函间，适接哿电，敬悉一切。护国军能入湘、赣，

①　《护国军纪事》第5期。
②　《黄兴未刊电稿》第2页。
③　《黄兴未刊电稿》第1页。
④　《黄克强先生全集》第333、335页。

甚好。行严何日东渡？望速启行。先电示。"①

△　致电陈树藩②等，望策应各省，速除袁逆。

电云："公等率三秦子弟仗义讨贼，西北民意，从此获伸；军威所至，使负嵎穷寇益增震慄。望与各省护国军互相策应，速除袁逆，以定大局。忻忭之余，特驰电奉祝。"③

5月　日政府同意贷款，备招集旧部编练成军。

李书城说："日政府先已借给岑春煊二百万日元，……这时又提出借给黄先生五百万日元，作为招集旧部编练军队之用，并无任何条件。黄先生嘱我到上海筹备。我到上海不几天，袁世凯就死了。"④

柏文蔚自述："五月间，黄克强从美国到日本，日政府允以克强私人名义借贷日币三百万元，练兵一军即刻成立。并与日人商妥，以余任军司令，特使张孝准衔命来沪与余商办成军计划。克强并指定：曾继梧、陈复初任师长，赵恒惕任旅长，其余旅团营长由湘皖军人中选择任用。余接此任务后，即派林凤游到天津招待曾继梧、赵恒惕及中下级军人六十余人到上海，又决定练兵地点于浙皖交界之泗安一带。……六月上旬，袁世凯因众叛亲离，在焦疲困顿下死于北京。克强因袁已死，来电停止成军。"⑤

---

①　《黄兴未刊电稿》第3页。护国战争期间，滇、黔、粤、桂四省在广东肇庆成立军务院。唐继尧任抚军长，岑春煊任副抚军长代理抚军长。本电系发至肇庆军务院转林虎等收。

②　陈树藩（1885—1949），字柏生，陕西安康人。保定陆军速成学堂毕业。辛亥革命后，任陕北镇守使，后转任陕南镇守使。1916年在三原宣布独立，称陕西护国军总司令。15日率部进驻西安，18日就任陕西都督。

③　《黄兴未刊电稿》第4页。

④　李书城：《辛亥前后黄克强先生的革命活动》，载《辛亥革命回忆录》第1集第215页。

⑤　柏文蔚：《五十年经历》，载《近代史资料》1979年第3期。

6月1日 复电谭人凤，拥护孙中山发布第二次讨袁宣言。

先日，谭人凤致电黄兴，陈述团结讨袁之必要，颇以党人"各立宗盟，难免分歧"为虑，希望"主张划一，门户洞开"①。故复电中有云："袁逆谋叛，凡属国民，均宜联合一致，同事挞伐。中山先生在沪宣言，豁然大公，无任钦仰。兴屡通函电，共起讨贼，并党界亦消灭，何门户之可言？"②

6月3日 参加陈其美追悼会。

是日，中日人士在东京鹤见总持寺举行陈其美追悼会，到会者有黄兴、谢持、黄一欧、宫崎寅藏、头山满、寺尾亨、仓知铁吉、犬冢信太郎、藤濑政次郎、山科多久马等二十一人。会后，摄影留念③。旋中华革命党东京本部举行追悼大会，黄兴追念死友，撰送挽联云：

"脱帻揽贤殷，早知狙伺来狂客；
横刀向天哭，如此艰难负使君。

蛙井竟称尊，杀贼当思慰来歆；
海天待归棹，故人何处觅陈遵？"④

6月6日 袁世凯毙命，撰联讥挽。

"算得个四十年来天下英雄，陡起野心，假筹安两字美名，一意进行，居然想学袁公路；

仅做了八旬三日屋里皇帝，伤哉短命，援快活一时谚语，两相比较，毕竟差胜郭彦威。"⑤

---

① 上海《时报》1916年5月31日。
② 原件藏中国第二历史档案馆。
③ 《宫崎滔天全集》第5卷第712页。卷首有追悼会图片。
④ 《陈英士先生纪念集》。
⑤ 《黄克强先生荣哀录》。

6月7日　致函中华革命党东京本部负责人谢持，主张从根本上扫除袁世凯余孽。

函云："袁逆罪恶贯盈，自遭诛灭，天理昭昭，不爽毫发，人心为之大快。惜国法未申，颇为恨事耳！然大憝虽去，余孽犹存，吾人不于此时并智竭力，为根本上之扫除，贻患将无已时。足下归国，必大有造于国人，特设杯茗，请于明日（初八）午后一时来敝寓一叙，藉聆教言，不胜盼切。"①

6月8日　殷汝骊②、黄郛、葛敬恩③联名致电黄兴，汇报国内形势。

电云："袁死。据各方情报如次：昨日唐宅会议，据谷、范等电军务院，电曰：'会议结果，定有四项：廓清北京逆党，使黎得自由行使职权；组织暂时内阁，速召集国会；请护国军入京保护；先由唐、梁等私人名义派员至京察看情形，俟有端倪，再行请示遵办'云云。钮④致军务院电曰：'军事应积极进行，浙攻皖，已出师，海军约一周可集沪，云云。国会议员宣言曰：'袁逆叛国，依据国法，黎副总统应继任为大总统，业经通告全国。今袁逆既服天诛，黎大总（统）当然继任。如有破坏国法，妄逞异议者，当与国人共殛之，云云。……当兹时局纷纠，关系复杂，各方主张，不能一致，前路茫茫，不知所届。务望先生鼎力主持，裨益大局。"⑤

---

①　《黄克强先生书翰墨迹》第317、318页。
②　殷汝骊（1883—？），字铸夫，浙江永嘉人。曾任众议院议员、北京政府财政部次长。
③　葛敬恩（1889—1980），字湛侯，浙江嘉兴人。同盟会员。清末任浙江陆军小学堂队长时，参加杭州光复之役。后入北京陆军大学第四期、日本陆军大学第二期。国民党统治时期，曾任参谋本部次长。
④　钮，指钮永建。
⑤　《黄兴未刊电稿》第10页。

6月9日 致黎元洪及肇庆军务院、各省都督、上海国会议员，唐外交代表等，请规复旧约法，从速召集旧国会，组织内阁，严惩祸首。

电云："袁氏叛国，实由于五年以来，绝未一开诚心与国人相见，惟日事摧残民权，破坏国法，求与共和相反。并一面自造法律，以资僭窃，流毒既深，悍然称帝，遂使宇内横决。因病殒命，实天佑吾华。以后务当铲除假面共和，切实拥护国法，庶流血不致再见。……乃更始之时，不声明规复元年约法，及遵照二年大总统选举法第五条，由副总统继任，而蒙混提出袁氏预备称帝时伪造之约法二十九条，由副总统代行其职权，是仍以伪法乱国法，适与护国军及民意相背，足征逆党势力尚弥漫北京，黎大总统未能回复自由，假名以行，祸机潜伏，大局更危。应请黎大总统以明令规复旧约法，除去袁氏一切伪造之法律（与民国抵触者），从速召集旧国会，组织内阁，严惩祸首，昭大信于天下，以定民志，而奠邦基。"①

6月13日 孙中山致电黄兴，征询解决时局意见。

电云："南军举义，多数揭去袁、复约法、召国会为的。袁死，黎能复约法、召国会，当息纷争、事建设，以昭信义，固国本。兄见如何？"②

6月14日 复电孙中山，赞同所提主张，并望主持一切。

电云："南方要求恢复约法及国会，黎若能诚意实行，以外问题自可迎刃而解。先生来电主张所以息纷争、事建设，无任感佩。尚望主持，使国人晓然于吾人之无私无偏，尤所切望。"③

6月15日 张謇致函黄兴，敦促归国。

---

① 《民意报》1916年6月13日。
② 《国父年谱》增订本下册第647、648页。
③ 《黄克强先生全集》第338页。

函云："先生去国稍久，志行弥坚；前此苦心，已白于世。今时局粗定，各方意见未尽消融，倘能翩然归来，力持正义，动以积诚，虽有纠纷，不难立解。"①

6月16日　致电驻沪国会议员，反对北京"约法会议"。

是时，援用袁世凯约法之议出自段祺瑞。黄兴致电驻沪议员，指出："北京召集各省代表议约法，意在破坏旧约法及国会"。请驻沪议员"择定安全地方早开国会"，并速电告独立各省勿派代表晋京与会。②

△　致电谭人凤，指出："袁逆自毙，余孽犹存。黎公若能依法图治，乱萌可遏。有违此旨，兴亦弗承。"③

6月17日　黎元洪致电黄兴，请派代表到京面商"民国根大计及善后问题"。④

6月20日　复电黎元洪，重申恢复旧约法，召开旧国会之必要。

电中有云："恢复旧约法，召集旧国会，按诸法理，及此次起义之民意，实如矢赴的，如水归壑，万无反理。乃商榷旬余，迁延未决，事机一去，险象环生，神州必将陷于万劫不复。人即不爱国，谁无子孙庐墓之思，恐终沦胥以亡耳。公以盛德民望，继任公职，中外瞻仰，凡百建设鸿猷，当以此两事为最急切。务望排除莠言，迅赐解决。……屡嘱派代表，已电请李书城君由沪赴京，面承指示。"⑤

△　复电岑春煊，"时事多艰，尚望勿遽蒙〔萌〕退志"。⑥

---

① 原载《南通张季直先生传记》，录自《辛亥革命》（八）第53页。
② 上海《时报》1916年6月18日。
③ 上海《时报》1916年6月17日。
④ 上海《时报》1916年6月19日。
⑤ 上海《时报》1916年6月22日。
⑥ 《黄兴未刊电稿》第4页。

6月21日 致函段祺瑞，再申前意。

函云："近因政局更始，国人于回复元年约法、召集旧国会诸事，函电纷驰。盖以根本不决，则新政府之进行无所依据。深冀迅颁明令，借慰薄海望治之诚。"①

6月下旬 唐绍仪、范源濂、谭延闿、孙洪伊、钮永建、张继等联名致电黄兴，敦促归国。

电云："总统定位，政局仍危；大力匡扶，端赖贤者。我公手造共和，举国宗仰，敢乞即日言旋，主持一切。南针攸锡，庶有遵循。"②

6月26日 复电唐绍仪等，告以"兹辱电招，敢不趋命？首途有日，再当奉闻。"③

6月29日 黎元洪宣布遵行《临时约法》，恢复国会，裁撤参政院。

6月 归国前夕，于日本席上和涩泽清渊七绝一首。诗云：

"莽莽神州付劫灰，红羊苍狗不为媒。

挥戈未必能沉日，薄海风云盖地来。"④

△ 录陶渊明诗为小川平吉⑤书横披。

"结庐在人境，而无车马喧。问君何能尔？心远地自偏。采菊东篱下，悠然见南山。山气日夕佳，飞鸟相与还。此中有真意，欲辩已忘言。

---

① 《黄克强先生全集》第340页。
②③ 上海《民国日报》1916年6月27日。
④ 据黄一欧抄件。涩泽青渊，男爵，日本财阀。
⑤ 小川平吉（1869—1942），日本长野县人。东京帝国大学法科毕业后，开设律师事务所。历任众议院议员、司法大臣、铁道大臣。对汉学很有研究。与孙中山、黄兴、宋教仁友善，赞助中国民主革命运动。

"小川先生有别邸曰'归去来庄'，盖飘然有遗世之意。即录靖节先生诗一首，以志高趣。丙辰六月。黄兴书。"①

7月4日 由日本门司启程回国。

7月5日 龙璋、刘人熙等致电黄兴，"汤芗铭于今早三时潜逃，已公推我公督湘，现暂由曾司令继梧代理，务恳我公即日首途，以免糜烂。"②

7月6日 抵上海。③

"黄先生回到上海，各地同志都来上海会商。当时的主要问题，是在国会恢复后国民党的国会议员如何在国会内进行斗争的策略问题。在此期间，黄先生与孙先生互相过从，商谈国事，一如往昔，并无丝毫芥蒂。"④

报载："黄克强先生抵沪后，暂寓法租界圣母院路。连日，沪上各重要人物及国会议员均陆续前往相访，霞飞路一带车水马龙，络绎不绝。闻黄君对于时局颇有所主张，并希望国会早日开会，正式内阁从速成立，俾一切庶政得以循序渐进，不致轶出常轨。"⑤

7月9日 出席驻沪湘省议员欢迎会，发表演说。

略谓："鄙人自二次革命后飘流海外，于国内情形甚为隔膜。……现在黎大总统就职，次第恢复约法，集合国会，一切建设问题，鄙人当尽力贡献其所知者，以为诸君之助。至于湘中事体，反对陈宧，实为正当之举，当然赞成。以后办法当分为现在

---

① 据小川平四郎著《北京之四年》卷首影印件。
② 《民意报》1916年7月11日。
③ 日期，据《民国日报》，1916年7月6日载《黄克强先生今日抵沪》。黄兴返沪后，初寓圣母院路100号，继迁福开森路393号。
④ 李书城：《辛亥前后黄克强先生的革命活动》，载《辛亥革命回忆录》第1集第215页。
⑤ 《民国日报》1916年7月8日。

及将来二层。现在中央命令以陆荣廷署理湘督，陆公刻已率师抵衡，我湘人当极表欢迎之意，请陆坐镇湘中。至陆氏移督广东时，仍以请谭三（延闿）先生回湘整理一切为好。"①

7月10日 在驻沪国会议员欢迎会上致词，强调伸张民权。

是日，驻沪国会议员分省公推代表八十余人，欢宴黄兴于大马路汇中饭店，并邀唐绍仪、王宠惠、柏文蔚、于右任、胡汉民等作陪。孙洪伊致欢迎词。黄兴于致谢词中指出：

"袁逆虽受天诛，祸首尚逍遥法外。千钧一发之时，诸公负责至重。三年以来，人心风俗，国家纪纲，败坏已达极点，一时救拔，殊不易易。……凡一国民权被制于恶劣官僚者，其国必危弱；民权伸张，官邪扫荡，其国必强盛。望诸君本前次奋斗之精神，引国家于轨道，不为利动，不为威劫。兄弟不敏，愿竭诚尽愚，以随诸公之后。"②

△ 与谭延闿联名致电陆荣廷③，贺兼任湘督："愿宏伟晔，福我湘人"。④

△ 与谭延闿联名复电曾继梧、刘人熙等，勉以"善后万端，尚劳臂〔擘〕画。"并告"未能即归赞助，实歉于怀"。⑤

△ 与谭延闿联名致电曾继梧、程潜，望借助桂军，阻止陈宦督湘。

电云："中央任命陈宦带两旅督湘。现虽设法阻止，闻北兵在湘尚多，陈来必有勾串。湘军力薄，宜借助桂军，以壮声威。

① 《申报》1916年7月10日。
② 上海《民国日报》1916年7月11日。
③ 护国战争期间，陆荣廷以湘粤桂联军总司令名义率部入湘。1916年7月5日，北京政府任命陈宦为湖南督军兼省长，未到任前，着陆荣廷暂时兼任。
④ 《黄兴未刊电稿》第6页。
⑤ 《黄兴未刊电稿》第7页。

惟有暂戴陆督，留桂军，绝对拒陈。大局所关，请一致主张为要。"①

　　7月11日　复电殷汝骊，告"已再三敦劝"唐绍仪、孙洪伊"早日赴京"。②

　　7月13日　设宴欢送驻沪国会议员北上复会。旧国会定于8月1日复会，驻沪两院议员即将北上。是日，黄兴于汇中饭店设宴饯送，孙中山、章炳麟、唐绍仪、柏文蔚、于右任等应邀作陪，莅席议员二百余人。孙中山即席演说，重申"共和政体"，"主权在民"，"参众两院为国家之统治机关，其责任至重。"勉励北上议员"无所畏避"，以便通过国会"解决目前之难局"。③黄兴在致词中指出："先有袁氏之违法，而后有国会之抵抗，而有非法之解散，故袁氏之违法为因，即国会之抵抗为果。今若曰国会捣乱，而后袁氏违法，不通之论也。今者诸君又将行使职权矣，所望仍尊重责任之观念，勿轻背神圣之职守，即不幸有与行政部争执之事，亦视为职守之当然。……鄙人因袁氏之先例，知金钱之为物，足以启野心者之图谋不轨，甚望国会开后，对于借款问题特加注意。……勿令非正义之人更得借金钱之能力，行政治之罪恶"。④

　　△　分别致电黎元洪、冯国璋，请从速释放秦毓鎏。

　　致冯电云："秦毓鎏君，道德之士。癸丑因反对袁氏，在无锡被逮，羁禁三载，苦痛难言。昨奉大总统明令，凡政治犯一律释放。想先生为矜恤士类计，必已迅予省释矣。"⑤

　　7月14日　黎元洪复电黄兴，"政治犯已有令明令赦免矣，秦

　　①　《黄兴未刊电稿》第7、8页.
　　②　《黄兴未刊电稿》第9页.
　　③　上海《民国日报》1916年7月14日.
　　④　上海《民国日报》1916年7月14日.
　　⑤　《黄兴未刊电稿》第12页.

君毓鋆自可一律省释。"①

△ 出席驻沪国会议员留别茶话会，发表演说。

是日，驻沪两院议员假法租界尚贤堂举行留别茶话会，孙中山、黄兴、唐绍仪等应邀参加。黄兴即席演说，指出："昨日孙先生曾云，参、众两院为国家之统治机关，其责任至重。斯言信然，诸君不可不勉也。诸君今负此重大之责任，将北上就职，实行建设，而第一之重要问题，则制定宪法是也。鄙人尝念，今日制定宪法，必定贯彻共和之真精神。而首先注意者，应加入'凡反对国体者，有罪'之一条。在美国，宪法实有此先例。夫袁氏帝制之谋，数人擅唱之于前，而少数人附和之于后。祸首虽甘心叛国，而胁从之逆则多精神薄弱，受人胁迫。假使宪法明定反对国体之刑章，则一二好乱之徒不敢擅冒不韪，而一般之人亦罔敢为之附和。此为断除祸根计，为巩固国基计，所万不获已者也。"②

△ 与谭延闿联名致电曾继梧、程潜，"报载旅湘鄂籍商民多被株连"，"请加意调和，免启恶感。"③

△ 与谭延闿联名致电刘人熙、龙璋，"顷见报载，旅湘鄂籍商民多被株连"，"务请加意融洽，以泯界域"。④

7月15日　出席广东省驻沪国会议员茶话会，发表演说。

是日下午，驻沪粤籍国会议员为即将北上，邀请孙中山、黄兴及他省两院议员、社会名流举行茶话会。孙中山发表讲话后，黄兴在演说中强调普及教育，说："政治不改良，必无教育发达之

---

① 上海《时报》1916年7月18日。按：秦毓鋆于1913年7月24日被逮，至9月9日被判处二等有期徒刑九年，移入苏州陆军监狱。1916年10月12日出狱。

② 上海《民国日报》1916年7月15日。

③ 《黄兴未刊电稿》第12页。

④ 《黄兴未刊电稿》第13页。

望。……孙先生顷言衣食住为政府对于国民施政之主旨，无适应之教育，则衣食住三字仍不易平均。何则？中国之所以穷，穷在贫富不均耳。欲均贫富，当令全国人民无一不有谋生之智能；欲全国之人民有谋生之智能，非普及教育不可。美国现在多有形似教育捐之一法，凡有恒产而具赡济教育之能力者，无不奔赴于提倡教育之旗帜之下。"①

　　△　复电曾继梧、陈炳焕②等，告刻难回湘。

　　电云："公等苦心谋湘，屡经事变，卒赖维持，深为感佩。弟刻难回湘襄助诸公，惭悚奚似。已从各方面设法，请组庵先生回湘，中央命令，不久可望发表。弟对于湘事，自当竭力援助。安桑梓，保大局，不论在湘在外，责任则一。"③

　　7月17日　出席孙中山为驻沪国会议员举行的茶话会，发表演说。

　　是日，孙中山邀请驻沪国会议员及各界名流、新闻记者于张园安恺第举行茶话会，商榷政见。会上，孙中山就提倡地方自治、实行直接民权等问题，发表了长篇演说。相继发言的有黄兴以及王正廷、吴景濂、黄炎培等。

　　黄兴说："中山先生欲为民国造基础，详论最新之地方自治制度，想闻者无不欣悦。然或有疑先生之言为难行者，请以中国现有之地方自治为诸君言之。我国自治组织最完备，特未有其名。又，人民久屈于专制政体，故不能如图④中之在上，而当移置于图之下

---

　　①　上海《时报》1916年7月18日。

　　②　陈炳焕（1860——1920），字树藩，湖南湘阴人。清末肄业武昌两湖书院。历任湖南留日学生监督、湖南中路师范学堂监督、湖南咨议局副议长。辛亥革命后，先后担任湖南财政司长、国税厅长、矿务总局局长等职。

　　③　《黄兴未刊电稿》第13、14页。

　　④　孙中山演讲时，悬挂"美国最新之自治机关"示意图。

端。其以上六局，则皆我所固有。……因皆为我所固有，惟将屈处在下之人民，移而置于图之上端而已。"①

△　复电李根源、林虎等，请与岑春煊妥筹建设。

电云："兄等为国尽瘁，力任艰巨，殊深钦佩。国事甫告一段落，此后建设万端，尚待伟画。望就近与西林先生②妥筹办法，以竟全功，无任感盼。"③

7月18日　复电程潜及湖南各界，就被推举湘督事表示谦退。

电云："公等爱国爱乡，鼎力维持，使湘省危而复安，感佩殊深。弟德薄能鲜，承省议会与军政绅商学各界推举，适增惶愧。艮老④硕德高望，既由湘公推，中央亦有明令，属艮老暂行代理，湘中危急不难安定。盼公等合力维持，桑梓幸甚，大局幸甚。"⑤

△　复电陈嘉会，请疏通省议会，选张继为参议员。

电云："张溥泉兄参议院议长、议员资格，均经辞退。湘国会议员诸君，拟由湘省议会选出张君为参议员，使国会增加活动力，弟极赞同。请兄设法疏通省议会，经正式手续选出为盼。"⑥

7月19日　复友人函，告无力相助。

函云："诵手书，悉困状异常，殊深感念。惟兴初由海外归来，飘泊之态，与兄正同。时局诡变，雅不欲投身旋涡，致有不拔之境，想故人当谅我也。沪居旅用均友人筹措，无力相助，良用歉仄。恐枉顾时或不相值，聊草数字，以当面语。"⑦

---

①　上海《民国日报》1916年7月19日。
②　西林先生，指岑春煊，广西西林人。
③　《黄兴未刊电稿》第14页。
④　艮老，指刘人熙，字艮生。
⑤　《黄兴未刊电稿》第14页。
⑥　《黄兴未刊电稿》第15页。
⑦　原件藏湖南省图书馆。

7月20日   复电莫荣新①，"已商李总司令②电饬汤督带暂留海琛一舰，以资镇摄〔慑〕。惟以后接洽各事，应电商第一舰队林司令③核办。"④

△   致电曾继梧，"顷闻陆军部密令第七师及二十师之各一部赴湘，并有吴光新⑤督湘之说，希预防。"⑥

7月21日   与谭延闿联名致电程潜、曾继梧、赵恒惕等，告以"大局甫定，宜防内讧"，"诸公一致进行，湘事自可就理。"⑦

△   湖南绅商军学各界代表龙绂瑞、左宗澍、陈嘉任、朱剑帆抵沪，"请求黄克强、谭组庵两君回湘维持秩序。"⑧

"黄君以甫自海外归来，诸事多未清理，虽对于桑梓之邦应尽义务，而刻下尚无危险状况发现，在湘诸人当能维持，再三辞谢，未允所请。"⑨

7月22日   在上海报界欢送北上国会议员茶话会上发表演说，呼吁"舍私见而谋国政"。

演说指出："自民国成立以来，报馆、国会同为代表民意之机

① 莫荣新（1853—1930），字日初，广西桂平人。行伍出身。初从陆荣廷驻梧州，任桂军第一师第二旅旅长。1915年任桂平镇守使。次年随陆宋廷入粤，任广惠镇守使。1917年任广东督军。后任护法军政府陆军部长。时率部驻汕头，称桂军护国第四军总司令。

② 李鼎新（1857—1926），字承梅，福建闽侯人。时任驻沪海军总司令。

③ 林葆怿（1860—1920），字悦卿，福建闽侯人。清末在福州船政学堂毕业后赴英国习海军，归国后任北洋舰队管带。辛亥革命后，历任海军部参事、练习舰队司令、第一舰队司令。1916年6月25日，与李鼎新联合发表宣言，加入护国军，不接受北洋海军部的命令。后担任护法军政府海军部长、海军总司令。

④ 《黄兴未刊电稿》第16页。

⑤ 吴光新（1881—？），字植堂，也作一堂，安徽合肥人。日本陆军士官学校第三期炮兵科毕业。历任北洋第三镇炮兵营管带，陆军第二十师师长等职。1924年任段祺瑞内阁的陆军总长。时任长江上游警备总司令，驻岳阳。

⑥⑦ 《黄兴未刊电稿》第16、17页。

⑧ 《民意报》1916年7月23日。

⑨ 《民国日报》1916年7月28日。

关,在国中非常尊重,不可不就往事以勉将来。昔日之国会、报馆,因随世界潮流,为有党之结合,不免互相误会,舍政见而为私争,不商榷大计而攻击个人。今往事已矣,重振旗鼓,脱专制之束缚,以建共和民国,当一本良心之主张,以谋国是,尽舍私见而谋国政。此实第一要义也。"①

7月23日　与张继联名致电韩玉辰②等,唐绍仪经敦劝后,"已得允诺,云不日可入京。"③

△　出席日本驻沪总领事"中国国会议员欢送会"。

是日,日本驻沪武官青木宣纯中将、有吉明④总领事举行"中国国会议员欢送会","到有张继、王正廷、谷钟秀、李述膺诸议员,与孙中山、黄兴、唐绍仪、伍廷芳、章炳麟、温宗尧、孙洪伊、王宠惠等南方重要人物",有吉明致欢送辞。⑤

7月25日　与孙中山等参观商务印书馆编译部及印刷所,该馆副总理张菊生、李白科陪同并导游。⑥

△　在卡德路徐氏花园宴请青木宣纯、有吉明及日侨知名人物与沪上名流。⑦

---

①　上海《时报》1916年7月24日。

②　韩玉辰(1885—1975),字达斋,湖北松滋人。湖北法政学堂毕业。辛亥武昌首义后,任军政府司法部秘书,兼刑事司长。后当选参议院议员。解放后,任湖北省参事室参事。

③　《黄兴未刊电稿》第18页。时唐绍仪新任段祺瑞内阁外交总长,在沪观望,不肯入京。

④　有吉明(1876—1937),日本外交官。1898年在东京高等商业学校毕业后即考入外务省。来华后历任驻汉口及牛庄等地领事。1909年起任驻上海总领事,嗣后任驻瑞士公使、驻巴西大使。1932年任驻华公使。1935年日本驻华公使馆升格,任第一任大使。

⑤　上海《时报》1916年7月25日。

⑥　《民国日报》1916年8月1日。

⑦　《民意报》1916年7月26日。

7月26日　复电蔡锷，望力劝戴戡辞不赴湘。

电云："汤督仓皇出走，内部心志不一；北兵屯聚岳州，窥伺甚严，势机危迫。外间有运动戴循岳①君督湘之说，其实中央有吴光新督湘之内命。自汤督湘以来，吾湘苦痛，已难再忍。……戴君功高，湘人不敢明言反对，然本心实不惬洽。稍有微言，北兵必托词侵入。中央阳以湘督与戴，实欲激成变乱，授之北军，其计甚毒。望兄力劝戴君，辞不赴湘。为湘计，为戴君计，均得。"②

△　致电彭允彝，"请速催中央明令组公③督湘，并兼省长。"④

7月27日　答《民国日报》记者问，谈发展教育、实业问题。

"仆此次归国，见各国国力发展之基础，皆立根于实业与教育。故吾人所贡献于国家者，正不必垂绅挂笏，然后可以谋国利民福。譬如经营一良好教育之学校，得十百佳子弟以琢磨之，使成令器；或于一市一乡间刻苦经营，俾然蔚成一自治之模范，皆足以告无愧于国家，何必定欲做大官、负大任，然后自愉哉？……其次则为实业。今姑举一事言之，各国长距离之自动车为交通利器，其影响兼及于实业发展及地方之整理。吾国欲收其利，当先从事于路政之改良。而路政之改良，实为吾人能力所及，且可容纳多数无业者，以与之生计。"⑤

---

① 戴勘（1880—1917），字循岳，贵州贵定人。辛亥云南光复后，随唐继尧回贵州，任都督府参赞。旋升贵州巡按使。1915年调任参政院参政，成为进步党的活动分子。同年冬离京赴昆明，任护国军第一军右翼总司令，率部入川。袁世凯死后，蔡锷保荐他任四川军务会办，旋又荐充四川省长。

② 《黄兴未刊电稿》第19、20页。

③ 组公，指谭延闿，字组庵。

④ 《黄兴未刊电稿》第20页。

⑤ 《民国日报》1916年7月28日。

△　与汪诒书①、胡元倓等联名电复彭允彝、范源濂、章士钊。

电云："组公虽辞之极坚，然以湘省目前危急情形及一般湘民望治之切，意亦不能无动。鄙意如明令发表，尚不虑组公坚拒。但湘地糜烂，事同草创，暂时仍宜军民合治，以期事权统一，方可着手。"②

7月28日　复友人函，赠款济贫。

函云："屡函未复。以从海外归来，亦为友朋所招待，家用而外，他求不可得。同是飘零人，故可直相告语。足下家人病故频遭，殊为怅念；苟可相助，岂可置之度外。兹勉措四十元，即希哂纳，不尽感喟。"③

△　赴孙中山招宴。

是日，孙中山"设宴一品香，招待中日两国人士者，日本人方面有有吉总领事、青木中将"，中国方面则有黄兴、唐绍仪、章炳麟等，计六十余人。④

△　致电曾继梧、程潜，告正竭力为谭延闿谋湘督。

电云："湘督事，戴戡、梅馨⑤、向瑞琮⑥均在中央拟议之列。恐其本意，尚在吴光新。现正竭力为组庵谋。万一组亦不成，松坡或有望。两兄谋湘心苦，尚望劝慰同人，暂持镇静，力保秩序，勿

①　汪诒书，字颂年，湖南善化（今长沙）人。清末翰林。辛亥革命后，曾任长沙关监督兼外交部特派员。

②　《黄兴未刊电稿》第21页。

③　原件本谱编者藏。

④　上海《时报》1916年7月30日转载"《上海日日新闻》29日记事。"

⑤　梅馨，字子根，湖南汉寿人。日本陆军士官学校第六期毕业，清末任湖南新军五十标二营管带。辛亥光复后十日，杀害焦达峰、陈作新，为谭延闿所重用。历任第五师师长、长宝镇守使、将军府将军。

⑥　向瑞琮，字厚甫，湖南宁乡人。日本陆军士官学校第四期炮兵科毕业，清末任湖南新军五十标炮兵营管带。辛亥光复后任都督府军务部长、北伐第一军军统。

令中央有所借口，加祸吾湘。"①

△　与欧阳振声联名致电彭允彝，商湘督人选。

电云："松坡刻难离川，刘②代督湘，恐不能维持。可即任命组庵省长代理督军，如何？"③

△　复电孙洪伊，"顷往晤少川先生，催其速行北上。伊准与熔西④先生同行。"⑤

△　撰联哀悼龚铁铮。⑥

"苍头突起，竟蹶初登，义烈挽黄花，三户亡秦独推季；

白云未归，毁哀何极，忠魂迟歇浦，一门报国拜先生。"⑦

7月29日　为北京《真共和报》题词："欲造舆论政治，在先有正确之舆论。"⑧

△　为北京英文《京报》题词："希望世界之平和与进步，并切望中华民国同循此轨道，惟言论界诸公实主张之。"⑨

7月31日　致电曾继梧，"京情复杂。宜速邀在湘议员赴京商议国政，湘事或可挽救。"⑩

△　复电彭允彝，告同人行踪，"组事⑪望竭力主持。"⑫

---

①③⑤　《黄兴未刊电稿》第22、23页。

②　刘，指刘人熙。

④　张耀曾（1885—1938），字熔西，云南太和人。同盟会员。日本早稻田大学法学士。辛亥革命后，任临时参议院议员、众议院议员。1916年八月抵京，在段祺瑞内阁任司法总长。后任北京大学法科教授。

⑥　龚铁铮（1888—1916），字炼百，湖南湘乡人。清末留学日本，加入同盟会。武昌起义后，随黄兴参加汉阳保卫战。后任上海《中华民报》协理，从事反袁宣传。1916年2月21日，在长沙与杨玉鹏等进攻汤芗铭的将军府，遇难。其父痛子心切，亦死。是日，旅沪湘人举行追悼会。孙中山、黄兴都送了挽联。

⑦　上海《民国日报》1916年7月29日。

⑧⑨　《黄兴未刊电稿》第23、24页。

⑩　《黄兴未刊电稿》第24页。

⑪　组事，指为谭延闿（组庵）活动湖南督军兼省长事。

⑫　《黄兴未刊电稿》第25页。

△　致电刘揆一，告以"脚气复发，拟往金、焦小住，藉起沉疴。"①

△　为《浙江民报》题词："言论自由，民权之一。此权由最大牺牲得来，望善用之，为民国增进福利。"②

7月　在沪发表谈话，推重蔡锷、谭延闿督湘。

程潜率护国军入湘，汤芗铭于7月4日逃去。湘人推刘人熙暂代湘督。13日，省议会与各界代表会商，公推黄兴为湘督。次日，由护国军湖南总司令程潜领衔致电黎元洪、段祺瑞，请加任命，同时电请黄兴回湘。黄复电谦辞。据黄一欧云，湖南各界举代表左宗澍、朱剑帆、龙绂瑞、陈嘉任赴沪迎黄返湘履新。黄兴未允，极力推荐蔡锷、谭延闿督湘。（《护国运动见闻杂忆》）

"顷接沪上某要人来函，述黄克强先生对客谈及湘督问题。……鄙意湘督一席，最好是蔡松坡。松坡此次首义，名重东南，伟绩丰功，昭人耳目，湘人欢迎，自不待言。……次则湘前督谭君组安素为湘人倾仰，督湘数载，政声昭著，与湘省各界感情素称融洽，以之督湘，亦可信其造福桑梓云云。"③

8月1日　复电曾继梧、程潜，勉以坚忍镇静，保全大局。

电云："中央政象复杂，经多方疏通，组庵或松坡两公均有望，不日可发表。如湘有内变，恐中央藉词翻覆。现大局未定，南方基础薄弱，一有动摇，后患堪虞。兄等维持苦衷，极为感念。惟有坚忍镇静，免至破裂，保全吾湘，即保全大局。"④

△　致电彭允彝，请竭力挽救谭延闿督湘。

① 《黄兴未刊电稿》第25页。
② 《黄兴未刊电稿》第26页。
③ 长沙《大公报》1916年8月6日。按：北京政府于8月3日任命谭延闿为湘督兼省长。《大公报》所载谈话，当在7月中下旬。
④ 《黄兴未刊电稿》第28页。

电云："陷日熊秉三致组庵电，湘督仍属蔡①，请组庵任查办使，嵩生任宣慰使，云已与行严、静生商妥。组庵复电拒绝。似此，熊尚弄鬼，组庵事恐难靠。请竭力挽救。"②

8月2日　复电刘建藩，请速促发表蔡锷、谭延闿新命。

电云："东电悉。蔡任督（军），谭任省长，欣慰无似。请速促其发表，以安人心。"③

8月3日　致电曾继梧、程潜，望竭力维持湘局。

电云："松坡刻难离川。组公以省长署督军，先行回湘，明令日内可发表。此次，合各方面之力，争得如此结果，已属万幸。望两兄竭力维持。组公回湘，对于中央得保其威信，亦湘人最荣誉之事。酷暑贤劳，感念无已。"④

8月5日　复电曾继梧、程潜、彭允彝，述人事安排。

复曾、程电云："顷商组公，保颂兄⑤为长岳镇守使，以制其先步，不知中央允否？至督军一席，将仍待蔡公，想吴⑥刻不能成事实，缓，尽有余地设法也。"⑦

复彭电云："组公约周内返湘。嵩兄⑧事，组公可保，惟名义难定。……颂云，组公已保为长岳镇守使。请竭力赞成，免为吴得。"⑨

8月7日　与柏文蔚联名致电李烈钧，望罢兵。

---

① 蔡，指蔡锷。
② 《黄兴未刊电稿》第28页。
③④　《黄兴未刊电稿》第29、**30**页。
⑤ 颂兄，指程潜，字颂云。
⑥ 吴，指吴光新。
⑦ 《黄兴未刊电稿》第**30**页。
⑧ 嵩兄，指程子楷，字嵩生。
⑨ 《黄兴未刊电稿》第31页。

电云："得内务总长孙公①歌电，云中央已电龙②去粤，并择人交代。望兄罢兵，以奠地方，而维统一，等语。此间于粤情隔阂，想龙必遵中央命令退去。望谅孙公调护苦心，并为全城生灵计，不必摧陷，是所切盼。"③

△　与柏文蔚联名电复孙洪伊，"请转达主峰从速饬龙去粤，并择人接代。为地方保全，即为国家福利，已将尊意转电协和矣。"④

8月8日　与孙中山、伍廷芳、唐绍仪等65人通告发起"陈英士先生及癸丑以后诸烈士追悼大会"。

通告谓："乃者共和再建，薄海同欢，追念先烈，弥增怆感。不有殉者，国何以兴？哀亡励存，后死攸赖。兹谨订八月十三（星期日）下午二时起六时止追悼陈英士先生及癸丑以来殉国诸烈士于法界霞飞路尚贤堂。各界人士务希届时惠临，赐吊为幸。"⑤

8月13日　赴尚贤堂主持癸丑以后殉难烈士追悼会。

是日，"沪上同志孙中山、黄克强诸先生等数十人发起，假本埠法界霞飞路尚贤堂开追悼诸烈士之大会，挽联千数百副"，孙中山因病未到，由黄兴主持开会，章炳麟发表演说。⑥章氏演说之后，黄兴指出："有诸烈士之牺牲其身，而后能再造民国，今后亦须有牺牲之精神，而后能使民国巩固。"⑦

---

①　孙公，指孙洪伊。

②　龙，指龙济光（1868—1925），字子诚，也作子澄、紫丞，云南蒙自人。土司出身。清末历任广西提督、广东新军第二十五镇统制。辛亥革命时，由广州退据西江。1913年奉袁世凯命攻占广州，任广东都督。护国战争期间，被迫宣布独立。袁世凯死后，依附段祺瑞，任两广矿务督办，率部盘据海南岛。

③④　《黄兴未刊电稿》第31、32页。

⑤　《申报》1916年8月8日。

⑥　上海《时报》1916年8月14日

⑦　上海《民国日报》1916年8月14日

8月14日　致电彭允彝，勉以调护党事，挽回政局。

电云："党事难办，久在意中。以兄调护其间，疲精费神，可感可敬。对现政局，兴绝无主张，惟赖兄等之大力挽回耳。"①

8月22日　致函张承榘，揭露吴光新驻岳阴谋。

函云："顷湘中来电（系第一军军长曾凤冈及其参谋长刘昆涛来电，附闻），以吴光新驻岳为虑。弟昨得总统府及国务院消息，均以湘中督军、省长以外省人相宜为词，是吴驻岳诚不可不虑。请密告秉三，设法请吴退去，以便裁撤湘中余兵（吴不退，湘中恐难骤裁，是吴之驻岳，非所以安湘，反足以累湘也。至若掩护川之退兵，则更无理由矣）。中央能示地方以诚，未有地方不以诚相应者。"②

△　致电谭延闿，贺履新，"台斾重旋，军民兼任，泽敷霖雨，望慰云霓。"③

△　致电刘人熙，慰维持湘局。

电云："袁氏窃国以来，荼毒人民，吾湘尤甚。当汤氏出走之顷，险象环生，赖先生鼎力维持，得免蹂躏，感何可言。兹幸组公负重归来，先生仔肩得卸。澧兰沅芷，长沐清风；湘水岳云，时怀高躅。西风多劲，不尽依依。"④

△　致电长沙各报馆及省议会，告以"刻拟筹办实业，未能即归。"⑤

△　复电曾继梧、刘建藩，吴光新"盘驻岳州，当设法由京调离之。望在湘同人协力，惟不必急迫为要。"⑥

---

①　《黄兴未刊电稿》第34页.
②　《黄克强先生全集》第341页.
③　《黄兴未刊电稿》第36页.
④⑤　《黄兴未刊电稿》第36页.
⑥　《黄兴未刊电稿》第37页.

8月24日 复电谭延闿，"湘中利弊，我公洞悉靡遗。一本民意以为兴革，福利必多。"①

8月25日 致电孙洪伊，告唐绍仪行止。

电云："政局纷纠，此间殊为悬念。少公行止，关系至巨。弟屡次催促其北行，惟伊必俟议会通过后，当允来京。其就职与否，尚不定。至时，兄等可力挽之。"②

△ 致电彭允彝、谷钟秀，"少公必俟议会通过后，方允来京。乞转告同人维持，以解政局之纷纠。"③

△ 致电谭延闿，请捕拿张尧卿。

电云："顷据谭石屏先生接谢介僧④函称：有张尧卿假兴名义，欲在宝庆一带招兵等情。查张自民国成立后，假革命之名，充恶政府侦探，倾害同志，无良已极。请即拿捕讯实，以军法惩治。"⑤

8月26日 致函何成濬，谈辞高等顾问事。

黎元洪于本月两次专函聘请黄兴为总统府高等顾问，均辞谢不受。是日，于致何成濬函中重申此意。函云："前总统以高等顾问相界，情谊可感。惜以此眼光施之吾人，已具函辞谢之，由伯钊⑥

----

① 《黄兴未刊电稿》第38页。

② 《黄兴未刊电稿》第38页。

③ 《黄兴未刊电稿》第39页。按：1916年6月6日袁世凯毙命，副总统黎元洪继任。6月29日特任段祺瑞为国务总理，唐绍仪为外交总长。唐长外交，本系黎意。黎亦连电促唐来京。而徐州张勋等通电诋唐，唐甫到天津，即受北方军人威胁，不敢入京，折回上海。9月29日免唐职。11月13日，以伍廷芳继长外交。（据张国淦：《中华民国内阁篇》）

④ 谢介僧，湖南新化人。同盟会员。辛亥革命时任宝庆军政分府都督。

⑤ 《黄兴未刊电稿》第40页。

⑥ 耿觐文（1883—1957），字伯钊，湖北安陆人。同盟会员。日本陆军士官学校第六期毕业。1912年任南京临时政府陆军部二等顾问官，兼总统府军事秘书。后任南京留守府参谋处长。国民党统治时期，任湖北省政府委员。解放后，任湖北省参事室主任、省政协副主席。

带去，并请当面代申鄙意。乃不见许，兹又宠命重邀。在前清、洪宪时代，想九叩首求之而不得，我今则九叩首再为谢之，亦所不惜。"①

8月28日 蔡锷乘江裕轮到达上海，命黄一欧代表前往码头迎候。

"先君当时是极力主张松坡先生摆脱一切出川疗养的。松坡先生最后接受了朋友的劝告，毅然摆脱一切，离川东下，于八月二十八日到达上海。松坡先生抵沪时，先君命我代表他前往码头迎接。我上轮船谒见，只见他躺在床上，病情已经到了严重的阶段，瘦骨清肌，面容憔悴，声音也瘖哑了。"②

8月31日 致电张耀曾，请彻底根究土案。③

电云："土案丧权辱国，牵累无辜，亟应彻底根究，以明真相。闻唐已他去，袁尚潜京。司法腐败，已达极点。我兄铁面，即盼就职，一清积弊，并保云南荣誉。"④

△ 致电彭允彝、欧阳振声，"土案宜彻底根究。惟闻唐赴日，袁尚潜京，非速由地方或中央检厅起诉，恐难缉获，以明真相。"⑤

△ 复电长沙水上警察刘厅长，"筹款游历一节，因组公归时，兴与约不荐一人，不筹一款，相别未几，何能提及。乞为原谅。"⑥

---

① 《黄克强先生书翰墨迹》第321页。
② 黄一欧：《护国运动见闻杂忆》，湖南省政协文史资料研究委员会藏稿。
③ 上海英租界巡捕在湖北路孟渊旅社及闸北某处查获大宗走私烟土，拘捕随同新任北京政府司法总长张耀曾来沪的云南代表多人。电文中的唐、袁，指此案当事人唐继禹、袁家谷。
④ 《黄兴未刊电稿》第40页。
⑤⑥ 《黄兴未刊电稿》第41页。

△　致电谭延闿，"松坡已抵沪。喉病由肺起，及时可医治。"①

8月下旬　游普陀山。

"昨赴普陀一游。因该处全是僧侣，颇有出尘之想。明后日或赴焦山及他处。喉病受数日海风，已全愈矣。"②

9月2日　林伯渠来访。6日，再次来访。林氏先日由湘"抵沪，寓协平里九号。"是日"早起，访松乔及中山先生。……餐后，访克强、石屏两先生。"③6日"早，访杞园。"④

9月4日　致函何成濬，谈政局及党内团结问题。

函云："伯兰兄政见与当局骤难融洽，自是当然。尚望持之以渐，万不可以大刀阔斧行之，致蹈元年来之覆辙。昨得伯钊函，伯兰兄欲弟来京，借可促进党事。表观虽如是，其实老官僚猜忌太深，与其接近惹起政潮，不若远离，尚可有一二挽救之法。鄙见兄当以为然。目前团结事，溥泉必能有力。汉民迟日可来京，到时望为接洽。汉民在中华革派中非其所主张也。渠所持政见，弟信为切时之图，言行皆足代表吾党。"⑤

9月6日　致电李根源，促赴陕履新。

电云："顷据旅沪陕人士称：该省亟待我兄整理⑥，望切云霓，谆嘱劝驾。务恳将肇事⑦妥委接办，作速启节，以慰舆情。"⑧

----

① 《黄兴未刊电稿》第42页。

② 1916年8月26日黄兴致何成濬函。

③④ 《林伯渠日记》第118、119页。

⑤ 《黄克强先生书翰墨迹》第327、328页。原函未署年份，考系1916年在上海发。

⑥ 1916年7月6日，黎元洪任命陈树藩为陕西督军兼省长。旋又任命李根源为陕西省长。

⑦ 肇事，指肇庆军务院事务。1916年7月14日，唐继尧、岑春煊等通电宣布撤销军务院。李根源时在肇庆，主持军务院善后工作。

⑧ 《黄兴未刊电稿》第42页。

9月9日　致函二姊，① 谈时局及家务。

函云："阔别四载，时局变乱，已达极度，干戈遍地，骨肉离析，惨痛之苦，几无论何种族皆饱尝之矣。矧我弟姊中年暌隔，团聚无时，其伤感又何如耶？所幸袁贼已伏天诛，国民皆相称庆，从此政治或可望入于正轨。弟海外归来，亦叨庇荫，暂借休息，将来从事实业，为社会开经济之源，不知国人其许我否？着孙来，得悉贵体健全，无任欣慰。虚受②去世，同抱悲伤。着孙能长成，日依膝下，或可节其痛思。……兹付着孙洋一百四十五元，内三十元着购各物，又十五元为回湘川资，余一百元嘱其带归家中，以备用度。此数虽微，然弟出于穷困之中，想亦为姊所不弃耳。冬间将事稍为料理，即当回湘一行，以慰阔别之思。"③

　△　蔡锷东渡就医，亲往码头相送。

"松坡先生留沪期间，先君去看过多次。九月九日搭轮去日本就医，先君又亲往码头相送，忍泪告别。"④

9月11日　致电彭允彝、孙洪伊、谷钟秀、殷汝骊，反对以水口山铅矿担保向日借款。

电云："湘中财政竭绌已极。水口山铅矿，乃湘命脉所系。顷闻与日借款事，日人有以此矿恬中央作担保者⑤。望竭力打销此

---

① 二姊，即黄杏生。原函复印件称二姊，但据黄氏家谱兴父炳昆名下载，"女四：长适贺，同县学生家璧。"原件藏贺着孙的儿子贺克美处。1981年贺克美有信转致本谱编者。

② 虚受，姓贺，黄杏生之子。着孙，黄杏生之孙。

③ 据薛君度复印件。原函未署年份，依内容为1916年发。

④ 黄一欧：《护国运动见闻杂忆》，湖南省政协文史资料研究委员会藏稿。

⑤ 1916年9月9日，北京政府财政部、农商部与日本兴亚公司在北京签订五百万元借款合同，以中日"合办"湖南水口山铅矿和安徽太平山铁矿为条件，并用直隶等七省印花税担保。嗣因湘、皖两省人民激烈反对及英、美、法、俄四国提出抗议，遂于同月25日改订契约，借款额不变，改以制钱精炼的利益偿还。

举，为中央另筹善法，不胜祷切。"①

△　复电谭延闿，"中央欲以水口山矿抵款，已电伯兰、九峰、铸夫及静仁诸公打销此举。望尊处竭力阻止为要。"②

9月16日　致彭允彝转殷汝骊电，"屡接湘电，闻中央确以水口山与日人借款，有签约之说。湘人反对甚力，恐伤中日感情。乞竭力打销。"③

9月17日　致电彭允彝、范源濂、熊希龄，请打消以水口山与日人借款。

电云："水口山矿乃湘命脉所系，真电请转伯、九、铸④诸公打销此举，迄今未蒙复示，殊深切盼。昨接议员诸公电，知已签字。岂中央硬欲强夺地方所有耶？岂一经作官，即不顾民意耶？区区五百万元之垫款，即不惜如此牺牲，如将来何？诚可为痛哭者！静仁兄必早知此事，何不先电示一二，以便对付。今湘全体反对，其又何以善其后耶？仍望兄等以好言劝告伯、九、铸诸公设法中止，另筹良法。"⑤

9月18日　致电谭延闿，告以"水口山矿事，已以个人名义电日当局，请其说谕商人，舍此另向中央政府提出（其）他担保品。"⑥

9月19日　复函何成濬，述时局观感。

函云："京中政态百变，自在意中。伯兰欲以大刀阔斧施其改革手段，殊不易易。惟在多方联络，乘机先去其尤者。近阅报，部中反对之声颇盛，然耶，否耶？……至党事一层，伯兰诸兄虽以弟

①②③　《黄兴未刊电稿》第45、46、47页。
④　伯、九、铸，指孙洪伊（伯兰）、谷钟秀（九峰）、殷汝骊（铸夫）。
⑤　《黄兴未刊电稿》第47、48页。
⑥　《黄兴未刊电稿》第48页。

有到京之必要，然以弟默察现势，国会之需要在借款，恐款事一成，必遭解散，党于何有？目下北京空气窒塞不通，入其中者俱多不觉。以兴冷眼观之，或少清平。"①

9月21日　复电谷钟秀，水口山事，"望兄竭力主持，废此违反民意之约，另筹良法，不胜切祷。"②

9月23日　复电谷钟秀，"借款事，仰赖大力转旋，得使日人允为改约，谨为全湘深表谢意。"③

△　致电欧阳振声，"水口山事，日人既允剔出，望速实行宣布，以慰湘人之望。"④

△　与张孝准联名电告谭延闿，水口山矿当可挽回。

电云："昨得日参谋次长复电，已由其当局说谕商人，可望改约。又，闻日舆论亦不以兴亚公司此举为然。顷得九峰电云，日人已允改约，将水口、太平两矿剔出。似此，水口山矿当可挽回。仍望尊处促其实行，并请将此顶交涉首尾详情宣布，俾免人民疑惑。"⑤

9月26日　刘人熙来访。

"访孙中山、黄克强畅谈。中山极言裁厘之益，克强深言中央以分别黑白为保守威信之要义。二君皆名下无虚士也。"⑥

9月30日　在汇中饭店宴请刘人熙、张孝准、耿毅、邓瑛山。⑦

秋　为王颖书绢面诗。

---

①　《黄克强先生书翰墨迹》第332、333页。
②　《黄兴未刊电稿》第49页。本电及以下二电，原稿均未署名。依内容推断，当系黄兴发出。
③④　《黄兴未刊电稿》第49页。
⑤　《黄兴未刊电稿》第50页。
⑥⑦　刘人熙：《蔚庐日记》。

"破碎神州几劫灰，群雄角逐不胜哀。何当一假云中手，拟绝天骄牧马来。己酉首夏。黄兴。"①

10月1日　宫崎寅藏来访。赴孙中山招饮，同席者有廖仲凯、胡汉民、朱执信、刘人熙、宫崎寅藏。②

10月3日　复电谭延闿，述维持湘局意见。

电云："少川之辞职，闻受压迫非出自徐州方面者，恐从此变幻不可究诘。兹承明问，敢请我公以镇静态度联络南方，专以开发桑梓为主义，黜虚声，免实祸，负重忍辱，以为后图。"③

△　与孙中山联名复电谷钟秀，"报载中央已准少川辞职，势无挽回。兄等调护苦心，同人共谅。仍望以国务为重，毋少气馁。"④

10月9日　北京政府授与勋一位，固辞不受。

北京政府于国庆前夕颁受勋令，授孙中山大勋位，黄兴、蔡锷、唐继尧、陆荣廷、梁启超、岑春煊勋一位。黄兴不受。⑤

10月10日　胃出血病复发。

黄兴在南京临时政府时期，曾患胃出血症；旅美时又"患血症，幸医治得法，六月之久，始能回复健全。"⑥此次归国抵沪后，操劳过度，夙疾时作。是日，病情突变，吐血数盂，竟至晕厥。经延德医克礼氏诊治后，谢绝应酬，卧床休养。孙中山、胡汉民等莅临视

---

①　原件藏广州博物馆。黄兴此诗作于1909年夏。1916年秋，黄花岗烈士方声洞的妻子王颖在上海拜会黄兴时，黄兴缅怀先烈，以绢面书赠旧作七绝一首。1981年4月，北京市政协委员方贤旭（方声洞之子）将原件献给国家。（据《羊城晚报》，1981年4月20日）

②　《宫崎滔天全集》第5卷第712页。

③④　《黄兴未刊电稿》第50、51页。

⑤　北京《政府公报》第276号。

⑥　1916年9月9日黄兴致二姊函。

疾。

　　△　复电王芝祥，告以"今早九时旧疾复发，呕血升余，晕去时许。"①

　　△　于报端刊载《启事》，因病谢绝来访。

　　《启事》云："兴于国庆日辰刻旧疾复发，呕血升馀，晕去时许。忧患馀生，加以重病，恭逢盛典，无以为欢，殊为怅恨。据医云，贱恙必须静养，方可医治。凡赐函电，未能答复；如蒙枉顾，更难接待。特此布达，幸鉴谅。双十节启。"②

　　10月12日　复电孙洪伊、何成濬等，告以"前本拟赴宁，因于国庆日忽呕血升余，晕去时许，医云须静养，方可医治。"③

　　△　致电唐月池，"旧疾忽发，医云无害。有事待商，望即回国。"④

　　10月14日　复电黎元洪，谢派员问疾，辞受勋位。

　　电云："承派何谘议⑤慰问贱恙，感悚交并。王铁老⑥南来，兴病早伏，忽于国庆日辰刻呕血升余，昏眩时许。当请德医克礼氏⑦诊治，据云，必须静养，方可告痊。刻幸血止，差慰塵怀。昨阅报载，我公策勋，特授兴以勋一位。无功受赏，益增惭惶；加以衰朽之躯，何敢膺此宠锡。谨先电辞，敬请收回成命。"⑧

　　①　《黄兴未刊电稿》第52页。
　　②　《民国日报》1916年10月12日。
　　③　《黄兴未刊电稿》第52页。
　　④　《黄兴未刊电稿》第53页。唐月池曾随黄兴赴美，担任翻译，时在东京。
　　⑤　何谘议，即何成濬，时任总统府上校谘议。
　　⑥　王铁老，即王芝祥，字铁珊。
　　⑦　黄兴旧疾复发后，即延当时在上海跑马厅附近开设宝隆医院的德国医生克礼诊治。（黄一欧：《辛亥革命杂忆》）
　　⑧　《黄兴未刊电稿》第53页。

10月15日　致电在京各同人，"前游美时，曾患此病，医治月余始愈。现聘西医诊治，据云，血由胃出，尚无大碍，惟须静养。"①

△　复电王芝祥，"贱恙幸已平复，静养当可告痊。请释廑念。"②

△　致电谭延闿，"国庆日兴复发旧疾，呕血升余，昏眩时许。现请克礼医治，据云无害，惟须静养。"③

△　复电陈强④转张孝准，"江华矿即遵照畏、树二公⑤所拟办理。……兴于国庆日辰忽呕血升余，昏眩时许；刻已血止，医云无碍。"⑥

10月16日　复电段祺瑞，谢来电慰问，告以"刻幸血止，精神亦稍回复。"⑦

10月19日　致电黎元洪，谢赐药饵。"兴病日有起色，现可稍进饮食，渐能起立。"⑧

△　电谕黄一中，"母恙如何？如能动身，由横滨坐大船，自无妨碍。……父现可稍进饮食，渐能起坐片时，无庸系念。"⑨

10月22日　复电蒋作宾，"贱恙日有起色，饮食稍进，渐能坐立。"⑩

10月26日　四子一球生于上海福开森路。

10月29日　病重，宫崎寅藏至寓所慰问。

---

①②③　《黄兴未刊电稿》第54页。

④　陈强（1878—1944），字惟诚，也作伟丞，湖南常德人。同盟会员。日本陆军士官学校第六期毕业。回国后，曾任保定讲武堂教官、湖南新军第四十九标二营管带。辛亥革命后，任湖南都督府参谋长。护国战争中，任湖南招抚闓使。

⑤　畏、树二公，指谭延闿（无畏）、陈炳焕（树藩）。

⑥⑦⑧　《黄兴未刊电稿》第55、56页。

⑨　《黄兴未刊电稿》第57页。黄一中时在东京。

⑩　《黄兴未刊电稿》第58页。

"往访孙文，随即去探望黄兴。"①

10月30日　病危，孙中山等至寓所慰问②，宫崎寅藏偕日医来诊。

"家严病危急万分。请宫崎先生偕佐佐木来救命。万急，万急！黄一鸥叩。"③

"得黄一欧急报，与医师佐佐木金次郎同道前往黄宅。"④

△　北京参众两院选举副总统，黄兴得33票。⑤

10月　病中告诫宋教仁之子宋振吕。

"一九一六年夏，先君由美经日回到上海，寓居福开森路，我携眷住在新闸路，隔康有为家不远。同住的还有先君的秘书黄丁甫（长沙人，我的本家哥哥）。这时振吕在上海无所事事。先君怕他在十里洋场学坏样，要他跟我住在一起。最初一段时间，振吕表现还好，慢慢地就学坏样了。他跟浏阳人刘白等在外面乱跑，出入花街柳巷，一连好些天不回家。我规劝无效，只好把情况告诉了先君。先君在病中听了很生气，派人把振吕找来训斥，说：'你父亲如何死的你晓得吗？他是为国家死的。你要好好做人，为你父亲争气，不要学坏样，我就死也放心了。'振吕听了先君这番话很受感动，决心痛改前非，以后在生活方面检点多了。"⑥

△　李根源应黎元洪电约赴京，至沪视疾。

---

①④　〔日〕近藤秀树：《宫崎滔天年谱稿》，载《宫崎滔天全集》第5卷第712页。

②　《孙中山年谱》第199页。

③　据黄兴故居纪念馆藏原函复印件。

⑥　《民国日报》1916年11月2日。

⑥　黄一欧：《辛亥革命杂忆》，载《辛亥革命回忆录》第7集第513、514页。宋振吕（1900—1936），字乐六，号稚渔。青年时代得覃振资助留学日本，归国后在南京政府审计部工作。

"克强先生扶病谈美洲情形、欧洲战局，……钮惕生主对德参战，克强曰，舍加入无他法。余临别时，先生尚有数事相嘱：一、胡经武无志节，可恨可怜，闻很穷，吾辈当念旧交，维持其生活；一、谭石屏营钝初墓，尚未完工，应有人负责；一、协和队伍要到饿饭地步，须向黄陂切实妥筹；一、国会应注意立法，法立而政治有依据；只问政治，则政治愈纷乱而不可收拾。"①

10月31日 午前四时，逝世于上海福开森路寓所。孙中山领衔主丧。

《黄克强逝世通告》："启者：黄克强先生于十月三十一日午前四时逝世。民国肇造，失此柱石；公谊私情，曷胜感痛。兹择于十一月一日午后八时大殓。另诹日开奠。叨在世、盟、僚、友、戚、族谊，谨此通告。友人代表孙文、唐绍仪。戚族代表廖星舫、黄迪卿。"②

《讣闻》："黄公讳兴，字克强，痛于民国五年十月三十一日午前四时疾终沪寓，享年四四有三。经于十一月二日午前五时入殓。谨定十二月二十一、二日在福开森路本宅开吊，二十三日举殡长沙。哀此讣闻。子：一欧、一中、一美、一球。女：振华、文华、德华。主丧友人：孙文、唐绍仪、李烈钧、蔡元培、柏文蔚、谭人凤。"③

《黄克强先生作古》："民国伟人黄克强先生兴寓居沪上福开森路三百三十九号，现年四十四岁。先生频年奔走国事，积劳成疾；近更咯血不止，医药罔效，于十月三十一日午前四时逝世。择于十一月一日（即今日）午后八时大殓。惟先生之太夫人及夫人皆在日本，定本月三日自横滨起程，约十日抵沪。届时凭棺痛哭，其

---

① 李根源：《雪生年录》卷2。 黄陂，指黎元洪，湖北黄陂人。
② 上海《申报》1916年11月1日。
③ 据黄兴故居纪念馆藏讣件复印件。

情之惨，不知若何。又闻两三日前，曾私告唐少川恐将不起，唐犹慰之，不料肝疾既加，病陡增剧。其易箦时，全身皮肤忽现黄色，谓因胆液流入血管所致云。"①

　　△　何成濬致电黎元洪，报告黄兴逝世详情。因"遗嘱"问题引起纠纷。

　　《何成濬报告黄克强君逝世详情》："黄克强君病后，总统即派何成濬赴沪视疾。及殁，何先以电闻，继又以书述其病状及遗嘱，并请给款治丧。其文如后：'大总统钧鉴：克强先生病故，比即电闻，计蒙垂鉴。……昨日午后又失血多次，至晚二句钟，痛胀益甚。医来六针左股，初尚知痛能言，然已自知不起，即呼濬至床头，示以国基飘摇，外交紧急，稍一不慎，后患难言。大总统威望道德，中外同钦，必有硕画远谟，保全大局。窃以内阁万不可更动，致政局纠纷，以启外人之觊觎。孙君洪伊精明干练，能任大事，实所罕见。务望引为臂助，同济艰难。又，李书城、陈嘉会、张孝准、徐少秋、耿觐文从余尽力为国，颇著勋劳，亦望量予任用，俾各展所长。务乞转陈斯意，等语。无一语及家事。言毕，即溘然长逝。"②

　　《克强先生有无遗嘱之疑案》："黄氏于国庆日在庭园散步，旧病复发，呕血升余，即行昏眩。延医诊旬日，渐即告痊；未几喉间失音，胸腹胀闷，腰脊作痛，诸病一时并作。医者谓系肝胃发生之症，元气大伤，非静养不能奏效。然黄氏系念时局，每于病榻寂静之时，诘侍疾者以国事，且来往函电多亲自过目，或握管裁答。而肝疾渐剧，忧思益繁，致夜睡不酣，肝胀益甚，胃管复破，呕血不止，缠绵病榻近念日，容貌并不消瘦，惟面黄异常。……然黄氏亦不自

────────────

①　上海《申报》1916年11月1日《本埠新闻》。
②　长沙《大公报》1916年11月10日。

料弃世若此之速。当晚咯血后，神志即昏疲，故并无一语之**遗嘱**。报载总统特派员何成濬报告总统一电中，有'**呼濬**至床头，示以国基飘摇'一段文字，兹经确实调查，并非事实。至临终时，亦并无痛苦，状若沉睡而已。又，旅沪军人同志，因报载黄克强先生遗言，杂入保荐数人，深为不平。昨特致函其公子一欧质问，略谓：尊翁弃世，薄海同悲，矧在同志，哀痛尤甚。昨阅报章登载遗言，并于遗言中杂入保荐数人。阅读之余，不胜疑骇。查尊翁弥留之前，本有李、陈、张、徐、耿诸人侍侧，至杂入保荐数人一事，必系借托尊翁临终遗言，为彼辈钻谋禄位之地。尊翁有知，当亦痛哭于九原矣。且尊翁一生伟业，昭昭在人耳目，奔走国事，入死出生近二十载矣。其间共患难者不可胜数，岂止三湖北、一广东、二湖南之寄生虫耶？果如遗言所云，则数人而外，皆被抹煞，且皆非 为 国 家 出 力 者。……。"①

黄一欧回忆说："一九一六年十月，先君病情转剧后，黎元洪曾派何成濬到上海视疾。先君病故后，何向黎元洪发去两个电报，第二个电报中有一段文字是：黄兴'自知不起，即呼**濬**至床头，示以国基飘摇，外交紧急，……李书城、陈嘉会、张孝准、徐少秋、耿觐文从余尽力为国，颇著勋劳，亦望量予任用，俾各展所长，务乞转陈斯意，等语，无一语及家事。言毕，即溘然长逝。'这个电报当时在报上公布后，旅居上海的一部分军界同志，写信向我质问'遗嘱'中保荐几个人的问题，措词很严厉。他们说：'尊翁一生伟业，昭昭在人耳目，奔走国事，入死出生近二十载矣。其间共患难者不可胜数，岂止三湖北、一广东、二湖南之寄生虫耶？'对于这个质问，我当时有难言之隐，不好答复，现在时过境迁，可以畅所欲言了。先 君 弥留之际，无任何遗言，所谓遗嘱荐人，纯属虚构，并非事实。记得最后病重的那几天，我和大妹振华时刻守护在床边。何成濬到沪后，住在跑马厅一品香旅社，他和李书城等经常在我家照料。先君从十月三十日下午三时起，转入昏迷状态。三十一日凌晨，继续处于昏迷中，待我离开床头，到隔壁房间吃完稀饭转来时，发现先君更加不行了。我立即打电话给在跑马厅附近开宝隆医院的德国医生克礼，等他赶来诊断时，先君已经停止了呼吸，这是当时的实在情况。

"至于'遗嘱'的疑案是如何产生的呢？始作俑者是徐少秋。当时我并不知有这回事，何成濬后来向我表示，徐少秋告诉他发了电报，但未讲杂入保荐人的事。徐少秋是先继母徐宗汉的胞弟，当过陆军部一等副官，经常在先君身边办事。何成濬曾任陆军部副官长，他深知何之为人，所以有恃而无恐。就李、陈、张、耿而言，他们都是老同盟会会员，资历较深，政治上自有出路，用不着去投靠黎元洪。只有徐少秋资历较浅，先君死后，靠山顿失，前途渺茫，为个人利益打算，他想出了这个主意。

"六十多年前的一件疑案，真相如此。"①

11月1日　孙中山通告国民党各支分部及海外同志，悼念黄兴逝世；致送奠仪一千元②。

"启者：黄克强先生自创同盟会以来，与文同事奔走，艰难迄于今日。凡我同志，谅均知悉。前月国庆日，突患胃中血管破裂之症，吐血数盂，晕绝经时。随即延德国医生克礼氏诊治，据云尚可无碍。嗣后，胸膈仍觉饱闷。至上月下旬，更发现肝部肿大之征候。三十日下午五时忽又吐血不止，势极危急，由医注射，暂见血止。三

---

① 黄一欧：《辛亥革命杂忆》，载《辛亥革命回忆录》第7集第161、162页。
② 据《黄宅治丧会议记》，载长沙《大公报》1916年11月15日。

十一日早二时，突再吐血，医再注射，旋即脉停气绝，不可复救，呜呼哀哉！以克强盛年，禀赋素厚，虽此次讨贼未得比肩致力，而提携奋斗，尚冀诸异日；遽此凋谢，为国为友，悼伤百端！谨告同志，共鉴察之。民国五年十一月一日。孙文启。"①

△　日本人士陆续吊唁，致赠赙金。

"此次黄先生逝世，友邦皆致悼惜。日本久原房之助君特赠赙日金一万元。久原君为久原矿业会社社主，有任侠之名，向主张中日亲善主义者也。在沪日本人昨日往吊者有有吉明总领事代表某君、青木陆军中将、松井中佐、铃木少佐、三井支店长藤村义郎代表神崎正助、头山满先生之子头山立助及众议院众议员井手三郎、海军少佐津田静枝等。"②

11月2日　北京政府明令褒扬黄兴。

令曰："勋一位、陆军上将黄兴，缔造共和，首倡义旅，数冒艰难，卒底于成。功在国家，薄海同瞩。乃以积劳遘疾，浸至不起。本大总统患难与共，夙资匡辅，骤闻溘逝，震悼尤深！著派王芝祥前往致祭，特给治丧费两万元。所有丧殡事宜，由江苏省长齐耀琳就近妥为照料。并交国务院从优议恤，以示笃念殊勋之至意。"③

11月6日　黄宅首次治丧会议。孙中山、唐绍仪、胡汉民等出席。

《黄宅治丧会议记》："自黄克强先生逝世后，一时民党各要人不能取齐来沪，所有一切治丧办事规则，未便由少数人作主。兹悉，各要人陆续来申，昨（六号）早已齐集党中多人在黄宅开第一次治丧会议。到会者为孙中山、唐少川、胡汉民、张运龙、刘昆涛、

---

① 　《黄克强先生书翰墨迹》附录第395页。
② 　上海《申报》1916年11月2日。
③ 　北京《政府公报》第299号。

陈阆良、彭静仁、欧阳骏民、何雪竹、刘式南、程嵩生、陈凤光、耿伯钊、邓家彦、曾其衡诸君。是日议决之件如下：一、开吊地点：择中国地，以会馆花园为宜，徐园或南海会馆或斜桥公共体育场。二、开吊期：俟定为国葬与否再择期，应电京催定国葬期。三、讣文程式：由章君行严、胡君展堂拟稿，不用旧式，儿女并列。四、哀启不用，由湖南另设机关征集事实送史馆。五、主丧友人，推定中山、少川两先生。致各处函电，均用主丧友人名义。六、复中外人士唁电：外电均复，内电登报答谢。七、会计推定刘昆涛、程嵩生。八、庶务推定何雪竹、张岳军、陈阆良、徐少秋、黄葆苍、钟骏怀、徐申伯、邹卓甫、朱少平。九、文电推定章行严、胡展堂、陈凤光、黄丁甫、黄葵舫、袁作霖。十、招待推定张润龙、李小垣、耿伯钊、俞咏瞻、邓孟硕、戴天仇、何晓柳、柳聘农、杨纪肃、萧笛帆、刘步青、王勇公。十一、墓碑，函请章太炎先生撰述，谭组庵先生书；墓志铭，函请蔡子民先生撰述，汪精卫先生书。章、谭、蔡、汪四君，由中山、少川二先生通知。十二、同人每日十时前到黄宅商办一切。"①

11月7日　　治丧会议继续举行。孙中山等出席。

"七号继续会议，到会者孙中山、唐少川两先生及刘式南、耿伯钊、陈阆良、徐鹤仙、程嵩生、彭静仁、胡展堂、欧阳骏民、张运龙、何雪竹、彭介石、张岳军、陈凤光、刘昆涛诸君。是日议决之件如下：一、由徐鹤仙请中央许发电收半费。二、拟用江苏教育会体育场开吊，候看定，由徐鹤仙转上海县借地。三、丧费：何雪竹当报告克公身后借到三千元，用至今日剩六百五十五元。中山先生来奠仪一千元，久原来一万元，俱尚存未用。四、办事处，立'黄宅治丧办事处'名义，以便对内对外。五、会计，推定刘昆涛主任；庶务，推定何

---

①　长沙《大公报》1916年11月15日。

雪竹主任；招待，推定耿伯钊主任；并由此项人员自行推定，分日值事，每日同时至少须有二人招待。六、文电，推定胡展堂主任。"①

11月初 蔡锷自日本函托张嘉森代表往祭黄兴。

"蔡公松坡闻黄公克强之丧，哀悼竟日。八日，以书抵予，嘱为代表往祭，附有祭文一、挽联一、为黄公身后请恤电一。孰知书之来日，欲祭人之公，乃已为受祭之人耶！……张嘉森识。"②

蔡锷祭黄兴文："呜呼，伤哉！予继今将何从而视吾丰硕魁梧之克强君？孰故于此控持而颠催之，岂天上悲剧者而有抑塞磊落之功名心？呜呼，伤哉！我国体之发育，在甚不完全之态度。君既创作其轮廓，而吹万不同以成一；胡为卒卒脂尔逆旅之车轴，弃我如蚁赴汤、如羊失牧总总之四忆？呜呼，伤哉！君非仅长余十年也耶，而为予弱冠时相与矫翼厉翮于江户时之敬友？既黯然别以若斯之匆匆，君其安用于旧世界为豪胆之怀疑，而批大却、导大窾，以一扫东方学者之唯唯否否？呜呼，伤哉！君始以趣起社会之动机，对于永静之惰性，而以其悲智显继；以非利己主义之直接认识，传习于湘沅间，卒乃冒死以脱险，既同情激感夫九世复仇之义。君又变历史之声，而与自由思想以黄胄之发展；苟夷考其行而不谬，君其安忍此而与今世远？呜呼，伤哉！共和之胎影方新，而专制之第一缩图，诚勇刚强不可陵；所得之秉彝者不可以久假，乃破坏其肉体，而挟其高贵者以他趋。讵乌托邦之待治，更危急于此疮痍鼎沸之危区；乃上违去其衰白之老母，而下以弃远其稚孤。君纵不欲以其家托诸后死之吾；徒紧我国人，将此呱呱保抱之婴儿国，托诸谁氏之将扶？呜呼！予己血为之厥，泪为之枯，念人事之靡常，壮健

---

① 长沙《大公报》1916年11月15日。
② 《黄克强先生荣哀录》。

如君而犹速化，翻欲以造物之倒行逆施者，以自慰藉此浮沉一年余中之病躯。予言有穷，而痛将无有已时也！予继今将何从而视君之丰硕魁梧？呜呼，伤哉！"①

致谭延闿电："长沙省议会、谭组庵先生均鉴：惊闻克强逝世，痛悼至深。弟卧病海外，于其身后应行筹措及表彰，并请中央优恤各事，未能尽力，殊为歉然。克强舍身为国，功在天下后世，应请组公电中央特别优恤。如须联衔，可列锷名。并希我湘绅耆老发起表彰，崇报千秋，尤所盼感。锷叩。"②

挽黄兴联："以勇健开国，而宁静持身，贯彻实行，是能创作一生者；曾送我海上，忽哭公天涯，惊起挥泪，难为卧病九州人。"③

11月11日 王芝祥代表大总统黎元洪致祭黄兴。孙中山等中外来宾分别致祭。

"黎大总统代表王芝祥于午前十时乘坐轿式马车莅临黄宅。本埠官场如沪海道道尹徐鹤仙、代理上海县知事景毓华、淞沪护军使代表副官长范毓灵、外交部特派交涉员代表交际科科长陈震东、镜清练习舰舰长何镜秋、参议院议长王家襄、参议员张烈等亦先后乘车戾止。外人之往祭者则有日人青木中将、松井中佐、宫崎太仓、野木和一郎、三井物产株式社上海支店男爵藤村义郎、藤濑政次郎、神崎正助等。此外，如孙中山、唐少川、谭石屏、胡汉民、孑民、柏烈武、黄膺白、刘昆涛、欧阳骏民、黄复生、张岳军、陈凤光、徐少秋、张运龙、刘步青、刘式南、周景瞻、何雪竹、朱少屏、耿伯钊等诸同志亦预焉。其应用军乐系由护军使署借拨三十二人，由范副为之指挥，均在灵室外沿廊列队，按照预定礼节按班节奏。钟鸣十一下，由赞礼员沪海道道尹徐鹤仙唱名，各执事依次序班。主祭官王芝祥

---

①②③　《蔡锷集》第525、526、527页。

向灵前就位，按照预定仪式，恭代大总统致祭毕。然后，中外各来宾照普通致祭仪式分别致祭。礼成，均由孝子出幕，向王代表及各来宾叩谢。"①

△　孙中山、唐绍仪等联名致电黎元洪，谢派王芝祥代表致祭黄兴。

电云："北京大总统钧鉴：十一日午，王芝祥上将恭代致祭黄克强先生灵几，隆礼厚谊，孝堂哀感无既。谨代致谢。主丧友人孙文、唐绍仪、柏文蔚、蔡元培、谭人凤同叩。"②

11月15日　林伯渠致祭黄兴。

《林伯渠日记》："十五日。晴。早起，诣克强先生灵座行礼。"③

11月17日　日本东京举行黄兴追悼大会。

"东京来电云：十七日午后一点钟，日本东京各界名士在芝区青松寺开会，追悼克强先生。到会者数千人，不能入而立于山门外者数万人。发起人后藤新平（现外务大臣、男爵）、加藤高明（子爵）、箕浦胜人、河野广中、尾畸行雄、高田早苗（以上前任各部大臣）、原敬杉田、定一床次竹三郎、小川平吉（以上政友会）、犬养毅、古岛一雄（以上国民党）、锅岛直大（侯爵）、根津一（以上东亚同文会）、黑田成长（侯爵，东邦协会）、田中义一（陆军代表）、秋山真之（海军代表）、小池张造（外交界代表）、秋山定辅（无所属）、澁泽荣一（男爵）、中野武营、早川千古郎、丰川良平、近藤廉平、大仓喜八郎（男爵）、久原房之助、高田慎藏、藤田平太郎、古河虎之助、井上准之助、三岛弥太郎（男爵）、樱井铁太

---

① 《黄克强先生之殡仪》，载长沙《大公报》1916年11月18日。
② 长沙《大公报》1916年11月18日。
③ 《林伯渠日记》第135页。

郎（以上实业家）、头山满、寺尾亨、副岛义一，为日本各界最有力
之代表。东京各界人士，下至妇孺，皆谓日本今日失一国家的良友，
吾人不可不以赤心表追悼之意。犬养毅君（国民党总理）代表发
起人述追悼词，赵伸君（云南省议会议长）代表中国友人述谢词
后，追悼会干事寺尾博士读各处吊唁电及上海主丧友人孙文、唐绍
仪、柏文蔚、蔡元培、谭人凤谢电。此日哀声震全国，对于外国人之
追悼如此盛大，为开国来所未有。①

11月22日　孙中山等署名主丧友人发布治丧通告。

通告云：“敬启者：黄克强先生交游满天下，车笠之盟，缟纻之
好，究有仆等所未悉者。代主丧务，勉持大体，征名遍讣，恐有未周，
诸祈见谅为幸。主丧友人孙文、唐绍仪、柏文蔚、李烈钧、蔡元培、
谭人凤。民国五年十一月二十二日。”②

12月18日　北京国会通过《国葬法》，并决议国葬黄兴、蔡
锷③。

12月20日　章炳麟撰《黄克强遣奠辞》，与孙中山等同署。后
收入《太炎文录补编》。④

12月21日　开吊。孙中山等莅临致祭。

是日及22日开吊。灵堂设于上海法租界霞飞路西端福开森路
三九三号本宅。国民党要人、朝野名流、社团领袖前来致祭者日以
百数，备极哀荣。孙中山除代表前同盟会同人致祭外，并与唐绍
仪、岑春煊、章炳麟、李烈钧、柏文蔚、谭人凤、陈炯明、胡汉民等联
衔致祭，其遣奠辞即章炳麟所撰。

---

① 长沙《大公报》1916年11月27日。
② 《黄克强先生纪念集》第14页。
③ 北京《政府公报》第349号。
④ 《章太炎年谱长编》上册第542—544页。

前同盟会同人祭文曰："同盟人孙文等谨致祭于黄先生克强之灵曰：呜呼哀哉！夷夏之防，国家之纲，烈士之血，小人之舌。天降之袂，绝纲决防，有血已碧，有舌如簧。贪天之功，其炎熊熊，奔啸都市，击鼓撞钟。国有天子，歌功拜起，土崩瓦解，以惑当世。爱憎之间，若操斧钺，以逆乱顺，如鬼如蜮。小人道长，君子道消，颠之倒之，丧我人豪。呜呼哀哉！缅怀当年，汉地胡天，攘夷存夏，孰为之先？亦有圣贤，为国大盗，割裂诗书，异族是保。义旗一拂，君臣变色，老生小儒，诋为大逆。公与吾侪，如骖之勒，河山百战，乃有今日。曰在东京，刑马作盟，橐矢攘甲，以入国门。投鞭断流河口惠州，众庶梦梦，谁与为谋？公与吾侪，声应气求，师期一误，蹶于虏酋。巍巍羊石，天南半壁，负海阻山，国之岩邑。公与吾侪，斩关而入，一夕黄花，染为血色。大猷赳赳，两湖三江，中部同盟，若纲在网。公与吾侪，逐北追亡，舆榇衔璧，旗门受降。六合既一，粤修文德，漏网吞舟，坐滋国贼。公与吾侪，陈师以出，一击不中，修其羽翼。申椒既夷，萧艾离披，功满天下，毁谤随之。悠悠海内，若成若败，玉垒初完，金瓯未碎。谁为长城？岳岳英英，谁树典型？炳炳灵灵。崎岖十载，天壤一人；怀此民物，以及友生。呜呼哀哉！尚飨。"[1]

孙中山挽联云："常恨随陆无武，绛灌无文，纵九等论交到古人，此才不易；试问夷惠谁贤，彭殇谁寿，只十载同盟有今日，后死何堪！"[2]

章炳麟挽联云："无公则无民国；有史必有斯人。"[3]

12月23日　灵柩发引，归葬湖南。

是日上午，黄兴灵车自福开森路寓所发引，各机关、团体、学校

①　《黄克强先生纪念集》。
②③　《黄克强先生纪念集》。

代表,驻沪各国领事及舰队将领,均护送至金利源码头,将灵枢移登鸿安公司之长安轮。① 同日,《中华新报》发表《送黄先生归葬湖南哀词》,赞誉黄兴"既覆清,复灭袁,诚格金石,义贯日月,功被生民,名垂青史!"②

---

① 《黄克强先生荣哀录》。
② 上海《中华新报》1916年12月23日。

1917年（民国六年 丁巳）

1月5日 灵柩运抵长沙。

"初五日　晴　早十时，诣迎黄克强先生灵榇，由河干行至旧学院署。午后一时，到署。"①

是日，黄兴灵柩自武汉运抵长沙，船泊大西门外中华汽船公司码头。军界营长以上、政界科长以上及各学校、团体代表均往码头迎祭，素车白马，备极哀荣。灵柩起岸后，由大西门进城，经西长街、福星街、小东街、老照壁、府正街、南阳街、八角亭、南正街、学院街进营葬事务所。②

1月18日 幼子一寰③生于上海福开森路三九三号。

2月14日 宫崎寅藏抵长沙，参加葬礼。④

4月上半月 湖南省立第一师范学生毛泽东、萧植藩联名致函宫崎寅藏。

函云："久钦高谊，觌面无缘，远道闻风，令人兴起。先生之于黄公，生以精神助之，死以涕泪吊之。今将葬矣，波涛万里，又复临穴送棺。高谊贯于日月，精诚动乎鬼神，此天下所希闻，古今所未有也。植藩、泽东湘之学生，尝读诗书，颇立志气。今者愿一望见

---

① 《林伯渠日记》。
② 《黄克强先生荣哀录》。
③ 黄一寰现名黄乃。
④ 《宫崎滔天全集》第5卷第712页。

丰采，聆取宏教，唯先生实赐容接，幸甚幸甚！"①

《黄公出殡声中之宫崎演说辞》："鄙人于第一革命后病留上海，〔呕〕血濒死。第二革命时，亦于上海呕血濒死；及中山、克强与其他同志亡命后，始扶病而归东京。当时黄先生深忧鄙人之健康，以为市内嚣尘，不宜养病，乃择市外高田村闲静之地，别筑一家，而使鄙人居之。由是，鄙人莳花种草，日与农夫为伍，遗弃世事，萧然尘外，健康渐次恢复，遂为强壮之人。此诸君今日所亲见，实皆黄先生之赐也。

"鄙人断然决意投入乞食之群，学唱浪花歌于桃中轩云右卫门，周游九州而返东京，每夜唱歌乞钱，仅以糊口。譬之秋风落寞，枯木将坠于危岩。当此之时，岂有一人寄同情于鄙人者？此时忽有一伟人来访敝庐，令我将灰之心，忽燃革命之火。其人非他，即为我黄公克强先生也。由是，因先生介绍，而知宋教仁、张继、陈天华诸先生及其他革命同志，而革命复活。尔来十有数年，虽无何等之功，然得附诸同志之骥尾，与革命相终始者。实拜黄先生之赐。鄙人以黄先生为肉体及精神上之恩人者以此。其后约半岁，孙先生返日本，鄙人即偕中山〔赴〕克强先生之寓，亲执介绍之劳。黄先生即介绍宋教仁、张继诸先生及其他同志，又邀合留学生，特为中山先生开欢迎大会，会者殆及万人。当时日本官宪及中国留学生监督相顾惊愕。"②

4月15日　灵柩安葬长沙岳麓山。

---

① 影印墨迹，载《宫崎滔天全集》第1卷卷首。　萧植藩即诗人萧三，1979年5月31日复本谱编者信云："宫崎在葬黄时到了长沙，故我们请见他，但没有见面。根据我的记忆，毛泽东同志青年时代最初崇拜梁启超，喜读《新民丛报》；后来知道有同盟会，对孙文、黄兴非常崇拜。他多次谈过，孙文、黄兴是伟人。"

② 长沙《大公报》1917年4月15日第七版。

黄一欧回忆说："一九一六年十月先君在上海病故，十二月二十三日，由刘建藩主持，护送灵柩离沪，归葬湖南。次年一月五日，灵柩运抵长沙后，由大西门进城，停放学院街营葬事务所。刘建藩同我往湘潭易家湾昭山和长沙岳麓山等处勘察墓地，最后确定安葬岳麓山，一切安葬事务都是由他主持的，先母、先继母和我都没有操一点心。

"四月十五日出殡，全城机关、学校放假一日。送葬队伍绵延几里，从河西起披处绕出青枫峡外至麓山墓地，专门新修了一条简易马路，便于群众上山。张继、李书城、何成濬等专程从北京赶来参加国葬典礼，谭人凤、石陶钧等从上海赶来参加，季雨霖、胡瑛等从武汉赶来。参加葬礼的外宾，最虔诚的要算日本宫崎寅藏、宫崎民藏两弟兄，他们在长沙逗留了整整三个月。此外还有日本驻湘领事及侨民三十多人，欧美侨民也有参加送葬上山的。……先君安葬三天后，我们夫妇同登岳麓山，将久原房之助①送的一把古刀，武昌起义后先君任战时总司令佩的指挥刀，生前用过的几支毛笔和一个炮弹筒送入墓内，然后将石门封锁。辛亥上海光复后，我任沪军先锋队副司令，从吴淞炮台卸运炮弹攻打南京天堡城，事后留下几个炮弹筒刻了字作纪念品，这次以一个送入先君墓内。"②

是日，黎元洪特派湖南督军兼省长谭延闿代表致祭，副总统特派陈调元，总理段祺瑞特派陆军中将温寿泉代表致祭。北京政府各部及各省督军、省长，均派代表莅湘会葬。出殡时，整队参加送葬的群众逾万人，沿途致祭者甚多。上山后，照国葬典礼举殡安

---

① 久原房之助是日本久原矿业公司等企业的创办人，后任政友会总裁。护国战争期间，日政府曾计划通过他给先君一笔款项编练军队，后因袁世凯毙命作罢。
② 黄一欧：《辛亥前后杂忆》，载《湖南文史资料选辑》第15辑第51页。

葬，行礼如仪。

宫崎寅藏写道："四月十三日是黄公遗容瞻仰日。早上虽有小雨，从七时左右起到夜十时（规定是五时止），瞻仰者络绎不绝，没有一分钟的空隙。接待的人员都陷于极大的疲劳，然而会场上秩序井然，一丝不乱，令人感服。十四日是最后的告别日，瞻仰遗容的人，比前天更多，直到午夜十二时未断。十五早晨，雨过天青，碧空如洗，都认为是不冷不热的理想的天气了。上午九时，灵柩如时起运，按军乐队、军队、警察、学生、各机关团体代表的顺序出发。接着是生前友好执绋，灵柩后面是遗族，在灵柩傍边护送的是军队的高级将领以及远道而来的亲密旧友、旧日随从等。大家在狭仄的街道中缓缓行走，拥挤不堪，迟迟不能前进。距河岸不足两华里的行程，费时达两句钟之久。到达河岸后，由接待员引导到指定的码头乘船渡河。灵柩到达时，河中船上的汽笛哀鸣。渡河的以及未能渡河的群众，这时什么人都忍不住掉泪。十艘小火轮，有六七艘都挂着各自的军旗，乘载着官兵，慢慢地引导。最后的小火轮悬挂着白布，载运灵柩，乐队在后面奏着哀曲，实在是悲壮极了。灵柩到达河西岸时，礼炮声大作，和以鞭炮声，更显得悲壮。由此往岳麓山黄公的墓地，不到七华里，先行者已到了半山，午后三时灵柩才到达墓地，安放在五公尺四十五公分，上面堆积约一公尺二十一公分的水泥土的岩石的穴中。前面设置祭坛，先由湖南督军谭延闿氏代表大总统礼拜后，朗读祭文。继由各界代表一齐行礼。其次是我们日本人，由领事站在先头排成一列，读毕祭文后，行礼退场。从北京赶来参加的张继、李书城、何雪竹诸氏，以及从上海赶来参加的谭人凤老人，都在墓地低徊顾盼，不忍离开。十八日，一欧夫妇及姊妹同登岳麓山，将黄公生前喜爱的几件东西和久原房之助氏寄赠的一把日本刀送入墓内。然后将石门锁上，作最后的告别，并摄影留念。"①

　　章炳麟撰墓志铭。铭曰："南纪维衡，上摩玄苍。厥生巨灵，恢禹之疆。发迹自楚，命畴大荒。行师龙变，阖开不常。广宣汉威，莫我抗行。小叶之虏，若炊而僵。国难未艾，神奸犹狂。元功中圮，何天之盲。中兴虓虓，宠赂犹章。颒怒欶血，瘝此献萌。死为鬼雄，以承炎黄。"②

①　《宫崎滔天全集》第1卷第553--555页。
②　转引自陈维纶：《黄克强先生传记》第241页。

征 引 书 目

一、黄兴著作

1. 《复孙中山函》（1910年5月13日），1931年影印件，湖南省图书馆藏。

2. 《广州起义报告书》（1911年4月），影印件，湖南省政协文史资料研究委员会藏。

3. 《致袁世凯函》（1911年11月9日），原件藏中国历史博物馆。

4. 致章士钊、吴弱男函七件（1913—1914年），原件藏上海图书馆。

5. 致刘承烈、谭人凤等函十二件（1914—1916年），原件藏中国社会科学院近代史研究所。

6. 致田桐（梓琴）函二件（1914年6月），影印件，湖南省哲学社会科学院历史研究所藏。

7. 《复孙中山函》（1914年6月初），原件藏中国历史博物馆。

8. 《致章士钊函》（1915年1月29日），原件藏上海市文物保管委员会。

9. 《致石陶钧函》（1915年10月18日），原件藏湖南省哲学社会科学院历史研究所。

10．《致张孝准函》（1915年11月26日），原件藏湖南省哲学社会科学院历史研究所。

11．致继母及黄一中函（1913年1月），原件藏湖南省博物馆。

12．《致二姊函》（1916年9月9日），原件黄兴二姊的曾孙贺克美藏。

13．《复宫崎寅藏函》（1914年11月10日），日本早稻田大学赠黎澍原函影印件。

14．《蝶恋花》词（辛亥秋哭黄花岗诸烈士），原件藏黄一欧家。

15．南京临时政府、留守府档案资料多件，原件藏中国第二历史档案馆。

16．吴砚云编：《黄留守书牍》，新中国图书局1912年印本。

17．罗家伦主编：《黄克强先生全集》，台湾1973年增订版。

18．罗家伦主编：《黄克强先生书翰墨迹》，台湾1973年增订版。

19．湖南省社会科学院编：《黄兴集》，中华书局1981年版。

20．王纯根辑：《伍一平先生珍藏先烈黄克强、陈英士两公墨迹》。

21．《黄兴先生演说词汇编》。

22．薛君度、毛注青编：《黄兴未刊电稿》，湖南人民出版社1983年8月版。

（注：散见于其他书籍报刊中的黄兴著作，另分别列入以下各栏）

二、一般书籍

23．全国政协文史资料研究委员会编：《辛亥革命回忆录》1—7集，中华书局1961—1963年版。

24．中国科学院近代史研究所史料组编：《辛亥革命资料》，中华书局1961年版。

25．中国近代史资料丛刊：《辛亥革命》(1)(2)(4)(5)(8)，上海人民出版社1957年版。

26．上海社会科学院历史研究所编：《辛亥革命在上海史料选辑》，上海人民出版社1966年版。

27．扬州师范学院历史系编：《辛亥革命江苏地区史料》，江苏人民出版社1961年版。

28．《辛亥革命前后（盛宣怀档案资料选辑之一）》，上海人民出版社1979年版。

29．武汉大学历史系中国近代史教研室编：《辛亥革命在湖北史料选辑》，湖北人民出版社1981年版。

30．《辛亥革命史料选辑》上册、续编。

31．广东省政协文史资料研究委员会编：《广东辛亥革命史料》，广东省新华书店1962年版。

32．《辛亥革命首义回忆录》，1、4集，湖北人民出版社1957年版。

33．杨世骥：《辛亥革命前后湖南史事》，湖南人民出版社1958年版。

34．吴玉章：《辛亥革命》，人民出版社1961年版。

35．杨玉如：《辛亥革命先著记》，科学出版社1958年版。

36．李廉方：《辛亥武昌首义记》，湖北通志馆1947年版。

37．胡鄂公：《辛亥革命北方实录》。

38．薛君度：《黄兴与中国革命》，杨慎之译，湖南人民出版社1980年版。

39．黄蔡二公事略编辑处编：《黄克强先生荣哀录》，1918年长沙出版。

40．何伯言：《黄克强》，南京青年出版社1945年版。

41．刘揆一：《黄兴传记》，1929年京津印书局铅印本，重刊于《辛亥革命》（4）。

42．陈维伦：《黄克强先生传记》，台湾1973年版。

43．杜元载编：《黄克强先生纪念集》，台湾1973年版。

44．李云汉：《黄克强先生年谱》，台湾1973年版。

45．左舜生：《黄兴评传》，台湾1968年版。

46．曹亚伯：《武昌革命真史》，中华书局1927年版。

47．张难先：《湖北革命知之录》，商务印书馆1946年版。

48．冯自由：《革命逸史》初集至五集，商务印书馆1945—1947年版。

49．《革命先烈传记》，重庆中国文化服务社1942年发行。

50．《革命文牍类编》，十册，1911—1912年刊，上海时事新报馆发行。

51．《革命文献丛刊》，第5—7期，1947年在南京出版。

52．《革命文献》，台湾1953—1956年出版。

53．《中国国民党史稿》，商务印书馆1944年增订版，中华书局1960年重印。

54．邓泽如：《中国国民党二十年史迹》，上海正中书局1948年版。

55．冯自由：《中华民国开国前革命史》，上海中国文化服务社1946年版。

56．廖少游（字春）：《新中国武装和平解决记》，1912年陆军编译局刊。

57．《中华民国新文牍》，十册，1914年上海铅印本。

58．天笑生编：《中华民国大事记》，上海有正书局1912年刊。

59．萱野长知：《中华民国革命秘笈》，东京1941年印刷发行。

60．中华民国史资料丛稿：《孙中山年谱》，中华书局1980年版。

61．中华民国史资料丛稿：《日本外交文书选译》，中国社会科学出版社，1980年版。

62．《中华民国史资料丛稿·大事记》第二辑。

63．《中华民国大事记》，1912年1月刊本。

64．《中华民国临时政府新法令》。

65．《中华民国开国五十年文献》。

66．《中国革命党问题》，第2、6、7卷选译。

67．李新、孙思白主编：《民国人物传》第一卷，中华书局1978年版。

68．经世文社编：《民国经世文编》，1914年上海出版。

69．高平叔：《蔡元培年谱》，中华书局1980年版。

70．《总理年谱长编稿》，1935年南京出版。

71．章炳麟：《自定年谱》，重庆《国民公报》1943年刊。

72．《国父年谱初稿》，二卷，台湾1958年版。

73．邱文治：《鲁迅年谱》上卷。

74．汤志钧：《章太炎年谱长编》，上册，中华书局1979年版。

75．《国父年谱》增订本（下册）。

76．凤岗及门弟子（岑学吕）编：《三水梁燕荪先生年谱》，1939年出版。

77．《孙中山选集》，上下卷，人民出版社1958年版。

78．胡汉民编：《总理全集》，上海民智书局1930年版。

79．《国父全集》，台湾1957年版。

80．毛注青等编：《蔡锷集》，湖南人民出版社1983年版。

81．《龙莪溪先生遗书》，1952年长沙龙氏后人辑印。

82．《宫崎滔天全集》，全五卷，东京平凡社1971—1976年版。

83．《居觉生先生全集》下册。

84．《艺庐言论集》。

85．《宋教仁日记》，湖南人民出版社1980年版。

86．《胡适留学日记》，上海商务印书馆1948年版。

87．皮锡瑞：《师伏堂日记》。

88．居正：《梅川日记》。

89．黄尊三：《三十年日记》。

90．《林伯渠日记》，湖南人民出版社1984年1月版。

91．《吴玉章回忆录》，中国青年出版社1979年版。

92．胡祖舜：《武昌开国实录》，1948年武昌出版。

93．李根源：《雪生年录》，1929年夏印。

94．谭人凤：《石叟牌词叙录》，重刊于《近代史资料》1956年第3期。

95．石陶钧（醉六）：《六十年的我》，邵阳日新印刷局1939年代印。

96．《黄膺白先生故旧感忆录》，1937年上海出版。

97．观渡庐（伍廷芳）：《共和关键录》，1912年11月上海刊行。

98．苏鹏：《柳溪忆语》。

99．宫崎槌子：《我对于辛亥革命的回忆》（陈鹏仁译）。

100．黄炎培：《八十年来》。

101．《悟庵先生成仁录》。

102．朱德裳：《三十年见闻录》，第3册。

103．张国焘：《我的回忆》，第1册。

104．伯夔：《同盟感旧录》。

105．谢持：《天风瀣涛馆六十自述》。

106．小川平四郎：《北京之四年》。

107．《湖南省志》第一卷，湖南人民出版社1959年印。

108．刘谦主编：《醴陵县志》，1948年印。

109．《光复军志》。

110．黄警顽编：《南洋霹雳华侨革命史迹》，上海文华 美术图书公司1933年影印版。

111．沈翰编：《宋钝初被刺始末记》，1913年上海铅 印本。

112．介北逸叟编：《癸丑祸乱纪略》，有益斋书局1913年版。

113．钱无咎编：《明德校史》，明德校友总会1948年印本。

114．《护国军纪事》，1—5期，上海中华新报社1916 年版。

115．李剑农：《最近三十年中国政治史》，上海太平洋 书店1930年版。

116．北一辉：《支那革命外史》，1921年东京初版。

117．小野川秀美：《宫崎滔天和辛亥革命前夜》，上海 师范学院历史系译印。

118．《民族英雄及革命先烈传记》。

119．《李烈钧将军自传》。

120．池亨吉：《支那革命实见记》。

121．林述庆：《江左用兵记》。

122．黄钺：《陇右光复记》。

123．E·A·贝洛夫：《1911—1913的中国革命》。

124. 陶菊隐：《六君子传》。

125. 《秦效鲁先生革命事略》。

126. 《湖南文献汇编》，第1辑，湖南省文献委员会1948年印。

127. 徐有朋编：《袁大总统书牍汇编》，1914年初版，1935年上海再版。

128. 《黎副总统政书》，1914年湖北官印刷局印行。

129. 荣朝申辑：《缔造共和英雄新尺牍》，上海锦江书局1912年印。

130. 《共和伟人函牍》第8卷。

131. 《张謇函稿》第27册。

132. 《太炎最近文录》。

133. 《湖南文史资料》第15辑。

134. 《熊秉三先生政书》甲编。

135. 李根源辑：《永昌府文征》"文录"第4册。

136. 杨天石、王学庄编：《拒俄运动》，中国社会科学出版社1979年版。

137. 鲁迅：《坟》，人民文学出版社1958年版。

138. 鲁迅：《且介亭杂文末编》，人民文学出版社1958年版。

139. 何仲箫编：《陈英士先生纪念全集》，上下二册，1930年上海印行。

140. 白蕉：《袁世凯与中华民国》，上海人文月刊1939年版。

141. 房兆楹辑：《清末民初洋学学生题名录初辑》。

142. 谢英伯：《入海航程》。

143. 张永福：《南洋与创立民国》。

144. 高桥正雄：《日本近代化と九州》。

145. 《古今对联集锦》。

146. 《天南电光集》。

147. 《最近之国耻》，1915年刊本。

148. 《白石老人自传》，人民美术出版社1962年版。

149. 《宋渔父集》。

三、报章杂志

150. 上海《申报》，1911—1913年。

151. 上海《民立报》，1911—1913年。

152. 上海《天铎报》，1912年。

153. 上海《中华民报》，1912年。

154. 上海《民国日报》，1916年。

155. 上海《苏报》，1903年5月。

156. 上海《神州日报》，1908年5月。

157. 上海《时报》1911年12月，1916年5月。

158. 上海《新闻报》，1913年8月1日。

159. 上海英文《字林西报》，1915年10月20日。

160. 上海《中华新报》，1916年7月12日。

161. 《民意报》，1916年5月。

162. 《民报》，1905年东京创刊。

163. 《长沙日报》，1912、1913年。

164. 长沙《大公报》，1915—1917年。

165. 山东《齐鲁公报》，1910年11月。

166. 新加坡《中兴日报》，1908年5月、12月。

167. 《大共和日报》，1912年9月。

168. 北京《民主报》。

169. 开封《时事豫报》，1913年8月5日。

170．《中华民国公报》，1915年12月15日。

171．《湖南官报》第651号，874号。

172．《西安日报》，1936年10月。

173．《西北文化日报》，1939年10月31日。

174．南京《中央日报》，1935年11月12日。

175．香港《时报》，1959年10月10日。

176．《湖南日报》，1982年3月17日。

177．北京《团结报》，1984年10月13日。

178．《湖北学生界》第4期。

179．《江苏》第2期。

180．《震旦》，1913年第3期。

181．《国民杂志》，1913年第1号。

182．《民国》杂志，第1卷，第3号、6号。

183．章士钊主编：《甲寅》杂志。

184．《正谊》杂志第1卷第7号。

185．《国史馆刊》第1卷第2号。

186．《逸经》，第25期。

187．《建国月刊》，第3卷第2、4期；第4卷第1期，第14卷第1期。

188．《临时政府公报》，共58号，1912年1月29日—4月5日印行。

189．《政府公报》，1912年5月—1916年北京印行。

190．《中国一周》390期（1954年10月11日出刊）。

191．《昆仑杂志》，第5卷第2期，1961年3月。

192．《近代史资料》，1956年第3期，1961年第1期，1962年第1期，1963年第2期，1979年第3期，1983年第3期。

193．《湖南历史资料》，1958年第4期。

194．《近代史研究》，1979年第1期。

195．《中国社会科学》，1980年第2期。

196．《湖南文史通讯》，1984年第2期。

197．《江苏革命博物馆月刊》，第1卷第5期。

198．《文史通讯》，1981年第2期。

199．《政治评论》，第19卷第1期（1967年9月台北版）。

200．《国民月刊》创刊号，1913年5月发行。

四、未刊资料

201．孙中山：《致黄兴函》（1914年5月29日），原件藏中国历史博物馆。

202．孙中山：《复黄兴函》（1914年6月3日），原件藏中国历史博物馆。

203．孙中山：《致黄兴函》（1916年5月20日），原件藏中国历史博物馆。

204．黄一欧：《辛亥革命杂忆》，湖南省政协文史资料研究委员会藏稿。

205．黄一欧：《黄花岗起义亲历记》，湖南省政协文史资料研究委员会藏稿。

206．黄一欧：《护国运动见闻杂忆》，湖南省政协文史资料研究委员会藏稿。

207．雷恺：《黄克强先生小传》，1962年为本谱编者作。

208．雷恺：《往事杂忆》，湖南省政协文史资料研究委员会藏稿。

209．中国第二历史档案馆藏：《国史馆档案》。

210. 中国第二历史档案馆藏：《南京临时政府档案》。

211. 中国第二历史档案馆藏：《北京政府陆军部档案》。

212. 《湖南矿业总会档案》。

213. 章士钊：《书甲辰三暗杀案》，全国政协文史资料研究委员会藏稿。

214. 章士钊：《欧事研究会拾遗》，全国政协文史资料研究委员会藏稿。

215. 《辛亥革命七十周年——文史资料纪念专辑》。

216. 陈英才：《回忆两湖书院》，湖北省政协文史资料研究委员会藏稿。

217. 马文义：《记〈血泪书〉案与〈俚语日报被封〉》，湖南省政协文史资料研究委员会藏稿。

218. 阎幼甫：《回忆在明德学堂执教时的黄克强先生》，湖南省政协文史资料研究委员会藏稿。

219. 刘天铎：《黄兴将军游美回忆》，全国政协文史资料研究委员会藏稿。

220. 黎照寰：《黄克强游美休养见闻》，湖南省政协文史资料研究委员会藏稿。

221. 姚雨平：《新军起义前后及辛亥三月二十九之役的回忆》，广东省政协文史资料研究委员会藏稿。

222. 李书城：《跋黄兴〈上孙中山论革命计划书〉》，湖南省政协文史资料研究委员会藏稿。

223. 李裕：《辛亥时期的片断回忆》，湖南省政协文史资料研究委员会藏稿。

224. 杨思义：《蔡锷逸事》，湖南省政协文史资料研究委员会藏稿。

225．章裕昆：《武昌首义与黄兴的关系》，湖南省政协文史资料研究委员会藏稿。

226．周世贤：《周震鳞的家世和生平》。

227．《陈嘉会日记》，湖南省政协文史资料研究委员会藏稿。

228．《凌容众日记》，湖南省图书馆藏。

229．刘人熙：《蔚庐日记》，湖南省社会科学院历史研究所藏。

230．陶成章信札多件，湖南省社会科学院历史研究所藏。

231．《赵凤昌藏札》，第67册，北京图书馆。

232．程潜：《仇亮传》，湘阴仇氏后人藏。

233．《李国柱自述》，嘉禾李氏后人藏。

234．章炳麟：《黄季刚墓志铭》，陈粹劳抄存。

235．焦传统：《先父焦达峰事略》，湖南省政协文史资料研究委员会藏。

236．龙祖同：《龙璋行状》，龙氏后人藏。

五、其　它

237．《经铿黄氏家谱》，光绪壬辰（1892年）七修。

238．《清国留学生会馆第一次报告》。

239．《清国留学生会馆第三次报告》。

240．《军国民教育会纪事》。

241．《中国同盟会成立初期之会员名册》。

242．中华人民共和国外交部领事司1982年4月17日复湖南省政协函。

243．内田顾一：《湖北革命战见闻日记》，日本东京政法大学教授赠湖南省社会科学院影印件。

244．宫崎蔎苓赠黄兴故居纪念馆原函复印件。

245．湖南省社会科学院历史研究所藏抄件若干。

246．黄兴故居纪念馆藏复印件若干。

247．日本外务省外交史料馆藏外交文书《各国内政关系杂纂》第七卷。

248．李肖聃：《前教育部总长彭公墓志铭》。

整 理 者 后 记

本书是毛注青同志的一部遗稿,是他后二十五年研究黄兴所作的贡献。

毛注青同志的书稿是早在与中华书局订定稿约之前就写完了的。写完之后再补入的条目,都有年、月、日及条目文字,其所需征引的资料都注有代号,根据代号检阅该书页码,里面即有业经用红笔勾记的段、句。但毕竟还有个别地方未经标记,只有他自已知道,别人一时难于找到出处的。举例于下:

一、1912年1月10日条:中华银行董事会成立,黄兴被举为副总董。缺出处。

二、1912年2月28日条:谭人凤就沪督陈其美去留问题致电孙中山、黄兴。缺原电文及出处。

三、1912年4月上旬条:通令南方各省停办陆军小学。缺出处。

四、1912年6月12日条:谭人凤致电袁世凯,请收回撤销黄兴南京留守成命,或改委为江苏都督。缺原电文和出处。

五、1914年末条有"木堂先生"为何许人,待注。

六、稿中他准备补入"1913年8月31日晚访孙中山",及同年"10月11日中午访孙中山"两条。但无出处,无法找到其内容,故未予列入。

如上所举,凡有一定内容,即使残缺,也都列入,尽可存疑待注，以存其真，以供后之研究者参考。

美国马里兰大学教授薛君度先生去年曾于《人民日报》海外版发表悼念毛注青先生的文章，承允用作本书代序，以志友谊，而增光彩，不胜感激。

在整理遗稿过程中，凡国内外史学专家、读者及有关人士，对编者前此所编《黄兴年谱》提出的宝贵意见及惠寄的珍贵资料，给了编者以可贵的帮助和竭诚的支持，一并在此代为致谢。

遗稿整理人　刘佩文

1986年元月15日